史記的讀法

司馬遷的歷史世界

楊照——著

目錄

如何為官

如何讀史記？

太史公司馬遷的《史記》是一部好看卻難讀的書。

《史記》之好看，大家都知道。書中寫了那麼多精采的故事，還寫了讓人一讀難忘的人物。沈從文一九五二年的一封家書中，如此反映了《史記》的迷人之處：在四川農村裡參加土改工作隊的一個難眠之夜，他從垃圾堆中翻出了一本殘破不全的《史記》選本，在燈下讀了李廣、竇嬰、霍去病、衛青、司馬相如的傳記，「不知不覺間，竟彷彿如同回到二千年前社會氣氛中，和作者時代生活情況中，以及用筆情感中」。然後，沈從文感慨評斷：「《史記》列傳中寫人，著筆不多，二千年來還如一幅幅肖像畫，個性鮮明，神情逼真。重要處且常是三言兩語即交代清楚毫不黏滯，而得到準確生動效果，所謂大手筆是也。」

英年早逝的漫畫家鄭問，當年就靠著慧眼選擇了《史記・刺客列傳》的內容，完全將司馬遷所寫的用來作劇本，完成了他的代表性傑作。鄭問會畫、能畫，不過他的《刺客列傳》能夠一炮而紅，大部分還是要歸功於《史記》中那些好看且動人的故事。

但好看的《史記》卻有其難讀之處。畢竟《史記》是兩千多年前用文言文寫成的，文字語法各方面有著時代差異帶來的障礙。雖然現代有各種白話翻譯版本流通，偏偏司馬遷的古文寫得那麼漂亮、簡潔、準確、透徹，簡直無法改動，轉化為白話就韻味全失了。難就難在不用原裝古文來讀，就讀不到從紙面穿透而來的真摯情感。

《史記》之難讀，還有超越文字層次之處。最難的，在於《史記》是一本完整的大書，不只翻譯成白話就走樣了，事實上各種節錄選本也都必然扭曲《史記》的面貌。《史記》中有那麼多好看的內容，然而重點卻在於，司馬遷放進《史記》裡的不只是那些好看的內容。

《史記》一共有五十二萬餘字，分成一百三十篇，五個不同部分，這些都是司馬遷特別規劃的，那是《史記》的架構，更是司馬遷極度在意的全書完整性的呈現。

讀《史記》，我們不能光揀好看的看。古往今來很多《史記》的選本，都依循一個簡單的原則，就是考慮《史記》文章好看程度，將「不好看」的部分挑出來，只留「好看」的部分。但這樣就遺漏了一個關鍵問題：為什麼司馬遷要在《史記》裡放那麼多「不好看」的內容？為什麼很多讀者認定「好看」的內容，在《史記》中往往被放在很後面？為什麼依照司馬遷自己的編排方式，讀者必須先讀很多沒那麼好看的內容，接著才能等到「好看」的篇章出現？

難道司馬遷沒有編選的眼光，分辨不出自己寫的哪些好看哪些不好看？還是說司馬遷是個缺乏自制揀選能力的作者，捨不得放棄自己寫的任何東西，當斷不斷、當捨不捨，以至讓《史記》變得過度駁雜、龐大？司馬遷是個能寫好文章的傑出作者，卻是個糟糕的編輯，不能好好整編自己的著作，必須由後人來替他揀擇重編？

當然不是。仔細讀過《史記》全書，配合相關史料對於司馬遷的認識，就會明白，這問題的真切答案是：司馬遷從來就沒有要寫一本「好看」的書，或者該說，他沒有要寫一本光是「好看」的書，「好看」在他自覺而嚴格的寫作標準中不是那麼重要。對於《史記》這本書，司馬遷有更廣闊且深刻的動機及目的。

我們不能、也不應該拋棄這位偉大作者的主觀動機及目的來讀《史記》。只將此當作一本好看的書，只選擇好看的部分來看，這樣的閱讀態度與方法，一方面對不起付出了生命與自尊的代價來寫作的司馬遷，另一方面也限制了我們能夠從《史記》中得到的領悟與啟發。讀《史記》，一定要有耐心（甚至要有知識上的勇氣）

走入這片文字的荊棘叢中。

如何讀史記？很簡單的基本態度，就是謙虛地面對這本大書，認知這樣一本書的內容和安排出自遠比我們博學、聰明、深思的偉大心靈，因而願意盡心竭力地去探觸書中形構的複雜歷史世界。不只要從頭到尾通讀，而且在細讀的過程中，要不斷追問為什麼：為什麼司馬遷這樣寫，為什麼司馬遷如此繁寫、如此簡筆，為什麼司馬遷如此分配相關內容，為什麼司馬遷如此安排篇章及行文順序……

所有的為什麼都必須、也只能回到《史記》的文本中找尋答案。令人驚訝的是，愈是積極探問為什麼，就愈是會在《史記》中挖掘出相關的解釋，讀到原本忽視了的，或是讀不到的意義。換句話說，今天針對《史記》能夠發出的種種疑問，似乎司馬遷早在寫作之時，就在文章之中或文章之間準備好了給我們的回應。

用這種方式讀《史記》，逐漸就會明白，光是將《史記》當故事書來讀，只看到其中「好看」的部分，會多麼浪費！司馬遷的歷史意識、他那既遼闊又深邃細緻的心靈，遠遠超過一個說故事的人。而且，由這樣一顆既遼闊、深邃又細緻的心靈流瀉到筆下的故事，也就充滿了多層次多曲折的感情與經驗表達，無法用單純聽故事的輕鬆態度來領會。

「如何讀史記」因而是一種試圖穿越兩千年時空距離的努力，通過文本去接近並揭示司馬遷那不可思議的複雜、精密的心靈。先從《太史公自序》和《報任安書》解讀起，然後進入《史記》和司馬遷的切身遭遇，接觸那些明確影響他終極生命價值建立的事件，查考他如何寫李廣、寫漢武帝。要更深入理解漢武帝及其時代，就必須上溯漢代的建立，所以接著對照細讀《項羽本紀》和《高祖本紀》，盡量釐清司馬遷對於漢代的看法，以及寫當代歷史的他抱持了什麼樣的標準與理想。

《項羽本紀》《高祖本紀》同時也是《史記》本紀中最具代表性的篇章，可以藉此說明本紀的意義與功能。書中另外選了《呂后本紀》，希望讓讀者能體會司馬遷對政權運作獨樹一格的功過判斷。

然後進入表和書，除了用「多重時間維度」的觀念來說明司馬遷的設計之外，再從《史記》八書中選出了《平準書》來凸顯書的突破性創意。

至於《世家》則選了留侯、蕭相國、淮陰侯、曹相國等在內容上相關聯的幾篇，將司馬遷對於漢初政治的銳利觀察與分析，表現得更清楚。

《世家》之後是《列傳》。我們首先會仔細逐字逐句解讀列傳首篇《伯夷叔齊列傳》，因為這篇蘊藏著司馬遷最熱情的史家自我責任告白，宣示著正因為「天」與命運是不公平的，好人不一定會有好報、壞人常常不會有壞報，許多值得被推崇的人沒有權力、沒有地位，最後默默無聞地被遺忘了，許多惡行因沒有被記錄下來而逃過了譴責，所以需要史家史筆。歷史重要的存在理由之一，就是彌補「天」與命運的不公平，將好壞行為與名聲彼此相地存留下來。

《伯夷叔齊列傳》放在第一篇，還有另一項宣示作用——在司馬遷的道德價值判斷上，最純粹最高貴的德行就是「讓」，為了原則而寧願將至高的利益與享受推出去，甚至會為了原則不惜犧牲自己的生命。這樣的人，他們把堅持自己的信仰、原則看得比生命還重要。不管他們是什麼樣的身分地位，有沒有豐功偉績，歷史都應該將他們的人格典範記錄下來，傳留給後世。

讀完並充分理解了《伯夷叔齊列傳》，我們回頭才能明瞭為什麼世家的第一篇是《吳太伯世家》。吳太伯和伯夷叔齊的共通點在於，他們人生中最關鍵的決定都是「讓國」。有國而不居，吳太伯甚至為了貫徹「讓國」的決心，逃到文明之外的地區，寧可「斷髮文身」化為野蠻人。

最後則從列傳中選出幾篇今天讀來仍具備高度思想衝擊的個傳與集傳，讓讀者體會一下司馬遷碰觸、揭露跨時空的普遍人間議題的高超能力。

這本書源自二〇一七年所製播的一套一百二十集音訊節目，如果沒有梁文道和「看理想」的同事們提出這

項計畫，督促我整理過去對於《史記》的種種研究與探索，當然就不可能會有這項相關的出版計畫。在此過程中，主要安排協助音訊節目製播的張登邑、負責整理書稿的馬希哲，還有參與其中的馬曉晨、魯興剛都對他們的工作提供了超出水準的成果，我也才得以在那麼短的時間內將書稿備好，和讀者見面。簡單的「謝謝」兩字實在無法表達我衷心的感動。

當然，書中有任何錯誤或混亂等未盡完美之處，都是我自己的不足，賴不得任何人。

是為序。

認識司馬遷

太史公自序：史官的使命

何為「太史公」？

在司馬遷寫了《史記》之後，中國人看待歷史的方式有了非常大的變化。並不是司馬遷之前的中國人不重視歷史，或不知道歷史是什麼，而是司馬遷從概念上對「歷史是什麼」、「我們如何看待歷史」給出了新的答案，更寫了一部龐大作品來親自示範。因此，要深切地理解《史記》，就應該先瞭解司馬遷是一個什麼樣的人，活在什麼樣的時代，有些什麼樣的精神，而這些精神又源於何種生平經歷。

瞭解司馬遷的重要資料是《漢書．司馬遷傳》，但是班固在寫《司馬遷傳》的時候真是偷懶，這篇傳記幾乎找不到班固自己寫的內容，從頭到尾就是抄兩篇文章：前面抄的是《太史公自序》，也就是《史記》的最後一卷；後面抄的是一封信，即司馬遷寫完《史記》之後，在非常特別的情境下寫給任安的信。班固沒有再多加什麼內容，但通過這兩篇文章，我們已經能夠清楚地認識到司馬遷是什麼樣的人，以及他為什麼寫《史記》。

在《漢書》中寫司馬遷的這篇文章叫《司馬遷傳》，沒有加「太史公」三個字。然而，要瞭解司馬遷和《史記》，就不能不追究為什麼司馬遷叫「太史公」，以及「太史公」是怎麼來的。

東漢的時候，衛宏有一本解釋漢代朝廷制度的重要著作，叫做《漢儀注》，其中有一小段紀錄對後人造成了很大的困擾。書裡說到，武帝時曾經立過一個叫做「太史公」的官職，高於丞相：

> 太史公，武帝置，位在丞相上，天下計書，先上太史公，副上丞相。

換句話說，各種朝廷資料的正本先要給太史公，副本才給丞相。然而這只是一個孤證，可能是衛宏搞錯了。但這就涉及兩個有趣的問題：一、衛宏為什麼這樣講？二、如果沒這個官，司馬遷為何自稱太史公？

司馬遷和父親司馬談在武帝時期擔任的都是太史令，再加上司馬遷把這個官職看得非常重要，從而誤導了衛宏，讓他覺得武帝設置了一個了不起的官職，司馬遷才會把它記錄下來。

衛宏的錯誤是一個重要的提示，反而讓我們能更精確地掌握司馬遷的想法。其實中國本沒有太史公這個官職，司馬遷擔任的是「太史令」。太史令最早掌管天文、儀式，後來慢慢開始負責記錄，這就是為什麼《漢儀注》說「天下計書先上太史公」（其實應該是「先上太史令」），他掌管的不過是一個資料保存中心，地位不可能比丞相高。這個職位既然位階不高，又不那麼重要，為什麼司馬遷要「自抬身價」，稱自己為太史公呢？實際上司馬遷並沒有私心，他不是為了炫耀自己官做到多大，父親官做到多大。認真讀一下《太史公自序》和《漢書・司馬遷傳》，我們就可以解開這個謎。從漢代官職的現實去看，太史令其實不是什麼重要的官，但司馬遷擴大了太史令所做的事，改寫了自己的使命。他認定，太史令應該保存古往今來所有重要的史料。

本來太史令是一個普通工作，很多人都做過，但是司馬遷極其認真地看待這個工作，以至把它變成一種 vocation ——這個詞在英文裡有一種宗教式的意涵——是一個 calling，是更高、更神聖的聲音召喚你去實現生命最大的意義。

在原本微不足道的太史令工作上，司馬遷有近乎宗教式的自我提升，這個提升不在於別人怎麼認定他，而在於他如何認定自己。這部分來自他對父親的崇拜，如果進一步溯源，則還有歷史、傳統、家世所給予的一種命運讓他不得不承擔。所以，「太史公」三個字含有宗教式的情懷，在這個信仰面前，其他的都沒有那麼重要。也是從這裡，我們才能理解司馬遷生命中的悲歡，以及種種決定。如果沒有這種宗教性的堅持，司馬遷不可能在遭遇到這麼大的打擊後還能堅持下去。

這個最大的打擊，就是「李陵之禍」。在這個事件中，司馬遷觸怒了漢武帝，他那時面臨兩個選擇：要麼去死，要麼接受宮刑。如果對漢代人最基本的尊嚴稍有理解，你就會知道司馬遷幾乎沒有選擇。選擇接受宮刑，被養在宮中，那是比死還要痛苦的事。可是最終在考量之後，司馬遷沒有選擇死，而是苟活下來，去完成他應該完成的事情。

所以，當他寫《太史公自序》或者《報任安書》時，這些事情已經在腦海裡折磨他很多年。司馬遷是如此嚴肅地看待「太史公」這三個字，把它當作自己的命運，即使付出最屈辱、最不堪的代價也非完成不可。

在《太史公自序》一開始，我們就看到他解釋這個命運如何落到自己身上：

> 昔在顓頊，命南正重以司天，北正黎以司地。唐虞之際，紹重黎之後，使復典之，至於夏商，故重黎氏世序天地。

他把太史公的傳承一路往前推，推到黃帝的孫子顓頊的時代，即文明剛開始的時候。顓頊時有什麼特殊官職，到了堯舜時代又有什麼樣的官職，然後一步步到了夏商。而司馬家的由來可以追溯到周宣王的時候。

> 其在周，程伯休甫其後也。當周宣王時，失其守而為司馬氏。司馬氏世典周史。惠襄之間，司馬氏去周適晉。晉中軍隨會奔秦，而司馬氏入少梁。
> 而少梁更名曰夏陽。靳與武安君坑趙長平軍，還而與之俱賜死杜郵，葬於華池。

關鍵的一句話是「司馬氏世典周史」，就是說，已經不知道多少代，姓司馬的人的職責就是記錄周代的歷史。到了春秋戰國時期，司馬氏分散各地，出了好多名人。他一代一代地開始講這些留下名字的人，先講了司馬昌，司馬昌之後是司馬無澤，司馬無澤之後是司馬喜，司馬喜之後是司馬談。

到了這一段的結尾，他稱司馬談為「太史公」。這是文章中第一次出現這個詞。司馬遷想告訴我們，他父親不僅繼承了家族長久的歷史淵源，而且是被正式任命為該官職的。這也意味著，司馬談已經用太史公的自我期許來看待自己的工作了。

於是，一種清楚的、高貴的、昂揚的史家意識形成了。能夠記錄歷史的人是光榮的，而且這個人是繼承了責無旁貸的使命的。司馬遷秉持著這種態度，不是為寫書而寫書，而是為了可能已經傳承了近千年的家世傳統，因此《史記》才會有這樣令人驚訝的、突破性的創意和成就。

太史公的成長之路

司馬遷，這位中國史學上最重要的人才，絕對不是憑空而來的。對於自己的來歷，他在《太史公自序》裡面交代得清清楚楚。

他的自豪首先來自家世。司馬家原本就是一個史學世家，司馬談在武帝朝擔任太史令，《太史公自序》裡完整收錄了他的《論六家要旨》，彰顯了其學術和思想。

這裡有幾個可能的用意。其一當然是司馬遷作為兒子，不僅想留住父親的名字，而且要把父親的重要貢獻藉由自己的著作保留下來；其二，他想展示，司馬談這樣一個傑出的歷史學家，最大的本事是把過去幾百年非常繁雜的現象化繁為簡，同時不扭曲地表現出來。

春秋戰國時期百家爭鳴，各種思想同時冒出來互相競爭，各個流派出現了諸多人才、著作、思想，彼此錯雜影響。這種情況貫穿了三、四百年。面對這一現象，如果沒有史學家來整理，我們可能手足無措，很可能也無法將其收錄在人類經驗當中。這也是司馬遷收錄《論六家要旨》的重要用意之一。

六家指的是陰陽、儒、墨、名、法、道德，司馬談對其都有非常簡要的說明及統納。他先從陰陽家開始說起：「竊觀陰陽之術，大祥而眾忌諱，使人拘而多所畏。」陰陽很繁雜，它很重要的一個作用是使人感覺這個世界有很複雜的運作道理，在生活當中必須要和陰陽五行的各種元素配合。這是它的重點，同時也是它的問題。司馬談接下來說，「然其序四時之大順，不可失也」。陰陽有它的好處，就是讓人感覺到天道流行中的模式，以及和我們之間可能產生的關係。

接下來講儒。儒家的不足在於它有非常複雜的六藝，加上《詩》、《書》、《禮》、《樂》、《易》、《春秋》等各樣著作，讓很多人一輩子都沒有辦法搞清楚，甚至父子兩代都不行。從這個角度來看，儒家並沒有一個簡要的原理。但儒家的好處是有一個貫穿始終的理念，即「君臣父子之禮、夫婦長幼之別」。將人倫規範清楚，告訴每一個人在人倫關係中應該做的事情，這是儒家絕不能被抹殺的功勞。

通篇看下來，我們會知道司馬談在六家當中有所選擇，《論六家要旨》談得最多的不是儒家，而是道家——「道家無為，又曰無不為。其實易行，其辭難知。其術以虛無為本，以因循為用。無成執，無常形，故能

究萬物之情。」這些都是正面的。道家無為，但同時又無不為，正因為無為，所以才能無所不為。用語言把道家的道理講清楚非常困難，可是如果落實在生活上面，道家卻又是最簡單的。

在《太史公自序》中，司馬遷先是追溯了自己的家世，而後又彰顯了父親的教導和成就：把春秋戰國時代的諸子百家整合為六家，又釐清六家的要旨，交代其脈絡淵源，讓人一下子就能領會。能夠用精到的文字把複雜的東西說清楚，這也是史學精神當中非常重要的一點。

再然後，司馬遷終於說到了自己：「遷生龍門，耕牧河山之陽。年十歲則誦古文。」司馬遷受教於家世，

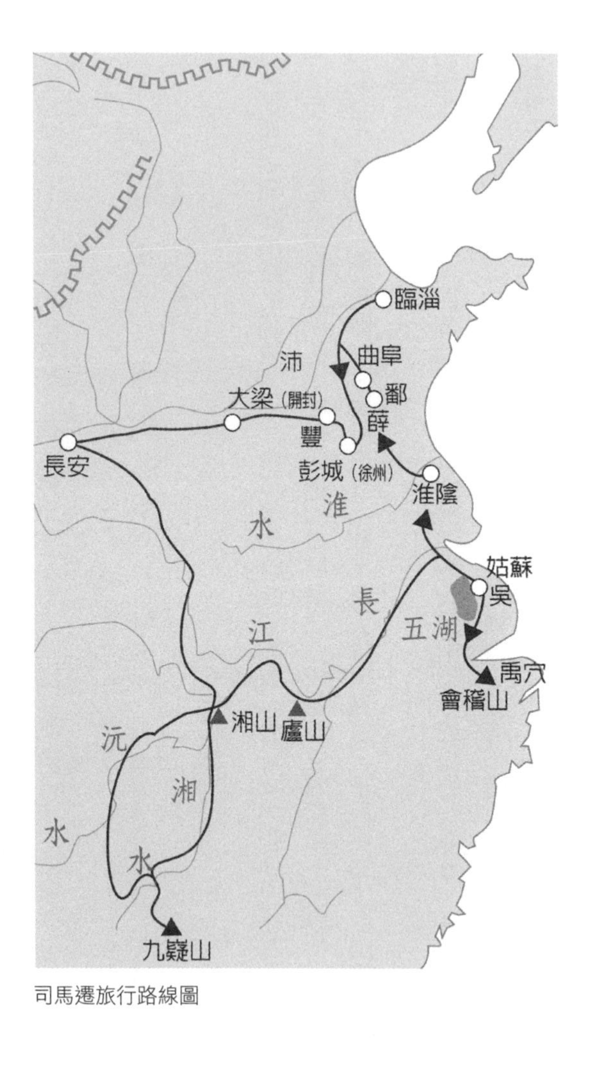

司馬遷旅行路線圖

還有經學。當時經學有今文經和古文經，司馬遷學的是古文經這一派。二十歲的時候，他開始壯遊。

> 南游江淮，上會稽，探禹穴，窺九疑，浮沅湘。北涉汶泗，講業齊魯之都，觀夫子遺風，鄉射鄒嶧，阨困鄱、薛、彭城，過梁楚以歸。

若把這些地名全部在地圖上鋪陳開來，會發現他遊歷了很龐大的區域。此外，壯遊意味著他不是去當觀光客，而是抱著生命的生成這種想法的。顯然，他的遊歷是要完成對歷史的探索，所以他「上會稽，探禹穴」，是去探索傳說當中大禹治水的痕跡；「講業齊魯之都，觀夫子遺風」，不只是為了看山東的山水、民風，更重要的是去憑弔孔子的遺跡。

壯遊徹底改變了司馬遷對很多事情的看法，這是他成長中不可或缺的一部分。今天我們都應該思考，壯遊跟年輕人的成長可以有什麼樣的關係——如果沒有這樣的機會，沒有抱持這樣的態度去遊歷世界，那麼要如何才能成熟，才知道自己要追求什麼、做什麼樣的人呢？我們今天可以去到很多地方，但不見得就有壯遊的經驗。壯遊需要強大的自覺，不只是要看到一個廣大的世界，更重要的是要被這個世界衝擊，從而檢討、反省在離開家門之前的那個自己是多麼有限，藉此去追求更廣、更大、更高的經歷及思想。

等到司馬遷回到長安，又有一件事情對他產生了巨大的影響，那就是父親的死。父親之死是因為漢武帝封禪。封禪是歷史性的重要儀式，漢武帝沒有帶太史令去，司馬談、司馬遷這兩代顯然都不能認同，認為這是一個嚴重的錯誤：如此重要的事情，竟然沒有讓負責記錄歷史事件的太史令同去。司馬談覺得自己的職責沒有辦法盡到，人也受到了侮辱，因而「發憤且卒」。

那時剛好司馬遷回來，「見父於河洛之間」，在病榻臨終之時，司馬談握著兒子的手，哭著說：「余先周

室之太史也，自上世嘗顯功名於虞夏，典天官事，後世中衰，絕於予乎？」他有巨大的焦慮，即司馬氏一路下來所做的這些有意義的事情，到自己這一代難道就結束了嗎？不可以這樣！

因此，他交代司馬遷說：

汝復為太史，則續吾祖矣。今天子接千歲之統，封泰山，而余不得從行，是命也夫，命也夫！余死，汝必為太史；為太史，無忘吾所欲論著矣。

他留給司馬遷繼續完成的使命，就是要寫出漢武帝時代是什麼樣的時代，封禪這個事件從歷史上又該如何看待。這裡的兩個目標，是後來成就《史記》的關鍵。其一，如果認定某件事是歷史性的關鍵事件，一定要知道歷史是什麼。一定要有歷史的模式，我們才會知道在古今之變中哪些事情重要，哪些沒那麼重要；其二，要能夠探索當下時代，尤其是司馬談、司馬遷所生活的漢武帝這一朝。漢武帝到底做了什麼，在漢武帝之後，時代發生了什麼變化？一個史家，如果沒有完成這兩件事，沒有把歷史從古到今的大模式探究出來，把當下這個時代放進歷史長流中解釋、彰顯它的特色，那就是沒有完成任務。

繼《春秋》遺志

《史記》是司馬遷「成一家之言」的著作，其背後是司馬遷和他的精神，他的人格從頭到尾貫穿在書中，不瞭解司馬遷，《史記》就只是硬邦邦的文章而已，不會變得鮮活生動起來。

在理解《史記》時，不能忽略司馬遷的大志向。他不是隨隨便便寫一部著作，甚至不是用文人的態度來寫

的，他的野心和自覺最清楚地寫在《太史公自序》裡面。在講完父親臨終遺命後，司馬遷寫道：

先人有言：「自周公卒五百歲而有孔子，孔子卒後至於今五百歲，有能紹明世，正易傳，繼春秋，本詩書禮樂之際？」意在斯乎！意在斯乎！小子何敢讓焉。

從周公到孔子相隔五百年，從孔子到司馬遷生活的年代正好也是五百年。這樣的排列彰顯了司馬遷巨大的自信和野心，即在周公之後有孔子，而在現在的時代，就像孔子繼承周公一樣，司馬遷要繼承孔子。接下來他講得更明白，要寫出延續經學、具有真理探索地位的文本。這裡也可清楚地看出，雖然他很推崇父親司馬談，也認為在作為史家的事情上司馬談的影響至關重要，可是他有自己的想法和立場。他和父親的立場不同，事實上也影響到了他對歷史的看法。例如，他對儒家及儒家所繼承的王官學的尊重就遠勝父親。

在《論六家要旨》中，司馬談跟隨文帝、景帝時期最流行的思想，以黃老道家為最先。但司馬遷有自己獨立的判斷，他要繼承的是王官學、儒家、孔子，所以當司馬遷說「意在斯乎！意在斯乎！小子何敢讓焉」，是怎樣的野心和自信，那意味著他要繼承經書，要在經書已經沒落的五百年後，承擔起這樣的任務。

他擔心這個想法表達得不夠清楚，接下來引用了一段對話——我們甚至不確定這段對話究竟是真實發生過，還是他為了彰顯自己的思想虛構出來的。他提到一人，叫作「上大夫壺遂」。壺遂說：「昔孔子何為而作《春秋》哉？」要繼承孔子，那我來問問你，孔子為什麼作《春秋》呢？司馬遷引用董仲舒的話來彰顯自己的信念：

余聞董生曰：「周道衰廢，孔子為魯司寇，諸侯害之，大夫壅之。孔子知言之不用，道之不行也，是

非二百四十二年之中，以為天下儀表，貶天子，退諸侯，討大夫，以達王事而已矣。」

對照《太史公自序》和《漢書・司馬遷傳》，我們會發現一個非常微妙的差別。在《漢書》裡，「貶天子」三個字不見了，只剩下「退諸侯，討大夫」。在班固心裡，「貶天子」這個話是不能講的，皇帝處於真理的最高位置，不可能有什麼高過他的權威。但是，按董仲舒當時說的，被司馬遷引為歷史的最重要職責的，其實是「貶天子，退諸侯，討大夫」，三件事情一起，才真正算是「以達王事而已」。

「以達王事而已」是司馬遷探索的非常重要的問題，用現代的語言來說，也就是政治權力的運用，以及人與人之間的行為模式。司馬遷要探索的是它究竟有沒有一個最終的規範。什麼叫作「王事」？「王事」是在政治、權力以及人的行為模式上的絕對道理，要用「貶天子，退諸侯，討大夫」來彰顯。孔子之所以必須要去寫《春秋》，是因為那時天子不像天子，諸侯不像諸侯，大夫不像大夫，三個重要的封建角色都沒有按照應該的道理行事。這是那個時代碰到的大問題，例如魯國的問題就是三家大夫僭越國君的權力，甚至把持了國政，所以要用《春秋》來「討大夫」。

另外，「退諸侯」意味著諸侯也僭越自己的身分，侵奪天子的權力。春秋五霸興起就是因為天子陵夷，整個封建秩序沒有辦法在天子的權力下維持，所以才會有齊桓公、晉文公這種霸者產生。可是霸者在身分和作法上也就等於「代理天子」，把天子應該做的事情搶過來做，去主持諸國會議，操控各種儀式。這些行為是絕對秩序或者絕對政治倫理之敵，因而《春秋》要用文辭來「退諸侯」。

但是，更關鍵的其實是「貶天子」。天子失責，他忘記了自己不是一個個人，不能依照個人身分做事情，而是要上承天命。就算是天子，也必須按照最高的原理行事，盡到天命所交付的責任。這時，孔子所寫的《春秋》也沒客氣，一一指出天子在做哪些事情的時候不像天子，沒有盡到責任。所以，「貶天子，退諸侯，討大

夫」，意味著《春秋》建立了一套更高的原則，所有人都必須服膺。這套原則的一個來源是封建規範，通過歷史的記錄和探索才有辦法重建。

關於《春秋》的解釋，太史公接下來說：

> 夫春秋，上明三王之道，下辨人事之紀，別嫌疑，明是非，定猶豫，善善惡惡，賢賢賤不肖，存亡國，繼絕世，補敝起廢，王道之大者也。

藉由對歷史的記錄和探索，我們瞭解理想的政治之道、人間秩序。我們知道要用什麼方式把錯誤彰顯出來，把是非的標準定下來，並且懂得如何彰顯一個人做的事情是對的、好的，另一個人做的事情是錯的、壞的。我們要在所有人中看出人才，知道給人才什麼樣的地位，讓他發揮。反之，我們也要看出什麼樣的人是壞人、無能的人，如何把他從不對的位置上排除。

這些都是非常具體的智慧，也非常必要。可是，這些智慧要怎麼取得呢？用孔子的說法，「載之空言，不如見之於行事之深切著明也」。有兩種方法可以給我們這種智慧，一種是用抽象的語言講，可是如果光講抽象的道理，就沒有辦法在現實中對它們運用自如。反之，歷史是實際的、具體的，其中有事情所產生的各種因果，有人所作為的各種動機，這些都能更好地教給我們人間智慧。

司馬遷告訴我們，他寫《史記》就要寫人物的動機、行為，事情的前因後果，但這不是目的，而是手段。他的最終目的是要教我們，人事之上有一個更高的原則。這個原則有一部分是分析性的，你希望得到什麼結果，就在運用權力或者做人做事上如何做。另一部分則是倫理道德的，我們判斷好人壞人、好事壞事時，要有一個基本的道德高度。太史公藉由他的想像、引用跟壺遂之間的對話，清楚表現了《史記》繼承《春秋》這一點。

我們讀《史記》，不能光是讀故事，應該在故事的背後領略司馬遷的用心，他是要我們在具體的人的行為中問兩個重要問題：第一，用什麼原理來統納這些人的行為；第二，用什麼原則來判斷這些行為的好壞、對錯。

報任安書：司馬遷的理想告白（上）

前文提到，《漢書・司馬遷傳》基本上是前半部分抄《太史公自序》，後半部分抄《報任安書》。有趣的是，班固在《報任安書》之前寫了幾句話，雖然很短，但足以讓我們瞭解《報任安書》是在什麼情境下寫成的。

「遷既被刑之後，為中書令。」司馬遷遭李陵之難後接受宮刑，無法繼續在外朝做官，被迫放棄了父親留給他的太史令，進到內朝去當中書令——中書令最重要的工作是跟在皇帝的身邊，幫皇帝抄寫、記錄。在這裡，我們也就明白，他之所以追溯先世，是因為內心懷著強烈的悲憤與羞辱。

司馬遷進入內朝後很受賞識，經常跟在皇帝身邊，「尊寵任職」。這個時候老朋友益州刺史任安寫了一封信給他，指責他現在在皇帝身邊，擁有了很大權力，但沒有好好利用。

《報任安書》一開頭，司馬遷為自己辯護說：

> 曩者辱賜書，教以慎於接物，推賢進士為務。意氣勤勤懇懇，若望僕不相師用，而用流俗人之言，僕非敢如是也。

他說，你過去給我寫信，教我「慎於接物」，「推賢進士」，運用作為皇帝身邊紅人的身分推舉賢士、照顧老朋友——後者才是任安的重點，他指責司馬遷發達後忘記了老朋友。

任安的信寫於兩年前。司馬遷在回信中講到，信早已收到，但是兩年來都沒有回，因為它非常難回。我們看後面的內容就知道，為何司馬遷在此時回信。

「今少卿抱不測之罪，涉旬月，迫季冬。」這是西元前九十一年，即征和二年發生的事情。該年發生了戾太子案。太子劉據被懷疑要叛亂，於是宰相發兵攻打太子，最後太子被迫自殺，諡號為「戾」，表明漢武帝對他的譴責。宰相發兵去對抗太子，背後自然是皇帝在做主。對於官員來說，這是一件尷尬而麻煩的大事：在皇帝和太子反目的宮廷鬥爭中，是選擇站在宰相（背後是皇帝）一邊，還是站在太子一邊？就算你站在宰相那邊而宰相又贏了，也未必能得到好處，甚至會遇到壞事，因為皇帝一旦追究太子之事，宰相自己都可能會倒霉，更何況是與宰相發兵攻打太子的這些人。

任安當時是益州刺史，統領軍隊。收到宰相命令後，他顯然是在觀望，並沒有第一時間發兵。等到戾太子案結束後，漢武帝就開始算帳，史書留有漢武帝罵他的話：「是老吏也，見兵事起，欲坐觀成敗，見勝者欲合從之，有兩心。安有當死之罪甚眾，吾常活之，今懷詐，有不忠之心。」武帝認為他只是作壁上觀，看誰贏了再投靠過去。而且武帝自認平常待他很好，但是關鍵時刻任安卻沒有馬上表態支持，還在那裡觀望，自然就被下獄了。到司馬遷回信的時候，「涉旬月，迫季冬」，即已經確定死罪，過了秋天就要被處斬了。

司馬遷知道這件事已經無從挽回，因此必須要回信了。兩年多來，他一直覺得任安誤會了他，但是他不想辯解，也很難辯解。可是此時再不辯解，任安就會抱著對他的誤解死去，因此他才寫了這封回信，「請略陳固陋」。

瞭解《報任安書》的背景之後，再來看司馬遷要辯解的事情，才會受到真正的衝擊。他要辯解的最關鍵的

一點是，你覺得我現在是皇帝身邊的紅人，但你知道我的感覺是什麼，又付出了什麼樣的代價嗎？我今天之所以能夠在皇帝身邊，是因為受了腐刑。

太上不辱先，其次不辱身，其次不辱理色，其次不辱辭令，其次詘體受辱，其次易服受辱，其次關木索被箠楚受辱，其次剃毛髮嬰金鐵受辱，其次毀肌膚斷支體受辱，最下腐刑，極矣。

這段話裡面一直都是「其次、其次、其次」，即一層一層解釋腐刑比任何事情都糟糕。最不嚴重的是「辱先」，即傷害到父母先人的名聲；其次是侮辱到自己；其次是看人家的臉色，讓別人當面侮辱你；其次是別人用言詞羞辱你；其次是被打，在身體上受到屈辱；其次是在身分上受到屈辱；其次是受了刑罰；其次是受到留有痕跡的刑罰，像在身上刺青或是砍掉手腳。可是，這些都沒有受腐刑嚴重。

他告訴任安，自己所受的是最深的屈辱，接著用很長的篇幅解釋為何受到這樣的屈辱——李陵之禍。他對任安沉痛地說，依照正常的觀念，自己當然只能去死，但他卻活了下來。難道這是為了去宮中服侍皇帝，獲得權力嗎？如果你這麼想，那就太誤會我了。之後，司馬遷簡單直接地講明瞭原因——他必須要把《史記》寫完。如果《史記》已寫完，或者他沒有承擔這個使命，早就可以死了，畢竟順理成章的死比苟活更好。

任安的指責逼出了司馬遷具有歷史性感染力的告白，告訴我們寫作《史記》對他的意義多麼重大。

僕竊不遜，近自托於無能之辭，網羅天下放失舊聞，略考其行事，綜其終始，稽其成敗興壞之紀，凡百三十篇，亦欲以究天人之際，通古今之變，成一家之言。草創未就，會遭此禍，惜其不成，是以就極刑而無慍色。僕誠以著此書，藏之名山，傳之其人，通邑大都，則僕償前辱之責，雖萬被戮，豈有

悔哉！

雖然不自量力，但我正在做的這件事情很重要。我要把過去從來沒有被完整搜羅過的所有史料放在一起，進行詳密的考究，藉由它們探索成敗興壞之理。這就是司馬遷的用意。

剛剛開始寫就發生了這件事情，我才會選擇接受最可怕的屈辱也不後悔——只要把書寫完，一切都可以不計較了。

最後，他很感慨地對任安說：「然此可為智者道，難為俗人言也。」這是司馬遷深刻的感慨，同時也在解釋他為什麼兩年多沒有回信。雖然任安是一個老友，而且已經做到益州刺史的高位，但這個人算得上智者嗎？顯然，司馬遷也沒有把握。兩年多來，他沒有講這些心裡話，因為他覺得任安未必能夠理解。司馬遷心裡面蓄積了一直沒有對人講的情緒，現在想到任安要抱著這種誤解死去，終於留下這封信，想把一切都解釋清楚。

感謝他這封信，我們藉此可以進一步瞭解中國歷史、中國文明甚至人類文明上一件可貴的事情。還好司馬遷有這樣的抱負，還好他委屈自己活了下來，才有了這一百三十篇龐大、豐富的《史記》，成為我們共同的智慧與思考的來源。

李將軍列傳：國士之風

《史記》章節的安排

《史記》一百三十篇的次序非常有意思，分成本紀、世家、列傳、書、表五類，而且各類的排列也有清楚的時間軸概念。時間愈早，順序就愈靠前。可是，歷史時間的順序永遠不可能如此整齊，早出生的人未必就早去世，有些事情又可能延續很長，所以總會有很多交錯的地方。司馬遷在《史記》中非常用心地安排時間先後，讓大家體會其中的細微意義。

舉個例子，從大的結構上看，《史記》主要的兩個大表，其中一個是春秋戰國時期的列國。列國主要的事蹟和人物寫在世家裡，例如吳世家、越世家、魯世家、三晉世家的韓趙魏等。可是，當涉及國與國之間彼此互動的時候，時間就很容易錯亂，各國的事情會平行發生，又彼此關聯。為了防止讀者混淆世系和時間的互動，司馬遷就用一個大的表，把主要列國發生的事情列下來，使其一目瞭然，例如說他寫下晉文公和齊桓公是誰，他們做了什麼事，他們之前之後發生了什麼事，以此掌握時間的變化。另一個大表則是漢初，這時因為分封，也有了眾多王國、侯國，很可能會錯亂，所以要用表來整理。

此外，就算不是用表將事件按時間順序嚴格排列，在世家、列傳中，司馬遷對人物的順序也有講究。而除此之外，列傳還有其他分類，比如他會把活動領域相近的人放在一起。

和匈奴之間的關係是漢武帝時代最重要的一件事，不只是對外方面，甚至影響到整個朝廷的權力升降、資源配置乃至政治結構的變化。有三篇列傳因為和匈奴有關係而被放在一起，構成一個群體，即《李將軍列傳》《匈奴列傳》《衛將軍驃騎列傳》，裡面還列了和征伐匈奴有關係的一些人，例如霍去病、公孫賀、李息、公孫敖、李沮、張次公、蘇建、趙信、張騫等等。

如果只是很現實地講成王敗寇，在這些大臣和將軍中，衛青、霍去病的成就最高。衛青因為是外戚，很受漢武帝重用，兩度率大軍進攻匈奴，得到的勝利和榮耀最多；他的外甥霍去病不只獲得同樣多的軍功，還是一個傳奇英雄。從十六歲開始，霍去病在短短幾年內立下巨大功勞，其後又像彗星一般隕落，二十歲出頭就去世了。所以，若單純看漢武帝和匈奴之間的關係，理所當然要以衛青和霍去病為中心。

《匈奴列傳》這篇有更長的貫時性，包括匈奴何時開始與漢代有關聯，匈奴做了什麼事情，文帝、景帝朝發生了哪些事情，作為一個基本背景。當然，戲劇性最強、事件最多、變化最頻繁的時候還是武帝朝。《匈奴列傳》從匈奴的角度來看待兩方在外交、軍事上的互動，《衛將軍驃騎列傳》則是涉及匈奴的成功者的畫像，寫了漢武帝怎麼打匈奴，誰建了軍功、得了什麼賞賜等。這兩篇在《史記》中的安排不難理解，但隨之就出現一個問題：為什麼在它們前面是《李將軍列傳》？

當然，李廣比衛青、霍去病都早，但是把他的傳記放在這裡仍有兩個問題。第一，與衛青、霍去病相比，李廣並沒有很大成就。進攻匈奴的過程中，李廣不是位階很高的將軍，在幾次與匈奴對陣中也並非戰無不勝，非但不像霍去病那樣英勇，而且有很多挫折和失敗。第二，司馬遷不只為李廣單獨作傳，還把它放在《匈奴列傳》前面，換句話說，要讓《李將軍列傳》帶出漢武帝朝與匈奴的種種關係。

司馬遷如此設計，自然有他的深意。要解釋為何如此安排，我們就必須回到他的生平，以及「通古今之變」、「究天人之際」的含義。想知道司馬遷命運的巨大轉折，就必須知道李陵發生了什麼事，也就必須上溯到他的祖父李廣，李家與漢代、匈奴之間的關係。司馬遷被下獄受宮刑，主要就是因為替李陵辯解，不過司馬遷有史學家的專業和節制，只寫到了李陵，沒有提到自己。

司馬遷寫李廣，基於自己個人遭遇的只是一部分原因，還有一個更關鍵的價值概念上的問題——司馬遷首先要表達的就是李廣的獨特個性。雖然李廣是一個失敗者，但司馬遷其實更看重他個性如何，如何面對匈奴，如何帶兵，與兵士之間是何種關係，又是怎麼失敗的。通過《李將軍列傳》，我們不光是去認識一個與匈奴作戰的將領，更是認識一個具體的人。司馬遷要把李廣與公孫賀、李息、公孫敖、趙信、張騫、趙破奴、路博德等漢代大將區隔開來，因為在他看來，這些人在人格、個性上根本無法與李廣相提並論。

李廣是一個真性情的人，面對所有的生命困境，他不去計較利害得失。司馬遷要凸顯李廣的這種精神，也藉此替自己辯解。他之所以出面為李陵辯護，是因為與這家人很接近——不是私交上的親近，而是認同李家人那種真誠地看待生命的態度。

最後，他要藉此建立一種歷史的評斷——歷史不應該那麼現實，只記錄成功者，忘掉失敗者。一個失敗者如果有好的失敗理由，反倒可以讓我們學到更多。

太平世裡的戰爭奇才

李廣是隴西成紀人，先祖叫李信，是秦國的將軍。荊軻刺秦後，秦王政大為震怒，派大軍滅燕國抓燕太子丹的人就是李信。

文帝十四年，匈奴大舉進軍蕭關，漢代需要更多人從軍以對抗匈奴，李廣「以良家子從軍擊胡」，登上了歷史舞台。漢代士兵基本上有兩個來源。一個是「力役之征」，即服徭役。作為這個國家的國民，每年必須奉獻一段時間給朝廷。這是臨時徵調的性質，這些人不太能夠打仗，因為到邊境要花很長時間，走到服役的地方役期可能也快結束了。而且，一年當中通常農閒時才服役，等到生產的季節還要回去耕種，不可能長期守邊。另一個來源則是奴隸和罪人，他們是邊防的主力，前者為了擺脫奴的身分寧可去從軍，後者則是抵罪受罰而去守邊。

李廣是「良家子」，這個背景非常重要，他來自一個軍事世家。主動從軍後，他的表現非常好，很快升到中郎的位置，而且有機會保護孝文帝出行，給孝文帝留下非常深刻的印象。孝文帝對他的評價是：「惜乎，子不遇時！如令子當高帝時，萬戶侯豈足道哉！」漢高祖時是一個亂世，藉由軍功可以獲得各種好處，享受榮華富貴。以李廣的身世、身手、武勇，萬戶侯都不在話下。可惜到了文帝的時候，時代已經發生了巨大改變，天下太平，武勇軍士的用處下降，只能對付匈奴。七國之亂時，李廣雖然也曾跟隨周亞夫去攻打吳軍，可這是內亂，即使有戰功，也得不到太多好處。

後來，李廣被任命為上谷太守。上谷位於農業民族與草原游牧民族重要的交界點上，幾乎每一天都會與匈奴勢力發生衝突。李廣非常自信且高傲，動不動就要出去與匈奴戰鬥。典屬國公孫昆邪很害怕，就跑到皇帝面前告狀：「李廣才氣，天下無雙，自負其能，數與虜敵戰，恐亡之。」首先害怕他會惹事，其次害怕這樣有才能的人可能會在小衝突中喪生，因此景帝又把李廣改封為稍微靠南邊的上郡太守。但是李廣的個性不會改變。據《史記》記載，他先後當過隴西、北地、雁門、代郡、雲中等地的太守，不管到哪裡，「皆以力戰為名」，換句話說，他既不怯戰，在戰場上又很有能力。

匈奴與漢朝的衝突愈來愈嚴重，皇帝又給了李廣一個重要的工作：教中貴人帶兵打匈奴。這個中貴人帶著

幾十騎兵馬，看到三個匈奴人，仗著人多勢眾，想欺負人家。但是這三個人很厲害，「還射，傷中貴人，殺其騎且盡」。中貴人逃回來找李廣，李廣說：「是必射雕者也。」別人其實是出來打獵的，根本沒有侵犯漢人的意思，結果你們反而去挑釁，惹了這樣的禍。從這裡也看得出來，李廣很清楚匈奴的情況。

中貴人惹了這樣的禍，李廣也不能不處理，便帶了大概一百人去追。三個匈奴人丟了馬，只好步行，並沒有走遠。李廣叫自己的部隊從左右翼先布戰，可是並沒有用他們對付這三個人——這就是李廣的驕傲之處——他自己過去殺了兩人，抓回一人，一問之下，果然就是匈奴的射雕者。

人家只是出來打獵，沒有挑釁，卻無故被殺，這其實已經破壞了雙方應有的默契，匈奴自然也有他們的對待方式。匈奴大軍出動，但只看到了李廣帶著少數人，懷疑李廣在這裡是作為誘餌，便退到山上列陣，不敢妄動。匈奴有數千騎，李廣只有一百騎，軍營裡沒有人知道他去了哪裡，不可能去救他。雙方實力相差太懸殊，同去的人都想逃跑，但李廣對他們說，我們現在離自己的大軍已經有幾十里遠，而且只有百騎，現在一逃，匈奴就會知道我們的實力，如此一來我們誰也活不了。留在這裡，匈奴反而不敢輕舉妄動，這樣我們才有機會生還。李廣帶著百騎，非但不逃，反而前進到離匈奴大軍大概只有二里遠的地方，下馬解鞍。換句話說，萬一發生什麼事情，絕對沒辦法立刻上馬逃跑。同去的人嚇得不得了，李廣卻說，匈奴預計我們一定會逃，我現在就解鞍，讓他們更加疑慮，不敢攻打我們。

李廣的策略是對的。幾千騎匈奴大軍布陣在旁邊，不敢攻擊李廣的軍隊。這時匈奴陣前出現一匹白馬，上面坐的顯然是匈奴大將，正在巡查他的陣容。李廣看到以後立刻上馬，可能連鞍都沒有放上去，就帶了十餘騎一直往前衝，到了射程內，一箭射中白馬將，然後立刻衝回自己陣中，叫所有人下馬躺在那裡。匈奴當然被這樣的做法嚇壞了，完全不知道這群漢兵究竟在幹什麼，所以一直到天黑都按兵不動。最後，他們認定旁邊一定有埋伏，在黑暗中愈想愈不對，竟然就退兵了。於是李廣帶著他的百騎，挨到天亮才回到軍營。

因為中貴人闖的禍，李廣帶著軍隊經歷了一次如此戲劇性的轉折與變化。如果李廣不是這樣鎮定的將領，他們早就全軍覆沒了。

這是《李將軍列傳》的重要開場，司馬遷藉此告訴我們，李廣作為一個將領，最重要的特質是善於用頭腦帶兵，而不是單純用武勇。

天下無雙的「飛將軍」

漢武帝即位時，李廣的名聲已經非常大，很快有人向朝廷推薦，將他從上郡太守提拔為未央衛尉。

當時另一位名將程不識擔任長樂衛尉，也是因在邊境防守匈奴有功而獲得升官機會，不過他的帶兵方式跟李廣完全不同。李廣帶的部隊非常鬆散自在，他不會嚴格要求怎樣布陣，也不會預先規劃好走到哪裡，晚上休息的時候，不會設各種嚴格的守衛、規定如何守夜、用什麼樣的方式警示。不只如此，李廣也不看重文書，能省就省。雖然用這種鬆散的方式帶兵，可是很少遇到奇襲或者大規模的進攻。

程不識則剛剛相反，他治軍非常嚴格，軍隊去哪裡、怎麼走、走哪條路、幾點鐘必須休息、誰負責守夜、誰負責警報，一切都必須清清楚楚。而且，誰擔任什麼職位、留下什麼樣的資料，在程不識的部隊裡面都非常明確。不過，程不識有自己的認知：李廣的帶兵非常簡約，手下兵士都很快樂自在，樂意為他效死，匈奴自然不敢侵犯；他自己帶兵雖然非常嚴格，但是匈奴知道他隨時有準備，也不敢輕易來犯。

後來，李廣升任驍騎將軍，領屬護軍將軍。這時，漢朝想用馬邑城來誘惑匈奴單于，把大軍埋伏在馬邑旁邊的山谷裡。這個計謀並沒有成功，單于還沒有進入山谷就發現情況不對，立刻退兵了。

四年之後，李廣以衛尉身分作為將軍，出雁門進攻匈奴。匈奴的軍隊遠比李廣的多，讓他吃了帶兵以來第

一次重要的敗仗。李廣喜歡身先士卒，又有傷病，這次甚至連自己都被匈奴俘虜了。單于知道李廣很有能力，特別下令只能活捉。於是，匈奴人讓兩匹馬拉一個布毯，把李廣放在上面。走了十幾里，李廣裝死，讓匈奴人放鬆警惕，以為只是載著一具屍體。李廣注意到旁邊的匈奴少年騎了一匹好馬，在所有人沒有防備的情況下跳到少年的馬上，順手奪過他身上的弓箭，鞭馬南馳，一下子跑了幾十里。幾百騎追捕者跟在後面，有時幾乎快要追到了，但是每當此時，李廣就拿搶來的弓箭回頭射箭，阻擋住後面的追擊，最終回營。

李廣雖然逃了回來，但終歸是敗將，還是要被審訊。這是漢代將軍非常可悲的一件事情，打了勝仗當然可以得到賞賜、升官晉爵，但打了敗仗也一定會有懲罰。他們審後認為，李廣折損了很多軍隊，還被匈奴抓獲，論罪當斬。不過好在漢代有二十爵制，每個人都有自己的身分，並可以藉各種機會不斷提升爵位，李廣爵位很高，就用來贖罪，逃過一死，成為庶人。

他在家賦閒了一段時間。有一次去南山打獵，夜裡與朋友在田間喝酒，回去時經過霸陵亭。守霸陵亭的人也喝醉了，不讓他們通過。朋友報出李廣的名號，但霸陵尉依舊狂妄地說，現任的將軍我都不讓通過，何況是以前的李將軍。不久，匈奴大舉入侵遼西，守衛遼西的韓將軍大敗，退守右北平。漢武帝召見李廣，任命他為右北平太守。李廣是有仇必報的剛直個性，第一件事情就是要求帶上霸陵尉，剛到軍中就把他殺掉了。

李廣到右北平後，匈奴人稱他為「漢朝的飛將軍」，好幾年都不敢進入這個區域。有一次李廣出去打獵，看到草裡好像有老虎，感覺已經逼得很近，立刻引弓射箭。後來才發現那並不是老虎，而是一塊石頭，但是箭竟然沒入石頭之中。這讓我們知道，在危急狀況下，人的潛力會被激發出來，同時又暗示李廣射箭的勁道與技術是如何厲害。李廣很有趣，後來再試著用同樣的方法看能不能把箭射到石頭裡，都沒有成功。李廣從來不害怕危險，他知道自己住的這個地方附近有老虎，但並不躲避，還專門去獵殺。

李廣非常廉潔，得到任何賞賜都會分給手下，也沒有架子，吃喝都與士兵一樣，所以雖然四十多年都領高

薪，卻家無餘財，不過他對如何積財也毫不在意。李廣個子很高，手臂非常長，天生就具備射箭的好條件。包括子孫在內，很多人也都想跟他學射箭，但是沒人可以與他匹敵。他不太會講話，幾乎沒有其他的娛樂，別人在聊天、喝酒，他最喜歡的是拿竹竿在地上畫如何布陣。他絕對不用苛刻的方式對待部下。帶兵到沒有水的地方，找到水時，如果士兵沒有都喝飽，他不靠近水；大家吃飯時，士兵沒有都吃飽，他也不會去吃。此外，因為射術出眾，他寧可冒著離敵人太近的危險也不隨便發箭，一旦發了箭，基本上就會有敵人倒地。因為這種性格，他殺了很多敵人，但也經常陷入危險境地。

評斷一位將領可以有不同的標準，司馬遷顯然不覺得戰功和榮耀是唯一的標準，甚至不是最好的標準。一個人如何對待身邊的人，有時比他如何成就自己更加重要。一個真誠的人懂得如何真誠地對待別人，一方面因為真誠成就了事功，另一方面也可能因為真誠付出代價。李廣性格的典範之處就在於，他如此鄭重地看待自己的真誠，對他來說，真誠地對待部將比這些部將最後可以幫他殺多少敵人、建立多少戰功更重要。

此外，他還堅守自己的個性與原則——關於怎麼打仗、怎麼對待人，不會因為時局、現實而有所改變。這就是李廣，兩千年後，我們仍能從他身上學到一些如何待人的基本智慧。

報任安書：司馬遷的理想告白（下）

司馬遷之所以忍受這麼多痛苦和折磨，一定要完成《史記》，最重要的理由都寫在了《報任安書》裡面。《報任安書》沒有寫仔細的，也明顯可以在《李將軍列傳》中看到，他讓我們知道李廣是一個什麼樣的人，以及這種精神如何影響到李陵。

司馬遷與李陵的私交並不深，可是在李陵出事時，他竟然敢冒天下之大不韙，在漢武帝面前替李陵說話，給自己引來禍害。

他說，李陵這個人有「孝親」的特性，和別人交往時講信用，不貪求眼前的金錢財貨，該給什麼該拿什麼，都是按規矩來，也不擺架子欺壓底下的人。這些特點都是李廣身上已經顯現出來的。更重要的是，他在公家事務上面也傳襲了祖父的特性：

常思奮不顧身以徇國家之急，其素所畜積也，僕以為有國士之風。

司馬遷給了李陵四個字的讚許，叫作「國士之風」。「國士」這個詞很難定義，如果用今天的話來解釋，可以認為如果一個社會、國家多一點這樣的人，可以變得更好。

夫人臣出萬死不顧一生之計，赴公家之難，斯已奇矣。今舉事一不當，而全軀保妻子之臣，隨而媒孽其短，僕誠私心痛之。

一個人在私人與公益、一家的幸福與國家的事務中，會選擇公家、選擇公益，已經非常難得了，但是他得到的是什麼樣的對待和遭遇呢？司馬遷非常感慨，從李廣到李廣的兒子李敢，再到李陵，一家三代一直在戰爭前線對付匈奴，但在戰場上面，尤其是面對匈奴這樣的強敵，仗打得愈多就愈可能遭遇戰敗。從《李將軍列傳》中也可看到，李廣一家不拘小節，做事時不太顧及自己的安全，更不會想得到什麼利益。可愈是這樣奮不顧身，就愈可能陷於危難之中。李陵在戰場上打了這麼多仗，有一次沒有打勝，被匈奴圍困，戰鬥到最後沒有辦法就投降了。這不過是眾多戰役中的一次失敗，結果那些從來沒有到戰場、也從來不會冒險讓家裡承受損失的大臣就東講西講地毀謗他。

司馬遷的感觸是「僕誠私心痛之」，這句話是真性情，因為他清楚地看到了其中的對比。他欽佩的李廣一家為了家國大義而活，他們是人格的典範，可以影響周遭的人、影響社會。正因為他們願意為公家奉獻，不小心跌了一跤，後方的小人們非但不願意為他說話，反而利用這個機會，刻意去說他多麼糟糕（「媒孽其短」）。這讓司馬遷心痛不已：

陵未沒時，使有來報，漢公卿王侯皆奉觴上壽。後數日，陵敗書聞，主上為之食不甘味，聽朝不怡。大臣憂懼，不知所出。

這是現實中的另一個對比。李陵率軍深入匈奴後方，大家都緊張地期待著。那時李陵一路打勝仗，雖然帶的兵那麼少，但能夠深入匈奴陣中有所收穫，於是後方這些人喝著酒，向皇帝表示祝賀。過了幾天，李陵在無力支撐的情況下戰敗，消息傳來，漢武帝非常生氣，甚至到了「食不甘味，聽朝不怡」的地步。所有人都看著皇帝的臉色，為之憂懼，不知道應該怎麼辦。

就是在這種狀況下，司馬遷犯了一個絕大的錯誤。聽說李陵戰敗投降，皇帝心情很不好，他「不自料其卑賤」，想安慰皇帝不要因李陵的事情難過，還講了幾個理由：

誠欲效其款款之愚。以為李陵素與士大夫絕甘分少，能得人之死力，雖古名將不過也。身雖陷敗，彼觀其意，且欲得其當而報漢。事已無可奈何，其所摧敗，功亦足以暴於天下矣。

意思是說，李陵並沒有在政治權力上得到多好的待遇，卻能夠用這種方式效死，絲毫不比古代的名將差。雖然他打敗仗，可是根據一路傳回來的訊息，包括他後來投降，心裡想的顯然都是損失了多少軍隊，又能從匈奴那裡討回什麼。你可以體會到他的心，就算他投降，也沒有真正離開漢朝，沒有減少對皇帝的效忠。現在這個事已經無可奈何，而且公平地說，李陵率軍在匈奴陣中造成了那麼大的破壞，又有什麼丟臉的呢？天下人都覺得這是很大的功勞，已經足矣。

他心裡面早已經這樣想，恰好皇帝問他，於是就說了這些話安慰皇帝。然而，結果不是他可以想像的。

未能盡明，明主不深曉，以為僕沮貳師，而為李陵遊說，遂下於理。拳拳之忠，終不能自列，因為誣上，卒從吏議。家貧，財賂不足以自贖，交遊莫救，左右親近不為一言。

皇帝沒能體會司馬遷的忠心耿耿，反而覺得他是在貶低李廣利，替降將罪人遊說。於是大怒，司馬遷就被下獄了。

這是他最悲哀的時候。「誣上」就是得罪了皇帝，這是一種再寬泛不過的罪名，只要惹皇帝不高興，都可以叫作「誣上」。既然得罪的是最高權力者，不難想像其他人會用什麼方式對待他：為了討好皇帝，斷獄的人一定給很嚴重的懲罰，有交情的人也不敢求情，最後只有靠拿錢或爵位來換取性命。但司馬遷既沒有足夠的錢，爵位也不夠高，這些路都走不通，最後他面前只剩下兩種可能：要麼死，要麼接受宮刑。如果司馬遷選擇離開人世，雖然爭得了尊嚴，但也就再也沒有機會寫完《史記》了，因而他選擇接受宮刑，進宮任職。用這種方式，司馬遷卑微屈辱地得到了幾年的時間，把《史記》寫完，在歷史上留下了自己的姓名。

《史記》是以這種方式、決心和精神完成的，因此司馬遷絕不會以一部簡單的著作來看待這本書，對於《史記》應該用什麼樣的方式和態度來寫，他不可能沒有一個清楚的想法。理解了他這個想法，閱讀《史記》時才可以體會到其中最深刻的歷史智慧。

《史記》的態度

究天人之際，通古今之變

《史記》的內容和寫作方式，與司馬遷的個性、寫作態度有很密切的關係。如果不能好好認知並感受到司馬遷就像我們身邊的人，就很難深切地理解《史記》。在這一點上，《漢書・司馬遷傳》中占很大篇幅的《報任安書》對於我們理解這一點就顯得非常重要。在這封信裡，司馬遷是一個非常之人，有他的非常之志。

感人的是，他的非常之志不是空想、空言。他自命為太史公，認為在孔子之後五百年，自己有書寫歷史的使命，而且真正用生命完成了《史記》。在《報任安書》裡面，他透露了自己寫歷史最重要的精神，即「究天人之際，通古今之變，成一家之言」。

「究天人之際」是相對最不容易理解的一個原則。司馬談是道家，但司馬遷卻是不折不扣的儒家，這一點在《太史公自序》裡已經表現得相當清楚。他的儒家精神堅持「天人之際」，不講怪力亂神的東西，也不是藉由歷史說明存在於上天的神祕力量能夠介入我們的人生，改變一個人的命運。

理解司馬遷講的「天人之際」有一個很好的切入點，就是秦的興起。

戰國時期，秦只是一個邊遠的小國，東邊這些正統的國家將其比之戎狄，視為西陲的野蠻之邦。然而到了秦獻公之後，秦竟然能夠經常打贏這些中原諸侯。

論秦之德義不如魯衛之暴戾者，量秦之兵不如三晉之強也，然卒并天下，非必險固便形埶利也，蓋若天所助焉。

或曰：「東方物所始生，西方物之成孰。」夫作事者必於東南，收功實者常於西北。

如果用道德與正義做標準，秦國守道德的人連魯、衛最沒有德義的人都比不上；講兵力，秦孝公時也沒有韓、趙、魏強大。秦能統一六國，好像上天有什麼神祕力量在幫助它。有人用類似風水的概念解釋秦的興起，事物會從東南方開始，但是最後在西北收成。秦占據了正確的位置，所以能夠得到好的結果。這段話有意思的地方是「天」的用法，在整部《史記》中非常典型。司馬遷什麼時候會講「天」？如果窮盡人事的道理仍然無法解釋，那就叫「天」。

還有一個非常精采的例子，在《高祖本紀》中，司馬遷不只是用「天」來形容秦，也用來形容漢：「故漢興，承敝易變，使人不倦，得天統矣。」

他這樣寫是有深意的，裡面有一種評斷。秦並不是一個好的國家，從任何標準看都不應該取得這麼大的權力，但它畢竟最後統一了天下；漢高祖也不是什麼了不起的聖賢，一生中有太多的理由失敗，但是他竟然也沒有失敗。如果單純以人事作為研究和記錄對象，這個時候司馬遷恐怕要雙手一攤說，這個事情在我能力範圍以外，我沒辦法單純從人事上解釋秦為何能統一天下，也不知道劉邦為何能成功。這裡面有一些無法解釋的神祕東西，所以「豈非天哉」事實上是一種評斷，認為單純從人事的道理看這些事本不應該發生。

這種態度在《伯夷列傳》裡則更直接：

> 或曰：天道無親，常與善人。若伯夷、叔齊，可謂善人者非邪？積仁絜行如此而餓死！

伯夷、叔齊是堅持原則的人，反對周武王伐商。換句話說，他們在善的原則上面堅持得如此決絕，連以暴易暴都無法接受。這種人肯定是善人吧，可是為什麼最後卻活活餓死？不只是伯夷、叔齊，孔子的弟子顏淵也是善人，也有特別高貴的素質，但是顏淵的一生，一簞食一瓢飲，隨時在貧窮的狀況下，而且三十九歲就早早去世了。

司馬遷在質疑天，為什麼用這種方法來對待善人。這樣還不夠，他還要進一步對照：「盜蹠日殺不辜，肝人之肉，暴戾恣睢，聚黨數千人橫行天下，竟以壽終。」

作為史學家，他在歷史資料裡看到了許多人，而且認真整理了這些人做了什麼事，得到什麼待遇，由此看到的是——天不可能公平。人能決定的是要不要做好人，可是，做好人就能保證一定能得到好結果嗎？顏淵就會擺脫貧窮，伯夷、叔齊就能不餓死，而盜蹠就會得到報應嗎？這些其實與人無關，人不能夠決定一切。可是正因為這樣，我們才能夠回到根本上，瞭解人事上的是與非。之所以要「究天人之際」，是因為只有把天的部分和人的部分徹底隔開，我們在人事上的判斷才不會受到干擾。很多時候，我們做人事上的判斷時會看到偶然的東西——有人做了那麼多壞事也沒怎樣，如果相信這些偶然，就不會相信原則，就看不到人事的教訓，也不會相信人事的道理。所以司馬遷清楚地告訴我們，寫歷史首先要分清什麼是天，什麼是人。

第二個原則是「通古今之變」。從古到今有種種的變化，其中有很多有趣的東西，但這不是歷史的主要任務。歷史不只是告訴我們朝代的興廢、皇權的更迭，以及戰爭、饑荒、婚喪嫁娶……這些都是古今之變，可以

無窮無盡地記錄下來，但並不是歷史的真正核心。我們要超越表面的變化，探究歷史背後的通則——什麼樣的人，碰到什麼樣的狀況，依照什麼樣的信念，會有什麼樣的行為，因而產生了什麼樣的變化——這才叫作「通古今之變」。

成一家之言

《史記》是司馬遷在很清楚的自主意識下創作的，與後世的史書寫法很不一樣，他並不是簡單地把手上的素材按時間順序編排在一起。在司馬遷眼裡，歷史沒有那麼容易，更重要的是，要把從古到今的歷史寫進一本書裡，不可能用這麼簡單的方式。除了「究天人之際」、「通古今之變」，還要能「成一家之言」。

在兩千年前，他已經在清醒地思考史家與歷史的關係。一個稱職的史家寫出來的東西並非就是歷史，史家寫出來的歷史也不會都一樣。有時候，我們可能比司馬遷更落後，或者更天真，常常以為歷史可以有定論，歷史學家寫出來的歷史應該都一樣。這怎麼可能呢？一個歷史學家如果沒有清楚的個人理念，如何能夠寫出像樣的歷史呢？寫歷史的人背後必然有一種精神和價值觀灌注到他的歷史裡。相當不幸的是，「成一家之言」這簡單的幾個字，在中國後來整個史學裡面反而成了最難理解的一件事。

在這一點上，《史記》有著巨大的弔詭之處。司馬遷從一開始就要寫一家之言，換句話說，他的寫作不是歷史的定論，更不是標準答案——歷史沒有標準答案，不一樣的人看歷史會有不一樣的評斷。對於史書來說，重要的不在於寫下來的歷史不能更動，而是在歷史記錄與探究中「究天人之際，通古今之變」，挖掘出一些智慧，讓讀者可以通過對歷史的理解與思考加以吸收。這個智慧比「歷史究竟是什麼」更加重要。正是在鋪陳這種智慧的時候，才需要「成一家之言」。

然而，用這種精神寫成的《史記》，在中國傳統史學中竟然變成了「正史」的起源——二十四史之首就是《史記》。事實上，《史記》變成正史的起源，大部分是來自它在體例上面的貢獻。接下來，每個朝代就只有一部，頂多有兩部（如《新唐書》、《舊唐書》）正史。再後來，中國傳統史學認為正史裡寫的東西都是真相，都是事實，都是標準答案。

這剛好與司馬遷寫《史記》的態度相反。不管是什麼人，甚至不管是什麼委員會或者集體把這個事情寫下來，它就代表真實發生過的事嗎？如果我們不能有「成一家之言」的精神，去質疑歷史上真正發生了什麼事，探索各種人物與事件的關係，那還學歷史做什麼？「成一家之言」不只是說這本書是有作者的，更重要的是在提醒讀者，讀這本書要有謹慎、恐懼和自我準備的精神，不能完全被動地接收它，而應該以一種主動的精神去思考，司馬遷到底想說什麼，為什麼要這樣寫，這樣寫對我們的意義又是什麼。換句話說，在讀《史記》時，我們應該跨越兩千年的時空，與偉大的司馬遷進行一種歷史式的心靈對話。

《史記》涉及的重要體例分為本紀、表、書、世家、列傳。本紀是從三皇五帝講起，基本上是以政治統治者作為單位。這一部分在歷史敘述上的功能，按司馬遷的說法，叫「陳其科條」，即以統治者為線，將重要大事列於書的最前頭。因此，我們看到從夏、商、周一路下來，哪些人當了皇帝，又做了什麼大事。本紀是大綱，其他重要的事情則被分散在世家或列傳中進一步介紹。

不過，這個體例裡有一些有趣甚至怪異的安排。例如，《史記》是在最強調大漢光榮的漢武帝時代寫就的，然而司馬遷在本紀裡放進了一篇「項羽本紀」。按照原則，只有皇帝或者統治者才能被列在本紀裡，那為什麼會出現項羽？

漢朝是靠打敗項羽而建立的。在五行安排上，漢代認定自己是土德，也就是直接接在秦後面，中間沒有項羽。換句話說，漢代的官方意識形態不承認項羽。但是太史公寫《史記》時，寫的不是「項羽世家」或者「項

羽列傳」，而是「項羽本紀」。在此，他有一個不同於漢代官方意識形態的「一家之言」，他認為滅亡秦的是楚而不是漢，是項羽而不是劉邦。這是一個很重要的判斷。

此外，按照剛剛講的基本體例，應該是一個一個皇帝接續下來，高祖之後應該是漢惠帝，但是《史記》中又有很明顯的「一家之言」的破例——我們找不到《惠帝本紀》，接在《高祖本紀》後面的是《呂太后本紀》。換句話說，《呂太后本紀》取代了《惠帝本紀》。

在漢興的歷史上，對比《史記》與《漢書》會看到非常清楚的差異。《漢書》裡有《惠帝本紀》，同時前面有一篇《高后本紀》，這是《漢書》所排列出來的正統。依照原來的體例，既然惠帝當了皇帝，就不能沒有本紀，可是《漢書》又繼承了《史記》（甚至有一些部分是直接抄《史記》的），覺得必須要把呂后放在這裡。班固的評斷與司馬遷

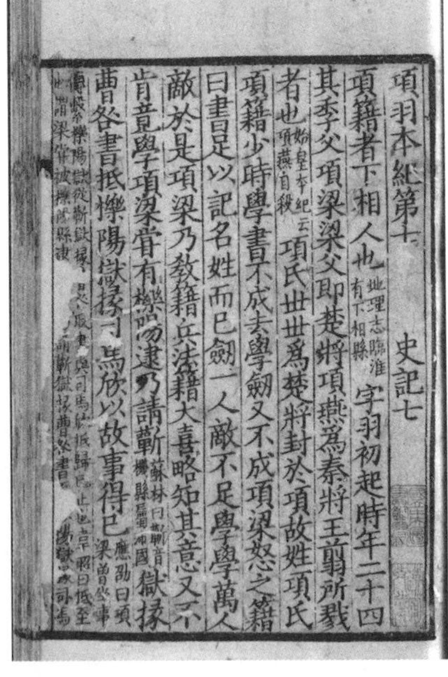
項羽本紀第七　史記七
項籍者下相人也　字羽初起時年二十四
其季父項梁梁父即楚將項燕為秦將王翦所戮
者也　項氏世世為楚將封於項故姓項氏
項籍少時學書不成去學劍又不成項梁怒之籍
曰書足以記名姓而已劍一人敵不足學學萬人
敵於是項梁乃教籍兵法籍大喜略知其意又不
肯竟學項梁嘗有櫟陽逮乃請蘄獄掾
曹咎書抵櫟陽獄掾司馬欣以故事得已

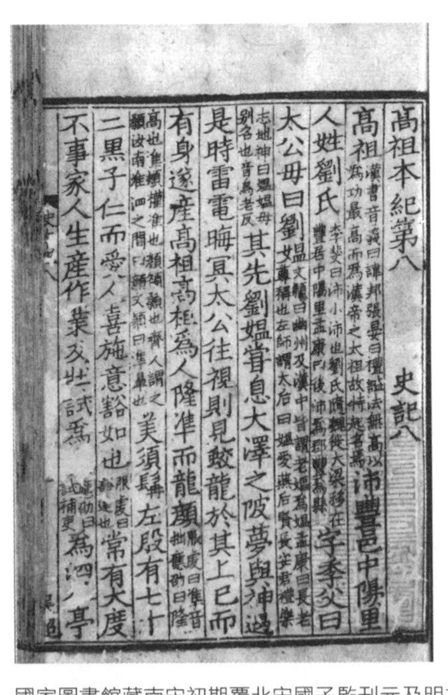
高祖本紀第八　史記八
高祖　沛豐邑中陽里
人姓劉氏　字季父曰
太公母曰劉媼　其先劉媼嘗息大澤之陂夢與神遇
是時雷電晦冥太公往視則見蛟龍於其上已而
有身遂產高祖高祖為人隆準而龍顏　美須髯左股有七十
二黑子仁而愛人喜施意豁如也　常有大度
不事家人生產作業及壯試為　為泗水亭

國家圖書館藏南宋初期覆北宋國子監刊元及明初遞修本《史記》。
（圖片授權／國家圖書館）

不一樣，他把這篇稱作《高后本紀》，「高后」指的是「高祖皇帝的皇后」，即依隨劉邦而來的身分，這是一個正統的概念。但是司馬遷的價值判斷不一樣，從頭到尾稱她為「呂后」，標題也叫作「呂太后本紀」，這就意味著，在司馬遷眼中，呂后與項羽基本上是同樣的。呂后要建立呂姓王朝，而且實質上已經把劉家天下改造成呂家天下了，只不過最後劉氏勢力重新集結，她終歸失敗，呂家天下又變回了劉家天下。對司馬遷來說，這個不應該忽略，他要借此彰顯出「成一家之言」的重大評斷。

世家裡有更多有趣的「例外」。依照體例，世家本來講的是封王的貴族，這是因應西周封建體制而特別設計的。在封建的歷史架構下，貴族是與平民百姓徹底分開的，為了反映這一歷史現實，太史公沒有把貴族與平民放在同一範疇下。因此，如果是西周封建中的重要諸侯國，就有相應的介紹，例如《吳世家》、《晉世家》；有過封王身分的人也一定要寫進世家裡，如果沒有，或者是漢代之後這個身分失去了以前的意義，就把這些人歸在列傳裡。世家與列傳就以封建身分區隔。

從這個角度來看，又有一個奇怪的特例——孔子。孔子沒有王位，在封建秩序裡也沒有正式的貴族地位，卻被司馬遷寫進世家。對司馬遷來說，沒有人比孔子更加重要。本來應該將孔子放到列傳中，但為了凸顯他的重要性，同時追隨自己所學的董仲舒的春秋學（認為孔子是素王），司馬遷沒有把孔子當作一般平民寫在列傳下，而是給予了世家地位。

還有一個很特別的人，陳勝。陳勝被列在世家裡，就像項羽被列在本紀中一樣。司馬遷所看到的歷史，從人事上看，在歷史的關鍵點上，陳勝、吳廣是秦朝最早起義的人。項羽很重要，因為他是真正滅秦的人；陳勝、吳廣也很重要，因為他們最早有勇氣揭竿而起。所以，雖然陳勝、吳廣的王位是自封的，但是司馬遷願意承認他們的歷史重要性。

藉由《項羽本紀》、《陳涉世家》，司馬遷是在告訴我們，如果單純從人的角度來看，這些人在歷史上的

作用遠遠超過他們的平民身分，甚至超過貴族的身分。他們有更高的身分，那就是在歷史轉捩點上發揮了巨大作用。蕭何、張良等人是協助高祖建立龐大王朝的功臣，有些並沒有真正封王，可是為了凸顯他們的巨大貢獻與特殊角色，也都被列入世家之中。

本紀基本上是把政治事件逐條列出來，世家與列傳則把這些大事相關的人和事做更詳細的說明。此外，司馬遷還奠定了「表」這個體例，這也是「成一家之言」的精采表現。在周的封建時代和漢代早期有許多王國，各國都有自己的紀年，因此時間序列非常混亂。這時只好用表讓讀者一目瞭然。表還有另外一個作用，即有些人在歷史上比較重要，但其事蹟沒有豐富到列入傳記，就可以在表中留下位置。

「成一家之言」最特別的貢獻是書。本紀、世家、列傳、表基本上都是以人為主，但書以事件為主，它把一個事件，甚至是跨越時代的重要制度聚攏在一起，這本身就是一個了不起的史學體例的發明。《史記》所寫的八書，尤其是《封禪書》，裡面的內容有更多歷史的評斷。《封禪書》一開始說：

自古受命帝王，曷嘗不封禪？蓋有無其應而用事者矣，未有睹符瑞見而不臻乎泰山者也。

表面上看，司馬遷是講所有帝王都要到泰山去封禪，但這段話講完之後，他開始仔細說哪個帝王與封禪發生了什麼樣的關係。看接下來的文字就會發現，前面的表面說法與細節鋪陳有些不太對得上。他羅列出過去帝王與封禪的關係，得到的結論是：其實在秦始皇之前，所有封禪的故事都不太可信。那封禪到底怎麼來的呢？依照《封禪書》的說法，最初的來源是秦時鄜時的祭祀，是秦立國之後受到西戎習俗影響而來的。司馬遷把這一來歷寫得清清楚楚，中間還加上了明白的評斷。換句話說，封禪是在華夏禮樂傾頹、周的封建秩序變壞以後，秦受到外族影響才產生的一套東西。

到了秦始皇的時候，這套東西又加上了另外一個系統。秦始皇到了東方，遇到齊魯的方士，他們在那裡幫封禪附加上神話的光環。司馬遷要處理的是非常敏感的內容，所以《封禪書》有一些文字是湮沒的，不過倒也不至於看不清楚他到底要說什麼。他想告訴我們：第一，封禪是晚近才產生的，堯、舜、禹、湯沒有這樣的東西；第二，封禪是兩個巨大的迷信系統結合在一起而產生的，一個來自秦和西戎，另一個來自齊魯方士的幻想，是秦始皇完成了封禪這個制度。接下來司馬遷又寫了秦始皇封禪時的種種荒謬內容。他鋪陳封禪的背景與來源，最重要的是要顯現他對於另外一個經常被與秦始皇相提並論的皇帝的評斷，也就是隨時有權力殺他的漢武帝。《封禪書》之所以那麼有意義，那麼重要，是因為司馬遷在裡面表達了他對於操有生殺大權的漢武帝的歷史評斷。

從這件事情上面，我們可以瞭解司馬遷的精神有多麼偉大。「成一家之言」，意味著他在寫史書時一定要提出自己真正相信的、對歷史事件或者人物的評斷，不受別的人、群體或者權力的影響。他大可以不必評論漢武帝，但如果不評論，在他的標準裡，這本書就不能夠真正稱為「成一家之言」，所以他要表達對漢武帝的是非評斷，要把漢武帝相關的行為與歷史收納在《封禪書》這篇奇特的文章當中。

權力與命運

封禪書：長生不老的諷刺

權力的背面

《史記》寫了約三千年的歷史，不過司馬遷不單單要記錄歷史，還要對歷史進行解釋、評斷，即「成一家之言」。對歷史人物或事件的評斷，有些相對容易，有些則要面臨挑戰——其中一個困難是要評斷當代的事件。《史記》從開天闢地寫起，一直到司馬遷所處的時代，非此則不能算是真正的通史。換句話說，「通古今之變」的「通」，最後要表現為利用過去來認知現在。這是一個困難的任務，尤其是他所處的正是漢武帝時代。

漢武帝作為皇帝所握有的權力，跟作為史家的司馬遷相比，不可以道里計。況且，漢武帝的個性和父親漢景帝不一樣，更不用說祖父漢文帝了。漢文帝時，漢代開始形成一個重要的政治意識形態和指導原則，叫「黃老無為之學」。它要讓人民擺脫戰國時代以來幾乎沒有停止過的戰爭狀態，獲得休息，恢復經濟與社會活力。《史記》格外強調漢文帝節儉愛民、愛惜民力，他的后妃也都非常節儉，不輕易動用國家的財力。經過了文景兩代，到漢武帝即位時，漢朝累積了龐大的財富，國家也已經有一套完整的經濟、社會體制，可以支撐皇帝想要做的一些事情。所以武帝一改文帝、景帝的做法，變成了一位不斷對內對外擴張的一種新形態的統治者。抱

持這種雄才大略的君主明顯對權力有一種飢渴——他的權力愈來愈大，也就意味著與一般人的差距愈來愈大，對於臣民的生殺予奪也愈來愈絕對。

司馬遷對漢武帝的個性有第一手的接觸。李陵事件中，司馬遷一度性命不保，但為了完成《史記》，他接受宮刑，苟活下來，進宮服務漢武帝。換句話說，我們可能很難找到比司馬遷更瞭解漢武帝個性的人，而在對漢武帝的權力及其恐怖性的認知方面，司馬遷恐怕也仍然排在前列——比他進一步體會到漢武帝權力之可怕的人，大概都已經死在刀下了。

要評判堯舜那種古遠的君王很容易，要評斷做生意的凡夫俗子也相對容易，但困難的是去評斷當前直接壓在你面前的這個統治者。司馬遷清楚地瞭解漢武帝的個性，又直接受到這個權力的可怕威脅，但依然沒有放棄。當他要寫歷史的時候，仍然要寫漢武帝、要堅持自己的做法，這就變成一件不可思議的、值得我們佩服的事情。他不會放棄一個史家要「成一家之言」的基本動機與野心，在本紀最後一篇寫到《今上本紀》，但是這篇文章直接犯了忌諱，最晚到東漢時就已經消失，今天自然更是看不到了。

然而，即使沒有《今上本紀》，我們仍然可以在《史記》裡找到司馬遷對漢武帝的評斷，即在「書」這個特別體例中的奇文——《封禪書》。

父親的遺命

《封禪書》至少有兩個背景需要仔細說明。

其一，歷史是什麼，史官、史書是什麼。中國的傳統非常重視歷史，在象形文字裡，它是手拿著筆寫字的形象，即「史」的根本意義在於用文字記錄事物。這帶出另一個重要的問題，即什麼樣的東西值得被記錄下來。

司馬遷在《太史公自序》中追溯了自己的家世，一個有幾百年傳統的史官家族，然而直到漢代，史官所執掌的工作也不完全是我們今天所認知的歷史記錄或者歷史探究。他最重要的工作叫作「星曆占算之間」。漢代太史官首要的工作不是記錄皇帝做什麼，朝廷發生什麼事情，更不是記錄整個時代或社會中哪些重要人物在做哪些重要事情。他最關鍵的工作是訂定曆算，即觀察天文。從曆算延伸下來還有卜算，即占卜凶吉。從這個角度來看，大致可以說，「史」最初有介於神人之際，或者是把神人溝通的訊息記錄下來的背景。

這一背景顯然要追溯到商代。商代是一個鬼影幢幢的時代，用張光直教授的說法，商人深信他們的世界是一個連續性的世界，即活人的世界與死人的世界沒有絕對的斷裂，人死之後就變成了魂靈，仍然可以隨時介入活人的生活，活人也隨時可以去請教死掉的祖先，詢問在現實中如何做會活得更好。所以，活人的世界與超驗的世界，即包括眾神的自然以及由逝者靈魂構成的領域，有很多可以溝通的途徑，而負責溝通的人就是巫。中國的文字起源於甲骨文，刻在卜甲或者卜骨上的文字。換句話說，文字的出現就是因為要記錄占卜的內容。巫祝向另外一個世界的祖先、神靈詢問：明天會下雨嗎？今年會豐收嗎？如果要打仗，什麼時候會比較合適？如果要渡河，什麼時候才是適當的時機？如果要去打獵，應該要往哪個方向？……要把結果記錄下來以備日後查驗，顯然就需要文字。中國文字最早的執掌者就稱為「史」，他們最早記錄的是人與神鬼之間的溝通。在這個傳統上，我們能夠理解為什麼一直到漢武帝時代，司馬遷仍然要負責星曆卜算。

不過，史的工作不只有星曆卜算。這裡涉及從商到周的巨大變化。傳統上商周被當作彼此相連的兩個朝代，但今天從考古器物重新檢驗文獻，有愈來愈清楚的證據顯示，商文化與周文化大不相同。依據張光直教授的觀點，最大的不同是商人的連續性世界觀變成了周人不連續的世界觀，即活人的世界與想像中的世界，不管是自然山川中的萬物之靈，還是祖先靈魂、神鬼，都是徹底絕隔開來的。因此，周人文化中就特別強調現世，強調在這個體系中累積經驗，歸納原則，從而找到人的智慧。人間的智慧只能在人間尋找，是周人非常特別的底蘊，

後來也變成了中國歷史的根本精神之一。

商到周，一切事物都反映著從注重鬼神轉變為注重人世。商代青銅器上都有非常華麗的紋飾，一般都與動物密切相關。青銅器通常是炊煮之具，在煮東西把水燒開時，水氣不斷地往上升，這樣的現象讓商人相信，這個鼎是現實世界與想像中的神鬼世界直接溝通的工具。因此，商人看重這些器具，發展出非常複雜的鑄造方法，又在上面做了華麗的紋飾。這些紋飾基本上是以真實或想像的動物為主題，因為商人相信動物能幫助人溝通不同的世界。周人雖然承襲商人鑄造青銅器的技術和器物模樣，但是改變了青銅器的意義與功能。最重要的改變是紋飾愈來愈簡單，愈來愈不重要。換句話說，周人已經不再相信紋飾所產生的神聖力量。

此外，商代青銅器上面會有族徽，即又像圖畫又像文字的一種圖案。但是周人之後的青銅器上開始刻蝕銘文。商人相信青銅器可以溝通不同世界，可是周人看重它是因為它可以長遠流傳。他們的銘文有一個經常出現的結語，叫作「子子孫孫永寶用」。這不僅表示青銅器可以當作世代傳承的寶物，更重要的是要告誡子孫遵照上面的文字。這些銘文是人與人之間的許諾、和約。因此，周人如果有封建儀式，就必須要鑄鼎以示契約——一個永久的契約，要用可以永久留傳的青銅器與金文，讓後人永遠不忘。

因此，從商到周，史官雖保留了同樣的職責，即記錄重要事情，可是重要事情的定義劇烈變化了。於是，一直到漢代，史官的工作都還具有明顯的雙重性：有一部分來自商代的神鬼世界，要觀察天文，計算曆算，甚至去預卜吉凶；另一部分則來自周人對現世的強調，要記錄人與人的交接、許諾，不同親族如何建構秩序、規範行為。愈往後，人世記錄的部分愈重要，星曆卜算則逐漸挪到其他官職上去了。太史公的時代，史官仍然具備這樣的雙重職責，不過司馬遷的選擇是記錄人世的「究天人之際，通古今之變」，認為那才是史官應該首先承擔的職責。

《封禪書》很大一部分就是在講漢武帝時代興盛的各種怪力亂神，但又不是一般民間的迷信，而是只有皇

帝才有資格的封禪。漢武帝相信封禪可以使人不死，因而才有相關的事情。這些資料基本上就在史官司馬遷的執掌下，許多事情要去問他的意見，他自己也要參與到討論之中。因此，我們不僅要感謝司馬遷的勇氣，還要感謝當時史官職責的曖昧性。封禪的細節本來牽扯到漢武帝個人最私密的恐懼以及信仰，司馬遷卻得以看到並把它記錄下來。

另一個背景是父親司馬談教給他的使命。司馬氏世為典史，到了司馬談這一代，他想把家族保管的歷史完完整整寫下來，但來不及寫，於是要司馬遷把它寫下來。司馬談作為史官，最大的遺憾是漢武帝到泰山封禪時竟然沒有帶他。從《太史公自序》的相關記載來看，大概可以認定司馬談是徹底肯定封禪的作用的，他認為這是一件劃時代的歷史大事，所以才會抱憾而終——作為史官，皇帝竟然漏了他。司馬遷承繼了父親對於封禪的重視，於是把封禪的重要性，以及應該從何種角度理解封禪寫在《封禪書》裡。這裡顯現出來的意義恐怕與司馬談的認知有相當大的差距，但一脈相承的是，司馬遷做到了他的許諾，真正寫出漢武帝這一朝封禪究竟是什麼，以及它對漢武帝和朝廷產生了何種重大作用。

漢武帝的「不死之路」

「書」的基本性質是制度史，所以文章開頭，司馬遷把封禪制度的來龍去脈做了整理，可是仔細看就會發現，司馬遷在此強調了兩件事情：第一，封禪不是擁有長遠傳統的制度；第二，封禪的形成與秦始皇關係最為密切，所以在講封禪來歷時，大部分都是講秦始皇為了封禪，進行了種種荒謬的作為，在此之後則講到了漢代，快速提了一下文帝和景帝。文帝部分從頭到尾其實只講一個人，就是趙人新垣平。後來文帝發現他那些封禪的說法都是假的，便「怠於改正朔服色神明之事」，不管這些東西了。換句話說，文帝與封禪只發生過間接關係。

景帝部分也只有短短幾句話，叫作「祠官各以歲時祠如故，無有所興」，即行禮如儀，照著原來做就是了。

然而，「今天子初即位，尤敬鬼神之祀」。《封禪書》篇幅最長的一段其實是在講漢武帝如何一步一步走上封禪這條路。因此，雖然本篇被歸在制度史的「書」中，但是實質上它的內容，尤其是中間這部分，是理解兩千年前漢武帝個人心理的絕佳資料——司馬遷用非常細膩的筆法描寫武帝身邊的方士和他的回應——在所有的資料裡面，恐怕只有《封禪書》能夠提供這些。

從這裡開始，《封禪書》進入真正的重點，精采得不得了。

司馬遷先寫女子神君，「聞其言，不見其人」。你聽到一個女人的聲音，可是找不到她在哪裡，因此大家都嚇得不得了。後來這個女人現身，在漢武帝面前解釋說，「你們只聽到我的聲音但看不到我的人，為什麼我有這樣的能力，因為我不會死，而為什麼我不會死？因為我曾經參與過封禪。」這一段是司馬遷的特別安排。他讓神君在封禪故事中首先登場，從而告訴我們，封禪在漢武帝這一朝至關重要。對皇帝來說，它與「不死」結合在一起。

漢武帝如此熱衷於封禪，是為了長生不老，這是他追求權力的終極目標。一切現世權力，在死亡面前便失去了所有意義，所以愈是有權力的人就愈怕死。《封禪書》很大一部分就是從這個角度來寫漢武帝的，表達了司馬遷的基本看法。他不是用抽象的方式簡單地講，漢武帝是一個怕死的人，為了長生不老，做了一些如何荒謬的事情，而是一段一段地鋪陳，講哪些人用什麼樣的方式去接近漢武帝，告訴漢武帝他們會什麼，最重要的是讓漢武帝認為，他們可以幫助皇帝不死。

《封禪書》裡寫到很多方術之士，例如說李少君。他自稱七十歲，能夠運用神力驅使不同的事物，更重要的是不會死。少君曾經與武安侯一起喝酒，座上有一位九十來歲的老人，年壽之高，被視為奇蹟。李少君突然口出奇言，說：「我還記得我與你祖父一起去游射的地方，那個時候你祖父喜歡到哪裡去遊玩，會在哪裡射

箭。」這個九十來歲的老人在孩童時的確與祖父去過那裡，一聽的確如此。這個老人已經九十來歲了，竟然有人不僅認識他祖父，還認得他祖父喜歡去的地方，於是李少君被引薦給漢武帝。漢武帝收藏有古代銅器，就拿它來問少君，少君說這是齊桓公十年擺在柏寢的東西。大家把那個銅器拿來，看後面的銘刻，果真是齊桓公時代，都覺得非常神奇，認為李少君已經活了幾百歲了，是神。

李少君告訴漢武帝，如果你好好祭拜對的神祇，丹砂可以變成黃金，做成器皿吃東西，就可以活得很長，見到蓬萊仙島的仙人，看到仙人就有資格封禪，封了禪就可以不死，變成黃帝。這是一套非常精巧的騙術，它的技巧在於給你一個極端的夢想，即長生不死，同時也給你一個現在就可入手的任務——不必經歷一個不可想像的飛躍，而是開始認真祈禱，一步一步地做，將來有一天到那個終點，就可以長生不死了。它有很複雜的步驟，每一個步驟都可以拖時間。

李少君又告訴皇帝說，他曾經在東海走來走去。因為東海特殊的地理條件，海上經常起霧氣，人們可以看到各種縹緲的海島，可是等到天氣晴朗時，這些栩栩如生、上面有人來往的海島就再也找不到了。在齊地有很多這種神仙的傳聞，李少君也用此勾引漢武帝，說自己經常在海上來往，看到仙人安期生。安期生不吃一般的五穀，而是吃巨大如瓜的棗子。安期生不是想見就能見到的，他「合則見人，不合則隱」。

接受了這一說法後，漢武帝就開始親自去拜，並派遣各個方士到東方的海裡，去蓬萊找安期生。接下來他就開始煉丹，想讓原來的丹砂變成黃金，但有趣的是，沒有多久，那個號稱已經幾百歲，與九十老翁的祖父一起生活過，好像還在齊桓公宮裡看過銅器的李少君，竟然病死了。這當然是個很大的麻煩，打擊了漢武帝的信心。有趣的是，李少君明明都死了，但是漢武帝為了安慰自己，寧可相信他是羽化了。

他還特別找了另外一個人，叫作史寬舒，恐怕也與史官有關係。後來碰到與長生不老、封禪有關係的事，史寬舒就與司馬遷這些史官一起管理。漢武帝叫他去學李少君的各種法術，希望找到蓬萊仙島或安期生，可是

最終還是沒有找到。接下來，司馬遷就告訴我們連帶的效果。李少君變成了一個示範，大家都知道皇帝相信神仙，所謂「上有好者下必應之」，於是「海上燕齊怪迂之方士多更來言神事矣」。這又是一個統治者明確讓社會知道他喜好什麼東西，對什麼執迷的案例，大家為了得到權力和好處，這樣的東西自然就會愈來愈多。

我們看到來自亳的謬忌。謬忌有一個新主張：皇帝若要長生不老，就要拜太一神。他講了一大套怎樣拜太一，漢武帝不只聽進去了，還要按照這種說法立太一祠。再後，所有的人就在這上面不斷加碼。有人告訴他，天子三年用一次太牢，要拜三個神，即天、地、太一。於是從謬忌的太一祠加碼成了天壇、地壇與太一壇。人們一看皇帝喜歡這種意見，接下來又有人上書說，以前天子在春天要去拜黃帝，要用一塊破損的古鏡，用羊用馬。然後如何拜山，如何拜澤，如何拜武夷君，又講了一大套。整個漢武帝時代，祭祀系統不斷膨脹，花費的人力與財力也愈來愈多。到了一定的時候，要讓皇帝能夠繼續相信，就要有一些奇蹟般的現象出現，於是一隻獨角獸被及時捕獲了。有人主張這隻獨角獸就是傳說中的麟，而麒麟來到人世間應該有它的意義，於是大家猜測，下一步皇帝應該要封禪了。封禪要去哪裡呢？要到泰山。

在行政體制上，漢代仍是郡國並行制，有很大一塊領域是皇帝自己直接統治，以郡縣的制度來運行，王侯（主要是王）則有各自的領地。泰山在濟北王的國境內，於是濟北王趕緊把境內的泰山及旁邊的城邑全部還給了皇帝。漢武帝高興之餘，就用其他地方補償給濟北王。這時，常山王因事被貶，漢武帝趁機把常山王所封的地方也搬走了。於是，在號稱有特別神聖意義的五月，本來在王國境內的兩座山全部都還給皇帝，也就是所謂「五嶽皆在天子之郡」。

接下來又出現了一個奇人少翁。少翁用「鬼神方」，和皇帝說自己有一些特異功能。漢武帝有一個寵幸的王夫人，不幸早死，少翁就說自己有辦法招魂，在夜裡使王夫人及伴隨她的灶鬼在皇帝面前顯影。皇帝在帷幕之後遠遠地看，愈看愈像，好像真的就是王夫人的魂靈回來了。於是皇帝開始重用少翁，把他拜為文成將軍，

漢博山爐，祭祀用禮器。（國立故宮博物院典藏）

給了非常多的賞賜。文成將軍得到皇帝的信任後，開始有各種建議。他告訴皇帝，要想與神仙有所交流，就不能住平常的房子，不能穿平常的衣服。如果宮室被服沒有神仙圖案，神仙不會來。於是，所有宮室全部要大變，不管是屋子還是衣服：

作畫雲氣車，及各以勝日駕車辟惡鬼。又作甘泉宮，中為台室，畫天、地、太一及諸鬼神。

即每天穿不一樣的衣服，住不一樣的地方，還要遵循不一樣的時辰，避惡鬼。然後祭拜，希望天神願意降下來。這樣搞了一年多，神還是沒來。如果再沒有什麼新的靈驗，少翁知道自己的性命可能會不保，就做了一些詐術。他把有字的帛書餵給牛吃，然後假裝不知道，看到牛時就說這牛不對勁，牛肚子裡有奇怪的東西。殺了之後，果然發現帛書，上面寫著稀奇古怪的話。但是漢武帝沒有那麼笨，看到帛書上的字體好像是少翁的，去找養牛人問，果然是假的。漢武帝非常生氣，就殺了少翁。這裡司馬遷又有一個暗語，即文成將軍被殺之後，「隱之」——為了給皇帝面子，假裝他不是被殺的。

雖說殺了少翁，但漢武帝並未死心，不願意完全放棄他教的一些方術，仍舊建造柏梁、銅柱、承露仙人掌。這些都是招神仙的方法。少翁死後第二年，漢武帝病得非常嚴重，不僅找了各種醫生，還找了巫來醫治，可是一直都沒有好。當時有各種建議，讓他在甘泉宮裡拜這些那些鬼神，武帝後來沒有辦法，派人去問神君。有位神君就說，皇帝不必擔心病，過一陣子就會好一點，屆時請他勉強自己到甘泉宮見我。他說完這些話後，漢武帝的確感到身體稍微好一點，於是從病榻上起來去甘泉宮。到了甘泉宮之後，病真的好了，漢武帝鬆了一口氣，大赦天下，建造壽宮供奉神君。壽宮中最尊貴的神君是太一，在旁邊輔佐的是大禁、司命之屬。人們見不到這些神仙，但可以聽到他們說話，就好像真人在說一樣。他們忽然而來忽然而去，來的時候非常肅然。如果聽到

了這種聲音，只能在那裡等著這些神人顯現。於是，此後又有一堆的儀式，疊床架屋，以至要漢武帝「親郊后土」。

這一路羅列下來，《封禪書》幫我們刻劃了一個真正的武帝面貌。其他人寫武帝只寫他帶著權力光環的表面，司馬遷則要「成一家之言」，雖然要通過《封禪書》這種形式才能夠「偷渡」，但是他堅持讓人看到，在權力光環的背後，漢武帝是一個多麼害怕死亡的人。因為有這個致命弱點，如此雄才大略的英雄在面對死亡時，再荒謬的術士都可以輕易地騙過他。而且，即便上了那麼多次當，只要有人告訴他可以長生不老，武帝就又跳進去了。

權力的毒藥

在面對死亡時，漢武帝與秦始皇在《史記》中被用同樣的方式彰顯出來。權力愈大的人愈怕死，他們心中的混亂與糾結比一般人更加嚴重。漢武帝希望藉由封禪、各種方術擺脫一般人的命運，沒有擁有這麼巨大權力的人不會這樣想。我們知道凡人皆有一死，這是顛撲不破的道理，然而權力會讓人產生一種強烈的感受，讓皇帝不相信自己是一般人——一般人必須排隊，你可以不排；一般人無法得到的享受，你有權力就可以享受；一般人無法得到的安全感，有了權力，你就能擁有。有權力的人隨時活在特權當中，隨時在一種例外的情況下，自然就有一種錯覺，認為拘束一般人的規律不應該放到自己身上。所有人都不想死，一般人不得不死，但作為一個有權力的人，尤其是擁有這麼高的權力，為什麼也需要死呢？一定可以找到一種方法，運用權力，讓自己與其他人分隔開來，可以不死。

《封禪書》最精采的部分，就是寫了這樣一種權力思考方法，尤其反映在漢武帝的身上。一方面，漢武帝

如此雄才大略，立下巨大功績；另外一方面，回到個人層面，我們看到他的脆弱，也更進一步看到這個脆弱所帶來的愚蠢。在很多與權力、治國有關的地方，漢武帝可能有特殊的判斷能力和智慧，然而在生死攸關的時候，他變成了一個非常幼稚單純的人。在他身邊，一而再再而三地出現各式各樣的人，說著與封禪相關的各種誘惑，而他仍會一再上鉤。

例如說宮人欒大。有趣的是，他是文成將軍少翁的同門師兄弟，少翁被殺，但是欒大還是想接近漢武帝，就認識了康王。康王寵幸一位側妃，立她的兒子為太子。康王死後，康王后基本上一無所有。不過，因為康王早死，康王后還很年輕，而且她對自己的美貌與才能很自信，有了非常大的野心，要去勾引漢武帝。之前有少翁用這種方法接近漢武帝，變成漢武帝身邊最信任的人，康王后就去勾結欒大，因為欒大與少翁是師兄弟，學的是同樣的方術。康王后把欒大推薦給漢武帝，如果漢武帝重用了欒大，自己就可以藉機靠近漢武帝，最好讓漢武帝愛上自己。這樣，她就可以進到宮中，擁有榮華富貴和權力。

她的時機選擇得還不錯。漢武帝殺了少翁之後，正在後悔，認為還有很多的方術沒有學到。欒大長得一表人才，又很會說話，更重要的是他敢吹牛。《史記》的用語極為有趣，說欒大「敢為大言，處之不疑」，用我們今天的話來說，有人吹牛說大話且完全相信自己所說的。他自己都不懷疑，就很容易說服別人。

見到皇帝之後，欒大說的一部分內容是所有方士都會說的。他說自己經常到海上，看到安期、羨門這些仙人，但是每次去都有挫折感，因為地位不夠高，得不到他們的信任。欒大接著說：這些仙人同樣看不起康王，認為他不過就是一個諸侯，不願意把各種祕密法術教給自己和康王。康王是個笨蛋，不懂得重用我。我的老師經常與我說，只要能用對的方法找到對的仙人：

黃金可成，而河決可塞，不死之藥可得，仙人可致也。

欒大這些話特別針對當時漢武帝的心思。第一個「黃金可成」當然是件好事，可是對漢武帝這樣的人來說，黃金沒那麼重要。接下來，他知道這個時候漢武帝心中最大的困擾是黃河決堤。黃河決堤，整個黃河下游的氾濫，造成統治上的困擾，這是一個絕大的難題和巨大的工程。欒大就誘惑皇帝說「河決可塞」。皇帝不需要動用這麼多人，也不需要那麼擔心，如果有神仙來幫你，馬上就好了。這個當然就比「黃金可成」吸引力大得多。當然，最後是皇帝會最想要的「不死之藥可得，仙人可致也」。

不過欒大非常聰明，他還要保護自己。他說自己的地位很低，重要性不夠，神仙不見得會見他。此外，我們有法術的人藉此與神仙交接，可是稍微有神仙不理會我們的時候，你就要發脾氣，我的師兄文成將軍少翁就被你殺了。殺了少翁，你要付出很高的代價，所有有法術的人都不敢來找你了，最後是誰損失呢？漢武帝聽完之後，信誓旦旦地與欒大說，文成將軍不是我殺的，是誤吃馬肝而死。然後他就拉攏欒大，說你如果真的有見效的辦法，我什麼東西都捨得給你。欒大繼續替自己鋪路，就說，你是皇帝，我們怕你、有求於你，你對我們則沒有任何要求。可是神仙不一樣，我的老師是個神仙，他不求人而是別人去求他。如果你一定要找我的老師來，就不能說「你給我來」，而要客客氣氣地用最好的待遇去把那個陣仗給排出來。你派使者去找神仙，神仙不見得要見，最好的方法就是賜給使者印信，表示皇帝如何看重。

漢武帝當然心動了，可是他畢竟被騙過幾次，所以要驗證一下。就像當時少翁藉由讓王夫人還魂來說服漢武帝一樣，欒大擺好棋盤棋子，讓棋自己下，叫作「棋自相觸擊」。皇帝一看果然有神功，再加上之前欒大運用心理效果講到「河決可塞」，所以漢武帝就決定把欒大拜為五利將軍，接下來又增加很多頭銜，賜給天士將軍、地士將軍、大通將軍印。這就是依照欒大所說的，讓他去找神仙時地位很高，有各種各樣的依據。此外，漢武帝還下了一份詔書，封地士將軍欒大為樂通侯，專門治水。封了侯，地士將軍就可以在兩千戶的封地上發

揮作用，像大禹治水一樣「疏九江，決四瀆」，防堵河患。

武帝不只是賜給欒大宮室珠寶，甚至把衛長公主都嫁給他了——衛長公主的稱號改為當利公主，意為嫁給了五利將軍。武帝還經常親自跑到欒大的家裡。欒大的地位愈來愈高，高到皇帝刻了個玉製的將軍印，叫作「天道將軍」。在授予時，使者穿著羽毛做的衣服，晚上持印站在白茅上，欒大同樣穿著羽衣站在白茅上接受。這個特別的儀式表示，這不是皇帝授給臣下，他們彼此之間的關係是平等的。天道將軍是要「為天子道天神也」，道者，導也，也就是幫天子導引天神。到這個時候，欒大在幾個月內配了六個印，有六個封號，一下變成了長安城裡面最有名、最有權力的人，大家都去巴結他。

其實看到這裡，我們已經知道，司馬遷寫這一段真的不完全是在講封禪，而是一路講這些方術之士，以及他們與漢武帝之間的關係。司馬遷點明了政治上的一個通則，即作為統治者，比如像皇帝這樣擁有絕對權威的人，他的偏愛會導致政治災難。這個偏愛包括兩個方面：一是偏愛什麼事，二是因此而來的偏愛什麼人。這純粹是來自個人的喜愛或者執迷，不能用政治運作的道理來規範。一旦有權力者進入執迷的狀況，他就把權力交給了不是在正常政治運作下應該握有大權的人，實質上就是在打亂整個權力架構的運作，屆時所有人都會受到影響與衝擊。因此我們會看到，一旦有權力者執迷於某件事或某個人，整個政治運作就會開始分裂、傾斜。每個人都希望巴結皇帝喜愛的人，迎合皇帝喜好的事，分到一點權力和利益。他們再也不管原來的體制中什麼是正確的程式、什麼是應該有的守則。而且，一旦皇帝破格對待某些事、破格寵幸某個人，這個「格」顯然就不可能再約束所有的人。每個人都希望自己能夠被皇帝破格任用，得到破格賞賜，於是，原來那一整套規律規範就被弄得一塌糊塗。

除此之外，這種局勢必然產生另外一個團體。如果不願意依附有這樣偏愛的皇帝，不管是出於原則，還是出於個人恩怨，他們都變成了這個政治體制的邊緣，心裡必然會產生強烈的挫折感。社會分裂開來，大部分人

在那裡孜孜矻矻地求取利益，而另外有一群人隨時抱持著深深的埋怨與不滿。一旦政治進入這種狀況，如何能好好地發揮作用，為社會和一般人民造福呢？

我們讀《封禪書》，看司馬遷刻劃漢武帝與這些方術之士，乃至於朝臣對這件事情的反應，就能體會到這絕對是司馬遷「一家之言」的觀察、評斷，到今天仍然能夠對我們的認知、觀察有所啟發。他用來彰顯這個道理的故事，兩千年之後讀來仍然如此鮮活。

項羽本紀、高祖本紀：英雄與無賴的對決

碰撞時代的「楚漢雙雄」

一個史家「成一家之言」的重要面向是如何解釋自己所處的時代。司馬遷用《封禪書》來寫他所認識的漢武帝，呈現出不一樣的一面。這種對於自我時代的思考，擴大之後也就是對於漢代的思考。對於當前的朝代，即便只是書寫也是極難的事情，更別提解釋了。發表對當代的看法，在沒有改朝換代以及時間沉澱的情況下，要冒著與當朝意識形態、政治權力發生衝突的風險。在這一點上，我們不能不佩服司馬遷，因為他的確確做到作為歷史記錄者進行獨立思考的責任。雖然他也會因為當時的壓力，不得不寫下一些稱作「標準答案」的紀錄，但他用盡了各種技法，讓你知道他並不同意這些。

從漢代的開國過程，司馬遷就清楚地展現出「成一家之言」的精神。

之前說過，司馬遷在篇章設計上有特別的順序。對於漢代如何開國，他不只寫了開國的漢高祖，還把相關事蹟寫進了《項羽本紀》。除此之外，他還把滅秦及劉項相爭中重要事件的不同側面、看法分散在其他的篇章，例如《蕭相國世家》、《曹相國世家》、《留侯世家》、《陳丞相世家》，以及黥布、淮陰侯韓信、樊噲、酈

商、夏侯嬰、灌嬰等人的傳記裡，其中包括一些不方便寫在本紀裡，但又關係到高祖的個性與作為的重要內容。

將《項羽本紀》與《高祖本紀》放在一起，彰顯了司馬遷的史識。按照他安排的次序，不可能感受不到這兩人在個性上面鮮明的對比。另外，我們也會留下一個深刻的印象，即在秦末大亂中，一度是項羽占領了整個天下。在當時的時局中，幾乎是獨大的一個英雄，為什麼沒有保持住那樣的地位與權力，最後輸給了漢高祖呢？這兩人的成敗，甚至整個局勢的勝負，最後的關鍵在於性格，以及源自性格的種種行為，這是司馬遷對於秦亡漢興這個過程的重要看法。

前面也講到，太史公寫《史記》的第一條信念就是要「究天人之際」。在《項羽本紀》、《高祖本紀》中，秦末大亂的時機就是「天」，這不是項羽、劉邦或任何人能掌控的。在此之下，無數人前仆後繼參與在滅秦的戰鬥中，其中不只有開頭的陳勝、吳廣，甚至包括為秦帶兵的章邯這些人，他們都在秦末大亂的時機中，也就是天所塑造出來的環境下得到不同的機會。所以，他們之所以興起、衰亡，有很大一部分與他們是誰、做了什麼事情沒有關係。我們必須要將天的部分清楚釐分出來，才能去彰顯一個人在那樣的時機中基於個人性格和能力做對了什麼、做錯了什麼。這才是歷史真正要探討的。

面對這樣的時機，項羽與劉邦基於性格所做的決策，又牽涉到司馬遷的第二個重要信念，即「通古今之變」。在這裡，我們看到了一些古今之變的通則。秦建立了一個以郡縣制為主的新帝國，與原來的封建割裂，但這個制度中帶有許多不穩定的因素，最終經過短短十五年就滅亡了。可是，漢代基本上承襲秦的制度，沒有恢復原來周代的封建制，竟然開創出一個穩定的局面。歷史學家必須要有這樣的基本責任與野心，去解釋為什麼歷史會從秦的不安定過渡到西漢兩百年的穩定。《項羽本紀》與《高祖本紀》告訴我們，為什麼項羽能夠在群雄並起的情況下滅了強秦，完成別人做不到的事情，但接下來卻兵敗如山倒，完全守不住打下來的江山。這裡面的智慧，即「通古今之變」，濃縮成一句話就是，「可以馬上得天下，不能馬上治天下」。換句話說，打

天下與治理天下是兩回事。

這個古今之變的通則，解釋了劉邦為什麼能夠從項羽手上奪下大權，還可以繼續保有大權。劉邦的個性中有項羽沒有的特質，他能快速察覺到局勢已經完全變化。在爭奪江山的過程中，需要考慮的是要有什麼方向、做什麼事情，但是真正打下天下後，原來的長處立刻變成了最大的問題。面對這個挑戰，如果意識不到這中間的轉折，無法做出關鍵且快速的調整，就會變成另一個項羽。在項羽的對照下，劉邦知道在馬上得了天下之後，必須換另外一副態度與做法，才能夠穩定當前人心不安的狀況。

回來劉邦身上，他的性格裡有一種彈性和寬廣的特徵。這種寬廣在其他時候或許是嚴重的缺點，例如對於人生應該過什麼日子、應該追求什麼，他基本上是沒有原則的。對於要達到什麼目的，應該或可以動用什麼手段，他也沒有限度。更進一步，甚至很多時候究竟要追求什麼，他都沒有必然的執著。一般看來，這是他個性上的嚴重缺點，但在當時的時局下，這樣的人才有潛力從打天下的狀態快速調整到後來治天下的狀態。

連讀《項羽本紀》與《高祖本紀》可以發現，裡面講的不是西元前二〇六年秦滅亡這一件事情，而是一些更普遍的東西。第一，政權不穩定時是什麼狀況，什麼人在這種局勢底下最有機會趁亂而起；第二，這個競爭的本質是什麼，需要什麼能力，決定勝負的條件又是什麼；第三，政治權力有獨特的兩面性，它很大程度上必須要在動盪當中獲取，可是動盪也會使權力瓦解。如果你真的是權力的追求者或研究者，司馬遷這個「通古今之變」的智慧就再重要不過了。

事實上也可以認為，這就是《項羽本紀》與《高祖本紀》所彰顯的歷史前例。後來中國一遍一遍地改朝換代，其影響力大到無法一一指實，但我們可以看出，在每一個獲得權力的轉捩點上，許多帝王心裡都有項羽與劉邦。

時局的變化不是純粹混亂或者偶然的。無數人用不一樣的方式應對身處的環境，但是不同的階段需要不同

的知識和能力。要成為終局的勝利者，關鍵是看在什麼階段參與亂局、與自身能力是不是剛好應合。

還有一點也很重要，即在混亂到一統的過程中成為贏家的人，不完全憑藉偶然、運氣，最需要的是彈性。如果你具備的是很明確的單一能力，很可能沒辦法快速應對下一個階段的需要，持續領先。也就是說，這種能力在這個階段給你帶來好處，在下個階段很可能就會成為阻礙。

用這種方式，我們懂得了歷史和政治權力，甚至可以進一步運用到現實環境中，隨時提醒自己，能力很多時候可能沒有彈性重要。

成王敗寇之外

司馬遷用本紀的體例，使我們掌握了幾千年歷史的梗概。本紀的原則是「詳今略古」，即時代遠的，我們知道的就沒有那麼詳細，也就只能用較長的時間為單位——跨度最長的當然就是《五帝本紀》。

自第二篇開始，司馬遷基本上都是以每一個朝代為一篇本紀，包括夏、商、周三代。然而到了第五篇，司馬遷很有意思地展現出他的特殊史識。滅亡周的是秦始皇，但是秦的歷史卻不是從秦始皇開始。本紀第五篇寫的是秦昭襄王與秦莊襄王，這意味著，他認定這時候周實質上已經不存在了，主要的權力轉移到了秦。

本紀第六卷寫的則是秦始皇帝與二世皇帝，也就是周正式滅亡、秦統一六國之後發生的事情。到了第七卷以下，按照詳今略古的原則，每一篇基本上就是一個人在位的時間：第七卷是項羽，第八卷是漢高祖，第九卷是呂太后，第十卷是文帝，第十一卷是景帝，第十二卷是武帝。前面的商、周、秦都是一個朝代，後面漢高祖所在的漢也是一個朝代，從這個角度看就會發現一個特例——項羽沒有朝代。

項羽出生於楚，曾自封為西楚霸王，但也仍是「王」而已，沒有真正當天子建立一個王朝，不過司馬遷卻

認為，如果認識不到項羽的功績，就無從解釋秦的滅亡。

漢代在五行的輪替上直接接續秦代。按照五行相生相剋的說法，秦漢之間是沒有其他力量的直接承繼。司馬遷不接受這樣的看法。漢高祖在群雄崛起中並不是最強大的力量。更進一步，在「成一家之言」的歷史看法上面，司馬遷凸現的是，秦末大亂中，以漢高祖的能力與個性不足以讓秦滅亡。如果沒有項羽，或者項羽代表的這些歷史因素與變化，不可能有漢高祖打下來的天下，所以《項羽本紀》絕對值得好好認知。而且，司馬遷在寫《項羽本紀》時，從行文、形式上都明白地提示後世讀者，要把它與《高祖本紀》對照著讀。

《項羽本紀》開篇，太史公用三言兩語就清楚地寫出項羽的身分來歷，以及他的特殊個性。

> 項籍者，下相人也，字羽。初起時，年二十四。其季父項梁，梁父即楚將項燕，為秦將王翦所戮者也。項氏世世為楚將，封於項，故姓項氏。

短短幾句話交代了項羽的來歷，他是楚國軍事貴族之後。作為這樣的貴族之後，又有軍事的傳統，那麼項羽的個性是什麼樣的呢？

他小的時候學寫字，沒有學成，去學劍，又不成。項羽父親早逝，他跟著叔叔長大。項梁看到他那麼沒有耐心，非常生氣，但項羽並沒有因此就乖乖學了，他理直氣壯地辯解說：寫字頂多會寫名字就好了，學劍頂多能與一人對鬥，這不是他想要的，他想要「學萬人敵」，即面對眾人還能夠打贏他們。項梁被這樣的野心打動，就改教他兵法。聽到學兵法，項羽非常高興。但是司馬遷在這裡埋下一個伏筆——項羽仍然是一個沒有耐心的人，「略知其意，又不肯竟學」，即使自己說要學「萬人敵」，但仍然是學一學皮毛就覺得夠了。

後來，項梁殺了人，就帶著項羽避仇，到了南方的吳。項氏世世為楚將，很有名氣，吳地有很多人來與他

們結交。項梁便藉此開始組織自己的勢力，在吳中偷偷地「以兵法部勒賓客及子弟」，項羽在這個過程中也體現了出色的組織能力。

之後有一件非常精采的事情。叔侄二人在吳中，剛好遇到秦始皇巡行天下。秦始皇最遠到了東南方的會稽，由會稽渡長江之後，項梁帶著項羽一起去看秦始皇的陣仗。看的時候，項羽忍不住自言自語地說：「彼可取而代也。」叔叔一聽這個話，急忙把他的嘴給掩住，告誡他不要亂說，會害得全族被殺的。項羽身材很魁梧，「長八尺餘，力能扛鼎」，他光是在那裡一站，氣勢就讓吳中的子弟佩服。可以看到，到了秦末大亂，也就是陳勝吳廣揭竿而起造成秦系統性崩壞的這個時機，項梁、項羽有自己原來傳承的資源，再加上在吳中的努力，已經準備好參與進亂局當中了。

那太史公用什麼方式寫高祖呢？《高祖本紀》開頭是這樣說的：

> 高祖，沛豐邑中陽里人，姓劉氏，字季。父曰太公，母曰劉媼。

這幾句話其實意義深遠，因為它彰顯了劉邦的出身是如何平凡。即便到後來當上皇帝，他的父母仍然沒有留下名字，用今天的大白話來說就是，「父親是劉先生，母親是劉太太」，僅此而已。與他相比，項羽是楚國名將之後，祖父、叔叔全部是有名有姓的大人物。

接下來太史公說：

> 其先劉媼嘗息大澤之陂，夢與神遇。是時雷電晦冥，太公往視，則見蛟龍於其上。已而有身，遂產高祖。

這是一段神話，意思是說這個劉太太曾經在湖邊遇到了神祕的力量。那個時候，打雷天陰，她的丈夫太公去看她，發現她身上盤著一條龍，緊接著劉太太就有了身孕，生下劉邦。所以，高祖劉邦的受孕是從神龍那裡來的，而且他身上也顯現出這種特殊性：「隆準而龍顏」，鬍鬚非常漂亮，左腿上有七十二個黑子，其個性「仁而愛人，喜施，意豁如也」（凡事不太計較）。

因為要寫當朝的事情，司馬遷前面不得不寫一些固定的說法，來表現開國皇帝多麼了不起：他不是一般人，與龍有關係，是神特別派下來的。司馬遷並不吃這一套，接下來的內容就顯現出劉邦非常世俗的一面：「常有大度，不事家人生產作業」——其實就是一個混混。

劉邦後來當上亭長，與所有人都混得很熟。此外，他還「好酒及色」，到很多地方去喝酒，特別去兩家酒店，但都是賒帳，到年底欠了一大筆酒債。但是，用比較美化的方式來看，他雖然愛喝酒，經常欠酒帳，但是人家仍然很看重他。兩家酒店的老闆娘發現，劉邦醉酒時身上常常有龍的影像，覺得他不是平常人，所以酒債到了年底付不出來，也就算了。

接下來是一個很重要的對比。依照秦代的力役制度，亭長要經常到咸陽出差，所以劉邦也看到過秦始皇的行列。他感嘆道：「嗟乎，大丈夫當如此也！」做人做到最過癮的時候，就應該是這樣。這絕對是司馬遷的刻意安排，讓讀者知道這兩人有一個共同之處，即他們都敢於夢想別人所不敢想的。看到秦始皇的行列時，絕大部分人是戰慄、顫抖、恐懼、不知所措，感覺到自己如此渺小，但不管是項羽還是劉邦，看到秦始皇的時候並不覺得自己與這個人有絕然不可補救的差距。

不過，兩個人表現的方式不一樣。劉邦是一種羨慕的方式：如果做人可以做到這樣，那該有多好。這是他性格的一部分。項羽當然就是更霸道的方式：你做得到，憑什麼我做不到，所以他的說法是「彼可取而代也」。

至此，項羽、劉邦的出生、個性已經清楚地對照出來。這不光是一個開頭，同時也是一個伏筆，我們會發

現，兩個人的出身與個性決定了他們一路上所做的很多的事情，及其結果。

項羽劉邦發家史

秦二世元年七月，陳勝、吳廣揭竿而起。九月，會稽的太守殷通跑去找項梁說：「江西皆反，此亦天亡秦之時也。」——這裡又出現了「天」，司馬遷是想說，這種局勢不是任何人所能控制的。短短兩個月，各地都有反秦的勢力，而且迅速形成氣候，所有人都是趁著天時而起。不過，在這樣的環境中，每個人都會有自己的選擇和作為。

殷通和項梁說：「吾聞先即制人，後則為人所制。」殷通本來是秦郡縣制中的地方官，現在也要反秦了。他想發兵，想找另一個楚國名將桓楚幫他帶兵，不過那個時候桓楚在楚一帶逃亡，不知道去向，所以殷通特別去找項梁，希望項梁把桓楚找出來。項梁就告訴殷通說：「哎呀，桓楚到處亂跑，沒有人知道他在哪裡，只有一個人知道，就是項羽。」這是項梁的布局，他來到屋外，偷偷找到了項羽。司馬遷在這裡用了一個懸疑的筆法，他沒有寫項梁和項羽講了什麼，只說項梁叫項羽「持劍居外待」，站在外面等著。

項梁進去後與殷通說：「我的侄子項羽已經來了，你現在叫他進來，讓他去找桓楚。」殷通就說：「好，進來吧。」項梁把項羽招進來，沒多久就用眼色示意，項羽拔劍殺了殷通。項梁拎著殷通的頭，佩上殷通的印綬出來。殷通帳下的人當然很害怕，也有人要反抗，但是項羽一下「擊殺數十百人，一府中皆慴伏，莫敢起」。局面一下子穩定下來。

這件事情非常重要，因為它展示了項梁與項羽如何參與到秦末大亂中。另外，我們也看到了項梁與項羽的默契。這對叔侄至少在剛剛開始起來時，叔叔有謀而侄子有勇。可以想見，項梁遇到這件事情時，在那麼短的

時間中就有了很多算計。他一定立刻明白這是一個了不得的機會，這個機會不是去幫助殷通，而是要藉此把他手上的資源與人馬搶奪過來自己起兵。他憑藉的是什麼？憑藉的就是他有一個能夠當場殺了殷通，還能夠鎮壓住局面的武勇侄子項羽。

所以，項梁起兵參與秦末大亂，一來利用了秦末大時局所給予的優勢，二來叔侄兩人配合，組成了一個有勇有謀的特別團隊，從而快速崛起。接下來，太史公用另外一個視角，寫出他們的獨特優勢。項梁這時已經有了八千人馬，他帶著他們往北渡過了長江。聽說西邊重要的大城東陽已經被陳嬰占領，他就帶著八千人往西，去與陳嬰聯合。陳嬰與殷通是同樣來歷，本來是東陽令史，在地方政府當中，他個性特別謹慎穩重，大家把他當作長者。

秦末大亂，東陽也受到了波及。「東陽少年」把縣令殺了，聚集起了幾千人。這些人需要有領袖，但一時找不出合適的人，於是就去找陳嬰。陳嬰本來不願意，但是這群反抗勢力硬要陳嬰來帶他們。接下來一呼百諾，「縣中從者得二萬人」，愈來愈多的人加入。

這充分反映出了秦末的時局。秦統治方式最嚴重的問題就是過度役使人民，力役之征非常沉重，秦令、秦律又極為嚴格，使人動不動就變成了罪犯。整個政府機構上上下下都有一種強烈的動機——「入人於罪」。因為人一旦變成罪犯，實質上就成了國家的免費勞動力。當國內有這麼多免費勞動力，政府就會覺得應該興建各種大型工程；大型工程愈多，需要的勞動力也就愈多，於是就更加利用嚴苛律令創造罪犯。這是一個惡性循環。到後來，整個社會已經無法承擔這種壓力，所以到了秦二世元年七月，陳勝吳廣揭竿而起，到年底之前，整個秦的政治局勢基本上就已經完全崩壞了。東陽不過是一個例子，讓我們看到從九月項梁起事到這個時候，局勢更加惡化了。

東陽這樣一個小地方，不過就是縣令被殺，一群人聚集起來，但短時間內勢力就膨脹到兩萬人。到了這個

時候，另外一個迫切的要求產生，即統領這兩萬人就不能是一個單純的首領——他們希望陳嬰稱王。但這時有一個人強烈反對，那就是陳嬰的母親。陳母和陳嬰說：「我嫁到你們家來，從來沒有聽說過你們家哪位祖先是有地位的。你今天『暴得大名』，這絕對不是好事。你不要自己當王，要去找一個更適合的人當王。你帶著這些人去歸屬另外一個勢力。如果將來反抗勢力事成了，你也有功勞，就可以封侯。萬一事敗了，秦的勢力要來整肅你們，如果是你帶頭，別人一定追捕你到底。如果你不是帶頭人，事敗之後畢竟不是重要目標，還有機會逃亡。」

陳嬰聽了媽媽的話，不敢為王。他和下面的人說：「在我們旁邊有另外一股勢力，是項梁帶的。項家是楚國軍事世族，所有楚國人都知道他們。如果今天真的想成事，那我們要去找他，依靠他就有機會亡秦。」大家聽了也覺得很有道理，於是陳嬰的軍隊就自動歸順了項梁。

這就叫作「天」。項梁沒有做什麼事情，本來只是要去聯合陳嬰而已，但沒有想到還沒到東陽，這幾萬人的勢力就歸他了。於是，他繼續往北，渡過淮河，在那裡碰到了黥布。黥布也把軍隊交給項梁。項梁的勢力短時間內就膨脹到六、七萬人，然後他把軍隊帶到了下邳。

項梁就是這樣帶著侄子項羽崛起的。同一時間，高祖劉邦又以什麼樣的條件介入整個事件呢？項羽、項梁有世家所握的先天優勢，但劉邦其實沒有條件可以在秦末大亂中占一席之地。前面介紹過，劉邦出身卑微，父母在歷史上面根本沒有留下名字。但是，劉邦有他的長處——他膽子大，而且無賴。《史記》講了這樣一件事，來自單父的呂公為避仇逃到了沛，也就是劉邦所住的地方。呂公與沛的縣令交情好，很多人去慶賀他來到沛。於是，呂公大請賓客。請客有個規矩，就是按照賓客帶的禮金決定坐在哪裡，而負責這件事的是蕭何。本來這應該是非常明確的規矩，可是有個人就是不守規矩，這個人是劉邦。

劉邦當時是亭長，跟周遭這些人都混得很熟。他也知道這場宴會交多少錢就可以坐什麼樣的地方，但他就

要騙。他到了那裡，大叫：「一萬錢，一萬錢，我送一萬錢！」按規定，一千錢以上坐到裡面，否則只能坐外面。劉邦實際上一毛錢都沒帶，但他咋咋呼呼地大喊給一萬錢。因為他和當地這些人都很熟，也就沒有人阻擋或者拆穿他。憑藉著這個高呼的無賴謊言，他坐到了主位上，因此有了一個特殊的機會。呂公對自己的相人之術很自豪，他一看到劉邦，就覺得這人相貌堂堂，不太一般。蕭何在旁邊告誡呂公——他講的這句話很有趣——「劉季固多大言，少成事。」提醒呂公，劉邦誇張說謊是有名的，千萬不要被他騙了。就會說大話，這是周遭人對劉邦的評語。可是呂公認為劉邦的面相很貴重，等到宴席快要結束時，呂公就用眼神暗示劉邦留下來，告訴他說：「我認為你將來會有大出息，我願意把女兒嫁給你。」

呂公許諾之後，呂公的太太呂媼非常生氣，回頭就罵丈夫：「你在幹什麼，你不是說我們家的這個女兒很了不起，要嫁給貴人嗎？沛縣縣令要娶，你都不給，怎麼把女兒嫁給了一個無賴呢？」呂媼的反應進一步顯現出，以當時的世俗評價標準來看，劉邦確實是一個不值得把女兒嫁給他的人。但是呂公很自信，他說：「這種事情我知道，這不是妳能夠瞭解的。」堅持把女兒嫁給了劉邦。

劉邦的出身其實非常低微，那些神奇的事情不過是後來創造出來的神話。在現實中，他首先靠的是「固多大言，少成事」的個性，吸引別人的注意。接下來不能忽略的是，他得到了妻子家的協助——呂公的地位與資源要比劉邦高且多。

劉邦之所以參與秦末大亂，與項羽項梁完全不一樣。他做的是亭長，縣裡有了罪犯，就由他押去驪山。但有一次隊伍還沒到，罪犯就幾乎逃光了，這也看出劉邦的個性，他根本沒有細緻的執行能力。這時劉邦就做了一個以他的個性會做的決定。夜裡，他乾脆把剩下的罪犯都找來，在那裡喝酒，然後和大家說：「算了，算了，反正逃了這麼多人，我把你們帶去了也難逃一死。我扛不起這個罪，我們就各奔東西吧！」因為這個特殊做法，原本要被解送到驪山的這些人當然非常感動，就選擇和劉邦一起。這是劉邦勢力的開頭。他是一個逃亡的亭長，

因為沒有盡到職責，追隨他的不過就是十幾個罪犯。

對比來看，項羽與劉邦的起點明顯是天壤之別。如果單純依靠人的努力，劉邦沒有任何機會。如果把這比作一個人生賽道的話，他的起跑點比項羽不知落後幾百公尺，可是天站在他這一邊。因此，當我們再看劉邦的故事時，就不能將其誇大為劉邦的成就。這時再看司馬遷的行文，便能讀出他語氣上時不時的反諷。但他為什麼要去寫那些神話呢？意思是說，到最後你們都覺得劉邦的成功一定因為他身上有一些特殊之處，但是從歷史的根本智慧，從「究天人之際」來看，最簡單的解釋是，這與劉邦是什麼人、擁有什麼出身、有什麼背景無關，這是上天（或者說大的歷史時機、環境）給予他的。

劉邦的崛起

在罪犯逃走很多的情況下，劉邦就和剩下的人一起跑了。《史記》寫了一個很重要的細節——「高祖被酒」，即喝到了一定程度，所以帶領這十幾個人「夜徑澤中」。夜裡本來是非常不適合在沼澤中走的，但因為喝了酒，他不願意停。因為路途可能有危險，就派一個人先走在前面。這人很快回來報告說，不能再走了，有一條大蛇把路擋住了。但這個時候劉邦因為喝醉了，就說：「怕什麼？連蛇你都怕，那我們將來能走到哪裡去呢？」於是拔劍往前，把蛇給斬成了兩截，路就開了。他們再往前走了幾里路，劉邦就醉倒了。

有些人走在後面，沒有看到劉邦斬蛇，等他們晚上到了蛇被斬殺的地方，卻看到一個老太太在那裡哭。這些人當然覺得很奇怪，問道：「妳在哭什麼，老太太？」老太太說：「有人把我兒子殺了，我在哭我的兒子。」這些人當然就問她說：「老太太，三更半夜的，妳兒子怎麼被殺了？」老太太就說：「吾子，白帝子也，化為蛇，當道，今為赤帝子斬之。」其中有個人聽到老太太的話，覺得太荒唐了，什麼白帝子、赤帝子，於是要打

她。但就在這時，老太太突然不見了。他嚇了一大跳，跑來和高祖說了這件事情。有趣的是，高祖沾沾自喜地覺得，原來自己是赤帝之子。於是，「諸從者日益畏之」。換句話說，這一段已經無從追究真假，司馬遷要記錄的是這個說法所產生的效果——跟在劉邦身邊的這些人覺得他好像不太一樣，因此愈來愈服從他。

接下來又有一個有趣的記載：

秦始皇帝常曰「東南有天子氣」，於是因東遊以厭之。

這是始皇帝的一種迷信。他身邊圍繞著許多方士幫他看氣，其中一個就說東南有會威脅他的人。這是漢代解釋秦始皇帝去那麼遠的地方巡行的最重要原因，認為秦始皇帝不是到各地視察民風民情，而是為了用自己身上的氣去壓過可能在東南方崛起、威脅他的天子之氣。這個說法被人知道後，劉邦就開始自疑：「東南方有天子氣，我在東南方，會不會就是我呢？」他經常跑到山裡面躲起來，因為他本來就不事生產，可是有趣的是，不管在山裡面怎麼藏，他妻子呂氏都能找到他。高祖覺得很奇怪，就問：「我這麼會藏，妳為什麼還是找到我？」呂后回答說：「因為你頭上隨時都有奇怪的雲氣。我只要看了這個雲氣，就能找到你。」高祖更高興了。當然，我們不知道這裡記錄的究竟是事實，還是後來流傳的說法，但是有一件事情是確定的：「沛中子弟或聞之，多欲附者矣。」

司馬遷這樣寫，清楚地留有讓讀者自行判斷的地方。你可以相信到漢武帝時已經構建起來的漢代開國神話，相信劉邦真的並非常人。因為他是赤帝之子，因為他頭上會經常有雲氣，所以後來成為天子。但是，另外一個可能性也盤繞不去，即從一開始劉邦就是個無賴，靠滿口胡言去騙人，讓別人以為他不一樣，這些東西可能都是他自己編造出來的。醉酒後殺了蛇或許是事實，可是白帝子、赤帝子的故事說不定就是這個無賴漢捏造

出來的。跑到山裡面去躲，告訴別人自己太太總是能找到他，聽著也像是一個無賴會編出來的故事。因為這樣裝神弄鬼，所以沛中才有許多子弟願意跟著他。

陳勝吳廣起義之後，沛縣縣令看到天下局勢大亂，覺得應該拿自己的官職以及所管理的沛縣投降陳勝，於是與旁邊年輕的助手們商量。在此，兩個重要的歷史人物登場了，即蕭何與曹參。他們建議道：「你是秦任命的官，今天要背叛秦，沛中子弟可能不會聽你的。你應該去把得罪了秦而流亡在外的人找回來，他們回來之後威嚇沛縣的群眾，這樣他們不敢不聽，你反而能夠成功。」樊噲在劉邦逃亡之後還與他有聯繫，這時就被派去把劉邦叫回來。

這時，「劉季之眾已數十百人矣」。從當時逃亡的十幾個人，也不過就成長到幾十個人而已。較之項羽起兵，短時間內聚眾兩萬，我們自然能清楚地意識到兩人的起點有多大差距。

樊噲帶著劉邦回來了。但是，沛令後悔了，反而關上城門，而且打算殺了蕭何與曹參。這兩個都是非常精明的人，感覺到情況不對，就從城裡爬出去投奔劉邦。於是劉邦寫了一封信，用箭射到城裡面，告訴沛縣的父老：

> 天下苦秦久矣。今父老雖為沛令守，諸侯並起，今屠沛。沛今共誅令，擇子弟可立者立之，以應諸侯，則家室完。不然，父子俱屠，無為也。

在今天的局勢下，沛一定會被打下來，到時你們怎麼辦？你們應該把沛令給殺了，然後去投降，或者回應這些反秦的勢力。這個心理宣傳戰顯然起了作用，那些父老真的「率子弟共殺沛令」，開門把犯罪逃亡、要和秦作對的劉邦迎回來，讓他當沛令。

這時劉邦就說：「現在一切混亂，選對人太重要了，沒有選對人就會一敗塗地。我不是愛惜自己的生命，只是覺得自己的能力不夠，不能達成你們的願望。這個事情太大了，你們要不要再考慮一下，找到更適合的人？」但是，蕭何、曹參都是文吏，他們不能打仗，而且愛惜生命，擔心萬一事情不成功，秦的政治勢力回來會把他們的家族全部都滅了，於是紛紛把這個位置讓給劉邦，說劉邦最厲害。沛縣父老應該都聽過劉邦身上有許多奇怪的事情，覺得顯然上天注定他應該要大富大貴。劉邦謙讓了半天讓不成，就當了沛令。這是劉邦興起的過程，它不只是劉邦生平最早的紀錄，更重要的是，這是一個王朝的起點。

這個王朝的起點經過了百年，到漢武帝時已經被用各種神話編造得天花亂墜，而司馬遷卻還原了這個王朝真正開始時那個卑微的起點。王朝起於微如果是一個事實，就應該被接受，不能因為這個王朝後來壯大了就更改。對司馬遷來說，這在歷史上是無法接受的，他要回到起點，把這個王朝剛開始的事實呈現給我們。一個王朝起於微不是什麼丟臉的事，但非要把自己講得那麼了不起，才是像劉邦一般的無賴行徑。而且，如果不把這個事情弄清楚，尤其是不凸顯劉邦與項羽在崛起的時候一低一高的巨大差距，後面所有牽涉到漢代如何建立的經過，也就無法解釋了。

歷史關鍵在於解釋，它沒有那麼容易捏造。你捏造一件事情，就會使得歷史前後要鋪陳起來的因果斷裂開來，就有了破綻。我們在意歷史解釋，也就有智慧去判斷歷史有沒有被動過手腳，史書中的歷史敘述與歷史事實是不是值得信賴。

命運的分岔口

劉邦被立為沛公之後，建了一個旗幟，他特意選擇紅色，呼應自己作為赤帝之子斬殺白蛇的傳奇故事，即

從一開始就建立起自己的神話。但是，更有用的可能是他聚攏的一群「少年豪吏」，即蕭何、曹參、樊噲等人。這群人熱心地幫他召集沛地子弟兩三千人，成為他勢力的基礎。

陳勝吳廣起義之後，各地都有不同的勢力。沛公劉邦在整個混亂局勢中其實撈不到太多的好處，常常是在這裡碰到了阻力，在那裡又做事不順。這個時候，他做了一個很重要的決定，去投靠東陽甯君、秦嘉。劉邦原來要建立自己的勢力，但這個紅色的旗幟很快就收起來了，因為他還沒有真正的實力。

依附甯君、秦嘉後，劉邦有了更多的軍隊去攻打豐。這時秦派出的大將章邯一路打到了楚地，東陽甯君就命令劉邦率兵與秦軍在蕭的西邊決戰。劉邦打了敗仗，撤兵到留，再從這裡攻打碭，三天後把碭攻下，收了五、六千人，再攻下下邑，之後又回到了豐。

在這個過程中，他與項梁有了往來。回到豐之後，聽說項梁在薛，劉邦帶著百餘騎去見項梁，項梁給了他五千人的軍隊，另外給他「五大夫將十人」。於是，靠著項梁給的兵力，他再回來攻打豐。這等於把自己依附在項梁勢力當中，也就是說，劉邦在崛起的過程中一度臣屬於項羽的叔叔項梁。

一個多月之後，項羽攻打下襄城。項梁把各地領軍的人都召到薛。聽說陳勝已經死了，就特別立了楚懷王的孫子心為楚王。他們的基地就此奠定下來。

到這裡我們就必須對照《項羽本紀》，因為關於項梁立楚懷王這件事情是寫在《項羽本紀》中。《項羽本紀》裡特別講到老者范增。這個時候范增已經七十歲了，但他有一個非常有趣的愛好，喜歡出別人想不到的計謀。當時大家已經知道陳勝失敗了。范增就去和項梁說：「你知道陳勝為什麼會敗嗎？陳勝注定會失敗。秦統一六國時楚最無罪。楚在東南邊，離秦那麼遠，到底與秦有什麼恩仇呢？而且楚懷王當時到了秦，等於楚的國王都變成了秦的人質，結果秦非但沒有放過楚，還殺了楚懷王。這樣一個國王，為了國家社稷的福祉願意犧牲自己到秦去當人質，竟然被秦給殺了，楚人到今天仍然在懷念他，所以才會說楚雖三戶，亡秦必楚。秦統一六

國時楚人受的委屈最深，對於楚懷王的認同與記憶非常強烈，因而他們與秦之間會有堅決的敵對態度。然而，陳勝竟然不立楚後而自立。如果你真的想號召天下來反對秦，要採取的策略就是與楚掛在一起。你們項家原來就是世代在楚為將，你一起兵，各處勢力來依附你，就是憑藉著這樣的來歷。所以你現在最關鍵的事情是要立楚王的後代，這樣就會有更大的號召力。」

項梁聽了范增的話，就去尋找，發現楚懷王的一個孫子流落在民間，而且過得非常悲慘，在替人家牧羊。項梁就把他找來，刻意用他祖父的謚號，立為楚懷王，好像楚懷王沒死一樣。這應該也是范增奇計中的一部分，希望以此「從民所望也」。項梁把自己立為武信君。在秦末諸國的混亂中，因為范增的建議，項梁確實有了更多的合法性，也因此大有所獲。他一路從東阿到了定陶，再度在這裡打敗了秦軍。

過程中功勞最大的人當然是項羽，他甚至斬了李由。因為一路帶著軍隊打勝仗，項梁心裡開始有所變化，「有驕色」，輕視秦的勢力。宋義就去勸諫項梁說：「戰勝而將驕卒惰者敗，今卒少惰矣，秦兵日益，臣為君畏之。」這是一個顛撲不破的真理。如果一直打勝仗，以至領軍的人非常自信，而士卒也不再注意細節與戒備，這樣的軍隊就會失敗。如今士卒已經有了輕忽之心，後面沒有講的一句話是，卒惰必然源自將驕。宋義其實是認為項梁現在的自信已經超過了自身的實力，勸項梁不要忘了，這個時候秦派來的軍隊愈來愈強大——「我都替你感覺到害怕」。

項梁聽不進去，覺得很刺耳，乾脆把宋義趕離身邊，叫他去與齊地反秦勢力聯合。宋義在路上遇到了齊的使者高陵君顯，就和他說：「你是要去見項梁嗎？」使者說：「是。」宋義就特別說：「項梁的軍隊一定會打敗仗，我勸你慢慢走。如果你走得太快，剛好遇到項梁兵敗，就難免一死，慢慢走或許可以免禍。」結果，秦讓章邯帶著大軍進攻項梁，在定陶大破楚軍，項梁戰死陣中。項梁的死是一個很重要的轉折。原來通過范增的建議，諸侯之間，尤其是在南方，慢慢好像要形成統一的勢力，但是項梁死後，整個局勢就改變了。

項梁死後的局勢變化，我們又要對照來讀《高祖本紀》。項梁死的時候，項羽與劉邦正在進攻陳留，聽說消息後趕緊帶著軍隊與呂臣的軍隊一起往東邊走。劉邦把軍隊駐紮在碭。章邯那時已經打敗項梁，認為楚地局勢已經安定，沒有繼續留在這裡，而是帶著大軍往北去打趙，並且打敗了趙的軍隊，把趙的勢力圍困在鉅鹿城。秦軍看起來隨時可能把鉅鹿打下來，如果秦軍消滅了趙，整個秦的勢力很可能氣焰高漲，而原來反秦的諸國會每況愈下，甚至可能被徹底消滅。

楚地這時一團混亂，本來只是項梁傀儡的楚懷王開始自己做決策。有了項梁的前車之鑒，楚懷王覺得宋義很厲害（能夠預見項梁會敗）。所以當他不斷聽到趙請求支援，就決定以宋義為上將軍，項羽為次將，范增為末將，領著這個巨大的聯合部隊往北救趙。這個時候劉邦在幹什麼呢？楚懷王另外決定，令劉邦帶著軍隊往西，朝關中——秦首都咸陽的方向走。換句話說，在項梁死後，楚懷王自己把軍隊分成了兩部，大部由宋義和項羽帶領，往北去和秦在鉅鹿決戰，小部由劉邦帶著離開主要戰場，繞道往西進攻關中。

再回到《項羽本紀》。宋義帶著龐大的楚軍，到了安陽後停下，一留就留了四十六天。這讓項羽極為不滿，他說：「秦軍圍趙王在鉅鹿，碰到這樣危急的情況，應該趕快渡河。到時我們在外邊，趙軍再從鉅鹿的裡邊打出來，就可以破秦軍了。」但是宋義卻用諷刺的口氣說：「不不不，你這種方法只能夠去打那種愚蠢的仗，我們打仗要聰明。我們就在這裡等著，如果秦戰勝，那麼秦兵這時已經疲憊了，我趁機再去打敗他們。所以，真正對我們有利的是觀望秦與趙會鬥出什麼結果。在戰場上殺敵，我不如你。可是，要在軍帳裡邊坐而運策，你絕對不如我。」不過，他顯然也察覺到項羽的威脅，接下來下了一道命令，非常有趣。他說：

猛如虎，很如羊，貪如狼，強不可使者，皆斬之！

這是明白地告訴項羽，我不認同你的策略，而且預計你想自行其是，但我現在是上將軍，如果你敢不聽我的，即使你是次將，我都敢殺你。

這是項梁死後項羽面臨的一個巨大挑戰。在他上面有楚懷王和宋義，和他的關係都不像叔叔項梁那麼親密。這個時候項羽如果接受了楚懷王與宋義的領導，他就不會是項羽，也就不會有後來與劉邦爭天下的事了。這時項羽做了一個關鍵的決定，很快就變成了楚軍的領袖。

時也，勢也，命也，運也

宋義把軍隊停在安陽之後，把自己的兒子宋襄派去與齊聯絡。在兒子要走的時候，他大張旗鼓地辦了一個歡送會，一路送到無鹽這個地方，在那裡「飲酒高會」。這個「飲酒高會」非常不恰當。當時天氣很寒冷，還下著大雨，士兵又飢又凍。項羽非常不滿，說：「我們來這裡是為了攻秦，但是軍隊在這裡停留不動。旁邊的居民都很窮，士卒沒有穀子吃，只能夠吃芋頭、野菜。而這個時候帶兵的人在做什麼呢？他竟然在飲酒高會。如果他真的體恤戰士，現在應該引兵渡河。到了那裡，我們就可以與趙聯合在一起，利用趙地的軍糧吃飽，然後合兵攻擊秦軍。但宋義不這樣打算，反而想在秦與趙爭鬥之後，等到秦軍疲憊了再來攻打。這是多麼愚蠢的想法。以秦現在的實力，要攻打剛剛聚合起來的沒有基礎的趙軍，勝算太大了。只要秦發動攻擊，趙一定沒有辦法抵擋。等到秦把趙打敗，士氣更高，勢力就更大，怎麼會有宋義以為的那種疲憊讓我們有機可乘呢？何況，這個時候『國兵新破』，我們楚的情況會好嗎？楚懷王在後方坐得安穩嗎？我們把楚能夠聚攏的大部分軍事資源統統交給宋義，國家安危在此一舉，但是他完全沒有把這件事情放在心上，心裡只有兒子。為了給兒子送別，他可以做出誇張的儀式來，這樣的人不是為人民、為國設想的社稷之臣。」

第二天早上，項羽去求見上將軍宋義，一進到營帳裡面就直接把宋義殺了，拎著宋義的頭出來。因為宋義已經把兒子派到齊去，項羽對軍中說：「宋義要與齊聯合謀反，楚王祕密命令我殺了他。」大家一看項羽的氣勢，沒有人敢質疑，都說：「楚軍就是你們項家創立的，今天項家的將軍要誅亂，我們沒有別的意見。」於是，這些人共立項羽為「假上將軍」——因為是將卒共同擁立的，並沒有得到楚懷王的同意，所以叫假上將軍。接下來，項羽徹底殲滅宋義的勢力，叫人追上宋義的兒子並殺了他。

這時，項羽才叫桓楚向楚懷王通知此事。軍隊都在項羽的手裡，楚懷王無可奈何，只能承認這個假上將軍是真上將軍，同時把當陽君與蒲將軍帶領的軍隊都歸在項羽麾下。項羽已經殺了宋義，威震楚國，名聞諸侯。當陽君與蒲將軍當初也反對宋義把軍隊停留在安陽，因此項羽就讓他們帶領軍隊渡河去救鉅鹿。這兩人剛開始與秦軍接觸時，並沒有馬上得勝，而是希望有更多的軍隊，於是項羽就做了他在軍事上面最大膽的決定——本來有兩萬軍隊已經渡河了，項羽把還在河南岸所有的軍隊全部帶過河，不留後備。渡過之後還把船給沉了，把鍋也打碎，所有士兵身上只留三天乾糧。這是告訴所有士兵：第一，我們不回頭，因為沒有船；第二，如果打不贏就是死，如果不努力打，想要拖著，與秦兵相持超過三天也是死。「以示士卒必死，無一還心。」「破釜沉舟」這個成語就來自這裡。

楚軍必須要在三天之內解決這場戰役，可以想見他們肯定不斷地求戰，所以在短時間內與秦軍「九戰，絕其甬道，大破之」，蘇角被殺，大將王離被俘。楚軍一下子就解了鉅鹿之危，情勢為之逆轉。本來，各地都派了軍隊來救鉅鹿，有十幾支軍隊，但其中一部分可能像宋義一樣，覺得等他們打完後再行動，另一部分軍隊可能認為自己實力不夠，這個時候參戰是自找滅亡。所以，大部分軍隊都作壁上觀，沒有願意出兵的。而楚在項羽的領導下把秦軍打敗，把大家都看傻了。《史記》記載：

楚戰士無不一以當十。楚兵呼聲動天，諸侯軍無不人人惴恐。

雖然他們共同的敵人是秦，可是看到楚軍這麼勇敢，旁邊這些諸侯的軍隊都非常恐懼，害怕楚軍展現出來的鬥志和打法。擊敗秦軍後，項羽氣勢很盛，把諸侯派來將兵之人都招來。這些將軍進到項羽帳裡，「無不膝行而前，莫敢仰視」。一戰之後，項羽迅速從原來楚的上將軍變成諸侯上將軍。換句話說，他從統領楚軍角色，變成了所有諸侯軍隊的統領人。

這幾乎是項羽在軍事上的最高峰。

這時，劉邦正默默地帶著他的軍隊入關。這裡還有一段背景要交代。當時，大家認為秦還是有一定力量的，它的軍隊可以從西邊出來，在定陶大破項梁的軍隊，還可以往北圍攻趙的鉅鹿，沒有人會認為秦已經快要亡了，也不覺得這時帶軍隊往西攻打秦的根據地是件好事。但是有兩個人願意去：一個是劉邦，這恐怕是因為他對這個狀況不太明瞭；另一個人是項羽，他要替項梁復仇。

對此，楚懷王旁邊的老將開始發表意見。他們認為項羽為人「剽悍猾賊」——這是對項羽最重要的看法——在此之前，項羽打下了襄城，但是他把襄城裡面的士兵百姓全部坑殺了，這可以說是很殘忍可怕的。這些老將認為項羽經過的地方無不殘破，楚軍之前有陳勝、項梁往西走，但到了都被打敗了。所以，不要再派這種強悍、殘暴的將領了，換不一樣的人吧！

這個故事的背後重點是，劉邦之所以能崛起，正因為他在別人的心目中是項羽的反面。大家在項羽身上看到可怕的東西，但在劉邦身上看到的是完全相反的素質，都說「不如更遣長者扶義而西」。「長者」指的就是劉邦，「扶義而西」意為不用純粹強悍的力量去壓服別人。用什麼樣的方式呢？用一種號召的方式。「告諭秦父兄。秦父兄苦其主久矣，今誠得長者往，毋侵暴，宜可下。」跟秦人說，你們被統治和壓榨也很久了，如果

願意投降，我們可以讓你們得到溫厚的待遇。

原來是項羽、劉邦都要去，但楚懷王決定讓劉邦去「西略地」。一路往西的過程中，東邊的項羽率軍立了大功，變成了諸侯上將軍。而劉邦作為一個寬厚長者，在這個過程當中也做了他應該做的事情。他把陳勝、項梁被打敗的殘部收拾起來之後，才繼續往前走。

對比這兩個主角，項羽藉著軍事上的長才，把生涯推到了頂峰，但劉邦與他的差距也正在慢慢縮小，找到了可以發揮自己能力的一條路，藉著被視為寬厚長者，在這個亂局下「不擅殺」的將領形象，慢慢地發揮可能的影響力。在這個轉捩點上，歷史開始有了戲劇性變化。使項羽能夠變成諸侯上將軍的這股力量，後來也就注定了他不可能再繼續向上——他都是用殘暴的方法，用「猾賊」的方式刺激軍隊，而這只是一時的。相對來說，因為他樹立了這種形象，反而讓別人看出劉邦的長處。劉邦慢慢地上升，項羽則逐漸下降。

霸王和長者

項羽到了最高點的時候，《史記》裡描述了一件重要的事情顯現出他的個性，同時鋪陳了他開始一步步走下坡路最關鍵的元素。

拯救鉅鹿之後，項羽帶領的諸侯軍隊與章邯的秦軍相持了相當一段時間。秦軍沒有明確攻擊的意思，二世皇帝就派人指責章邯。章邯看後當然很恐懼，於是派長史欣回咸陽，和皇帝身邊最重要的權臣趙高解釋，為何與諸侯軍隊相持而未有戰功。可是，長史欣到了咸陽，在必須經過通報才能進宮的司馬門被留了三天。這三天中，趙高不願意見長史欣，也就意味著長史欣更不可能見到二世皇帝並有所陳述了。顯然，趙高對於章邯已經有了不信之心。長史欣覺察到情況不對，知道必須要回到軍中與章邯報告。他很精明，回去時特別選了另外一

條路。這個決定是對的，趙高果然派人追他。至於追他究竟要幹什麼，我們不知道，但肯定不可能有好意。長史欣安全回到章邯的部隊裡，報告說：「朝廷裡面趙高用事，其他人什麼事情也做不了。今天我們就算打了勝仗，趙高一定會忌妒我們的功勞。如果我們打敗仗，他更會趁機治我們死罪。我希望將軍你好好地盤算。」換句話說，這是建議他思考，是否要繼續為秦帝國效命。

恰好此時，諸侯那邊與章邯有私交的陳餘給他寫了一封信。陳餘也很聰明，信中詳細指證秦歷來是如何對待名將的，舉了白起和蒙恬的例子。白起當時相繼攻下了楚、趙，「攻城掠地，不可勝計」，結果竟被賜死。蒙恬在北邊幫秦驅逐戎人，「開榆中地數千里」，結果也在陽周被斬。為什麼會這樣？因為一旦你的戰功多到一定程度，朝廷找不到適當的方式來酬報時，就會想辦法用法令把你除掉。陳餘在信裡面問章邯：「你作為秦的最高將領已有三年，帶領軍隊東征西伐，失去的士卒恐怕超過十萬了吧？現在諸侯並起，勢力只會愈來愈大。趙高平常在朝廷裡面，阿諛二世皇帝，看到諸侯的勢力愈來愈大，也怕二世皇帝怪罪於他，所以到時候一定會拿你當代罪羔羊來塞責。今天你在外面，趙高在裡面，你有再多的功勞也難逃一死。何況現在這個情勢，再笨的人都知道局勢不在秦的一邊了。你不能在朝廷裡告訴二世皇帝這個真實狀況，在外邊也只能變成亡國之將。你如此孤立，到時想要保有自己的生命和地位，豈不難哉！你乾脆與我們聯合一起攻秦，等攻下秦之後，你有王位可以坐，有封地可以享受。比起現在自己可能被殺、妻兒可能變成奴婢的處境，哪一個比較好呢？」

章邯動搖了，派侯始成去聯繫項羽，想要投降。可是，項羽認為自己有軍事上的優勢，就沒有接受章邯的提議。這是項羽的個性。他不斷逼迫秦軍，打了幾次勝仗，章邯越看情況不對，更加積極地約項羽，項羽終於動搖了。雖然他在戰場上一直獲勝，可是這時後勤上碰到了問題，所以找來軍吏們說：「我們的軍糧看起來愈來愈缺乏了，我打算接受章邯的投降。你們覺得如何呢？」這些軍吏也沒那麼喜歡打仗，都說好。於是項羽就與章邯在洹水南的殷墟上見了面，然後達成了協議。

見面時，章邯看到項羽後，「為之流涕」，在項羽的面前講趙高的事情。項羽被這一番陳述感動，承諾封他為雍王。這段描述也非常重要，雖然這個時候項羽的頭銜是諸侯上將軍，但實質上擁有最高權力，只要他願意，馬上就可以承諾封章邯為雍王，而不用去管楚懷王有什麼意見。

於是，項羽接收了章邯的軍隊。可是接下來，章邯帶領的秦軍與諸侯軍隊之間發生了摩擦。兩邊本來是戰場上的死敵，彼此相處當然不那麼容易，諸侯的兵卒會諷刺、虐待、責罵投降的秦軍。秦軍心裡當然也非常不滿，有很多波動和情緒，互相抱怨被章邯騙了：「章邯讓我們投降諸侯，但投降對我們有什麼好處呢？如果隨著諸侯的軍隊打敗了秦，好是很好，但是功勞能分到我們身上嗎？萬一到時候沒有打勝，那諸侯軍隊一定會帶著我們向西，拿我們當人質，而我們還在關中的父母妻子豈不就成了秦報復的對象嗎？」

這種抱怨和情緒不可能一直是祕密，有人聽到後就告訴了項羽。項羽找黥布、蒲將軍商量說：「投降的吏卒那麼多，而且心裡不服，要是他們到了故鄉關中後不聽話怎麼辦？到時候對我們會造成很大的危險，不如把他們統統都殺了，只留章邯、長史欣、都尉翳這幾個大將一起入秦好了。」

於是楚軍夜擊坑秦卒二十餘萬人新安城南。

這是很可怕的一段話。章邯帶領的二十餘萬降軍在毫無防備的情況下，由項羽做決定，在一夜當中被坑殺了。

這件事必然影響很深遠，也顯現出項羽在處理這些事件時與劉邦在基本態度上的差別。讀到這裡，我們又要換到《高祖本紀》。當項羽與屬下密謀坑殺二十餘萬降卒時，劉邦又在做什麼呢？

本來項羽與劉邦都自願要西入關中，可是懷王周圍的老將認為「項羽為人剽悍猾賊」——這個意見在章邯

率軍投降後再度得到驗證——在項羽的眼中，沒有人命，沒有仁慈，沒有籠絡人心，只有軍事、力量才是他所依持的。當他覺得應該殺人的時候，完全不會手軟，這是他的特性。而劉邦剛好與他相反。在《高祖本紀》這段之後，司馬遷多次運用了一個詞，即「長者」。

較之項羽，劉邦有長者的個性。可是長者的個性到底是什麼，在這個歷史關鍵點上又為何那麼重要呢？在項羽與秦軍那樣互動的時候，《高祖本紀》裡記錄了這樣一件小小的事情，彰顯什麼叫做長者。

劉邦帶領軍隊西進並非那麼順利。他打昌邑打不下來，於是往西走到高陽，遇到了驪食其。驪食其聽說沛公帶領軍隊經過這裡，就說：「我在這邊見過好多帶軍隊的人，感覺劉邦是一個大人長者。」顯然，當時劉邦的名聲已經在外傳開了。

驪食其去求見劉邦，劉邦讓他進來。當時的場景真是嚇人一跳：劉邦不僅沒有站起來，還坐在床上，旁邊有兩個女人幫他洗腳。這當然是非常不禮貌、非常邋遢的一種表現。這就是劉邦，從一開始他就是沛縣的無賴，雖然這時有了小小的功績，但個性沒有那麼容易改變。不過，他的確有他的長處。驪食其看到劉邦這樣對待自己，也不客氣，只是拱拱手，然後就直接指責劉邦：「足下必欲誅無道秦，不宜踞見長者。」如果你想要打敗秦，用這種態度對待我這個比你年長的人，能夠勝利嗎？短短這一句話劉邦就聽進去了。他馬上知道錯了，趕快跳起來把衣服整理好，而且向驪食其道歉，讓驪食其上座。於是，劉邦就爭取到了驪食其，也立即得到利益。驪食其告訴他，現在不應該打昌邑，而應該去打陳留。陳留有秦的積粟，獲得了軍糧，再做其他事情就容易多了。

項羽與他的部將之間是怎麼溝通的呢？他覺得糧少的時候，是把部將們找來說：我們沒有糧食了，所以我覺得應該接受章邯的投降。後來，當他發現軍中不穩，又找了這些人來說，我覺得乾脆把他們都殺了算了。他們也聽他的，真的就坑殺了二十餘萬秦軍。沒有人給項羽真正的勸誡，他在當時也就無從得到最重要的資源

——情報。在那種歷史的混亂中，諸侯並起，誰也不知道誰在哪裡，地方上真正瞭解狀況的人提供的資訊非常有價值，而情報靠的是信任。劉邦之所以被稱為大人長者，是因為他有寬廣的胸懷。當酈食其罵他的時候，他的第一反應不是發怒——酈食其如果用同樣的方式罵項羽，可能腦袋都沒有了——而是會立刻反省，知道酈食其說的是對的。他有基本的是非判斷，藉此能夠收服酈食其替他出謀劃策。換個角度來看，這真是再好不過的投資了。酈食其給了他最寶貴的情報，從此之後，他的條件和路線就改變了。

劉邦成功的關鍵就在於他帶領軍隊往西打入關中，而司馬遷對這段過程的描述顯然意有所指。我們看的時候會留下一個很清楚的印象，即劉邦帶軍入關中時，一而再再而三地接受旁邊人的各種勸諫。劉邦有這種長者的個性，願意聽別人的意見，因此一路上並非自己一個人帶這支軍隊。因為酈食其的情報，他放棄了昌邑，轉而攻打陳留，得到大量糧草，得以讓軍隊繼續西進。

到了宛（南陽），在這座從戰國到秦都很重要的大城市，又有另外一個有趣的故事。劉邦的重要策士張良說：「你現在急著入關，可是這個時候秦兵仍然很多，而且在地形上，這一路有利於他們防守。我建議你先把宛城打下來。」劉邦原來想繞過宛繼續西進，因為他心裡想著楚懷王的許諾：誰先進入關中誰就可以在那裡為王。關中是秦起家的地方，能夠在那裡為王自然是了不起的功績。劉邦擔心別的軍隊更早打到關中，一看宛城不容易打，他想的是繼續往西邊走，但張良認為，現在不把宛城打下來，以後被宛城的軍隊從後面攻擊，面對前面的強秦，就沒辦法回頭對付了。這是很危險的處境。

劉邦馬上就聽從張良的勸諫，做了戰略上非常有利的決定，當下「夜引兵從他道還」，黎明時就把宛城團團圍住。他本來已經過了宛城，宛城的守軍恐怕也以為他已經繞過去了。逃到宛城的南陽太守一看劉邦的軍隊又回來了，萬念俱灰，想著乾脆自殺算了。但是，舍人陳恢勸主人不要急著死，然後自己偷偷出城去見劉邦。陳恢與劉邦說：「聽說你們這些諸侯軍隊約好，誰先入咸陽就能當關中王。宛並非一座孤城，連城數十，是郡

裡的網絡中心，有很多人口和積蓄，而且城裡的官吏以為城破必死，一定堅守成城，絕不會輕易放棄。如果你現在要打宛，會耗費很長時間，就算好不容易把它打下來，你的軍隊也一定會有很多死傷。接下來你繼續往西去，宛地居民會跟在後面襲擊你。如此一來，你浪費了時間，很可能其他軍隊就先進到咸陽，也是給自己找了一個麻煩，與後面宛城的居民為敵。我真的是為了你好，你去勸城裡面的人來投降吧！你告訴太守，投降的話可以保留位置，非但不會被殺，而且可以讓他幫你守城。如果你怕他背叛，把城裡所有部隊都帶往咸陽就可以了。這樣做首先不需要花太多時間，一旦宛投降了，你的軍隊也多了許多人馬；更重要的是，那些仍然效忠秦的其他城邦，一聽到原來只要投降就可以得到太平，一定會聞聲爭開門而待，足下通行無所累。」司馬遷在這裡用了很有趣的筆法：陳恢講了這一長串話，劉邦的反應就短短一個字，「善」，沒有遲疑，沒有多想。當他知道這是一個好建議，而且符合他的個性，馬上就接受了。

前有酈食其教他應該怎樣得到糧草，現在又有陳恢教他用約降的方式，消除秦的這些官吏的阻礙。於是靠著宛降服的前例，一路經過的很多地方都不戰而取。劉邦本來擔心不能先入咸陽，但因為中途沒有受到太多阻礙，他不只是先到了，而且速度非常快。進入關中後，把軍隊安置在霸上。秦帝國短短十幾年中的最後一個皇帝子嬰，乘著白色的車，配白色的馬，把繩子綁在脖子上，拿著皇帝玉璽、符節這些最重要的帝國印信，在路邊投降。

劉邦就這樣進入了咸陽。下一個重要的考驗是如何對待秦的末代皇帝子嬰。當然，有部將建議殺了他，但劉邦經過反覆的歷練，有了清楚的自覺。他知道，楚懷王派他西進，是因為他是一個長者，不隨便殺人，「且人已服降，又殺之，不祥」。於是決定把子嬰交給相關人士看守。這短短幾句話，對照《項羽本紀》的內容，簡直就是對項羽絕大的批判。光是殺一個子嬰，劉邦都覺得會帶來災厄，但是項羽一夜之間就坑殺了二十萬秦軍，兩人在這一點上的對比如此強烈。

劉邦原來想的是大丈夫就應該像那樣，年輕時就已經很羨慕秦始皇的氣派與豪華，今天竟然真的有機會進入秦始皇的宮殿，可想他會如何地心旌搖動。他想進入皇宮，但是又被樊噲和張良勸阻了。他們勸劉邦把秦的重寶、財務府庫全部封藏起來，然後回到霸上。接下來，顯然也是在樊噲、張良或者周圍人勸誡下，劉邦做了一個重要決定。他把關中的父老豪傑都叫來，和他們說了一段非常重要的話：「雖然這裡是秦的發源之地，但是秦對你們並不好。為什麼會有這麼嚴苛的秦法，讓每一個人活得都如此不自由，如此飽受威脅呢？為什麼毀謗者一族都會被殺，甚至連偶語者（不小心講錯話）都會被殺？諸侯的軍隊約好，誰先進入這裡誰就當關中王，所以我將來可能就是關中王了。我統治的方式非常簡單，不管過去秦有多少法令，一旦我當關中王，你們再也不要擔心了。與秦剛好相反，我與你們約法三章。」三條法令其實還可以濃縮成為兩條，就叫作「殺人者死，傷人及盜抵罪」。就這麼簡單。除此之外，其他的統統都不要了。

劉邦這樣的宣告明確表達出，他來這裡不是為了統治他們，而是為他們除害。接下來他又做出讓這些父老覺得更加不可思議的舉動。「我也不在這裡享受榮華富貴，我要回到霸上。我要等到所有諸侯的軍隊——主要就是項羽帶領的龐大勢力——來了之後，再與你們有明確的約束。這是我的承諾。」這樣一說，秦人都高興得不得了，原來劉邦不是來征服他們，是真正在為他們解除禍害，所以「爭持牛羊酒食獻饗軍士」，表現出對劉邦軍隊的擁護與愛戴。

但劉邦連這都不接受，他說：「倉粟多，非乏，不欲費人。」這讓秦地的人們更加高興了，「唯恐沛公不為秦王。」關中人心裡已經希望劉邦做關中王，而這也就是諸侯原來約定的。然而，這裡只是一個伏筆。因為等到項羽進到關中後，並沒有封劉邦為關中王，這是楚漢相爭中項羽犯下的一個嚴重錯誤。這個錯誤有兩項後果，一是違背了當初在楚懷王面前共立的協議，失信在前；二是讓關中父老失望。表面上，項羽把威脅自己的劉邦勢力趕出了關中，但是從歷史的角度上看，這個伏筆讓我們知道，項羽為這個錯誤付出了很大的代價。

接下來，司馬遷又寫了一段很有趣的話。這次是劉邦犯的嚴重錯誤，雖然它與劉邦一路進到咸陽是同樣的模式。《高祖本紀》說：「或說沛公」——至於是誰勸他，我們並不清楚——「關中這個地方地形很好，物產豐饒。現在章邯已經投降了項羽，項羽把他封為雍王，而雍就在關中，項羽是要讓章邯當關中王。如果項羽的軍隊來了，我擔心你就沒辦法當關中王了。你已經進入關中，乾脆就派軍隊守住函谷關，不讓諸侯的軍隊進來。這樣你替自己爭取了時間，可以動員關中的軍隊，大幅增強自己的實力，能對抗項羽，也就可以保住關中王的地位了。」劉邦也這樣做了，但是也由此引發了巨大的危機。

「十一月中，項羽果率諸侯兵西，欲入關。」項羽帶著諸侯的軍隊要進函谷關，發現關門不開，又聽說沛公已定關中，大怒。項羽從來沒有別的方式，他太會戰鬥了，劉邦的軍隊根本守不住，函谷關一下就被攻破。到了十二月中，項羽也已經入關，而且心裡還保持著對劉邦的憤怒。這個時候，項羽與劉邦在實力和打仗能力上都是不對等的。劉邦犯的這個錯誤，讓自己深陷到目前為止最深的危機裡面，而解開的方式，就是精采的鴻門宴。

鴻門宴前的暗流湧動

用紀傳體來寫歷史時必然要面對重要的選擇。很多事情牽涉到不一樣的人，這些人都各有自己的傳記，那同一個事件究竟應該怎麼寫，寫在誰的傳記裡面？一種選擇是把它拆開平均分配，例如說有兩個人，就分配在兩個人的傳記裡，但是這就意味著，每一個傳記只能分到半個故事，讀起來不好看也不過癮。還有一種選擇是寫在某一個人的傳記裡，但這樣又會遇到一個問題：另一個人的傳記如果重寫一次，就顯得很囉唆，而如果不寫或比較簡略地寫，那應該把重點放在哪個人的傳記中呢？

司馬遷對這個問題的思考，在鴻門宴的故事上可以看得特別清楚。他做了一個明確的選擇，就是把故事的細節寫在《項羽本紀》裡。我們認真思考一下鴻門宴的寫作方式，就會知道個中原因。這並不是因為兩人在這件事情上的分量不同，因為對項羽、劉邦來說，鴻門宴都是關鍵性、歷史性的，他們都要面對接下來如何總結軍事、政治上的成就，以何種方式應對未來的問題。可是，有一個因素決定了這段故事要放在《項羽本紀》裡，即項羽是主動的，而劉邦是被動的。此外，我們還可以看到項羽面對這種情況做了什麼決定，從而更清楚他的個性。項羽面對大事件時很難形成自己的意見，經猶豫應該採取什麼態度，而這就變成了他從崛起到沒落、失敗的過程中，值得重點思考的個性。

鴻門宴開端於項羽在函谷關被劉邦的軍隊阻擋。在還沒與劉邦見面時，偏偏劉邦身邊的左司馬曹無傷派人跟項羽告密，稱劉邦想要當關中王，並打算用子嬰來當他的相國，從而收納秦的所有資源。項羽聽後當然非常生氣，他的決定也很簡單，就是叫所有士兵吃飽飯，第二天天亮就出擊。這時項羽有四十萬大軍在鴻門，劉邦在霸上只有十萬軍隊，雙方兵力差距懸殊。

項羽身邊最重要的策士，也幾乎是唯一能夠勸項羽的人是范增。項羽很尊敬他，給他一個特別頭銜，叫作「亞父」，也就是義父的意思。范增特別提醒項羽，劉邦在楚國的時候「貪於財貨，好美姬」，這些是劉邦的無賴個性，但范增了不起的地方在於，他還看到了一件可怕的事——劉邦入關之後，「財物無所取，婦女無所幸，此其志不在小」。按曹無傷的判斷，劉邦想要自己一個人壟斷關中所有的財寶，但是范增告訴項羽不要為此生氣，背後有更值得擔心的事。如果劉邦真的想當關中王，統納關中所有的財寶與女人，反而應該安心。但現在這個人不一樣了，他以前那麼貪財無賴，為什麼今天將咸陽的財貨、美女看得沒那麼重要了，意味著他心裡一定有更大的志願。還有什麼志願比當關中王更大的呢？至少范增心裡已經猜到了劉邦更大的野心是什麼。他告訴項羽，「急擊勿失」，這個時候不能小看劉邦，一定要趕快攻打他。不管是曹無傷傳遞的資訊，還是范

增提醒考慮的因素，項羽都沒有理由不傾全力消滅劉邦勢力。

純粹意外的是，時局給劉邦留了一條後路。項羽身邊有一個人叫項伯，是項羽的叔伯輩，他與張良非常要好，項伯曾經殺人，在逃亡中被張良所救。張良對他有救命之恩，這時又在劉邦身邊，項伯看狀況不對，於是夜裡偷偷從鴻門到霸上，告訴張良：「你得逃。明天天一亮，項羽的大軍很可能就來打你們。四十萬打十萬，你們軍隊逃脫不了的，你難免一死，趕快連夜逃吧！」張良是韓國人，聽到這件事情之後，對項伯說：「我之前效忠韓王，但是現在韓王把我交託給沛公，我現在應該要幫助他。看起來沛公是身處可能覆滅的極端危機中，我怎麼可以逃走呢？」

張良告訴劉邦這件事情，劉邦嚇一跳。他說：「怎麼辦？怎麼辦？」張良先問：「你為什麼要派兵去守函谷關呢？誰和你建議的？」有趣的是，《高祖本紀》只說有人勸誡他，《項羽本紀》揭露了這個謎底。張良的問話也意味著，首先這件事情張良絕對不可能同意，其次這件事情連張良都不知道。而這也表明，劉邦身邊有非常多的人在給他出謀劃策，劉邦靠著這麼多人的意見才成就大業。當然，如果判斷稍微有閃失，也必須付出代價。

看到情況如此，劉邦不得不乖乖地告訴張良：「是鯫生勸我的。他說不讓諸侯的軍隊進來，我就可以在關中稱王了。」這裡有個很有意思的對照。范增其實高估了劉邦，他認為劉邦一定不只想當關中王，但劉邦之所以接受鯫生的建議，表明他真的只想當關中王。換句話說，劉邦後來能夠成就霸業，最後變成帝王，有一部分原因是身邊這些人不斷地幫他，讓他能夠看得更長遠。鯫生這樣的人在歷史上不足為重，就是因為他的視野遠遠不如范增，他以為把函谷關守起來，就可以在關中稱霸了。但是怎麼守住關中呢？連項羽的軍隊、諸侯的形勢與自己的現有狀態之間孰大孰小、孰強孰弱都無法用高遠一點的眼光評估，劉邦所犯下的錯誤確實非常嚴重。

張良當然要藉此教訓劉邦了。他問劉邦：「你現在的軍隊足以抵擋項羽嗎？」劉邦這個時候沉默了一陣子才說：「固不如也。」他這個時候醒過來了，是啊，我怎麼可能擋得住項羽呢！於是又說：「為之奈何？」司馬遷的行文很生動。劉邦聽到項羽要來打他的時候，他第一個反應是「為之奈何」，當他明白抵擋不了項羽時又說「為之奈何」。張良當然胸有成竹，他說：「我幫你想好了，你現在去和項伯說，我劉邦怎麼敢用這種方式背叛項羽呢？」劉邦問：「項伯和你有特別的交情嗎？」張良就解釋說：「項伯曾經殺人，我救過他，他與我是好朋友。今天因為情況危急，所以項伯趕來告訴我。」接下來我們可以看到劉邦的長處。張良叫他去請項伯替自己向項羽解說，劉邦就問張良：「項伯和你誰年紀大？」這是非常細膩的反應。張良回答說：「項伯年紀大。」劉邦馬上就說：「來，我用哥哥的禮節對待他。」張良邀項伯進來，這個時候劉邦準備好了非常隆重的禮儀，先是備了酒，然後祝項伯長壽。而且，在張良出去邀請項伯的這段時間，劉邦顯然又有了新的準備，為拉攏項伯，要與他結成親家。

之後他開始請項伯去替他解釋：

吾入關，秋毫不敢有所近，籍吏民，封府庫，而待將軍。所以遣將守關者，備他盜之出入與非常也。日夜望將軍至，豈敢反乎！願伯具言臣之不敢倍德也。

劉邦說這一切都是為項羽做的，就是把這些都做好了等項羽來。為什麼要關閉函谷關？因為擔心有盜匪或者其他勢力進出，才不得不去守。接下來簡直就像是要哭出來一樣，讓項伯去向項羽求情。項伯答應替劉邦求情，同時也提醒他第二天一早一定要到鴻門來和項羽道歉。

項伯趁夜回到鴻門，把劉邦說的一番話講給項羽聽。他說：「如果不是劉邦先打進了關中，我們現在有那

麼容易進入嗎？他立下了大功，如果我們去打他，不符合正義的原則。我勸您還是好好對待他。」這樣解釋後，項羽耳根子軟，也就聽了，答應好好對待劉邦。

第二天，劉邦果然一早就帶了很少的人到鴻門，把姿態擺得再低不過，和項羽道歉。他說：「我與將軍一起攻擊秦，您占河北，我占河南。我從來沒有想過竟然會比您先入關。今天竟然有小人之言要挑撥我與您的關係，您絕對不能相信。」項羽也就很明白地告訴劉邦：「你不能怪我，是你身邊的曹無傷來和我講的。」這又是項羽的個性，絲毫沒有計謀之心。曹無傷本來想去投靠項羽，但在不經意之間就被背叛了。於是，項羽就留劉邦吃飯、飲酒。

這就是有名的鴻門宴。鴻門宴上一段段的故事都在顯示，雖然劉邦來道歉，項羽也接受了道歉，但是對於真正應該怎麼處置劉邦，項羽遲遲無法決定。亞父范增有自己的想法，多次在席上暗示項羽除掉劉邦。可是即使范增有如此強烈的態度，項羽仍然沒有當場做任何決定。他在戰場上很武勇，個性暴烈，可是下了戰場，尤其是與權力、地位、計謀有關時，反而猶豫不決。這是項羽最大的悲劇所在。

如果不是在戰場上的武勇，項羽不可能得到這麼大的權力，可是他的個性、思想、所作所為又不能幫他守住這樣的權力，一次次地錯失鞏固權力的機會。司馬遷不只在講劉邦怎樣興起，更重要的是「通古今之變」，講權力的得失都不是純粹的偶然。偶然的因素、天的因素當然存在，可至少在項羽的身上，有太多是源自他自己的個性與決定。

一場事先張揚的謀殺

在《史記》許多篇章的寫作上，司馬遷的細膩超乎想像。在項羽與劉邦兩人的互動中，最關鍵的戲劇性場

景就是鴻門宴。那司馬遷如何寫鴻門宴呢？

鴻門宴上發生的事情驚心動魄，中間有很多緊張情節。項羽是主動一方，但是細看之下，項羽的主動性又有玄機。鴻門宴開頭這樣寫的：

> 項王即日因留沛公與飲。項王、項伯東向坐，亞父南向坐。亞父者，范增也。沛公北向坐，張良西向侍。

鴻門宴一開頭先寫的竟是座位。項羽與項伯坐在西邊，劉邦坐在南邊，范增坐在北邊，張良坐在東邊。很多人可能感覺不到這個座次有什麼特殊的地方，但是如果是漢代的讀者，他們看到這樣寫座位，就會非常清楚這裡面不太對勁。

現代史學家余英時寫過一篇短小的文章，很精確地點出寫座位這段的重要之處。余先生在文章裡清楚地告訴我們，漢代的宴飲有兩種不同的座位安排原則。第一種是賓主位，東西面。如果是請客，向東，也就是坐在西邊是大位，客人應該要坐在那裡，主人則坐在東邊。這是請客的

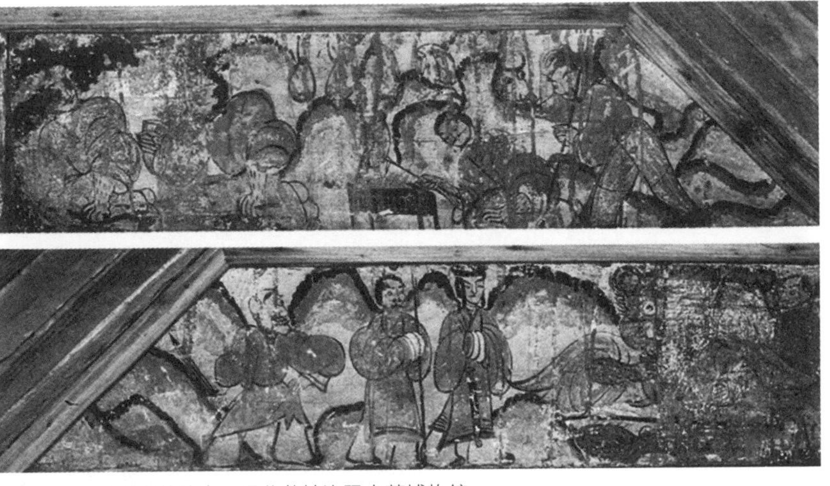

鴻門宴圖，西漢古墓壁畫，現收藏於洛陽古墓博物館。
（圖片來源／維基百科）

禮貌，如果從這個角度來看，鴻門宴的座位就頗為蹊蹺。這場宴會在項羽的營帳裡，當然項羽是主人，劉邦是客人。依照賓主位，劉邦應該坐在西邊，而項羽應該坐在東邊。但《史記》告訴我們，項羽坐的是比較尊貴的西邊的位置，這意味著他沒把劉邦當客人。另一種原則是君臣位，南北面。這裡的君臣是廣義的，不局限於君王與大臣，也包括上司與部屬。只要地位有差別，就用這個規則，上司坐在北邊，下屬坐在南邊。鴻門宴上劉邦坐在南邊，所以就是個部屬，而如果項羽坐在北邊，那他們無疑就是上司與部屬的關係。可奇怪的是，項羽並非坐在北邊。

余先生藉此點出了司馬遷細膩文字下的隱情，即這個座次是破格的安排，破格之處在於項羽的地位。項羽坐在賓客原則上最尊貴的位置，地位最高，而劉邦在所有安排中處於最卑微的位置，所以從一開始，就擺明了項羽與劉邦地位的不相稱。余先生還進一步探討是誰安排了這個座次，讓我們又可以看到這段文字另一個令人驚訝的細膩之處。

在講座次時，司馬遷寫道：「亞父南向坐。亞父者，范增也。」為什麼這樣寫？難道不能寫「范增南向坐」，或者直接寫「亞父南向坐」嗎？范增在前面已經出現，不過到了鴻門宴時，項羽對范增愈來愈尊崇，才給了他「亞父」這個稱號。但是，這不只是單純從時間順序上面說明范增變成了亞父那麼簡單，司馬遷要突出的是項羽愈來愈信任范增。對照《高祖本紀》，我們的印象中，劉邦最大的特色是信任別人，而且會聽取意見，而項羽身邊能夠說話的必然就是亞父范增。

從這個角度上看，有兩個問題需要討論。第一個問題是，這時亞父范增是項羽最信任的謀士，那這個奇怪的座次是范增安排的嗎？要知道答案，就必須看下一個問題，即鴻門宴接下來發生了什麼。眾人坐定之後——

范增數目項王，舉所佩玉玦以示之者三，項王默然不應。范增起，出召項莊，謂曰：「君王為人不

忍……」

這麼簡約的文句，補充完整之後就會發現，在宴會之前，范增已經與項羽約好在宴會中伺機殺掉劉邦。前文說到，范增極為忌憚劉邦，認為他是項羽的最大敵手，應該儘快除掉。這個宴會就是最好的機會。他一直舉玉玦，因為那是與項羽約定好的暗號。當然，我們不知道他們原來約好的是如何動手，可是看之前項羽的個性，最有可能的就是由項羽自己動手。但這個時候范增舉了一次，又舉一次、再舉一次，項羽就是不理。按照項羽的個性，比如殺宋義，他不就是直接闖進營帳裡乾淨利索地把人給殺了嗎？為什麼這個時候反而沒有反應了呢？

余英時先生將前文的兩個問題與項羽不回應范增放在一起看，發現了一件絕妙的事情。余先生的基本推斷是，范增應該不是安排座次的人。眾人按照這個座次坐下之後，劉邦變成了最卑屈的客人，而這就是它的作用。這個安排中，東邊是張良，可是他並沒有座位，而是「西向侍」，侍候在那裡，這就意味著東邊的位置沒有意義。劉邦想盡一切辦法，藉由坐在最卑屈的位置，達到了讓范增跳腳的結果。因為他用這種方式告訴項羽，我對你沒有任何威脅，我如此崇拜你，把自己貶低到這樣的地位。項羽一看，就不忍心下手。范增的暗號是與項羽事先約定的，但是他萬萬沒有料到，這個殺人計畫竟然被如此不落痕跡地化解了。既然這是化解范增計畫的方式，當然不會是范增安排的。那麼，還有誰可能安排這樣的座次呢？劉邦和張良是客人，無法決定座次，也不太可能是項羽自己。用排除法，就只剩下項伯了。

所以，這個座次非常有可能是項伯安排的。他與張良事先經過周密考量，知道這場宴會是生死之宴，清楚范增可能會怎麼做，於是用這種方式把范增的計謀消解了。接下來發生的事情可以佐證我們的這個判斷。范增一看，說好的暗號已經發出三次，但項羽竟然不為所動。他知道 A 計畫顯然失敗了，只能選擇 B 計畫，於是

把項羽旁邊的力士項莊叫出去說：「項羽在這個節骨眼上下不了決心，你去舞劍助興，逮到機會就殺了劉邦。」他要換一個方式，讓項莊去動手。

更細膩地想，范增也有他的考量。項羽不忍，是因為覺得劉邦不是客人，不是威脅。他叫項莊去「為沛公壽」，就是提醒項羽，劉邦終究還是客人，對我們有威脅，而項莊在舞劍的過程中就可以把劉邦殺了。這就留下了後世經常用的成語，叫作「項莊舞劍，意在沛公」。

接下來，項莊進來對項羽說：

「君王與沛公飲，軍中無以為樂，請以劍舞。」項王曰「諾。」項莊拔劍起舞，項伯亦拔劍起舞，常以身翼蔽沛公，莊不得擊。

看項莊在那裡舞劍，誰都知道范增在打什麼主意，項伯也站了起來，兩個人各懷鬼胎，項莊想要刺殺劉邦，項伯假裝與他配合，但實際是保護劉邦。於是，范增的B計畫又失敗了。回頭倒推，幾乎可以歷歷在目地看到，這是范增最大的挫折，他想了計畫A、計畫B，可是這些顯然都在項伯，很可能還有背後的張良的盤算中，用細膩的方式給化解掉了。

再回來看，我們就知道司馬遷寫「亞父者，范增也」其實也是一個感慨，或者是不落痕跡的評論。范增這時在項羽身邊的地位無人可及，最能夠和項羽說話，但連他的安排項羽也沒有聽。《項羽本紀》與《高祖本紀》一直試圖凸現這一點——項羽一人敵萬人，一個人打造自己的天下，但他最大的問題是身邊沒有人。並不是項羽不能夠拉攏人，他能夠讓將士願意為他賣命，但是缺乏聽取別人建議的智慧和氣量。相比之下，我們在《高祖本紀》從頭到尾都能看到，劉邦是以一個團隊打天下。一邊是雄霸四方的個人，一邊是沒那麼英勇、沒有什

麼節操與內在修養的無賴，可是關鍵的差別是後者有團隊，這個無賴知道怎麼運用團隊，知道如何集合團隊的所有好處。

豎子不足與謀

司馬遷在許多關鍵歷史場景的寫作上，不只是一個史家，而是有與莎士比亞相類的文學之筆。這個文學之筆把那些戲劇性場景一一鋪陳，讓我們不只是知道發生了什麼事，還能看到不同的人性，受到感動與衝擊。穿過兩千餘年，我們仍然可以在當下感應、反省與檢討周圍人際互動的種種道理。

鴻門宴這場戲劇性的關鍵變化在歷史上面非說不可。司馬遷鋪陳了大量細節，讀者如果足夠用心就能讀到，在鴻門宴當中，這是雙方的一場角力，但這場角力在項羽這邊幾乎只有項羽自己一個人。在宴會上，他身邊本來有亞父范增，可是范增做了各種安排，項羽根本不聽。他的身邊本來還有項伯，可是顯而易見，項伯這個時候其實心是向著劉邦的，根本沒有從項羽陣營的利益與立場上思考。他並不是要背叛項羽，而是劉邦陣內有張良，他要報答張良的救命之恩。這些巧妙的連接使鴻門宴變得格外有趣。

項莊舞劍都沒有傷到劉邦，張良還有一些什麼安排呢？

於是張良至軍門，見樊噲。樊噲曰：「今日之事何如？」良曰：「甚急！今者項莊拔劍舞，其意常在沛公也。」噲曰：「此迫矣，臣請入，與之同命。」

光從這樣的描述中，我們無法確認這是不是張良布置好的，但至少樊噲等在營門口這件事情不可能完全偶

然。樊噲知道事情非常危急，於是要求現在就進去。另外，這也顯現劉邦陣營的另外一個優勢——「臣請入，與之同命」，項羽、項莊要傷害我的主公，我就與他們拚命，用英文來講就是：over my dead body。

接下來又是非常精采的描述。樊噲「帶劍擁盾入軍門」。隨便進去當然不可以，這是別人家的軍門，怎麼能帶著劍拿著盾牌就闖進去呢？衛士當然要阻擋樊噲，「欲止不內，樊噲側其盾以撞」。樊噲拿著盾牌把阻擋他的衛士統統推倒，一路強行闖進去。營門口剛好是東邊，他一進去就面對項羽。司馬遷寫得非常細膩，樊噲「頭髮上指，目眥盡裂」。腎上腺素發動，頭髮都豎了起來，眼睛瞪得那麼大，像是眼眶都要裂開了。

看到一個人這樣闖進來，「項王按劍而跽」。這是很精采的細節。秦末的時候，人不是坐在椅子上，而是坐在席上。一般是兩種坐法，一種是盤腿而坐，一種是低跪，就是屁股放在腳踝上（現在日本人坐榻榻米基本上還是這樣的坐法）。顯然，項羽原來是低跪著的，這時宴會在喝酒，他用比較輕鬆的姿態坐著，可是看到以這種戲劇性方式闖進來的樊噲，項羽馬上高跪起來，按著自己的劍，表明他在防衛。他問：「這是誰，幹什麼？」張良顯然有備而來，說這是沛公的馬夫，叫作樊噲。項羽瞪著樊噲，接下來測試他說：「壯士！賜之卮酒。」樊噲放下威脅狀態，顯現出另外一面，非常乾脆豪爽地把酒喝了。項羽說：「那吃東西吧！」就給他一塊生的豬肩。樊噲就又很豪邁地把它放在盾牌上，拿劍切著吃。這也是一個打動項羽的舉動。

我們不知道這是原來安排好的，還是樊噲的脫節演出。但樊噲的個性如此衝動、毫無所懼，剛好打動了項羽。項羽欣賞、佩服這樣的人，看到樊噲就覺得劉邦身邊有人。項羽接下來問樊噲說：「壯士，能復飲乎？」樊噲的回答又很有趣，他說：「臣死且不避，卮酒安足辭！」這話說出來就非常重：喝酒就喝酒，幹嗎說「我死都不怕，難道還怕喝酒」呢？接下來樊噲又說了一段話：

> 夫秦王有虎狼之心，殺人如不能舉，刑人如恐不勝，天下皆叛之。懷王與諸將約曰：「先破秦入咸陽

者王之。」今沛公先破秦入咸陽，毫毛不敢有所近，封閉宮室，還軍霸上，以待大王來。故遣將守關者，備他盜出入與非常也。勞苦而功高如此，未有封侯之賞，而聽細說，欲誅有功之人。此亡秦之續耳，竊為大王不取也。

這一段話放這裡又很有趣，它和樊噲前面給人留下的印象形成鮮明對比。樊噲如此衝動，讓人以為他要罵項羽，可是他說的話又很有條理。他先說大家都知道秦始皇是一個什麼樣的人，他愛殺人、愛刑人，稍微一衝動就把人砍手砍腳，因為這麼殘暴才有今天的這個局面。此外，後面這段話我們在前面已經看過了，是劉邦、張良商量出來給項羽的說辭。這樣寫顯然只有一個用意，即樊噲前面的行為有可能是衝動，但說這番話時絕對是非常冷靜的，說不定是張良讓他把這段話背下來。因為他說的不是事實，卻說得非常流利，每一個細節都符合張良、劉邦告訴項伯的話。樊噲甚至還記得函谷關這個項羽在意的事情，也用同樣的說辭解釋，「遣將守關者，備他盜出入與非常也」，說這根本不是為了擋住項羽。接下來，他就反問項羽：這個人幫你打進關中，應該立刻被封為關中王，可你非但沒有要封他，還聽了別人亂七八糟的話，想要殺他？

接下來樊噲最重的指責是：有勞苦功高的人在你面前，你卻想要殺他，那與秦始皇有什麼差別？這一句是一箭雙雕。一是揭穿了項羽藏在心上的與范增密謀殺劉邦的計畫。這件事情原來只在他心裡，但被樊噲點破了。他是有陰謀的，不是光明正大地請人家吃飯飲酒，而是想要趁機殺人。對項羽這樣的人來說，這是一個很恥辱的事情，所以氣勢馬上就沒了。另一個就是現在所有人都厭惡秦始皇帝的作為，樊噲進一步指出他竟然用同樣的風格來對待別人，如此一來項羽必然更加氣餒。項羽既沒有辦法辯護反抗秦始皇不是因為他殘暴，也沒辦法去辯護自己沒有殺劉邦的殘暴之心。因此，項羽的反應很簡單——他說不出話，沉默了。最後勉強只說了一個字：「坐！」在整個鴻門宴緊張的局勢中，這是項羽在氣勢上的投降。

樊噲隨後在張良的旁邊坐了一會兒，鴻門宴的局勢也大概定了，換句話說，項羽在宴會上已經不可能有任何行動了。接下來，劉邦說要上廁所，一出門馬上把樊噲叫出來，等到隨行的陳平也過來後，他們就商量該走了。劉邦還有一點猶豫，覺得不辭而別很沒禮貌，樊噲就明白地說：「這個時候你還管什麼禮節，人方為刀俎，我為魚肉，何辭為。」於是，他們叫張良留在那裡，其他人護衛著劉邦趕快回到自己的軍隊裡。

張良有膽識，個性沉穩，所以就留他斷後。劉邦帶了一雙白璧準備送給項羽，另外一雙玉斗準備送給范增，表示二人對他們來說都是上司、都是主人。張良真正做的事情是回到宴會上拖延時間，讓劉邦等人可以「間道」回到軍中。小路非常艱險，只有劉邦騎在馬上，其他人連馬都不要了，都是步行——我們可以感覺到那種狂奔的壓力。張良算好時間，覺得劉邦大概已經回到了軍中，於是站起來說：「一點點小禮物送給項王、亞父范增。」

項羽當然問，那你的主公劉邦在哪兒呢？張良說：「我的主公個性懦弱，知道項王可能要指責他，所以把我丟下，已經回到軍中了。」司馬遷自然沒有忽略整件事情的尾聲，寫道：「項王則受璧，置之坐上。」項羽不知道怎麼辦，也沒有什麼別的想法，收了玉璧就放在了座位上。可是亞父不一樣。

亞父受玉斗，置之地，拔劍撞而破之，曰：「唉！豎子不足與謀。奪項王天下者，必沛公也。」范增非常生氣，因為他們整個計謀全部被破壞了，張良還要虛情假意地送他禮物。他無法忍受，當場把玉斗丟在地上，還拔劍把它砍破。這是范增的發洩。可是他很大程度上不是針對劉邦，而是針對項羽。對他來說，項羽不殺劉邦已經證明這是一個「不足與謀」的人。到了這裡，我們大概也就知道，范增在項羽身邊不可能發揮任何作用了。這是亞父最深刻，當然也是完全無可奈何的挫折。

鴻門宴雖然篇幅不大，但字字珠璣，清楚地把這件歷史事件呈現出來。經過了兩千多年，我們再三地研讀，仍然對宴會上這些人的安排與表現感到驚訝，不可思議。

暗度陳倉

根據《高祖本紀》記載，當初劉邦看到豪華的宮室後，本來想要住在裡面過過癮，但是被張良、黥布等人勸阻，所以他把秦始皇留下來的這些財寶、宮室全部封起來，自己回到霸上繼續過艱苦的軍中生活。

鴻門宴之後，又發生了一件大事。

> 居數日，項羽引兵西屠咸陽，殺秦降王子嬰，燒秦宮室，火三月不滅，收其貨寶婦女而東。

「西屠咸陽」四個字，意味著項羽是帶著軍隊一路燒殺進入咸陽。對照《高祖本紀》，我們就更明白它的意義。劉邦在咸陽仍然有守軍的情況下進入後，迅速放棄敵對的概念與姿態，與咸陽父老快速和解。反過來，項羽進咸陽時，城裡已經沒有抵抗了，但他竟然還是一路西屠咸陽。子嬰已經投降劉邦，這回等於是第二次投降，但卻被項羽殺了。

而「燒秦宮室」這件事還在中國的文化上造成非常嚴重的後果。因為這件事情，漢代不得不面對一個知識上的危機。稍微想一下，秦始皇統一六國之後也做過一件非常重要的事情，就是「焚書」，但是「焚書」燒的是民間藏書，不准一般人私藏這些圖書，而他在宮室裡收集的眾多圖書還保留在咸陽。在正常的狀況下，秦滅亡了，不再有秦的禁令，這些書就可以回到民間自由地流傳。從東周到漢，在書籍與知識的流傳上面就不會有那樣可怕的斷層。於是，我們在《儒林列傳》裡可以看到司馬遷對項羽的重要指責。換句話說，到了漢代，這些古典之所以要費很大力氣、想盡辦法去恢復，有一半的責任在於秦始皇。同樣，如果沒有項羽進到咸陽之後

把秦所藏的這些書全部燒掉，漢代也不會那麼辛苦。

在咸陽燒殺完，項羽把「貨寶婦女」帶回了東方。在此之前，另外有一個小插曲。有個沒有在歷史上留下名字的人跑去勸項羽說：「關中阻山河四塞，地肥饒，可都以霸。」這個地方是好地方，有地理優勢和經濟優勢。但接下來的記載很有趣：「項王見秦宮室皆以燒殘破，又心懷思欲東歸。」項羽不是真的不想留在關中，用心理學的基本概念來說，一個人行動的動機有推力和拉力。想回到東方是項羽心裡本來就存在的拉力，這一點後面還有解說，但除此之外，還有一個推力把他推離關中，那就是他犯的錯誤。他本來還在思考著能不能留，但這些宮室已經全部被燒毀，無地可留，因此才決定離開關中。離開時，他又說了一段話給這個勸誡他的人聽，他非得回到東方去，因為「富貴不歸故鄉，如衣繡夜行，誰知之者」。他如今立下了這麼大的功勞，一定要回去接受父老們的掌聲。這清楚顯現出來他的個性。他需要別人的肯定，享受或者追求各種掌聲，尤其是故鄉父老的肯定。也許他心裡面想的是，當時我從楚出來的時候，你們沒有人看得起我，我現在回去，就是要讓你們知道我多麼了不起。

講完這段話，司馬遷補了一件事，其中也有他的價值判斷。勸誡項羽的人看他不聽勸，背後感嘆道，聽說楚人虛榮，就像「沐猴而冠」——他們外表像模像樣，但是虛有其表，就像把猴子洗乾淨了給牠穿戴，讓牠看起來像人而已，沒有內在的實質內容。這是非常嚴厲的指責。在決定關鍵事件時，不管在知識還是性格上，一個重大的考驗就是如何判斷輕重緩急。很明顯，項羽的重要選擇是回到故鄉，對他而言，接受歡呼與掌聲比什麼都重要。這種虛榮就叫作「沐猴而冠」。怎麼能那麼看重虛榮，而不去考慮更深刻、更實際的事呢？如果要統治天下的話，什麼地方最有利這些都不考慮，而只想要一時的虛榮，這個人是沒有機會的。

之後，司馬遷又補錄了另一件事情，更加表現項羽個性中無藥可救的部分——項羽輾轉聽到這個人罵他沐猴而冠，就把這人煮了。鴻門宴結束時，樊噲罵項羽兩件事，其二就是說他和秦始皇一樣殘暴，後來發生的這

些事情坐實了樊噲的話，並不是敵對雙方之間沒有根據的詆毀。現在的天下局勢中，大家最關切的就是，你項羽到底與秦始皇有什麼區別，要用什麼方式把自己與過去錯誤的政權劃清界限，讓大家知道你不一樣？「烹說者」顯然是最不應該犯的錯誤。

對照《高祖本紀》，項羽入關之後犯了三大錯誤。第一大錯誤是「燒秦宮室」、「西屠咸陽」。劉邦則恰恰相反，因為他知道，在天下大亂的情況下，人們最看重的是你和秦的不同。於是，劉邦用極端的方式明確表明自己不是秦始皇，完全不認同秦的那套做法，並與關中父老約法三章。秦最大的問題是有許多苛法，這些劉邦全部捨棄，只要兩章半就可以了。項羽不懂這些，他在咸陽以及後來所做的事，會不斷讓人想到秦始皇。用今天的語言說，劉邦陣營的宣傳策略就是想辦法凸顯「與秦王異」。而項羽的所作所為顯然就是另外一個秦王，人們還會支持他嗎？

項羽的第二項錯誤就是殺了前文的「說者」。那個人的意見本來是有道理、有智慧的。當時就應該認真思考到底要以哪裡為中心，實行統治，可是項羽見不及此。並不是說一定要選關中作為統治中心才對，但項羽只想回家，看不到統治的更多安排，甚至好像從來沒想過這些事情。

第三個錯誤就是他的分封。他得到了巨大的權力，所以到了關中之後就開始運用。《史記》裡用的是很細膩的寫法：「項王欲自王，先王諸將相。謂曰：『天下初發難時，假立諸侯後以伐秦。』」在分封天下的時候，他先把跟隨他的將相找來，然後說：過去大家因為要對抗強秦，所以只是臨時分封，有人從趙過來就讓他當趙王，有人起義投靠，就給一個諸侯名號。到了現在，過去的這些不算數了，現在把秦滅了，應該重新來過。分封的新原則就是以他為中心，依照與他的關係，功勞多的就給好一點的位置，如果沒那麼多功勞，即便過去臨時給了位子，現在也可以收回來了。講完之後，「諸將皆曰善」。這裡又有司馬遷的伏筆。項羽在分封問題上其實犯了兩個嚴重錯誤。第一個錯誤是他從來沒有改過的，即自己先做決定，然後找本就會答應的人去「商

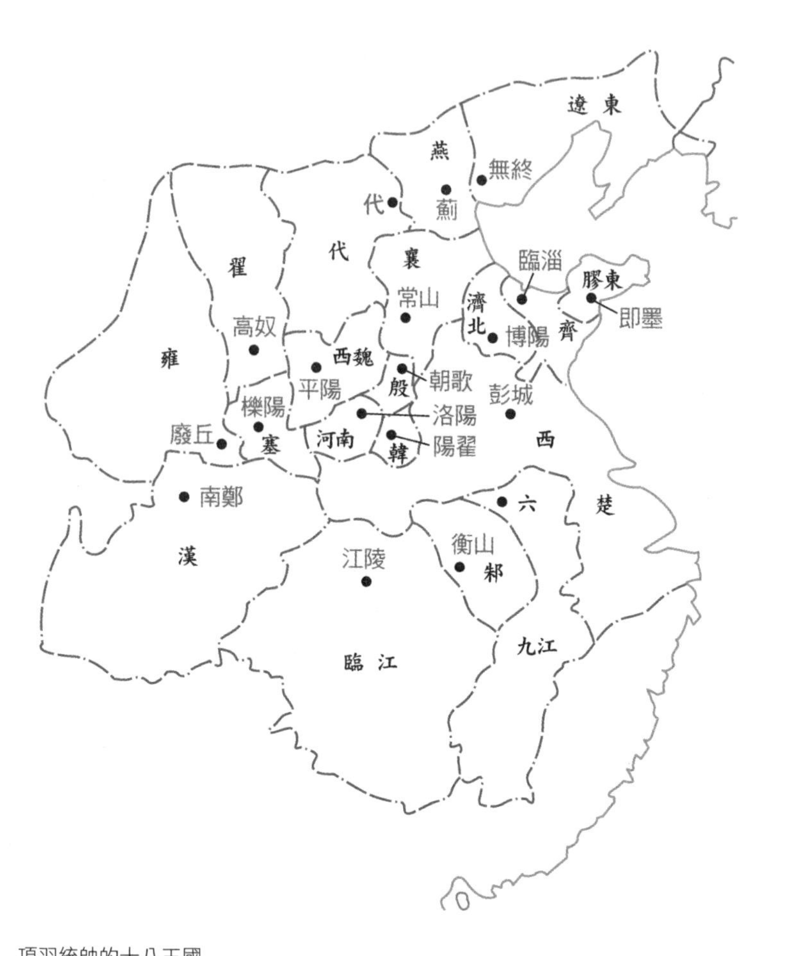

項羽統帥的十八王國

1 漢王 劉邦（沛公）
2 雍王 章邯（秦降將）
3 塞王 司馬欣（秦降將）
4 翟王 董翳（秦降將）
5 西魏王 魏王豹
6 河南王 申陽（楚將）
7 韓王 韓王成
8 殷王 司馬卯（越將）
9 代王 趙王歇
10 常山王 張耳（趙相）
11 九江王 英布（楚將）
12 衡山王 吳芮（番君）
13 臨江 共敖（義帝柱國）
14 遼東 韓廣（燕王）
15 燕王 臧荼（燕將）
16 膠東王 田市（齊王）
17 齊王 田都（齊王）
18 濟北王 田安（齊將）

量」，根本沒打算聽不一樣的想法。

第二個錯誤就是他昭告天下，我項羽要來分封諸王了。這是他享受權力的做法。可是從政治上來思考，這是沒有智慧的做法。分封諸王時，怎麼分都不可能讓所有人都服氣，肯定會惹得一些人不滿，甚至引起反對。稍有政治權謀的人，絕對不會說這些是自己定的，而必須有一段距離，有一個緩衝地帶。項羽見不及此，和「衣繡夜行」一樣，他就是享受這種權力，如此而已。弔詭的是，一個人愈在意權力，就愈不可能有智慧、有效率地運用權力。

到這個時候，這一連串的錯誤基本上已經讓項羽進入一個死地，沒有任何槓桿可以讓他來操作天下了。

這次分封對後來的歷史影響最大的一點是，項羽本應遵照大家當時在義帝楚懷王面前的約束，封劉邦為關中王，但是他卻巧立名目，說巴蜀也屬於關中，硬是把劉邦封到偏僻的巴蜀為漢王——事實上，漢代的「漢」也就是源自這裡。不過，項羽所犯的更嚴重的錯誤是刻意不承認既有勢力，不尊重已有的諸侯。

錯誤最清楚地體現在陳餘身上。陳餘原來是趙的相，在項羽分封時，他一下就看到分封的方式大有問題，沒有接受分封。他知道，這裡面最大的問題在於齊，就跑去找田榮。兩人的對話中有這麼一段：

> 項羽為天下宰，不平。今盡王故王於醜地，而王其群臣諸將善地，逐其故主趙王。

這句話很關鍵，它表明項羽硬是把已有的舊王趕走，分封給他身邊有功勞的人。這必然產生相對的被剝奪感。

最嚴重的狀況就在齊。項羽把原來的齊王硬是改成了膠東王，讓田都這個本來沒有王位的人去當齊王。另外，他還封田安為濟北王。最嚴重的是田榮。田榮本來是齊宗室中的重要人物，在陳勝吳廣起兵之後也有自己

的勢力。可是，項羽討厭田榮，刻意只給他一個城安君的頭銜，這其實是一種羞辱。田榮不願意接受這樣的羞辱，因此一開始就明確地反項羽。所以，項羽等於是給自己找了一個非常大的麻煩。

陳餘看到田榮反項羽，就刻意去接近他，也就是認為他這種起兵的方式是有道理的。一時間，項羽分封的諸王就以齊為核心，開始反叛。

《高祖本紀》中也寫到這段過程，在項羽分封之後，四月，「兵罷戲下」。滅秦這件事已經完成，大家從咸陽離開，去到各自封國。劉邦很尷尬，但仍然乖乖地接受去巴蜀。明明知道項羽實際上違背了原來的約定，而且把他分封到西南就是為了讓他再也無法在新的天下局勢中擁有一席之地，但在身邊策士的建議下，劉邦沒有發作。這裡有一個隱微但是重要的地方：

漢王之國，項王使卒三萬人從，楚與諸侯之慕從者數萬人，從杜南入蝕中。去輒燒絕棧道，以備諸侯盜兵襲之，亦示項羽無東意。

項羽明明是在欺負劉邦，劉邦竟然乖乖接受，就像在鴻門宴上把自己身分拉得那麼低一樣，於是項羽產生了同情之心，多給了他三萬人。而且，大家都感覺到劉邦受到委屈，自願跟著劉邦到巴蜀去。就這樣，劉邦要去巴蜀時，勢力反而比進入關中時還要大，其中有一部分甚至是項羽自己送他的。去巴蜀的路艱險難走，很多地方都必須搭棧道才能走過去。張良與韓信建議劉邦走過去後，就把這個棧道給燒了。一方面，如果項羽反悔，還想加害劉邦，他過不來，軍隊沒有路可以走。更重要的一方面是，劉邦可以藉此告訴項羽，我連退路都沒有了，根本不會再回關中與你為敵。不過，等真正進入巴蜀之後，這就變成了另外一回事。

進入巴蜀，劉邦必須面對一個問題，即士卒思鄉。誰想到這麼偏僻的地方去呢？一路走來人愈走愈少，跟

著他的人看到這種荒僻的地方，也都在想什麼時候才能回家，因此「士卒皆歌思東歸」。

看到這種狀況，與兵士關係密切的韓信就來遊說劉邦。他說：

項羽王諸將之有功者，而王獨居南鄭，是遷也。軍吏士卒皆山東之人也，日夜跂而望歸，及其鋒而用之，可以有大功。天下已定，人皆自寧，不可復用。不如決策東鄉，爭權天下。

韓信看到的局勢是項羽把那些其他有功勞的人封到很好的地方，卻叫我們來這裡，分明是貶抑我們。我們帶的這些人全都是山東之人，現在要到偏僻的巴蜀去，大家都想回家。如果好好利用這些人想回家的心理，可以有大功。

經過戰國時期就開始的紛爭，好不容易秦統一了六國，大家以為統一之後就可以休息，但是秦始皇好大喜功，反而延續了戰國那種紛亂狀況，統一之後也沒有辦法休息。現在，秦滅亡了，西楚霸王變成新的共主，天下想打仗的人更少了。大家都想休息，還有誰想打仗？還想有所作為的就只剩下劉邦帶的這群人了。這群人想回家，所以不如就好好利用這一點，把軍隊帶出去，爭奪天下。

不過，是否出蜀其實還有一個關鍵的背景，《高祖本紀》寫得清清楚楚。聽了韓信的建議之後，劉邦觀望山東的局勢，到了八月，就聽了韓信的勸說，「從故道返」。這顯然需要劉邦和巴蜀到關中一帶的父老們接觸，得到當地的資訊，才可能在燒掉棧道之後沿著故道出來。也因為如此，漢軍達到了奇襲的效果。當時，項羽任命了三個王防守關中，雍王章邯在毫無防備的情況下，在陳倉敗於漢軍，剩餘的塞王、翟王很快也戰敗。

短短四個月內，項羽奠定的新的天下秩序已經無從維持，而且立刻就陷入腹背受敵的不利情況。東方有齊，西方有漢。不過，東西方勢力的動機不太相同。田榮最重要的是感到不平，他被項羽侮辱，所以首先要報復，

其次是奪回自己原來的勢力與資源，因此他的反叛其實比較容易處理。項羽看到田榮反，就帶著軍隊去對付他。西方劉邦這群人的野心則完全不一樣。對於他們來說，不只是要報復項羽對他們的不公平，而且要回到關中，以這裡為基地得到更大的勢力。他們是有備而來，有各種策略，一旦出了巴蜀，就再也沒辦法被關在偏遠的角落了。

田榮完全沒有理會劉邦這個時候在西方做什麼，可是劉邦的勢力，像張良這些人，一直在觀察、思考，如何善用東方的亂局達成對自己最有利的局勢。從蜀地出來之後，張良因為原來就是韓國人，所以回到原來的韓地，一方面去探看東方的局勢，另一方面在那裡策劃合縱連橫，離間諸侯勢力。

張良到了韓之後，刻意寫了一封信給項羽。這封信最重要的目的是讓項羽以為，劉邦與東方的田榮一樣，不過就是來要回當時大家承諾給他的東西，只是想回到關中，無心向東。而項羽收到這封信之後，竟然也就相信了。在這樣一個節骨眼上，張良讓項羽認為自己可以，而且應該先對付東方齊的亂局，回過頭來再對付劉邦也來得及。這是張良為劉邦贏得的時間。當項羽以為自己還來得及的時候，劉邦當然已經利用項羽的大意快速東進了。

天下之爭

劉邦集團從巴蜀進入關中時，已經有了不一樣的心態和準備，並實施了一系列措施。他不只是打敗原來項羽所封的這幾個王，還非常明確地開始自己的分封，例如立韓太尉信為韓王。之後，劉邦明確號召周圍其他勢力來投靠他，「若以一郡降者，封萬戶」，明明白白地承諾好處。這也是劉邦集團的長處，他們不吝惜和別人分享權力，不吝惜把權力與利益拿來誘引其他人。

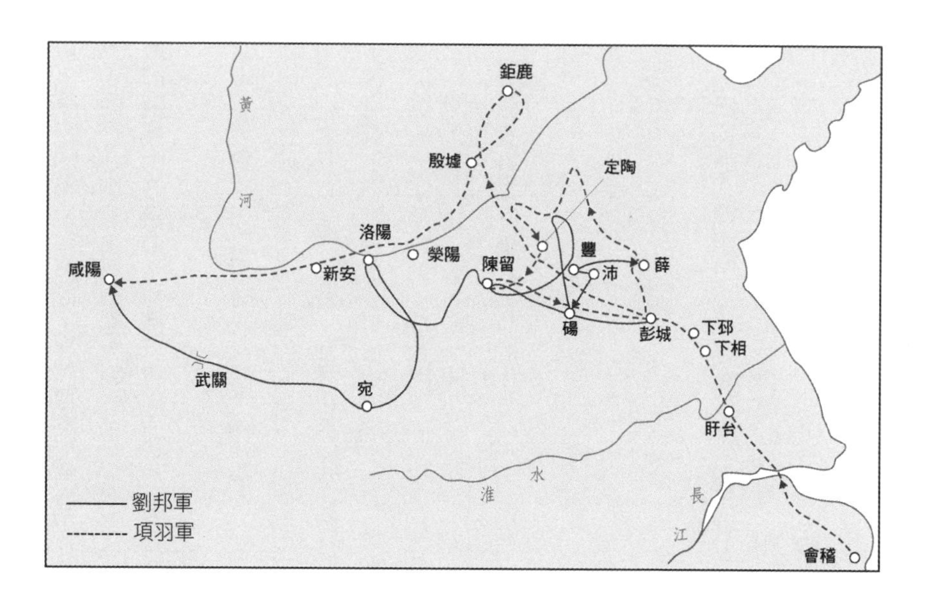

秦二世元年（209BC）七月，陳勝、吳廣在大澤起義
九月，項梁、項羽率八千子弟渡長江
九月，劉邦沛縣起兵
二年（208BC）六月，立楚懷王，定都盱台
九月，項梁戰死於定陶，楚王遷都彭城，劉邦駐軍碭城
十二月，鉅鹿之戰，破釜沉舟
三年（207BC）七月，章邯向項羽投降
十一月，項羽於新安坑殺秦降兵二十萬人
漢元年（206BC）八月劉邦破武關，十月入咸陽，子嬰出降，秦滅亡
十一月，項羽入咸陽，殺子嬰，焚秦皇宮

接下來，他又延續了剛進到關中的基本策略，做出讓百姓得利的事。一是救災，積極處理黃河堤防的各種問題，另外是把秦始皇的苑囿園池全部廢掉，讓農民種田。接下來，劉邦又「大赦罪人」。他用這種方法再次顯現與剛剛滅亡的秦的差距，並且到任何一個地方都讓人民有所感受。再下來，劉邦不只讓關中的人感覺他與項羽所封的三個關中王不同，甚至遠到關外去探望當地的人民。回來的時候，他碰到了張耳，「厚遇之」。到這個時候，憑藉他的個性與策略，劉邦身邊已經形成了一個龐大的集團，而且產生了一種正向迴圈：集團愈大，就有愈多的人想來加入，而他一直保持著寬容、來者不拒的態度，誰願意來他都會厚遇之，從而使得集團更大。

接下來，「除秦社稷，更立漢社稷」。依然迥異於項羽，劉邦明確表示自己現在不是地方諸侯，而是取秦而代之。這時又發生了一件戲劇性的事情，讓劉邦有好機會發揮自己的優勢。他們到洛陽新城時，三老董公攔住劉邦，告訴他義帝楚懷王先是被項羽貶謫，接下來被人暗殺了。劉邦這時才知道這件事，但馬上意識到這是在爭取天下人心的宣傳上的好機會。

> 漢王聞之，袒而大哭。遂為義帝發喪，臨三日。發使者告諸侯曰：「天下共立義帝，北面事之。今項羽放殺義帝於江南，大逆無道。寡人親為發喪，諸侯皆縞素。悉發關內兵，收三河士，南浮江漢以下，願從諸侯王擊楚之殺義帝者。」

「袒而大哭」，也就是不顧一切禮節地大哭。劉邦隆重地為義帝舉行了喪禮，開始了正面宣傳上的攻擊——之所以要對抗項羽，不是為了自己，而是為原來諸侯所共奉的義帝報仇。事實上，這樣是一口咬定義帝為項羽所殺。

對照《項羽本紀》、《高祖本紀》可以發現，其實項羽殺義帝真的沒有什麼特別的道理。項羽不願意明確

地作為天下的共主，就奉義帝為共主，但他又有韓信批評的個性缺點，即不願意與別人分享權力。如果不願意與別人分享，自己直接做天下共主就好了，可是他又要假裝只是西楚霸王，是所有王中的一個。這種矛盾的態度決定了他表面上遵奉義帝，但在私底下又忌憚義帝有可能真正分掉他的權力。所以，他訴諸政治上很不明智的方式，派人偷偷殺了義帝。劉邦藉此機會昭告天下，稱項羽背叛了大家的情感。從此以後，這兩個陣營各自樹立風格，並決定了其他勢力在楚漢當中的選擇。

當劉邦集團這樣悉心經營他們的宣傳戰，運用剛剛取得的勢力與權力時，項羽又在幹什麼呢？《高祖本紀》中說：「是時項王北擊齊，田榮與戰城陽。田榮敗，走平原，平原民殺之。」項羽作為一個帶兵的將領，在軍事上仍然很有能力。從戰國後期到秦，田榮在齊一直有勢力，也有一定的戰爭經驗與長處，但即使如此，還是無法比配項羽。項羽在軍事上仍然天下無敵，當他集中力量攻打田榮時，田榮一敗塗地。

田榮敗走到了平原，齊地人民看到田榮不是項羽的對手，殺了田榮降楚，也就是投降項羽。但是項羽仍然按自己的風格做事，明明人家投降了，他還要「焚燒其城郭」、「系虜其子女」。結果，齊人再度背叛。田榮的弟弟田橫接收了哥哥的勢力，把田榮的兒子田廣立為齊王，繼續對抗項羽。

從項羽分封諸王之後，不到一年的時間，局勢急劇變化。四月，項羽高高在上，一人控有天下。他按照自己的意願分封諸王，根本不理會地方上的既有勢力。他任性地籌劃了一張新的秦末地圖，但這張地圖沒有合理的基礎。按今天的政治學原理來說，項羽運用的是絕對主觀的權力，他以為打敗秦、重新統一天下後，天下就是他私人的，他愛怎麼樣就怎麼樣。用司馬遷的語言來說，項羽不清楚什麼是「天」，什麼是「人」，感受不到作為人的基本約束和限制。他以為這個時候他的權力可以超越現實，或者更龐大的時代、地理和歷史的因素，也就是可以凌駕於「天」，甚至以為自己就是「天」。新地圖一定有人不願意承認。只要有人開始不承認，它就會快速地被天的力量重新拉回另外的局勢中。

短短數月，原本項羽獨霸的局面就變成了楚漢相爭。四月的時候，劉邦還根本沒有決定當王的權力，被項羽分到漢水上游的巴蜀，叫漢王。劉邦乖乖接受了這個名稱。然而一年不到，因為他做對了事情，諸如帶一郡來降就封萬戶、把秦的園林開放成農田、大赦罪人，以及為義帝發喪，獲得政治上再合理不過的出兵理由，從而勢力大盛。而項羽不清楚天人之際，要用自己主觀力量去違逆天。劉邦看清楚局勢，每一步都在利用對自己最有利的現實局勢。令人遺憾甚至同情的是，客觀現實上局勢已經變成了楚漢相爭，但項羽仍然沒有察覺，繼續滯留在東方，處理齊地的事務。楚漢相爭能夠形成，基本上也就注定了未來一定是在劉邦一方。

鬥勇，更要鬥智

如果單純以軍事來看，楚漢相爭中項羽仍然持續占上風。看那幾年的事件，我們會再三看到在戰場上項羽取勝，這也就意味著劉邦打了敗仗，不斷地把自己的軍隊與勢力用各種方式調整。可是，這也是我們在看歷史的時候，司馬遷給予的一個提醒。如果從現實的眼光來看，甚至在楚漢相爭的描述中，我們都容易誤以為項羽更強，因為現實上的對陣都是項羽占上風。然而，歷史更廣大的眼光要我們意識到，既然項羽一而再再而三打勝仗，那為什麼劉邦沒有被打垮呢？劉邦能夠不斷捲土重來，正是他與周圍集團一路建立的基礎在發揮作用。

《項羽本紀》刻意描述了一個場景，顯示劉邦在軍事上狼狽到什麼程度，即彭城之戰。劉邦聚集了大部隊與項羽決戰，但是項羽帶著軍隊一來，漢軍便快速瓦解。楚軍在彭城先「殺漢卒十餘萬人」，追到睢水邊又「多殺，漢卒十餘萬人皆入睢水，睢水為之不流」。漢軍還不只是損傷兵卒二十餘萬，更慘的是劉邦的遭遇。楚軍密密麻麻「圍漢王三匝」，劉邦已經沒有機會脫身，這時候——

大風從西北而起，折木發屋，揚沙石，窈冥晝晦，逢迎楚軍。楚軍大亂，壞散，而漢王乃得與數十騎遁去。

這個時候起了大風，大白天讓楚軍睜不開眼睛。依靠這一偶然因素，劉邦才保住了生命，與楚繼續爭鬥。這一段又是司馬遷的「究天人之際」，這種情況完全是項羽、劉邦控制不了的。而一旦有了這樣一個偶然的機會，劉邦就算被迫落到谷底，還是能夠回來。

劉邦如此狼狽，司馬遷也沒有替這位開國君主留面子。這一段不能寫在《高祖本紀》，那就寫在《項羽本紀》。靠著天象的幫忙，劉邦好不容易逃出來，一路逃到家鄉沛。他本要去收拾家室，但因為楚軍一路追過來，只在路上碰到兒子與女兒（就是後來的孝惠帝和魯元公主），他的父親、妻子不見蹤影，後來都被項羽抓走。劉邦就把兒子、女兒拉上車一起逃，後面楚軍騎著馬快要追到了。劉邦這個人如何不堪呢？他擔心被追到，把兒子與女兒推下車，以減輕重量讓自己逃脫。他身邊的人將他的兒女一次次撿起來，如是者三，兒女才沒被抓。甚至要身邊的人告訴他，再怎麼急也不能放棄小孩，劉邦才沒繼續這麼做。所以，劉邦的個性中有無情的部分，而這也是他後來成就功業時不可或缺的一項條件。但是反過來，我們真的需要把成就功業的人奉為偉大的神明嗎？至少司馬遷絕對不會這樣看。

在逃跑過程中甚至沒有機會救自己的兒女——狼狽到這種程度，但劉邦還是回來了。在《項羽本紀》裡，司馬遷藉由下面兩個故事，象徵性地解釋了為什麼劉邦經過這樣深刻的挫折，還能夠回來。

首先，劉邦身邊的人有辦法，有頭腦，並不是在戰場拚輸贏。雙方相爭到一定程度，劉邦的壓力非常大，希望能夠同項羽講和，雙方劃定一個界限，東邊屬於你，西邊屬於我，暫時停戰。項羽幾乎要答應了，但亞父范增不答應。范增此時已經被封為歷陽侯，他告訴項羽，這個時候如果再放過劉邦，將來劉邦永遠都會是心腹

大患。項羽聽到范增的建議，便繼續毫不鬆懈地進攻劉邦。

劉邦困擾得不得了，這時候陳平出了一個計謀。雙方為了停戰，經常有使者來往。項羽的使者來的時候，漢軍就先準備最好的東西，用最高規格的待遇。但是一看這個使者，就故意說弄錯了，還以為是亞父派來的人，隨後換成不那麼好的飲食，招待的規格也不那麼高。使者當然會覺得非常奇怪，回到陣營後就去告訴項羽：「他們以為我是亞父派去的，就對我非常好，但知道了我真實身分後就沒有那麼好了。」

陳平用此計讓項羽懷疑范增與劉邦偷偷摸摸地來往，而劉邦陣營如此禮遇范增派去的人，就表示他們一定是勾結要背叛項羽。於是，項羽「乃疑范增與漢有私，稍奪之權」。知道此事之後，范增大怒，和項羽說：「天下已經基本平定了，請讓我回家吧！」項羽自然就高高興興地答應了。於是，在無形當中，項羽身邊的資源就被劉邦陣營給廢掉了。

那麼，劉邦自己的資源又是什麼呢？接下來的事情可以展示這一點。項羽圍攻劉邦，形勢非常緊急。劉邦完全沒辦法，所以先用計把范增除掉，但是仍脫不了身。於是漢將紀信建議說：「事情太緊急了，我們不能再用光明正大的方式來對待楚了，我有一個辦法，可以讓你偷偷出去。」於是，過了一段時間，滎陽城裡突然傳出訊息，城裡沒有東西吃了，漢王劉邦決定投降。項羽的軍隊也打累了，聽到這個訊息當然就信以為真，「皆呼萬歲」，高興得不得了。於是，漢王坐著車子，擺出投降的陣勢從東門出來，但是項羽一看，來人並非劉邦，而是紀信。項羽問紀信劉邦在哪裡，紀信也坦然告訴他劉邦已經走了。他們從東門出來投降，就是為了不讓楚軍注意西門，劉邦好藉此機會偷偷逃走。知道這件事情之後，項羽的反應是短短四個字：「燒殺紀信」。這也意味著，從一開始，紀信的整個計謀就是犧牲自己而救劉邦。

在項羽的陣營裡面，跟著他這麼多年，被重用也蒙受很多挫折的范增都不願意繼續留下。而劉邦在「不得脫」的糟糕情況下，身邊還有紀信這樣的人願意為他獻出生命。劉邦就是憑著身邊人對他的效忠，一次又一次

地在軍事戰鬥的谷底挨過去，不會就此在這個相爭局面中消失。

楚漢相爭中，劉邦常常輸得極其狼狽，上面短短一小段文字中，就遇到兩次身邊只剩下幾個人的狀況。鴻門宴時他也是拚命地逃。這樣一個人怎麼能對抗項羽，後來還贏過項羽呢？因為他每次輸到谷底，身邊一定有人會幫他，而他的陣營裡面一定還有軍隊可以用。例如，劉邦有一次兵敗，逃出來之後就去呂后弟弟的陣營，收了他的軍隊。另外，他有能人蕭何，持續幫他動員關中的勢力出關協助。項羽認為已經把他的勢力全部瓦解了，但沒想到很短時間之內，漢王又起來了，又有一支新的軍隊。被打敗後，他直接逃到韓信的陣營裡，奪過韓信的軍令與印璽，帶韓信的軍隊再重新來過。這個基本模式從來沒有變過。項羽在哪裡，他所有的勢力就在哪裡，楚是個單一中心的勢力。但是漢從一開始就是一個集團，是一個多中心的勢力。劉邦能做到這一點，是因為他敢於信任人，願意拉攏人，並和別人分享權力。因此，不同的地方有部將帶領不一樣的軍隊。把劉邦所在的中心打垮了，漢王的勢力不會因此垮掉，它分布得非常廣泛。因此，只要劉邦沒有被殺掉，他的勢力就不可能徹底被瓦解。

司馬遷在行文中給了我們這樣的歷史解釋和歷史智慧：單一中心的、高度集中的權威，與能夠信任不一樣的人所產生的多中心的組織網路，哪一個更耀眼呢？當然是單一的權力中心，它看起來那麼崇高。但是在實力，尤其在韌性上面，哪一個更強大呢？從劉邦最後打敗項羽建立漢朝，答案已經很清楚地擺在我們面前。

雖然在和項羽的征戰中，漢軍往往無法打贏，但是因為漢軍有不同的將領領著大大小小的軍隊散布在不同地區，因而就給了劉邦一個優勢——只要自己能夠親身得脫，他就能夠到另外的軍隊中，比如藉由蕭何組織的關中勢力重振軍力。

所以，從大的局勢上來說，項羽在這裡打了勝仗，在那裡打了勝仗，但是相應的是疲於奔命。他一下子在這裡，一下子在那裡，並沒有因為哪場戰役真正讓局勢對劉邦不利。楚漢相爭以這種方式維持了很長一段時間。

對於當前局勢下究竟要爭奪什麼，劉邦在意識與價值判斷上，明顯比項羽清楚太多。

楚漢藉著天然的地理條件僵持了一段時間之後，項羽非常不耐煩，想起他的軍營裡面有劉邦的父親，就做了一個很戲劇性的場景——建了一座高台，把劉邦的父親綁在上面，做出要殺他的樣子，然後告訴劉邦：如果你今天不投降，我現在就把你父親煮了。

劉邦如何反應呢？他毫不慌張，一點都沒有被項羽威脅，甚至有自己的戲劇性表演。劉邦用極度誇張的方式告訴項羽，當年我們在楚懷王面前結拜為兄弟，既然是兄弟，我父親就是你父親。你要煮你父親，記得煮完了之後分我一杯羹。

從殘酷一點的角度來看，劉邦在爭天下時，心裡顯然是沒有老父死活的。但是單純從策略角度來看，這段回應清楚地達到了兩個目的：一是讓項羽知道，這樣的威脅沒有用；二是他又利用項羽擺出來的這個戲劇性事件，昭告全天下自己在道德上的優勢，這也是楚漢相爭中他再三強調的。項羽今天這樣做，就是違背了所有的信諾，他不但沒有把關中給劉邦，還殺了君主楚懷王。兩人當初約為兄弟，「我的父親就等於你的父親」，劉邦就這樣逆轉了整件事情。

項羽聽到劉邦這番話後非常生氣，幾乎當場就要殺了劉邦的父親。項伯在旁邊勸阻：「天下事未可知，且為天下者不顧家，雖殺之無益，只益禍耳。」因為這樣，項羽才放過劉邦的父親。

接下來，項羽又有一個想法。他對劉邦說：「天下匈匈數歲者，徒以吾兩人耳，願與漢王挑戰，決雌雄，毋徒苦天下之民父子為也。」這麼多年兩人打來打去，就是為了決定誰擁有天下，為什麼要勞煩這麼多人無法安居樂業呢？索性單挑，一對一把這個事情解決吧！這又是項羽在這個位置上很幼稚天真的想法。

劉邦聽到他的話就笑了：「吾寧鬥智，不能鬥力。」一對一我當然會輸你，可是爭天下是這樣鬥力嗎？你到底知不知道我們兩個人究竟在爭什麼啊？項羽的確有神力，在可以聽到彼此說話的這個距離下，發起怒來，

拉弓射箭，射向了劉邦。劉邦被射傷，急忙躲入軍陣。正如劉邦所說的，這不是他們兩個人之間的事情，項羽能夠用箭傷到劉邦，但劉邦的地位以及軍事上的消長不會因此而受到影響。

接下來有一段時間，項羽試圖在局勢不利的情況下向劉邦的風格轉變。外黃被圍攻幾天後投降，項羽非常生氣，又照著原來的做法，要求十五歲以上的男子統統集中在城東，「欲坑之」。這時發生了一件特別的事。外黃一個十三歲的少年來勸項羽。他說：「彭越強劫外黃，外黃恐，故且降，待大王。大王至，又皆坑之，百姓豈有歸心？」外黃人多麼可憐，你們爭來爭去，兩方都是可怕的軍事勢力，我們真的能夠自主決定到底要歸劉邦，還是歸項羽嗎？我們不得已歸了劉邦，你來把劉邦的軍隊打跑了，結果又要把我們統統都坑殺。如果這樣，那誰願意歸順你呢？「從此以東，梁地十餘城皆恐，莫肯下矣。」大家嚇得要死，如果投降都要全部被殺，那自然沒人願意投降。司馬遷數次告訴我們，項羽在戰爭上雖然有長處，但有些事情連基本的常識都沒有，不但范增、項伯知道的事情他不懂，十三歲的少年都明白的道理他也不懂。

項羽這次終於聽了這個少年的話，「乃赦外黃當坑者」。果然，就如少年說的，周圍其他的城都願意投降了。項羽在與漢軍的相持當中總算得到一點緩解，看起來又有機會東山再起了。

然而這時他碰到了另一個致命問題，即必須要打出一條路，讓後勤補給進來。他必須自己帶兵去打，於是就告訴守軍守著成皋，漢軍來挑戰也不要出兵。換句話說，不管是軍隊實力，還是將領素質，他都沒有把握防守成皋的這些兵將能夠抵擋漢軍的名將淮陰侯韓信。在這件事情上，項羽是有自知之明的，如果自己帶兵，他不怕韓信，可是他現在必須帶領另外一支軍隊去尋找糧草。

這個道理漢軍也明白。因此，當項羽帶著軍隊離開之後，漢軍就開始頻頻挑釁。楚軍按照項羽的吩咐不出來，漢軍就用激將法，「辱之，五六日」，反反覆覆罵他們。大司馬曹咎實在按捺不住，把軍隊帶出來，到河對岸去與漢軍打仗。如果是項羽，就不見得會犯這樣的錯誤。漢軍不可能放過這樣的錯誤，趁楚軍大部分軍隊

還在渡河時，大破楚軍，瓦解了楚軍好不容易在成皋建立的基地，讓項羽失去了自己擁有的最大優勢。他的軍隊基本是一支攻擊式的軍隊，他自己帶領時可以得勝，然而他畢竟只有一個人，當自己不在時就守不住了。

於是，雙方的相持線實際上又往東方退了。漢軍也進軍到了有把握維持的最大區域，兩方各有弱點，又開始進行停戰的協約。這次協約以鴻溝為分界，鴻溝以西是劉邦的領域，以東則屬於項羽。協約形成後，項羽就把劉邦的父親、妻子等家人放回，「軍皆呼萬歲」。

停戰之後，漢軍應該是從鴻溝這條線往西撤回休息了，可是張良和陳平的看法不一樣，二人聯名告訴劉邦：「你看一下地圖，現在我們擁有的土地已經超過一半了。你再看一下，除了楚漢以外，其他稍微有勢力的諸侯是站在哪一邊呢？他們絕大部分都在我們這一邊。這個時候為什麼要簽訂這個停戰協約呢？項羽的軍隊已經打不下去了。」

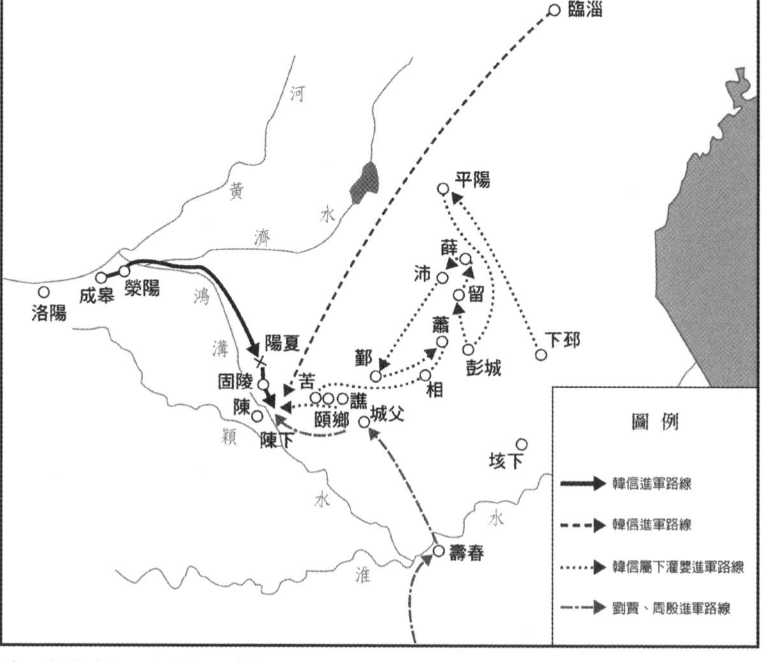

陳下之戰（垓下之戰）示意圖

兩人關鍵的結論是：「此天亡楚之時也。」「天」意味著這不是人創造出來的局勢，是一個經過長時間的歷史變化所產生的狀況，不由個人控制。天對楚如此不利，如果這個時候放掉他，就是「養虎自遺患」，讓他恢復實力來傷害我們。

張良、陳平聯手勸誡，劉邦沒有道理不聽。接下來，「漢五年，漢王乃追項王至陽夏南。」單純從上下文就可以清楚知道，司馬遷刻意省略了一句，即這個時候是劉邦明確地背約了。雙方剛剛簽訂好停戰協定，各自回去，但是當項羽把軍隊掉轉頭之後，劉邦立刻又動員軍隊從後面追了過去。這件事情在歷史書寫上有特殊意義，劉邦再三指責項羽不守承諾，但是他並沒有因為這樣就將其變成自己的道德約束。

在劉邦心中，包括劉邦周圍的這些人，他們最大的長處或者最可怕的地方是他們的目標意識。他們太清楚自己要什麼了。在爭天下、壓過項羽這件事情上，他們什麼事都做得出來。當需要時，他們可以去指責項羽不守信用，可是當有機會一鼓作氣擊滅項羽時，漢軍也可以不守約定。但是這個話不能明白講，因為這樣就是告訴所有人，漢代興起的關鍵是因為背約，所以，司馬遷只是說「漢五年，漢王乃追項王至陽夏南」。

藉由這次背約，項羽來不及準備，真正進入了潰散的階段。鴻溝之後，項羽一路往東南，也就是家鄉的位置撤退。他再也沒有機會站穩腳跟來抵擋勢力愈來愈龐大，而且不斷追擊削弱他的漢軍。到這個時候，楚漢相爭也就進入了最後的階段。

項羽之死

項羽一路犯錯，造成楚軍的勢力與範圍不斷縮小。不過在描述垓下結局之前，司馬遷回頭清楚表達了對楚漢相爭最根本的觀察。在項羽剩下最後的實力還能夠與漢軍相持時，發生了一件事情，讓劉邦很不高興，但一

時也不知如何處理。

單純從漢軍與楚軍的軍事實力來看，這時雙方的勢頭已經徹底逆轉了，但問題是劉邦並不能百分之百地控制漢軍。這時候如果韓信和彭越兩個人的軍隊能積極出兵，項羽就抵擋不住。可是叫了半天，韓信、彭越的軍隊卻沒有依照劉邦的指示來到應該到的地方。劉邦非常困擾，問張良怎麼辦。張良就說：「你自己想想看，這個時候這些人會想什麼？項羽的楚軍已經支持不住，天下即將底定，可是握有最強大軍隊的韓信與彭越得到了什麼呢？作為一個君主，如果你夠慷慨，願意共分天下與韓信與彭越，讓他們知道可以分享目前所得的軍事與政治上面的利益，他們就會出兵，打敗項羽。」

這是劉邦聽得懂的話。他立刻封韓信、彭越為王，而韓信與彭越也就充分拜服劉邦。到了這個時候，項羽已經是窮途末路，在垓下不只是軍隊數量愈來愈少，而且已經沒有糧食可以吃了，因而被團團圍住。

但是，即使項羽衰微到只剩這一個據點，而且被團團圍住，漢軍仍然不敢大意。他們發動了心理戰，背景就是項羽強烈的故鄉意識。當初項羽不願意留在關中，就是因為他覺得在外面立了功名而不回故鄉在父老面前炫耀，就好像穿著華美漂亮的衣服卻走在黑夜裡一樣。他有那樣的虛榮心，而這種虛榮根植在他的故鄉意識裡。漢軍就利用這一點，在夜晚的時候紛紛唱起楚歌。項羽聽到「四面皆楚歌」，大吃一驚：難道我的家鄉都已經被漢軍攻陷，連漢軍中都有這麼多楚人了嗎？

因此，項羽僅存的鬥志被瓦解了。他起身在兵營裡面喝酒，找來身邊的美人虞姬，然後撫著他的愛馬，一邊飲酒一邊即興地唱，歌詞說：

力拔山兮氣蓋世，
時不利兮騅不逝，

虞兮虞兮奈若何！

我是不世出的英雄，個人能力如此強大，但是時局對我不利，這不是我個人的能力差，而是因為這個局勢是我沒辦法突破，以致陷到當下的狀況，連讓我的馬奔走都沒有辦法。他回頭看著身邊仍然跟隨他的美女虞姬說：「美人啊美人，陷入這樣的情形下，妳怎麼辦，妳怎麼辦！」這就是韓信批評的婦人之仁。他沒法完全不顧身邊的美女，想到一旦兵敗之後，虞姬究竟該怎麼辦。連續唱了好幾次，然後虞姬跟著和。項羽這個時候淚下，左右的人與他哭成一團，即使到了這個時候，左右仍然懾於他的氣勢，「莫能仰視」。

這就是英雄末路。在這樣的心情下，項羽做了一個在過去軍事生涯上面幾乎不可想像的決定：從重重包圍中逃出去。以前項羽都是正面打仗，破釜沉舟，用的是心理上絕對強烈的意志壓服敵人。這個時候他意氣消沉，所以只帶了八百人連夜偷偷逃走。這是他人生的第一次，如果他願意趁這個機會修正自己的個性，說不定真的可以逃回到江東的核心區域，還有機會保有勢力，甚至捲土重來。

他成功地逃了出去，一直到天亮漢軍才發現項王走了。灌嬰帶了五千人馬去追。項羽渡過了淮河，因為人馬有的走散有的損傷，八百騎只剩下一百多人了。到了陰陵，項羽迷路了，於是隨便抓了路邊的農夫問路，但是這個農夫故意騙他走左邊。這些人沿左走，發現前面是一片大澤，而再回頭已經來不及了。當然我們無法明確解釋為什麼這個農夫要欺騙項羽，不過從上下文，我們至少可以推論出兩件事：首先，項羽很不得人心，這個時候他連一個農夫都不能信任；其次，項羽一路經常犯錯誤，到了任何地方都不能得到當地的情報，把身邊的環境弄清楚，這是他致命的弱點。

於是項羽只好換一個方向，往東走到東城，這時只剩下二十八人跟在身旁，而緊追在後面的漢軍有數千人馬。項羽大概認為逃不掉了，但是他仍然有作為英雄的戲劇性表現。他把這二十八個人聚集過來，和他們說：

「我起兵到現在八年，身經七十餘戰，沒有輸過。擋我的都被我攻破，在我面前的都被我打敗。我沒有打過敗仗，所以能夠擁有天下。現在竟然到這個局勢，被困在這裡，是天之亡我，非戰之罪也。」這是他對自己處境的解釋，是他堅持的信念。他接下來說：「我要證明給你們看，不是我打不贏，而是天要亡我。我來替你們突圍，進入漢軍的陣中。即使到這樣的情況，漢軍仍然阻擋不了我。」

項羽真的就帶著這區區二十八人，在漢軍當中反覆衝殺。他和所有人講：「你看，東邊有一個小山頭，在小山頭與現在這個地方之間全部都是漢軍，但是我們衝過去，到那個小山頭會合。」他真的就這樣衝了下去，斬了一個漢軍將領。會合之後，他再衝一次。如是者三。項羽殺了漢軍數十百人，只喪失了兩騎。這時他回過頭，仍然意氣風發地說：「怎麼樣？」剩下的人拜服說：「正如您說的。」

衝殺之後，他的心情稍稍有一點轉折，所以繼續往東，帶著僅存的人到了烏江邊。這個時候，烏江的亭長準備小船，對項羽說：「來吧，渡江之後就到江東。那是你的家鄉，雖然地方很小，但是就算只有千里，也有幾十萬人眾，仍然可以做一時一地的勢力。來，您現在趕快上船。烏江岸邊只有我這一艘船，你上了船，漢軍沒有船過不了河，您就安全了。」

項羽也許的確有這樣的一個機會可以東山再起。可是聽完亭長的話，項羽反而笑了，亭長說服他趕快逃回家鄉的話，反而引動他決定無論如何也不回去。他說：「既然是天要亡我，我渡江又能幹什麼呢？」這已經變成了他的執念了。接下來的話更關鍵，他說：「當時我帶了江東子弟八千人與我一起渡江，現在我一個人回去，就算江東父兄他們可憐我、同情我，讓我可以捲土重來，我有這個臉嗎？就算他們不批評我，不問為何我一人回來，難道我就有臉不問這件事情，不去悲憐死者而感覺到愧疚嗎？我知道亭長是位長者，這匹馬已經跟著我五年了，到了人生的最後，我不忍心殺牠，送給你吧！」

他不渡江了，而且身邊所有人都下馬徒步。即使是徒步，他還殺傷了漢軍數十百人，「身被十餘創」，然

後才走上生命的終點。最後在看到漢騎司馬呂馬童時，他還要耍一下：「聽說我的頭值千金，這裡有一個我原來認識的人，我把我的頭送給你吧！」

這是項羽的終結，同時也是楚漢相爭的結局。劉邦得了全勝，而項羽不只身死，還被分屍。為了領賞，每個人都想搶到他身體的一部分。真是非常悲慘的結局。

司馬遷在《項羽本紀》最後寫了一段「太史公曰」。他首先肯定項羽非一般人：聽說聖君舜的瞳仁有兩層，而項羽的瞳仁也有兩層，難道項羽與舜有血緣關係？司馬遷用問句來寫，其實是要表明項羽並非常人，不然怎麼解釋他的興起這樣快速，如此帶有戲劇性呢？他快速從隴畝之中崛起，三年之內帶領著五國諸侯的軍隊滅了秦，得到了分裂天下而封王的機會，實質上就是天下之主。

按照司馬遷的評估，這種功業在短短三年中就成就的情況，「近古以來未嘗有也」。但是接下來，他羅列了項羽犯的錯誤：

> 及羽背關懷楚，放逐義帝而自立，怨王侯叛己，難矣。自矜功伐，奮其私智而不師古，謂霸王之業，欲以力征經營天下，五年卒亡其國，身死東城，尚不覺寤而不自責，過矣。乃引「天亡我，非用兵之罪也」，豈不謬哉！

作為一個史學家，這或許是司馬遷最嚴厲的批評。「不師古」意味著他腦袋只有霸王之業，而沒有帝王之志。他只相信軍事的力量，「五年卒亡其國」。而一直到人生最後一刻，項羽都沒有看清楚他之所以三年興起，五年滅亡，是自己要負起責任，而不是反覆強調是「天亡我，非用兵之罪也」。這是司馬遷在意的事。作為一個人，如果不清楚什麼是自己招來的，什麼是自己真正無法控制、是環境施加在我們身上的，就跟項羽沒什麼

兩樣。所以他最後說「豈不謬哉」！

司馬遷用他的敘述彰顯了項羽輝煌又令人感慨的英雄事業，也藉由項羽的事例，表達在應對人生、世界時必要的智慧，其中最核心的一點就是永遠不要拋掉自己的責任。不要把自己的責任、過錯隨便推給天，推給外在環境，如果你那麼容易遷怒，那只會不斷犯下重複的錯誤，根本無法真的成功。就連項羽這樣的背景，得到時局提供的大好機會，也因為沒有進行反覆的深刻檢討，五年之後也就身死東城了。

秦始皇本紀：暴落的帝國

秦的幽靈在漢朝上空游蕩

在《史記》裡，司馬遷藉由主要記錄軍事、政治大事的本紀，讓我們回看他所知道的中國究竟發生過什麼事情。有一件在中國歷史上劃時代的大事是司馬遷必須要記錄的，那就是周秦之間的變化。

西周建立的封建制度，到了東周有了絕大的改變，原本詳盡嚴密的封建制度不斷地崩潰瓦解，導致天下大亂，到了秦王政二十六年（西元前二二一年）才得以統一。可是統一天下之後，秦沒有變回周代那樣的封建制度。從這時候起，中國開始出現了和之前歷史上完全不一樣的局面——皇帝制度和郡縣制誕生了，一個帝國的框架出現了。如何記錄、鋪陳、把握這件大事的關鍵點，考驗著一個史家的眼光。我們在讀《秦始皇本紀》的時候應該特別留意，在這個劃時代的大事上，司馬遷給我們留下了哪些值得思考的東西。

司馬遷記錄秦的興起到滅亡，尤其是秦始皇本人的生平，有一個背景需要解釋。在《秦始皇本紀》最後的「太史公曰」中，司馬遷沒有自己總結、評論，而是引用了賈誼的《過秦論》。《過秦論》本身是一篇非常重要而且精采的文字，但我們在理解賈誼之前，應該知道在漢代，尤其從文帝、景帝一直到武帝，漢代的基本心

態裡面有一個巨大的疑問——秦到底是怎麼滅亡的？

這個問題對於漢朝再重要不過。仔細看漢初種種記載就會知道，創建漢朝的人的經驗、視野、知識乃至態度，其實無力重新打造一個帝國的制度。在這樣的情形下，漢高祖時的首要考量是生存，基本上是要摸索出一種方法，把朝廷延續下去。

那個時候，漢朝嘗試了郡國並行制，也就是用秦的帝國制度混合部分周代的封建制度，讓自己站穩腳跟。到了文景的時候，治理原則叫作「無為而治」，過去傳統的解釋大都是從純粹正面角度看，秦因為過度役使民力而迅速滅亡，文帝和景帝的基本態度是盡量什麼事都不要做，「與民休息」，讓人民能夠好好地務農，也讓生產的組織、經濟及社會的紐帶有復原的機會。

可是，我們也不能忽略這個治理原則的負面影響，在這一方面，傳統史書的記載確實比較少。所謂「無為」，同時也意味著不改變，部分地、原封不動地保留從秦帝國承襲下來的東西。

《扁鵲倉公列傳》裡有一個大家熟知的感人故事，緹縈救父。緹縈的父親犯的雖是小罪，卻要接受最殘酷的肉刑。它部分反映出，文帝時期雖然整個政治風格看起來是寬容的，可是正式的結構仍然承襲著秦，嚴刑峻法並沒有廢除。文帝之所以被緹縈感動，是因為他自己馬上意識到，這個刑罰跟所犯的罪之間極其不對等。

不過緹縈救父只是個案，整體來說，從文帝到景帝，秦代的這一套系統並沒有徹底變成「漢家天下」的新制度。儘管漢高祖創立了漢朝，可是要擺脫秦的影響，真正擁有自己獨特的個性，有經過思考和設計的制度，還要等到漢武帝時期。換句話說，有六、七十年的時間，「漢承秦弊」，沒有能力對政治社會制度進行大幅改變。正因如此，漢代人心裡必然徘徊著這個問題：我們在沿用秦代的制度，可是秦滅亡了，且滅亡得如此之快，那我們該怎麼辦？所以，釐清秦滅亡的原因，不只關係到朝代政治的合法性，更關係到整個朝代如何擺脫滅亡危機、如何長治久安。

司馬遷也把秦滅亡當作《史記》裡歷史敘述和解釋所必須面對的課題。在歷史理論部分，他藉賈誼的《過秦論》做了整理，可是他自己做的是更細密的兩個方向。他知道，要真正解釋秦為什麼滅亡，離不開秦始皇這個人所做的決定，他的世界觀、個性和秦的歷史是絕對分不開的。司馬遷在《秦始皇本紀》中不僅僅是鋪陳史料，而是有效地描述了這個人，使秦始皇的形象深刻地留在《史記》的讀者心上。在此，司馬遷取得了後世看來非常驚人的成就，此後歷朝歷代講到秦始皇，幾乎都是依賴司馬遷的記載。

賈誼《過秦論》提出的答案當時能夠說服最多的人，司馬遷也基本認同文中對秦的種種解說和指責。不過有意思的是，當時絕大部分人，包括賈誼在內，都認為秦是暴起暴落，認為秦地處西陲，突然成為了不起的大帝國。但司馬遷的解答體現了史家的專業，他沒有掉進這樣的陷阱裡面。秦確實是暴落，但絕不是暴起。

關於秦的本紀有兩篇，一篇是卷五《秦本紀》，一篇是卷六《秦始皇本紀》。秦作為一個朝代，接續在周之後，依照一般慣例，只要有《秦本紀》就可以了。而如果按照後面的標準，則有《項羽本紀》、《高祖本紀》等，那就應該只有《秦始皇本紀》。司馬遷把秦的歷史分成兩篇，並用這種方式先後並列，就是要凸顯一起一落，要追索秦究竟是如何興起的。

在《秦本紀》當中，尤其重要的是衛鞅（商鞅）。衛鞅對秦孝公、對秦國產生的種種影響，使其從僻處西陲的邊緣封建小國，昂然走到歷史舞台的中央。另外，司馬遷還特別仔細地羅列了秦在昭襄王、莊襄王兩朝所產生的種種變化。換句話說，秦是有來歷的，秦始皇不是靠自己一個人的力量，在這麼短的時間之內打造出統一六國的巨大帝國。我們在讀《史記》、看待這段歷史的時候，不能忽略司馬遷的這個重要看法。

權力巔峰的傲慢

在《秦始皇本紀》當中，司馬遷用最簡單的編年方式，完成了非常難的寫作成果。編年就是一年一年地羅列所發生的事情，最容易變得瑣碎，不過司馬遷雖然是完全按照時間先後把這些事件排進去，可是絕對有非常細膩的安排和明確的脈絡，我們稍加整理就可以明白，他要表達的是秦始皇做了哪些事情，是一個什麼樣的人。

我們首先來讀《秦始皇本紀》中秦王政在位的第二十六年，這一年最重要的事情是六國當中僅存的齊國也投降了。依照司馬遷的寫法，這個時候叫作「秦初并天下」，之後的描寫就開始充分顯示秦始皇的個性和觀念。

秦王初并天下後有一篇重要的文書，裡面以秦始皇的口氣一一細數各國之罪：

> 異日韓王納地效璽，請為藩臣，已而倍約，與趙、魏合從畔秦，故興兵誅之，虜其王。寡人以為善，庶幾息兵革。趙王使其相李牧來約盟，故歸其質子。已而倍盟，反我太原，故興兵誅之，得其王。趙公子嘉乃自立為代王，故舉兵擊滅之。魏王始約服入秦，已而與韓、趙謀襲秦，秦兵吏誅，遂破之。荊王獻青陽以西，已而畔約，擊我南郡，故發兵誅，得其王，遂定其荊地。燕王昏亂，其太子丹乃陰令荊軻為賊，兵吏誅，滅其國。齊王用後勝計，絕秦使，欲為亂，兵吏誅，虜其王，平齊地。

這段話很有意思，它反映了秦始皇的一個心態，即所有事情都不是他要做的，而是因為六國統統都對不起他。我們應該留意這個心態，因為很多事情的線索，包括秦始皇如何統治天下，以及巨大功業為何會在短時間內瓦解，都跟這個心態有莫大的關係。

秦陵的士兵。（攝影／ christels　圖片來源／ Pixabay）

接下來，既然天下已定，有一件重要的事情要先做——「今名號不更，無以稱成功，傳後世。其議帝號」。這是一件大事，也反映了秦始皇另一個重要的心態，那就是他明確意識到自己創造了一個新天新地，因而從自己的稱號開始，所有東西要有全新的名字。

丞相王綰、御史大夫馮劫、廷尉李斯討論之後，代表大臣呈交了一份報告。報告上說，過去有一個頭銜是五帝，然而五帝雖然貴為天子，地方千里，卻沒有徹底掌握境內所有勢力，和今天陛下「興義兵、誅殘賊」建立的功業大不相同——這裡就反映了秦王的那種心態，即正義站在我這邊，六國不僅被打敗了，而且是應該被打敗的。

吞併六國後，秦國離開了原來的封建制度，由中央政府直接派官員去統治各個地域，「海內為郡縣」。封建制度是層層節制，天子把地封給諸侯，諸侯把地封給大夫，彼此是上下級的羈縻關係，也就是權利與義務的關係。可是秦在統一六國的過程當中，一直在改變原來的封建體制。接下來「法令由一統」，各地不再因為是哪一個國、是誰封的就依照該地的風俗法令，每個地方都是同樣的法令。

這種局面是破天荒、劃時代的，「自上古以來未嘗有」，甚至是「五帝所不及」。如此一來，過去的這些封號都不夠了，那怎麼辦？大臣們經過多方討論，建議從過去比「帝」還要高的三個頭銜天皇、帝皇、泰皇當中，選用地位最高的泰皇。但是秦始皇並沒有接受，他不要叫作「帝」，因為之前有帝，也不要叫「泰皇」，因為以前有過泰皇。他要的是空前未有的，於是——

去「泰」，著「皇」，采上古「帝」位號，號曰「皇帝」。

從此以後，「皇帝」這兩個字在中國存留了兩千多年的時間。對秦始皇來說，這就是最高權力的傲慢——

他是歷史上空前的一個人。

接下來，我們進一步看他這種絕對權威的心態。他說，太古時人活著有「號」，可是死了沒有「謚」，到了中古，才有人活著的時候有一個號，死了之後另外依照生前的行為得到一個謚。他針對的正是我們今天所說的謚號。的確，中國在帝王的傳統上面是這樣，像周文王，他活著的時候絕對不會知道自己叫作「文王」，是他死後別人根據他的成就、行為用一個「文」字來統納，作為謚號。周武王因為翦商成功，最核心的是軍事功績，所以謚號是「武」。接下來像周幽王、周厲王，謚號分別是「幽」、「厲」，一看就知道後世認為他們不是好天子。

這件事讓秦始皇非常不自在，認為這是地位低的人在議論地位高的人，也就是「子議父，臣議君也，甚無謂」，他不接受。

> 朕為始皇帝。後世以計數，二世三世至於萬世，傳之無窮。

他不要謚號，要叫始皇帝，更重要的是繼承他的人就叫作二世皇帝，再下來就叫作三世皇帝，就這樣五、六、七、八、九……兩百、三百，一路下去，傳之無窮。口氣大得不得了。統一六國之後，巨大的絕對權力感，讓秦始皇相信自己建立的這個朝代是不會滅亡的。

把自己的名號定了之後，「始皇推終始五德之傳」，即依照當時流行的陰陽五行，決定秦這個朝代的象徵。五行包含相生與相剋兩種道理，秦始皇採取的是後者。前面被取代的朝代是周，因此「以為周得火德，秦代周德，從所不勝。方今水德之始」，周在五行當中是火，所以秦就以水德作為象徵，而水德相應的顏色是黑色，相應的數字是六。更進一步，本來黃河就叫作「河」，這時因為具有水的重大象徵，也改名為「德水」。

其實陰陽五行並不那麼重要，關鍵是秦始皇因此制定了國家價值上的意識形態：「剛毅戾深，事皆決於法，刻削毋仁恩和義，然後合五德之數。」因為是水德，因為是黑，所以一切都要依照法令，不要講什麼仁、恩、和、義，法令和朝廷兩方面互相加強。因為秦建立了一個新的朝代，就一定跟周代不一樣，周代講究「親親」，秦要的則是法令的嚴苛。從商鞅開始，秦就是靠著嚴格的法治崛起的，這個時候進一步強化了法治在統治區域內、在意識形態上的領導地位。

皇帝制度不是一個中性的制度，它背後必然含藏著許多強烈的價值意識。司馬遷在《秦始皇本紀》中一樣樣把它講得清清楚楚，他的史識及史筆之精簡、準確，讓我們可以把兩千多年來中國皇帝制度的成就，及其產生的種種問題，做一次乾淨、簡單、方便的整理。

再下來又出現了一件必須要推翻周代的事情。王綰這些人說，我們統一了六國，管理了這麼巨大的地方，應該把皇子們分封到各地去當王。秦始皇沒有馬上接受這個建議，而是「下其議於群臣」。這時，李斯給了一個非常不一樣的建議，他說：

> 周文武所封子弟同姓甚眾，然後屬疏遠，相攻擊如仇讎，諸侯更相誅伐，周天子弗能禁止。今海內賴陛下神靈一統，皆為郡縣，諸子功臣以公賦稅重賞賜之，甚足易制。天下無異意，則安寧之術也。置諸侯不便。

當年周王把兄弟封到各個地方，結果搞成這樣，我們難道還要回頭走老路，犯同樣的錯誤嗎？言外之意其實就是不要諸侯，也不要分封。始皇帝自然欣然採納，因為這就是他自己的想法。

在這種思路下，秦把整個天下原來的封建拆開，平均劃分為三十六個郡，跟中央的關係完全一樣。郡底下

有縣，每個縣跟郡的關係、跟中央的關係也都一樣。這是帝國制的成立，也是中國皇帝制度真正的起點。這個措施是中國在政治制度上的關鍵轉折，封建徹底被瓦解，後來就再也沒有完全恢復。不僅如此，皇帝也建立了絕對權威的地位。以前周天子下面有諸侯，諸侯下面有世卿，世卿接下來有大夫、士、庶民，每層之間的距離不是那麼大，也沒有那麼絕對。現在沒有了諸侯，沒有了大夫，沒有了士，只有庶民和皇帝，庶民在底下，皇帝高高在上。這是巨大的改變。

秦始皇認為要徹底解決天下分裂的問題，就要統一、集中，任何能夠不分裂的做法都是對的，所以他還做了這樣一些事情：把所有的民眾統稱為「黔首」；把全天下的武器收攏在咸陽銷毀，鑄成十二具巨大的金人，天下沒有武器，也就很難打仗了；統一過去各國有分歧的事物，包括度量衡、文字等，用篆書取代各國不同寫法的文書。

除此之外，還有一件很有趣的事情，就是歷史書上都會提到的「車同軌」。那時候的馬路不是經過夯實的硬度很高的路，所以會留下車輪的痕跡。如果車軌不一樣，時間久了，馬路上會有各式各樣的痕跡，在上面行進其實非常困難。與其如此，不如規定每一輛車都要有同樣的軸距，基本上是同樣寬度的軌跡，大大提升了交通的效率。再接下來，秦始皇要做的就是修馳道，讓他自己以及秦的軍事力量可以在很短時間內到達原來六國所在的廣大地域。

就這樣，秦始皇用最極端的方法把過去各自為政的六國進行了中央統一，建立了跟周代封建制度徹底相反的一套帝國制度，秦始皇也就理所當然地認定，他會建立一個長久的帝國。

在講完秦始皇統一六國的措施之後，司馬遷把他巡行到何處，留了什麼樣的石刻銘文一一記錄下來。讀者都已經知道秦後來的結果，讀的時候無可避免會察覺到司馬遷的反諷用意。例如，其中一塊刻石上的文字是：

古之帝者，地不過千里，諸侯各守其封域，或朝或否，相侵暴亂，殘伐不止，猶刻金石，以自為紀。

這段話是說，過去的這些帝王其實沒有占領很大的地方，也沒有統治很多人，但卻自以為是地刻石歌功頌德，抬舉自己。接下來是：

古之五帝三王，知教不同，法度不明，假威鬼神，以欺遠方，實不稱名，故不久長。其身未歿，諸侯倍叛，法令不行。今皇帝並一海內，以為郡縣，天下和平。昭明宗廟，體道行德，尊號大成。

過去的五帝三皇也沒什麼了不起，他們其實根本沒有真正統一，也沒有延續很久，都配不上那些名號。那誰配呢？只有秦始皇。所以秦始皇刻石就是要告訴大家，從現在開始到久久遠遠，有人看到這塊石頭，都會懷想這是一個非常厲害的人，他解決了朝代紛爭滅亡的問題，奠定了一套近乎永恆的秩序。當我們看到這樣的刻石，看到秦始皇嘲弄五帝三皇的時間有多短，不可能感覺不到其中的反諷意味。

秦始皇就這樣天真地相信，他所創立的帝國會一直延續下去，然而事實是，他剛剛去世不久，帝國就土崩瓦解了。

王朝崩潰的醞釀

我們必須佩服司馬遷精確且鮮明的刻畫，不只讓人看到了秦始皇的個性，更重要的是可以體會到他的思想和價值觀。

秦始皇第三十四年，發生了一個非常有名的歷史事件。事件之起源是「置酒咸陽宮」，在朝廷的慶典上，有博士七十人到始皇帝面前慶賀。僕射周青臣趁機討好，說秦不久之前不過是一個地方千里的小國，跟東方的大國相比一點都不強，但是最終平定了海內，又把侵入境內的蠻夷趕出去，以至「日月所照，莫不賓服，以諸侯為郡縣」，人民安樂，再也不用擔心打仗。周青臣顯然知道，要討好秦始皇就不能不講這幾句，因為這是他最在意的。秦始皇創造的是空前的功業，在我們瞭解的經驗和歷史上，沒有比這更厲害的，何況這個功業還會一直綿延下去，「傳之萬世。自上古不及陛下威德」。秦始皇聽了當然非常高興。

但是在場的博士官裡面，淳于越有不一樣的意見。他說：

臣聞殷周之王千餘歲，封子弟功臣，自為枝輔。今陛下有海內，而子弟為匹夫，卒有田常、六卿之臣，無輔拂，何以相救哉？事不師古而能長久者，非所聞也。今青臣又面諛以重陛下之過，非忠臣。

殷周的歷史都非常長，是因為他們封子弟功臣，用封建制度來輔佐天子。如今我們如果不走封建這條路，子弟沒有自己的勢力，萬一發生了什麼事情，那可怎麼辦呢？所以他明確說：「事不師古而能長久者，非所聞也。」淳于越還指責周青臣是「面諛」，當著面拍馬屁，而不提醒皇帝在這件事情上做錯了，不是忠臣。

秦始皇做出了一個姿態，「下其議」，讓他們去討論。這種時候通常有一個人的意見是最重要的，那就是原來的太尉，現在的丞相李斯。李斯的看法是：

五帝不相復，三代不相襲，各以治，非其相反，時變異也。今陛下創大業，建萬世之功，固非愚儒所知。

歷史沒什麼了不起的，五帝是五帝，三代是三代，他們有不一樣的時代和環境，有不一樣的變局，就做不一樣的事。李斯支持秦始皇本來就相信的觀念：現在是一個歷史上從來沒有過的時代，如果只知道從歷史裡面挖掘智慧，怎麼可能瞭解今天的局面呢？而且淳于越說的三代已經過去了，跟今天有什麼關係？

淳于越為什麼會採取這種方法來批評皇帝呢？李斯解釋道：「異時諸侯並爭，厚招游學。」在天下分裂的時候，為了競爭，每個國君都到處招徠這些游士。游士有很多想法，但如今天下已定，六國都統一了，而且有固定的法律，在這個新的制度下，每個人都有自己應該做的事，是農工就去生產，不生產的士就去學習法令。

李斯接下來給出了一個非常凶狠的評斷：「今諸生不師今而學古」，這些人不看當下的環境，拿以前的事情批評現在，讓活在新時代的人抱持舊的觀念，就會產生種種混淆。如今天下統一，要治理這個國家，基本的做法就是不要讓它再分裂，思想上也不能離散——在李斯眼裡，諸生自然就是重要的離散力量。過去在戰國時代，各國對過去有不同看法，整個思想都是混亂的，他建議——

> 今皇帝并有天下，別黑白而定一尊。私學而相與非法教，人聞令下，則各以其學議之，入則心非，出則巷議，誇主以為名，異取以為高，率群下以造謗。如此弗禁，則主勢降乎上，黨與成乎下。禁之便。

今天其他的都統一了，可是在思想上面還沒有統一。諸生最喜歡說古代如何如何，拿這些來批評時政，抬高自己，好像比皇帝還厲害。他們還用這種方法來爭取民心，等於在教大家用什麼樣的方式批評皇帝和政府。如果不禁止，那麼在上面君主威勢就會下降，在下面朋黨的勢力就會形成。這個建議後來就帶來了歷史上的大浩劫：

> 臣請史官非秦記皆燒之。非博士官所職，天下敢有藏詩、書、百家語者，悉詣守、尉雜燒之。有敢偶語詩書者棄市。以古非今者族。吏見知不舉者與同罪。令下三十日不燒，黥為城旦。

這意味著要把過去各國的歷史，包括周封建的紀錄全部捨棄，只有一種歷史值得被保留，那就是記錄秦歷史的《秦記》。正因為周代留下來的王官學傳統對歷史如此重視，才會有淳于越這種人拿歷史來批評當下，所以要統統毀掉。這個做法相當於把學問的根本，也就是過去所留下的書，徹底地中央集權化。

接下來，天下的學問必須要徹底掌握在朝廷當中。《詩》、《書》這些過去百家語的紀錄民間不許私藏，只能夠官方收藏。更重要的是，「偶語詩書者棄市」——從這時開始，拿過去的知識學問來討論、批評變成了特權，只有少數人在皇帝和朝廷的同意下才擁有這種特權，沒有資格的人如果還敢私下討論《詩》、《書》，就要接受嚴厲的懲罰。「以古非今者族」——如果拿過去的事例批評現實，那你的整個家族都要接受最嚴厲的懲罰。如果你知道有人偷偷地議論時政、以古非今，或者知道有人私藏《詩》、《書》，但不報告，那就是同罪，要受到牽連。令下三十天之後，如果還有人匿藏這些東西，就一定要受處罰。

不過在這條後來被稱為「焚書令」的條例後，還留了一個重要的「但書」：「所不去者，醫藥卜筮種樹之書。」用今天的語言來說的話，就是實用的書可以留著。當然，還有一種文書非但不可能燒掉，還要大力提倡，那就是法令。焚書令不只是要燒書，更重要的是要以這種極端誇張的手法來統一思想和知識。

焚書令之後，思想和知識只剩下兩種，一種是實用的知識，因為實用，所以可以學，不會牽涉到是非或者價值的判斷。在李斯的禁書令定下來之後，這種事情在歷史上一而再再而三地出現，讓我們不得不整理出這樣一個歷史定則：如果希望人民不要思考、判斷，一種做法就是只管學有用的東西，沒用的不要學；倒過來，如果一個社會、一個時代人們只追求有用的知識，必然欠缺基本的人文素養，也就缺乏基本是非的判斷能力。

除了實用知識，普通人只能學法令。法令實際上也是一種有用的知識，只不過在這裡被特別區分開來。它跟朝廷的帝國體制直接牽連在一起，讓人知道什麼事情可以做，什麼事情不能做。這種方式帶來了更可怕的破壞。如何評斷是非對錯本來有一個更根本的基礎，就是道德人倫，可是秦用禁書令表示，道德不重要，只有法律可以作為標準。

禁書令在歷史上產生了長遠的影響，西周王官學傳留下來龐大的典籍、東周快速膨脹的「百家語」差一點都在浩劫中徹底消失。到了漢代，人們為了恢復這些知識學問，耗費了巨大的功夫和精力。不過也有幸運的，例如說《周易》，本來也屬於王官學當中很重要的一支，但因為它是「卜筮之書」，不在被燒的範圍內，反而留了下來。

可是司馬遷著意強調的是，焚書令不只是把書燒掉，其背後同時反映了李斯和秦始皇的基本心態，比燒書的影響更加可怕，那就是——人被取消了作為個體去自主吸收知識、得到學問、進一步思考、判斷是非對錯的權力。如果國家要把每個人都變成法令底下的機器，那必定是一個非常可怕的國家。

講完焚書令之後，司馬遷接下來記錄的事情，表面上好像就是在編年的體例下前後相繼發生的事情，彼此之間不見得有什麼關聯，可是稍微仔細看一下，又並非如此。例如三十五年發生的重要事情，就是秦始皇開始在咸陽興築宮室和陵苑，在這批大型公共建設中，最重要的是阿房宮。

依照司馬遷的描述，阿房宮的規模相當嚇人：

東西五百步，南北五十丈，上可以坐萬人，下可以建五丈旗，周馳為閣道，自殿下直抵南山。

這座宮殿不但龐大，還修了華麗壯觀的車道。阿房宮大家都非常熟悉，司馬遷細膩的地方還在於，人們在

轉述的過程中經常忽略：阿房宮並不是這座宮殿的正式名稱。阿房宮在秦滅亡的時候還沒有蓋完，所以沒有正式的名字。「阿房」其實是一個俗語，用英文翻譯倒更加貼切，那就是The Palace。當時的人們都知道這座宮殿，只要提到「那棟房子」或「那座宮殿」，沒有人不知道你在講什麼，所以它後來就被叫作阿房宮了。從這個角度來看，阿房宮的歷史角色其實會更加鮮明——它可能是中國歷史上最豪華也最有野心的一座宮殿，可是正因如此，它反倒連一個正式的名稱都沒有，就被項羽一把火燒掉了。在阿房宮之外，另一件重大工程是驪山陵，也就是今天已經進行考古挖掘的秦始皇陵。

這裡有一個重點是，興建阿房宮和驪山陵的主要勞動力是「徒刑者七十餘萬人」。這句話表面上是說，要修建阿房宮、驪山陵這麼巨大的工程，加在一起要動員七十餘萬的龐大人力。可是我們如果追問一句，這七十餘萬人是從哪裡來的，為什麼會有這麼多的刑徒，就會發現歷史是彼此相連的。

秦已經成為全面的法令國家，每個人的行為都在統一法令的控制下，所以才有能力修建阿房宮、驪山陵。《秦本紀》中講秦孝公和商鞅讓秦從一個西陲小國發展壯大，最關鍵的就是嚴刑峻法。它有太多可以懲罰人民的地方，巨細無靡地對人進行管控，從人民的角度來看，就是動輒得咎。此外，這套法令系統旨在讓人下次絕對不敢再犯——犯很小的錯就得到很嚴重的懲罰，哪怕是看到別人受到這樣的懲罰，也就不敢犯了。在這種情形下，真正的效果是刑徒滿地，幾年下來，全國人口有相當高的比例成了刑徒。

我們在史書可以看到一種處罰是「黥為城旦」，換句話說，嚴格的法令產生了許多幾乎是無償的廉價勞動力。朝廷要讓他們勞動，從而達到懲罰的效果，於是就讓他們建設這些工程。大型工程一旦開始，就需要更多的人，朝廷當然不會出錢去雇。那怎麼辦？叫各地郡縣送更多的刑徒來。

這整個背景甚至牽涉到後來陳勝、吳廣或者劉邦的崛起。劉邦本來是一個亭長，要押解沛縣的許多刑徒一路去咸陽，參加興建驪山陵。想到要走這麼遠，又要做無償的強迫勞動，刑徒當然寧可逃跑。後來大部分人都

逃光了，劉邦沒辦法，乾脆自己也逃了。這種現象很普遍地發生在那個時代，劉邦絕對不會是獨一無二的特例。

可以說，這套系統把國家徹底法令化了，或者說整個中國都被刑徒化了。吹毛求疵的嚴刑峻法創造出大量的刑徒，刑徒刺激了大型的公共工程，大型的公共工程又要求更多的刑徒。這麼大比例的人口都變成刑徒，是導致秦滅亡的一個關鍵的結構性因素。

千古一帝的求仙之路

秦始皇在修建阿房宮、驪山陵的時候，有個方士盧生來到秦始皇面前，說他們是專業求仙的人，可以求得芝草和靈藥，但總是苦於一些負面力量干擾。盧生對秦始皇說，如果真的想要求仙，想要得到這些神祕力量的協助，首先要能夠「辟惡鬼」，免去這些負面力量的阻礙。要辟惡鬼，就要微行，不讓其他人知道你的位置。鬼比人還要精明，如果人都知道你在哪裡，鬼當然更會知道。更關鍵的是，左右臣下都知道你的行蹤，你就變不成「入水不濡，入火不爇，陵雲氣，與天地長久」的真人——我相信打動秦始皇的一定是「與天地長久」這句話。盧生又說，你現在治理天下的方式使得自己太勞累了，而且一直暴露在所有人眼前，我建議你不要讓別人知道你的位置，這樣我們才有機會幫你找到不死之藥。

始皇當然被說服了。他本來自稱「朕」，從此之後開始自稱「真人」，還在咸陽的宮室裡全部修築了甬道（cover bridge），連通宮與宮之間，而且全部覆蓋起來。他還明確下令，如果有人洩露他的位置，等同死罪。

有次秦始皇到梁山宮，剛好看到山下丞相和隨護車騎一路過去。始皇帝小氣，看著丞相的車隊非常不高興——怎麼這麼多人，這麼豪華幹什麼？你以為你跟我一樣嗎？旁邊的中人（太監）察覺到這種不滿，就偷偷跑去告訴丞相，丞相趕快就把車隊縮減了。秦始皇再次看到丞相的儀仗，馬上就知道一定是有人偷偷跑去告訴丞

相，暴露了他的行蹤，更重要的是暴露了他的感受。秦始皇非常生氣，追查到底是誰洩露的，這時候自然沒有人敢承認，於是他就把看到丞相車騎那天所有在場的人全部坑殺。

我們稍微回顧一下，就會知道這一段故事的重大意義。

依照先後順序，從三十四年焚書令開始，意味著秦跟過去的西周王官學傳統徹底隔絕，而西周王官學傳統最重要的特色，首先就是秦始皇最討厭的尊重歷史，即認為歷史保留著人如何應對這個世界的最重要的智慧；其次是一個很重要的精神，我們可以稱之為「人倫的合理化精神」。在周人基本的世界觀裡面，人與人之間就應該用人的方法來處理。孔子作為西周王官學重要的代表，「不語怪力亂神」，他展現出來的生命的基本態度就是，人應該負責任地選擇自己的行為，同時承擔後果，扯鬼神都是逃避作為人的責任。

司馬遷不可能不瞭解西周王官學所代表的這個根本精神，所以在焚書令之後，他彰顯了這樣一個循環的因果關係：首先，李斯、秦始皇焚書，斷絕跟西周王官學之間的傳統，是因為他們不懂得尊重人倫的合理化精神，於是後果就開始顯現，而且在短短兩年內，秦始皇徹底失去了作為人去評斷自己的身分、地位以及和他人關係的根基。他開始想要求仙，要當真人，接下來所有的方士都跑來了，告訴他可以如何如何，他便再也弄不清楚為人和成仙的差別了。

這些方士一而再再而三地承諾讓他超脫生死，最後必然要面臨檢驗，但是，怪力亂神究竟有多少是禁得起檢驗的呢？這些事情又埋下了另一個事件的伏筆，那就是後來的「坑儒」。

聽到「坑儒」，大都以為被坑的是儒生，這是後世對這件事情的一個重要誤解。司馬遷寫得明明白白，秦始皇坑殺的是四百六十個咸陽方士——「諸生」最重要的身分是方士。

因為秦始皇當時特別的價值觀，咸陽聚集了很多「候星氣」的東方方術之士，是秦始皇招來探求非人世間的超越力量如何運作的一群人。這些人自我感覺良好，專門以欺騙皇帝作為晉升之階和追求榮華富貴的手段。

他們沒有在歷史上留下明確的姓名，也不是真的那麼重要，但有意思的是，他們對秦始皇的評價切中了他身上最嚴重的缺點。

侯生和盧生兩個方士在一起，批評秦始皇天性「剛戾自用」。這是非常重要的四個字，我們可以分開來說：「剛」意味著他非常獨斷，對於自己的看法和想法極度自信；「戾」即殘暴，他不會用懷柔的方法去對待別人；「自用」當然源自他的自信，基本上以自我為中心來看待這個世界，判斷所有的一切，無法感受別人因他的作為受到的影響，更不會聽取別人的意見。

兼併天下的秦始皇自信滿滿，以為有史以來沒有出現過像自己這麼偉大的人物。他治國的基本方法是「專任獄吏」。雖然也有七十位博士官，但是絕對不會重用他們，也不會聽他們的意見。就連丞相和其他大臣也只是執行者，所有的思考和判斷都來自秦始皇自己。他認為統治天下最重要的就是讓人民害怕，「樂以刑殺為威」。用這種方法讓每個人都害怕犯罪，大家就會多一事不如少一事。換句話說，你愈有作為，就愈有可能會墜入法網而被懲罰。也因為這樣，上面的人充滿了自信，從來不會反省、檢討，也就看不到真相；底下的人每天嚇得不得了，只是想盡辦法去討好上面的人。

侯生、盧生說，現在有三百人在這裡幫他，但是也沒辦法盡到真正的能力。為什麼呢？因為有各式各樣的忌諱，這個不能講，那個也不能講，「天下之事無小大皆決於上」——這是一個徹底的中央集權政治的決策，沒有任何事情是秦始皇以外的人可以決定的。所有的政務文書都要由秦始皇來批閱，因此，他每天給自己一個定量，用竹簡的重量來計算，一定要看完大量竹簡文書，沒有看完的話就不休息。

然而在侯生和盧生的眼中，看到的卻是這個人貪於權勢竟至如此。這是對秦始皇很重要的一個評斷，他對於權力有一種近乎無法滿足的渴望和貪婪。這種人怎麼可能成為神仙呢？

這是另外一個非常重要的內在矛盾，貫穿中國歷史的始終，秦始皇只不過是中間的第一個，講漢武帝的時

候也提過。當皇帝對於權力有這麼大的渴求時，最後橫亙在他眼前的權力極限就是生死。他之所以求仙，其實就是因為貪戀權勢，希望權勢永遠不要消失。而且，他覺得自己應該擁有更大的權力，可以超越生死。這種人和一般方士說的「仙人之道」，悠遊方外，不為物累，完全是兩回事。秦始皇求的不是那樣的仙，他要的其實只是長生不老，能夠永遠當皇帝。

於是，侯生、盧生這一批人就只好逃走了。秦始皇知道後當然非常生氣。他已經做了一件重要的大事，就是前文提到的「焚書」，他不相信過去西周王官學所留下來的知識和智慧，而是選擇了「文學方術之士」，要藉由方術打造一個新的知識系統，作為法令的補充。他認為用這種方法可以求得太平，結果這些方士沒有一個能夠真正幫他求得仙藥。侯生、盧生拿了這麼多好處，不只沒有給任何結果，還在背後放出傳言毀謗他，最後竟然都跑掉了。他下令讓人審問當時還在咸陽的諸生，如果他們是真的方士，就要拿出有效的證據，拿不出來就是妖言惑眾。其次，問他們知不知道還有誰是同行。諸生為了脫罪或者報復，「傳相告引」，一下子牽連了四百六十個人。這些人的命運我們現在已經很清楚了，就是史書上短短的三個字：「皆坑之」。這就是後世稱為「焚書坑儒」當中的「坑儒」。「坑儒」不只是一個發生在咸陽的事件，秦始皇讓天下都知道在咸陽發生了這件事，以震懾其他人。

記錄完「坑儒」的事情之後，司馬遷接下來補了一段始皇長子扶蘇的記載。

扶蘇是秦始皇的長子，雖然還沒有明確立為太子，不過照周代的封建習慣，他應該就是繼位的二世皇帝。扶蘇依照這樣的身分去勸諫秦始皇：天下才剛剛安定下來，遠方很多人民還沒有安居落戶，主要的諸生「皆誦法孔子」；我們承繼了周代的傳統，強調王官學，講究人倫之政，但是您現在倚仗的都是只管法律而不顧人情的人，用這種方法，天下恐怕還要再亂。

扶蘇勸諫的結果就是——「始皇怒」，連兒子所說的話也聽不下去，把他派到最北方去監督蒙恬，實質上

等於流放。因此，後世如果單純從「焚書坑儒」來認知這段歷史，是不夠周嚴的。司馬遷要告訴我們，坑殺那些方術之士，是因為秦始皇原來相信的這一套沒有得到結果。後面，他用扶蘇的話來提醒我們，秦始皇真正的長遠影響是因為不信古，在統一六國之後，徹底毀壞了周代文明的基礎，而被破壞得最嚴重的，是一種合理精神。

周人從商人手中取得政治統治權之後，他們的憂患意識讓他們離開了對鬼神的信仰，不再相信人倫之外的超越力量，而是把眼光放到現實上，認真經營人與人之間的關係。我們常常說到「周禮」，「禮」就是規範人與人之間的相處方式，是人們彼此互相合作、共同生活的基本規範。它集中在現實裡的人倫之事，因此必然帶有合理的精神，而離開了人倫的怪力亂神在周人和儒家的傳統裡也就不再受重視。

對於一個統治者而言，一旦沒有了這種合理精神會相當可怕。但秦始皇就要打破推翻這樣的傳統，他再也不知道自己的統治有什麼限制，以為可以離開現實去追求超自然的現象。用這種方式統治的社會，也就意味著人與人之間失去了周代理性主義能夠提供的保障，包括你知道共處的人會做什麼——更重要的是不會做什麼——以及人與人可以產生什麼樣的信任。秦始皇推翻了這樣的傳統，其實也就埋下了他和這個帝國最深刻的危機。

所以接下來很快，在三十五年坑儒和放逐扶蘇的事件之後，到三十六年，《史記》上記錄的一切都是合理精神被破壞的後遺症。這一年，有一塊隕石從天上掉了下來。因為整個時代氣氛的改變，旁邊的老百姓就把他們的願望投射在這個神祕的石頭上，在隕石上刻字：「始皇帝死而地分。」

秦始皇知道以後，派酷吏去追問，當然不會有人承認，因此他依照一貫的做法，把隕石周圍的居民全部殺掉，然後把隕石銷毀。遇到這種事情，秦始皇的心情非常不好，叫他的博士——他只用這種方式來用他們——寫真人之詩傳到天下，要天下人念誦，來幫助他求仙。把這些仙詩送到天下的過程中，有一個使者經過華陰平

舒道時，遇到一個手持玉璧的人，請他把這塊玉送給秦始皇，並說「今年祖龍死」。使者還沒弄清什麼意思，這個人突然就消失了。使者只好把璧拿回去給秦始皇。秦始皇一看，那塊璧竟然是二十八年自己在渡江的時候沉到江水裡的那塊。

為什麼這塊玉璧會以這種方式回到他身邊？在所有人都相信怪力亂神的情況下，也就有人反過來用這些來對付秦始皇，威嚇他，這塊璧好像就證明了一個預言：始皇帝三十七年，這個世界上最大的權威會喪命。在那樣的氣氛底下，人傾向於相信這樣的預言。

的的確確，第二年，秦始皇就在巡行的路上死了，而且死法非常悲慘。他死後，周邊的人擔心一旦天下人知道始皇帝死在路上，局面將無法收拾，所以回咸陽的路上不敢發喪。為防止其他人知道，他們就把他的屍體放在車裡面，屍體臭了、爛了，發出腐臭的味道，還要刻意放上「鮑魚」（鹹魚）來擾亂味道。這樣不可一世的英豪，屍體就這樣一日又一日在車裡面臭爛著。

當然更悲哀的是，秦始皇開創的這個新時代，在短短的時間內就隨著他盛極而終了。他有再大的權力，也無法超脫生死，不可能操控未來。這是作為人的最基本限制。司馬遷就是在告訴我們，如果連這個限制都不能夠瞭解、體會，那握有愈大的權力，反而會給自己和周圍的人帶來愈大的困擾和災難。

這就是司馬遷用他特殊的方法幫我們留下的關於秦始皇帝的種種紀錄，在兩千年之後，仍然引發我們的憂思和反省。

呂太后本紀：一個女人的史詩

名列「本紀」的女人

司馬遷對歷史獨特的看法和解釋，有一部分顯現在他對本紀篇章的安排上。依照皇帝的世襲表，在《高祖本紀》之後應該是《孝惠本紀》，但是《史記》裡沒有《孝惠本紀》，而是《呂太后本紀》。司馬遷用這種方式凸顯了一個政治現實：高祖死後，真正握有政治權力的既不是孝惠帝，也不是後來的少帝，而是呂后。另外，他要告訴我們歷史真正的變化的重心：高祖死後，漢朝一度是岌岌可危的。

我們在講秦漢帝國的時候，常常會意識到這樣一個時間上的對比：秦始皇建立的朝代只存在了十五年，其後漢高祖劉邦經歷楚漢相爭新建的朝代，西漢延續了兩百年，中間經過王莽之亂，到了東漢又延續了兩百年。前、後漢加起來有四百年的時間，是秦代的二十多倍。但是顯然司馬遷有更幽微的觀察，漢代建立之初，其實沒有任何條件可以保障這個朝代能一直延續下去。

漢承秦弊。漢代剛成立的時候，接收的並不是一個多好的環境。更重要的是，漢高祖有一個致命的決策安排，那就是部分消除秦代的郡縣制，跟封建的做法混合在一起，因而產生了漢初的「郡國並行制」。這意味著

皇帝有一塊直接控制的區域，是以郡縣制的方式統領的，同時又把部分領土封給自己的子弟，以及當時跟他一起打天下的功臣。

「郡國並行制」的政治體制其實是相對不穩定的狀態，而《呂太后本紀》就是要告訴我們，如果回到那樣的歷史狀態，在高祖死後惠帝接任，乃至於後來惠帝也去世之後，這個朝代很可能就從劉家天下變成呂家天下。如果是那樣，劉家天下全部加在一起也不過是二十多年，比秦代長不了多少。所以，在歷史中，我們需要知道的關鍵轉折或需要明白的問題是：第一，高祖死後，為什麼呂后可以取得大權？第二，用什麼方法，或者依賴什麼樣的勢力和歷史情境，讓呂家天下這件事沒有成真？這就是司馬遷寫作《呂太后本紀》的關鍵用意。

講人物的傳記，比如呂后，一般都會從這個人物的出身開始講起，接下來可能會講她與漢高祖之間的種種關係。但是司馬遷在這一篇的筆法上，選擇了不一樣的方式來吸引我們注意。

呂太后者，高祖微時妃也。

《呂太后本紀》的開頭很有意思，就是說，呂后在劉邦還是一個鄉間無賴的時候就嫁給了他，這是她最重要的資歷。接下來，司馬遷也只告訴我們，她幫劉邦生了一個兒子，也就是後來的孝惠帝，還生了一個女兒，即魯元公主。短短地講完了這幾句話後，司馬遷轉而開始講戚姬跟趙王的故事。

戚姬是漢高祖的寵妃。高祖被封為漢王的時候，得到了定陶。定陶在戰國時期就是高度發展的商業城市，戚姬是定陶的美女。戚姬生了一個兒子，即趙王如意，深受高祖寵愛。

高祖認為太子（呂后之子）「為人仁弱」，沒有決斷能力，關鍵是「不類我」。這是很多人在看待下一代時經常會有的一種心情——有時候恐怕也是很大的問題——傾向於喜歡像自己的小孩。其實，不管是從人的發

展上，還是為後代的幸福著想，要孩子像父親並不是一個很好的期待。孩子應該有自己可以去發展的人格，如果硬是要讓他變得跟自己一樣，或者只喜歡跟自己一樣的孩子，一方面會壓抑小孩種種天分上的可能性，另一方面也是在加強我們自己所走的道路。

劉邦是非常剛強的一個人，因為孝惠帝「仁弱」，所以他喜歡跟他個性比較像的趙王如意，常常想改立其為太子。戚姬感知到劉邦的心意，於是——「日夜啼泣，欲立其子代太子」。

這個時候呂后處於一個非常不利的地位。她年紀大了，劉邦出行經常帶著戚姬，把她留在宮中，她和劉邦之間的關係也愈來愈疏遠。這樣的情形下，好多次劉邦幾乎都決定要改立趙王如意來當太子了，這個時候靠什麼？「賴大臣爭之」。

大臣們為什麼要去爭呢？我認為有兩個理由：一是因為過去共同打天下，大臣們跟呂后會有一些私交和感情；二是大臣都看得到，如果用這種方法在繼承權上產生變化和爭議，對剛剛建立的帝國絕對不是一件好事。除了大臣們據理力爭，司馬遷又提了一句，「及留侯策」。留侯張良的辦法是請出「商山四皓」。「商山四皓」是當時社會裡非常有名的耆老，年紀大，地位高，自尊心非常強，劉邦多次去招「商山四皓」來輔助他都招不來。劉邦對這件事有很深刻的印象。最後，張良讓「商山四皓」出現在太子身邊（詳見《留侯世家》）。以劉邦對權力的敏感，一看就知道，太子背後有一股明確的勢力，已經大到可以把自己想要的「商山四皓」都動員到太子身邊。這就意味著，如果這個時候換太子，必然要面對這個勢力可能對他的杯葛或反抗。

司馬遷又寫道：

呂后為人剛毅，佐高祖定天下，所誅大臣多呂后力。

呂后跟高祖一樣，都不是善與之人。我們知道，高祖在死前辦的最重要的一件事情，就是收拾自己分封的功臣諸王，而這件事情呂后也有份。換句話說，在可能的情況底下，她顯然贊成用殘暴的武力手段來收拾功臣。

這樣一個人，在跟高祖相處的時候，卻為了兒子一直受到威脅和驚嚇，不知道兒子能不能保有太子的地位。她費了這麼大的力氣，才保住兒子當皇帝的資格。可以想見，這個過程當中，呂后積累了多少怨恨。最重要的是，她在高祖死後，抱著這樣的怨恨變成了一個太后。

呂后當國

高祖死後，呂太后派使者叫趙王如意到長安。趙王如意身邊有個建平侯周昌，呂后的使者去了三次，都被他擋了回去。

周昌曾經跟隨高祖一起打天下，非常瞭解太后的個性和行事風格，知道她肯定要加害趙王如意，於是明確告訴使者說：「唉，趙王是先帝寄託給我，叫我要負責照顧的，他現在年紀還輕，我聽說太后非常怨恨戚夫人，現在她要把趙王如意叫去，是要加害於他，所以我不敢奉命，我要保護他，不能讓他去長安。」因此趙王如意每次被召，都稱病不去。

呂后當然大怒，但她必須要解決這個問題，於是先把周昌叫來，再宣召趙王如意，他就沒辦法抗拒了。當時呂后要對趙王如意不利這件事，已經是人人皆知，包括當時的孝惠皇帝。在趙王進入長安前，孝惠皇帝特地跑到霸上迎接，一直把趙王如意放在身邊，防範母親加害。

不幸的是，到了十二月的時候，有一天一大早，孝惠皇帝出去打獵了，而趙王如意因為年紀較小，起不了床，沒有跟著去。這真是非常悲哀的、巨大的錯誤——這件事情被太后知道了。這麼短短的時間，太后就找人

拿著毒酒，把趙王如意毒死了。可以想見，仁弱的惠帝在這件事上一定受到了很大的打擊。而且呂后的做法還不止於此，她還要對付當時讓她受了那麼多的屈辱的戚夫人。

我們所知道的歷史上最殘酷的一種刑罰，就是呂后對戚夫人做的——打斷她的手足，挖掉她的眼睛，弄聾她的耳朵，也不能說話。呂太后把她命名叫「人彘」，意味著就是像豬或像動物一樣的人。更殘酷的是，呂太后有一天還找到了孝惠皇帝，讓他去看這個奇觀。孝惠帝看了當然非常震驚，一問之下才知道，原來那是戚夫人。從無法保護趙王，到看到戚夫人被母親用這種方式對待，孝惠皇帝受了非常大的打擊，《史記》表面的說法是，「乃大哭，因病，歲餘不能起」，但在這段故事的字裡行間，我們可以更進一步理解、探究呂后的心態。

呂后對於趙王如意、戚太后有那麼深的怨恨，想要報復的時候卻被自己的兒子孝惠皇帝給阻撓了。呂后連這樣都無法原諒，所以她要用最殘酷的方式虐待戚夫人，還要讓自己的兒子去看，這也意味著另外一種懲罰——你竟然敢違背我的意志想保護趙王如意，我現在就讓你知道，你是不可能阻擋我的。用這種方法，她同時在對自己的兒子示威，權力究竟在誰的手裡。所以，我們可以直接忽略掉《史記》表面上的說法：孝惠皇帝從此就生病，應該說孝惠皇帝從此之後被他的母親剝奪了實職，也就是行使政治權力的機會。

《呂太后本紀》這樣開頭，其實是在告訴我們，呂后是如何把自己的兒子排除在皇帝的權力之外，讓自己變成了這個朝廷真正的統治者。從這裡開始，漢代實質上就變成了呂后的時代，不是孝惠帝的時代，跟後來被拿來當傀儡的少帝更是一點關係都沒有。司馬遷用這種方式告訴我們，為什麼要有《呂太后本紀》，因為必須要通過呂后這個人，我們才能從根本上理解這段歷史。

有一次孝惠皇帝和異母哥哥齊王一起喝酒，孝惠皇帝非常敬重齊王，把他安排在上位，當家人一樣看待。這件事情竟然又惹惱了太后。對太后來說，作為皇帝，竟然把尊位讓給別人，這是她無法容忍的。更讓我們驚訝的是，就為了這件事情，太后拿了兩杯毒酒放在自己的面前，叫齊王來敬酒。她事實上當時就要毒殺齊王。

但齊王要來對太后祝賀的時候，孝惠皇帝也一起來了，每人拿了一杯毒酒。在那樣的情形下，如果呂后不做任何事情的話，自己的兒子也會被毒死。於是她故意起身把惠帝手上的酒給打掉了。齊王當然就不敢喝這杯酒了，從此也就知道原來太后對他如此仇視。

雖然逃過一劫，齊王還是非常擔心，怎樣才能活著回到齊呢？這時候還好有人給他提建議。這人說，你今天被忌憚，是因為擁有齊，齊一直是所有封國中最大的一塊，有七十餘城，可是太后的親生女兒魯元公主只有幾座城而已。你把齊國境內的一個郡送給太后，讓公主可以領取這一郡的收入，太后高興了，你就可以活著回到齊國。齊王接受了這個建議，的確討好了呂后，才得以安全脫身。

這件事進一步彰顯了呂后的權力欲望，但是從另一個角度來看，她對權力的認知和理解，很多都是情緒性的，反應都是透明的——很容易被得罪，也很容易被討好。接下來的一件事情，又顯現出呂后的透明。

孝惠帝在位七年後，因病去世。在喪禮當中，太后「哭泣不下」。這時候有一個世代相承的重要名士、留侯張良的兒子張辟彊出現了。因為張良的關係，張辟彊很早就入宮了，也有一定的地位和見識。十五歲的張辟彊看到這個情景，就跑去跟丞相說：「丞相啊，你看看孝惠皇帝是太后的獨子，今天孝惠皇帝死了，太后竟然悲而不哭。你知道為什麼嗎？」

丞相：「我不懂。」

張辟彊：「因為孝惠皇帝並沒有留下長大的兒子，太后看目前這個局勢，她已經沒有皇帝可以倚仗了，在位的這個太子年紀又那麼小，也無從依賴。你們過去是高祖身邊跟他一起打天下的大臣，她怕你們對付她。」

丞相：「那該怎麼辦呢？」

張辟彊：「我教你，你就去建議太后把她的哥哥和他們的家人，呂台、呂產、呂祿，讓他們去帶領南北軍，然後讓他們這些姓呂的都進到宮裡面來，都有位置，這樣太后就可以心安了。這個時候如果你們不讓太后心安，

她會怕你們，你們會有禍害。」

於是，丞相就照著張辟疆的建議去跟太后說。果然太后有了反應，「其哭乃哀」，這才放心去哭她死去的兒子。然後，「呂氏權由此起」。靠著孝惠皇帝死後的轉折變化，這些呂家的男人紛紛進入朝廷，獲得了重要的位置和權力，呂后也繼續握有大權。

呂后要把姓呂的人分封到各個重要的地方去，但剛開始怕做得太明顯，還是想先取得功臣、大臣的支持。她先去問右丞相王陵：「我想要讓我的兄弟們都能夠有王侯之位，你覺得怎麼樣？」王陵非常耿直，就說：「高帝刑白馬盟曰：『非劉氏而王，天下共擊之。』今王呂氏，非約也。」太后聽到他的答案，當然很不高興，於是就問左丞相陳平和絳侯周勃。陳平跟周勃給她的答案不一樣，說高祖當時定了天下，封的是劉家子弟；現在權力、天下在您手裡，您要封姓呂的人，當然沒什麼不可以啊！

呂后高興了，但王陵受不了，就去罵陳平跟絳侯說：「當初我們立這個盟約的時候，你們不在嗎？如今高祖去世了，太后一個人掌握權力，她想要讓諸呂為王，明明白白就是違背了我們的盟約，你們用這種方法去阿諛她、討好她，我請問，你們將來死了之後怎麼有臉去見高帝？」陳平和周勃這時就說：「如果今天比的是誰能更正直、誠實地在朝廷上去頂撞太后，那自然是你比較厲害。如果比的是在這種情勢底下如何安劉家的天下，你不如我們。」

這其實是一個重要的伏筆。當時陳平和周勃評估情勢，不能去得罪、阻擋呂后，所以他們寧可用這種方法先安撫她。不過，這也意味著他們知道了呂后有這樣的野心，必須開始有所布局，讓她的野心不至於最後葬送了劉家的天下。

他們建議呂后：「如果妳要封諸呂為王，妳還是要照顧到姓劉的，不然天下會不服。」這個是呂后能聽進去的，所以一邊封諸呂，一邊封了很多劉姓子弟。接下來整個歷史的主題，是呂后一直封自己的兄弟親族來取

得權力，但另一方面，她封得愈多，就愈顯示出來呂家「不足恃」，她這些兄弟親族對於政局、統治、權力實際上沒有那麼敏感，也沒有什麼能力。

後來陳平和周勃發動了一件非常關鍵的事情，證明他們當初跟王陵所說的話是真的。他們想盡辦法去威脅利誘，對當時握有最大軍權的呂祿說：「哎呀，現在的局勢，你明明已經得到了一個封國，可是如果你不去，所有的好處你無法享受。另外，你留在長安，又握有兵權，萬一碰到了什麼事情，首先就要牽連到你，你為什麼要捨棄那個可以好好享受的地位不要，卻留在長安，陷在可能的危險當中呢？」

他們用這種方式再三勸呂祿，最後，呂祿竟然真的就交出了兵權。兵權落到了周勃手裡之後，也就不用擔心諸呂的勢力了。用這種方法，在呂太后死後，這幾個功臣才終於把劉家天下給奪了回來。

政不出房戶

我們知道，在每一篇文章傳記之後，太史公司馬遷會有一段自己的評語。《呂太后本紀》另一個非常精采和奇特的地方就是「太史公曰」，司馬遷會用什麼方式來評論呂后和這個時代呢？他會凸顯什麼？

孝惠皇帝、高后之時，黎民得離戰國之苦，君臣俱欲休息乎無為。

從孝惠皇帝到呂后掌權這段時間，人民終於離開了從戰國到秦末這一連串的長期戰亂。在那麼久的戰亂之後，大家都想要休息，不要去干擾這個社會。因此——

惠帝垂拱，高后女主稱制，政不出房戶，天下晏然。刑罰罕用，罪人是希。民務稼穡，衣食滋殖。

每一句話都是正面的。他說這個時候惠帝沒有任何的作為，呂后雖然有很多的作為，但是她所做的這些事情都是在宮中，因此沒有干擾到天下，民眾在這段時間仍然可以休息，平安地生產、生活。過去秦所定下來的嚴苛刑法，這個時候沒有什麼禍害，也沒有許多罪人，大家可以安居樂業。

用這種方式，太史公在彰顯一個非常重要的歷史判斷，這是今天我們經常會失去的一種智慧。單純看宮廷鬥爭，你會覺得有這麼多的戲劇、權力、權謀，裡面充滿了衝突、緊張，但放在一個大的歷史眼光下，我們進一步要問的是——它有多大的影響？

如果從劉家或呂家的角度來看，呂后掌權的時候真是多事之秋，但是儘管這麼多的嘈擾，從另一個角度來看，呂后並不算是一個歷史上的壞人，因為她「無能為惡」。她只能在那個小的範圍攪和劉氏和呂氏。對大的天下，她沒有這個眼光，也沒有這種野心去干擾。實質上，整個呂后一朝沒有在統治天下，而是忙於處理劉氏和呂氏之間的糾紛。她管不到天下，這正是社會最需要的。社會已經太忙太累了，戰鬥這麼久之後，需要休息。所以這樣一個宮廷內鬥，因禍得福的是社會，大家反而可以不被政治干擾。

這是何等的智慧，何等奇特的一個歷史解釋。

司馬遷提醒了我們兩件事情：第一，一個社會在不同的時代對政治有不同的需求，有為的政治並不都是對的、好的，有時候反而讓這個社會不得休息，沒辦法讓民間有自主的變化和發展；第二，現在我們喜歡看的宮廷劇，裡面鉤心鬥角，這些故事從歷史的眼光、人類智慧的眼光來看，坦白說真是不重要，不過是我們茶餘飯後說起來，覺得很興奮、很有趣而已。一個大的時代如何讓更多的人活得更好，一個社會如何建立起一套更美好的機制，往往都跟這些充滿陰謀、鉤心鬥角的宮廷戲劇一點關係都沒有。

超前與缺憾

《史記》的表和書：多重維度的史觀

在史學上，紀傳體是中國正史的基本形式，這種體裁一般認為是源於《史記》。但當我們用「紀傳體」三個字來形容《史記》的時候，很容易遺漏一些東西。從某種角度看，《史記》最重要的創意——表和書，在正史傳統中並沒有完全被繼承下來。

二十世紀時，法國史學中出現了非常重要的「年鑑學派」，它提醒我們，用不一樣的時間尺度來看歷史，會看到不一樣的東西，我們應該能夠分別出，歷史上的時間有短有長，有變動比較快的時期，也有變動比較慢的時期……聽起來好像是廢話，但實際上裡面有非常複雜的洞見。

我們在理解歷史的時候，很容易掉進一個盲點：因為人壽有限，我們很自然地會用自己基本的年壽來看待歷史，把它當作歷史最主要的單位。但是，跟社會集體乃至於更廣大的歷史變化相比，七十年、一百年是如此短暫，反映出來的變化相對有限。我們必須拉長時間尺度，才能看到許多「古今之變」的規律。例如說一個村莊或者一個城鎮，可以從一個人一輩子（大概一個世紀）的時間看到一種歷史，但當把時間拉長後才會發現，村莊很難在一百年內產生真正的變化，可能要以三、五百年為尺度，而像社會、經濟乃至於政治結構方面的變化，很可能五百年、八百年都不夠。

年鑑學派還提出了一種觀點：有一些變化更慢，以至未被歷史學家當作應該處理的題材，但是從人類過日

子的根本邏輯上來看，卻再重要不過。例如說農業的變化、農業背後地理的變化、氣候的變化，這些東西都在在決定了人類存在的基本物質條件，以及什麼人在什麼地方會發展出什麼樣的生活來。

最近史學上有一種新的概念，就是如何從很長的時間尺度去理解我們現在的時代。過去，我們通常用地質的時代來理解，例如寒武紀、白堊紀等等，但是如今有了不一樣的觀念——人類世，即人類開始在地球上繁衍後，地球的面貌被徹底改變、改造的歷史。我們原來以為地球上應該屬於自然科學的部分，包括地質、地理，都因為人的存在而改變了。像《人類簡史》（*A BriefHistory of Humankind*）這樣的書，就是用一個非常廣泛的尺度記錄人類幾萬年的變化和發展。當我們用這種尺度來看人類，或進一步來看中國一路繁衍、變化到現在幾千年的歷史，思考的東西會非常不一樣。

這個現代思路意味著，我們面對歷史應該有不同的時間尺度，不同的尺度堆疊在一起，才能展現出一個更豐富、更完整的歷史面貌。

神奇的是，司馬遷在兩千年前實踐他的「通古今之變」的史學理想時，就隱隱約約有了類似的觀念。《史記》裡面的「表」的體例，就是要把時間的尺度稍微拉伸開來。比如記錄春秋到戰國時期，《史記》是以兩三百年作為尺度，把重要的世系和國家的變化把用「表」的方式一覽無餘地呈現出來。這樣一來，我們就不會受限於某個人做了什麼事，他的兒子、他的同代人做了什麼事，而會用一個更長遠的貫時性概念來看待歷史。

另外，同等重要甚至更加重要的是《史記》的「書」，可惜這個體例在後來許多的正史裡面都消失了。《史記》一共有八篇書，要理解這部分內容，就必須聯繫到什麼叫史官，也就是司馬遷從父親司馬談那裡承接下來的任務。

司馬談臨終前把這樣一種志業交付給司馬遷，在他心目中，史官的職責有一部分是我們今天理解的歷史，即記錄重要的大事件。但那個時代，從周代一路傳承下來的王官學裡的史官，不只是掌管人事上的紀錄，還要

將其放在更龐大的背景下，讓它有更長遠的意義。反映在《史記》的「書」裡，也就包括了曆法，也就是我們應該用什麼方式來計算日子，可以讓農人在掌握季節規律的情況下，更好地從事生產。曆法必然關係到天文，在那個時代，要觀察天象，感受各種天體運行可能產生的規律，一點點地累積經驗，才能慢慢讓曆法更符合農業上的需要。

我們現在已經非常清楚，在觀察天象的時候必然會遇到一些重要的挑戰。例如月亮圓缺的變化最容易觀察，但是這和太陽運行一年的周轉有很大的差距，而太陽的周轉又不完全合乎我們對於天數的計算，一年實際的長度要比三百六十五天再多一點點。這一點點怎麼處理，就成了過去每一個文明的曆法都要面臨的問題。

在中國，史官長期以來必須觀察天象，藉此去整理規律、奠定曆法，所以《史記》裡面有《曆書》、《天官書》，在時間上來看，這是一種很神奇的尺度和層次。換句話說，在「書」的這個層次，司馬遷把「通古今之變」的「古今」定義得非常寬泛，他講的是我們從天體運行上能夠察覺的時間的規律，可以說是一切人事在這個宇宙裡最根本的時間背景，有了這個背景，我們才能一分一分、一寸一寸，去追索地球上大自然的變化，乃至於人事方面的各種遷移、消長，以及我們所看到的時代，人跟人之間各種互動和變化。

另外，「書」還有一部分，是司馬遷依照他對朝廷統治的瞭解所記錄的、讓一個政權能夠運行必然要具備的一些最根本的東西。從現代政治的體制來說，這個東西可能就是憲法。憲法是很重要也很特別的一種法律。跟其他法律一樣，憲法一定要聯繫特定的時空環境，在這樣的條件下，人們相信這樣的價值和規範。憲法一旦被奠定之後，就被賦予一個特殊的性質，我們至少尊重或假定它是不會改變的，從而作為一切政治運作的依歸，如此，人們才能在彼此的權利關係上有一個互信的基礎，知道在產生最根本的衝突和爭執的時候，可以用什麼方式來確定是非。

在古代中國，也有這樣一種從周代就建立下來的政治傳統，被視為永遠不會改變的基礎——禮和樂。禮和

樂有不同的功能。「禮」是藉由儀式和規範，從內在教會人究竟什麼行為是對的，應該養成哪些最基本的價值判斷。「樂」則是在這個儀式的周邊，藉由一種相對有品位、高貴的環境，培養人和人之間更自然的和諧關係。這是從周代一路到漢代（當然跳過了秦代）傳留下來的一種基本信念，所以《史記》有《禮書》和《樂書》，僅次於《天官書》和《曆書》，是貫串一個朝代甚至跨越朝代的時間尺度。在《禮書》中，司馬遷追溯了「禮」的起源，它如何在盡量不變的情況下從周代跨越到漢代，其中有哪些細微的差異和變化。在《樂書》裡，司馬遷長篇引用了過去的文獻，探索音樂的起源和作用。從某種角度來看，《樂書》講的不是音樂的變化，而是音樂不變的原理。從今天來看，我們也許會奇怪《樂書》怎麼會放在一部史書裡面，但是對司馬遷來說，這同樣是一種時間尺度，要想「通古今之變」，就不能不進行處理。

《史記》還有一篇是《律書》，這個律是指音律，介於《禮書》、《樂書》和《天官書》、《曆書》中間，是非常長遠、廣泛的時間尺度下的產物。

除了這種長遠的制度之外，《史記》八書還有另外的創意。在《封禪書》中，司馬遷藉由「封禪」的這個表面上號稱長遠的制度，表達他對漢武帝的看法。更為特別的是《河渠書》和《平準書》，通過記述這兩種特殊的漢代制度，司馬遷讓我們看到了不可能單純由人物傳記（本紀、世家、列傳）來展現的時代特色。尤其值得仔細探討的是《平準書》，它可以說是中國歷史上最清楚、最有意識的一段經濟史的起源，司馬遷空前地用經濟的概念，用經濟史的眼光來整理時代的變化，展現他所看到的漢代，奠定了又一種「通古今之變」的眼光。

平準書：最早的經濟史專著

最早的經濟史專著

《平準書》對我們認知和理解中國歷史上經濟變化與國家財政之間的關係，有著極為重大的突破性價值。在《史記》之前，我們很難用這樣的角度來整理、理解歷史的變化，但是因為司馬遷在「通古今之變」上的自我期許和突破，他找到了這樣一個切入點，寫出了一篇千古奇文。

在這篇文章中，司馬遷有意識地從商業、貿易、經濟的行為來看歷史變化，展現出一種經濟史概念和角度上的思考，這在中國的歷史上是空前的。如果把《平準書》與《貨殖列傳》一起看，基本上可以視作漢代前期在時代發展及變化上的一套清楚的商業貿易史。

《平準書》一開頭，就出現了那句司馬遷獨特的觀點——

漢興，接秦之弊，丈夫從軍旅，老弱轉糧，作業劇而財匱，自天子不能具鈞駟，而將相或乘牛車，齊民無藏蓋。

漢興，接秦之弊，而其中最大的問題一個是秦過度動員人民，主要的男性勞動力要麼去打仗，要麼去參加巨大的公共工程，連老弱都要被用來做運糧餉這樣的工作。在這樣的情形之下，必然的後果就是國家愈來愈窮。窮到什麼程度？給天子拉車的馬都找不到顏色、個頭一樣的，至於大將軍或宰相，有時只能夠乘牛車，一般平民則根本連車都沒有。

司馬遷在《平準書》一開始，就清楚地說明秦究竟是如何滅亡的，既有政治上的因素，也有經濟上的因素。因為動用苛法，許多人變成了罪犯，國家就大量運用這些免費的勞動力去打仗，去做公共工程，而國家所付出的代價，必然就是生產消退，人民沒有辦法活下去，社會的動亂也就在所難免。但是司馬遷的洞見是這種做法在經濟上產生的效果：生產不足的情況下，貿易一定會被扭曲。

到了漢代，因為生產匱乏，愈來愈多的人開始囤積物資，哪怕有再多的錢，可能都買不到米、馬這種生產生活的必需品，因為這些都控制在少數人手裡。這在經濟上就是今天所說的「經濟緊縮」。

怎麼解決這個問題呢？第一步，必須要回到「重農輕商」的基本政策。司馬遷告訴我們，在高祖劉邦的時候，對商人是「以困辱之」，一方面給予商人非常重的租稅，另一方面，商人不能夠穿好的，不能夠炫耀自己的財富，得不到社會上的地位。到了孝惠和高后的時候，市場慢慢平穩了，這種對商人「困辱」的法律稍稍鬆弛了些，但是仍然守著這個基本的底線——如果你是商人，不只你個人不可能有任何政治前途，你的子孫也不能夠當官做吏。換句話說，朝廷用這種方式，盡量地壓抑商人的利益，將重點回歸到農業上面。

到了孝文帝的時候，經濟開始有一點點活絡，因此在貨幣政策上面又有了新的做法。這個時候需要找到一種新的貨幣，因應當時的經濟活動所需，於是朝廷開始鑄四銖錢，再在上面寫上「半兩」，也就是一種新的半兩錢出現了。可是新錢一方面因應當時開始活絡的經濟需求，另一方面又產生了很嚴重的後遺症——七國之亂

（見《孝景帝本紀》《吳王世家》）。

七國之亂最重要的核心是吳王劉濞，而劉濞當時為什麼會帶領七國來對抗朝廷呢？最根本的解釋竟然就在《平準書》中。當時，孝文帝開始鑄新錢，需要銅礦，而吳國因為擁有龐大的銅礦，就控制了銅山，大量鑄錢。鑄到什麼程度？用司馬遷的話說，叫作「富埒天子」，跟天子一樣有錢，掌握同樣多的資源。有了這樣的財富和資源，吳王有恃無恐，所以產生了後來在孝景帝時的七國之亂。

七國之亂結束後，就必須要處理鑄錢產生的問題了。接下來司馬遷告訴我們，孝景帝的時候朝廷又用另外一種方式開始擴張財政——賣爵。這裡要提到一個背景。從秦到漢，有一種叫「二十爵制」的重要制度被承接下來了。「二十爵制」，意味著每個人在二十等級當中都有一個爵別——如果你要當官，這個爵別當然必須很高。到了孝景帝的時候，他找了「賣爵」這種方法，幫朝廷在租稅以外斂財。如果你願意提高你的身分，尤其是想追求社會政治上面的地位的話，就把你生產所得剩餘的、累積的價值捐獻給朝廷。孝景帝時，朝廷的用度乃至於我們今天所說的政府預算都開始有了大幅的擴張，其中一部分來自租稅，另一部分就來自賣爵所得。

接下來到漢武帝的時候，經過將近七十年的休息，經濟終於復甦了。普通百姓可以吃得飽，每家都能夠安居，除了滿足現實所需的耗費之外，政府已經開始存儲餘糧了。餘糧愈存愈多，以至府庫裡面有的糧食因為來不及拿去用，都已經腐壞了，甚至存下來的綁錢幣的繩子也斷掉了。相較於漢朝開國的時候連天子都找不齊四匹同樣漂漂亮亮的馬，這個時候街頭巷尾大家都騎馬，而且都講究騎馬或拉馬車要用好的馬。

所以，《史記》要清楚地告訴我們的是，從經濟、歷史的眼光來看，漢武帝承接的是一個新時代的開端，只有一個新時代才能讓漢武帝的雄才大略得以施展，這兩件事情是彼此結合在一起的，因為不管你多麼雄才大略，很多事情沒有經濟基礎都是無法做到的。但另一方面，司馬遷要非常公平客觀地接著說，漢武帝承接的那麼富庶的環境，在他的雄才大略下有了激烈的變化。

曇花一現的黃金時代

在經濟上，漢武帝繼承的基本上是一個黃金時代。

人人自愛而重犯法，先行義而後絀恥辱焉。

換句話說，每個人有自己生活上面的基礎，不需要去搶奪別人的東西，不會隨便犯法。人跟人之間，有一種禮儀的自信，因此也就會知廉恥。甚至更進一步，反映在政治的秩序上，朝廷不需要有苛法，每個人都會自律，有自己的規範。不過，等到財富累積到了一定程度之後，有幾個因素使得這個黃金時代開始變質了。

第一個大的問題是，當財富累積到一定程度，有些「宗室有土，公卿大夫」，這些高高在上的人開始流於奢侈，炫耀自己的身分和地位。一旦有人開始炫耀，必然會產生競爭，另外的人就要用更誇張的方式來壓過他。因此，社會上面就開始有了競相攀比的現象。

第二個因素涉及漢武帝對外的政策，即不斷開疆拓土。往東南、西南、東北（燕齊之間）方向的擴張，乃至於與匈奴發生多次衝突。這就產生了兩個效果：首先，為了開拓這些地方，一定會有愈來愈高的用度；其次，擴張後，從這些地方得來的遠方的物質，又進一步促進了奢侈的行為，作為自己身分和地位的象徵。朝廷本來擁有這麼龐大的剩餘，但是在開疆拓土後，朝廷的用度愈來愈大，這些財政上的剩餘開始被消耗了。

這時候，司馬遷回到了《封禪書》已經處理過的一個主題——秦皇漢武的連接。換句話說，漢武帝的雄才大略與開疆拓土的野心，導致他在政治和社會的運作上必然會回到秦始皇的老路：

兵連而不解，天下苦其勞，而干戈日滋。行者齎，居者送，中外騷擾而相奉，百姓抏獘以巧法。

秦就是因為過度動員人民而滅亡的，但是到了漢武帝一朝，又走上了秦始皇的老路。所以司馬遷說，因為拓邊，國家的軍事行為增多，天下人都被捲入這個動員的系統當中：一部分人必須離開家鄉去遠方打仗，留在家鄉的人還必須去籌備打仗所需的各種資源。因此，整個國度進入一種騷擾不安的情況。如果法令動員不得民心，它必然產生另外一面的效果，那就是如果遵守法律會使人民承受他負擔不起的代價，他自然會想盡辦法不要遵守，因此一連串的現象就產生了。

首先是賄賂官僚讓家中的男丁可以不去打仗，接下來，連帶的社會風氣也被敗壞了。司馬遷在這裡有一句非常重的話：「興利之臣自此始也。」這句話的一個面向是，在朝廷用度這麼高的時候，皇帝的價值觀念必然傾向於誰能夠找來更多的錢就用誰。在這樣的情況下，必然會刺激、引誘一些大臣投皇帝所好，想盡一切辦法壓榨民間的利益，給朝廷和皇帝運用。還有一個面向是，在朝廷壓榨民間的過程當中，民間也感染了政治上的風氣，價值觀念發生了部分的扭曲。

這是一個可怕的迴圈：皇帝通過這些興利之臣聚攏了愈來愈多的民間財富，更加肆無忌憚地繼續去拓邊。

《平準書》接下來又出現了一段，從國家財政的角度來看，為什麼漢武帝會跟匈奴有這樣連年的征戰。一方面，從《匈奴列傳》中可以看到，匈奴不斷地犯邊；另一方面，搭配衛青、霍去病的傳記來看，這也不完全是匈奴的問題，或者說不能歸咎於匈奴。最關鍵的因素是漢武帝的野心，背後又有原本的經濟基礎，以及興利之臣幫他聚斂的民間利益。這種情況下，漢武帝覺得自己可以為所欲為，於是每一年都不恤人力和物力，心裡只有一個念頭——打敗匈奴。但怎樣才叫作「打敗」呢？隨著軍事行動的順利進展，漢武帝的野心愈來愈大。

他本來只是希望能夠不讓匈奴犯邊，接下來則希望在大漠和匈奴決戰，並能夠取得輝煌的勝利。再進一步，要把匈奴趕到大漠以北。

這是漢武帝一朝跟匈奴之間關係的變化。但是這中間要付出多高的代價呢？《匈奴列傳》和衛青、霍去病的傳記沒有告訴我們，但《平準書》告訴了我們。

第一層，我們可以立刻想到的花費就是龐大的後勤補給，以及要大量飼養軍馬、戰馬的資源。但代價還不只如此。如果打了勝仗回來，必須要從上到下進行升爵和賞賜，而匈奴方面投降的人，有一部分會被帶回漢的疆域，朝廷又要養這些人。剛開始的時候要求郡縣去養，但人數太多了，地方上根本養不起，這時候只好由天子自己的府庫裡面出錢。但天子的府庫從何而來？在過去，皇帝的府庫主要來自皇帝控有的直轄領域中的生產所得和生產剩餘。可這些是有限的，最終還是要靠從民間徵收的資源來進行。

聯繫到前文所講，需要從民間徵收的資源愈來愈多的時候，漢景帝的做法是「賣爵」。漢武帝時期更進一步擴張，用租稅和徵收力役，當資源還不夠的時候，也開始賣爵。景帝時普遍賣爵沒有出現嚴重的問題，因為當時的官員沒有那麼多，這些爵位不見得可以換來官職。可是到了漢武帝時，由於整個朝廷都在擴張，從中央到地方，各種不同的官愈設愈多，所以賣爵就等於賣官。

雖然賣官所得可以拿去支應軍事上的需要，但是接下來代價則是官僚系統裡出現愈來愈多花錢進來的人。這些人把官職當作一種交易，換句話說，這個時候朝廷無從去計較這些人的能力，更不可能去計較他們的動機，官僚體系也隨之敗壞。

官僚體系敗壞的雙重效果是，一些人只要有錢就可以買官，還有一些人，有錢就可以贖罪。比如一個人犯了罪，但是不想接受懲罰，「興利之臣」就會說，那就花錢贖罪，可以把原來的爵還給朝廷。爵位還給朝廷以後，反正還可以用錢再買回來，所以朝廷實質上是鼓勵人們用錢去買罪。用錢買罪的人愈來愈多，大家對於法

律的尊重和守法的精神也必然敗壞。

在這樣的狀況下，朝廷為了繼續用法令規範人民，又產生了相應的一個惡果——酷吏。酷吏的態度和做法是，既然你有錢，為了防範買罪，不管犯的是什麼罪，都用最重的刑罰來處理，讓人沒有辦法逃躲。

這些不只是歷史的描述，還是一段非常精采的論辯。在這裡，司馬遷其實要給我們一個非常清楚的「系統」的概念。直到現在，我們有時候還會以為，政治、經濟、社會要分開來看，可是司馬遷在《平準書》裡已經清楚地告訴我們，這些不同的面向都是環環相扣的。他從經濟開始講起，因為有了這樣的經濟基礎，就會刺激政治、政策上出現像漢武帝那種不恤民力、雄才大略的政治路線。而這種路線反過來又會在國家財政上產生連環效應，出現興利之臣，一心一意從民間榨取更多的資源。朝廷用這種方式榨取民間資源，就是在破壞生產的制度和秩序。

這是非常驚人且值得我們學習的一種整體的眼光，即我們可以用什麼樣的方式掌握歷史的整體。如果我們不願意用這種複雜、連環的方式來看待歷史，就不可能理解司馬遷所說的「通古今之變」的偉大使命。

漢武帝的生財之道

司馬遷很早就意識到的，總體經濟最核心的變化來自貨幣，所以，他對於貨幣從秦一路進入漢、再到漢武帝的變化做了非常詳細的整理。同時，他一直帶著「通古今之變」的思考模式，不只是要告訴我們發生了什麼事，而且在這樣的變化中，整理出基本的跌宕起伏。

國家一下子有錢，一下子變窮，變窮的時候就想辦法去找不一樣的錢，有錢了就找另外的方式把這些錢花掉，國家財政每一次一鬆一緊的過程，都造成了對社會不同層面的衝擊、影響和改變。

漢武帝一朝，因為開邊的大幅開銷和各種公共建設，產生了一種「縣官大空」的情況。「縣官大空」有兩層意思：第一，在財政上，首先會出問題的是地方，在郡縣制底下，這些郡縣原來的稅收被中央用各種方式拿走，而中央又沒有足夠的財力支持地方政府；第二，這時候，國家整體的財用都出了問題，而幾乎必然會相應出現的情況，就是民間各種爭逐利益的活動愈來愈多，當國家機構沒有錢的時候，民間卻有愈來愈多的富商大賈，藉這樣的機會累積錢財。

怎麼累積呢？主要就是靠掌握或是壟斷民間的必需品，比如鹽。鹽對於人的生存來說是不可或缺的。在漢朝那麼龐大的疆域中，只有沿海地帶才能用方便、便宜的方式生產鹽，而內陸市場又有很多人口需要鹽的供應，這就使得鹽成了整個經濟體系中最關鍵的商品之一。這個時候，這些富商大賈靠著生產、囤積或交易鹽，「財或累萬金」。他們累積了這麼大的財富，可是國家財政緊縮的時候，他們絕對不會主動來幫助國家朝廷的急需。

在這樣的情形下，一個特殊的富人階層在漢武帝一朝快速地膨脹。環繞著這些富商的前後兩端，卻是困乏的。往下當然造成了貧富不均，因而一般的黎民百姓是窮困的。不只如此，因為財富集中在富人階級身上，朝廷也沒有足夠的財富可以運用。那怎麼辦呢？於是這個時候就有了鐘擺效應，天平就開始朝另外一個方向傾斜，而使得天平傾斜的最重要的力量就是錢幣。

朝廷不夠用，財務出了問題的時候，天子跟公卿一起商量，就來造新的貨幣。用今天的話來說，造新的貨幣也就是印鈔票，在短時間之內，可以讓朝廷有足夠的錢去買自己所需要的各種用度和用具。但是就像今天總體經濟學非常清楚地告訴我們，增加貨幣的發行，時間稍長就會出現通貨膨脹的問題。錢愈來愈多，大家也就愈來愈不願意用原來的價格交換貨幣。所以必然產生的是，公家鑄錢，民間也在盜鑄錢，大家爭著鑄錢，結果「錢益多而輕，物益少而貴」。這就是通貨膨脹的現象。

到了這個狀況下，朝廷又生出一種新的做法，再興造更貴重的貨幣。據說古代有三等貴重貨幣，最上等是

黃金，其次是白金，然後是赤金（紅金）。於是，朝廷就決定要去鑄造這三種不是民間流傳的貨幣。最高等的黃金上有龍的紋飾，第二等的白金是馬的紋飾，第三等的紅金則以龜作為紋飾。另外還有一種更高等的「皮幣」，也是來自歷史的前例——諸侯在朝覲天子的時候，要獻上皮幣。這個皮幣的價值非常高，最高可值四十萬。

為什麼鑄這些貨幣呢？其實是為了剝削諸侯。朝廷鑄錢太多，造成通貨膨脹，錢不夠用，於是就規定，諸侯朝覲皇帝的時候一定要用朝廷的貨幣。換句話說，黃金、白金或者赤金，更不要說皮幣，它們本身並沒有那麼高的價值，純粹是用政治力的運作，使得諸侯不得不把手中的財貨換成這些其實沒那麼有價值的象徵性貨幣。藉由這種方式，朝廷可以增加財政上的來源。

除此之外，朝廷必須要想更多的方法來增加收入，這就直接影響到會任用一些什麼樣的人。《平準書》告訴了我們幾個重要的名字：

以東郭咸陽、孔僅為大農丞，領鹽鐵事；桑弘羊以計算用事，侍中。

東郭咸陽是「齊之大煮鹽」，孔僅是「南陽大冶」，本身就是煮鹽和鑄鐵的世家，借助他們原來的經驗，幫朝廷負責管理鹽和鐵。大農丞就是管皇帝財貨的，在這個時候最重要的事情就是掌管鹽和鐵。換句話說，朝廷也意識到了鹽和鐵是最有利可圖的物品。另一個重要的人物桑弘羊，是「洛陽賈人子」，出身漢朝商業貿易最發達的城市洛陽的商人世家，在非常年輕的時候，就因為很會計算被召入宮中。

短短幾句話，司馬遷就讓我們清楚地感知到，漢武帝重用的這三個人的背景。這些人確實也發動了各種改革，為朝廷取得更多的財貨，維持朝廷頻繁的對外征戰所需的用度。

孔僅和東郭咸陽採取了一些特別的措施，把原來屬於大農的財物——也就是屬於皇帝的部分財物的來源——改歸為少府，在皇帝的私人財物和朝廷的公家財物之間進行了調整。調整之後，他們就利用少府大規模發展鹽鐵，由朝廷的少府來壟斷鹽鐵的所有利益，建立了遍布天下的鹽鐵制度。

具體怎麼做呢？就是頒布規定，煮鹽只能夠用官府給的器物，否則生產出來的鹽就被視為私鹽。私鑄鐵器煮鹽是非常嚴重的罪，不僅會把私鑄的器物沒收，還會砍掉違法者的左腳腳趾。不管是各式各樣的貨幣上的改變，還是鹽鐵逐漸走向壟斷，雖然的確增加了朝廷的收入，但也留下了法令上的漏洞。事實上，這時候快速膨脹的富人階級的財貨被朝廷給擠榨出來，相應地也鼓勵了民間許多人鑽法令的漏洞，去謀求自己的利益。這個影響所及，進一步使得國家的法令在尊嚴和執行上大為退步，這也就是後來酷吏風氣變得難以收拾的一個重要動因。

富人的「犧牲精神」可以被宣導嗎？

從歷史的角度來看，《平準書》不僅僅是對漢武帝一朝國家財政各種不同變化的完整呈現，更重要的是，我們藉由司馬遷的行文，瞭解到兩千多年前中華帝國在起源的時候，如何面對、思考以及處理國家財政的問題。這是歷史上極為關鍵的、應該思考的大問題。

西元前二二一年，秦始皇統一六國，把封建制度中層層分封的政治社會結構改為一個大帝國，全天下分成三十六個郡，直接由中央集權統治。想想看，一個中央集權的統治，要管理這麼龐大的一個帝國，中間需要多少密切的環節環環相扣，才能夠有效地統治。其中很重要的，就是有一套能夠貫徹國家意志的財政系統，管理、適應地方到中央的財政的各種狀態。

從某個意義上來看，西元前二二一年，秦始皇手裡形成的這個帝國的統治機制其實是不完整的，所以到秦滅亡後，漢代也沒有辦法這麼快去重建、補充。司馬遷讓我們知道，漢代前七十年的基本做法就是「縫縫補補」，留著秦原來的制度，只在裡面做各種調整。直到漢武帝，才讓這個帝國重新進入一種高度動員的狀態。一旦國家開始高度動員，就會發現，帝國的運作過程中有那麼多地方是有缺漏的。換句話說，這個帝國被漢武帝重新高度動員之後，他不得不一邊動員，一邊做各種改革。

接下來《平準書》中出現了一個很關鍵的故事，司馬遷藉由一個叫卜式的人，來講這段歷史。

司馬遷的寫法非常有趣，他先告訴我們，卜式是河南人，來自一個農牧家庭，雙親很早過世，只剩下他和一個弟弟。待弟弟稍微長大了之後，卜式就主動跟弟弟分家，怎麼分呢？他把家裡面最有價值的田宅、財物等，統統留給了弟弟，自己只留了百餘頭羊，然後進山以牧羊為生。過了十幾年，卜式的羊群長得非常好，百餘頭羊變成千餘頭，他也買了田宅，他弟弟卻已經把家財都敗光了。卜式非常慷慨，弟弟敗光原來的家產後，他又把財產分了一部分給弟弟。

卜式不只對弟弟慷慨，他對朝廷也很慷慨。漢武帝的時候，最重要的軍事行動就是要攻打匈奴，所以卜式主動上書，願意捐出家產的一半，並特別指定用途是要助邊。這個捐獻家財的奇特願望當然讓漢武帝很好奇，就派人去問卜式說：「你獻出家財是要當官嗎？」

卜式說：「我從來就只會牧羊，沒學過怎麼樣當官，我不要當官。」

「那你家裡有冤屈嗎？是要通過獻出財產上報你的冤屈嗎？」

卜式說：「沒有。我畢生跟別人沒有任何紛爭。我的鄰居如果有人窮，我就借錢給他；有不好的人，我就想盡辦法教他怎麼樣變好。我周圍的人跟我都很好，跟隨著我，我怎麼可能跟別人有那麼複雜的恩怨，還需要請天子或公家幫忙處理呢？這也不是我要的。」

使者又問：「那你到底要幹什麼呢？」

卜式很直接地回答說：

天子誅匈奴，愚以為賢者宜死節於邊，有財者宜輸委，如此而匈奴可滅也。

使者把這些話帶回朝廷，大家都開始討論，丞相公孫弘一聽就說：「此非人情，不軌之臣，不可以為化而亂法。」他的意思是，哪有人單純天真到真的只是為了幫助朝廷打匈奴，就把家產分一半？裡面一定有詭詐，絕對不能鼓勵這種行為，即使卜式沒有承認，「願陛下勿許」。所以，漢武帝就沒理卜式。但卜式還是一而再再而三地上書，要把家產捐出來，漢武帝依然沒理。過了好幾年，卜式才放棄了。

可是經過了幾年，又發生了「縣官廢重、倉府空」的情況。由於不斷開邊的耗費，以及水澇、旱災造成的歉收，出現了大量吃不飽飯的貧民和流民。卜式知道了，就拿了二十萬錢給了河南太守，讓他用來賑濟這些貧民和流民。

後來，河南太守將捐錢的富人名單送到朝廷，漢武帝就看到了熟悉的名字：卜式。他說：「這不就是上次要捐一半家產來助邊的那個人嗎？看來，我不答應他助邊，他還是用這種方式慷慨地捐輸。」這個時候，他覺得一定要鼓勵卜式，讓卜式賑濟四百個人，這四百個人可以免除田賦和徭役。

在《平準書》裡面，這段歷史被司馬遷分成前後兩件事來寫。在前面，主要講經過國家財政的各種變化，由於朝廷沒有足夠的用度，就把腦筋動到了這些富人的財產身上。朝廷恢復了一條古老的法令，開始徵收財產稅，且特別針對那些有錢的富人家。

這就回到了剛剛所提到的，這個帝國有很多統治機制其實是不完整的。在現代，政府用什麼樣的方式徵稅、

知道你有多少的財產、該怎麼徵，這是一套非常複雜的機制。更重要的是，它必須掌握一套非常龐大的資料，讓這些資料彼此之間互相考稽，要不然政府怎麼會知道一個人究竟有多少財產，又怎麼以他的財產作為基數，來徵財產稅呢？

那時候當然不可能有這種龐大的資料庫，在如此早熟、粗糙的國家統治機制條件下，朝廷只能用最簡單的方法——自告，你自己說有多少財產。如果你說自己有四百錢，政府就按一定的比例徵收你的賦稅。我們或許覺得這個辦法很可笑，因為每個人私心裡，一定是想盡辦法少報，最好是說自己完全沒有財產，怎麼可能自告出真實的狀態呢？沒錯。所以和這個自告相應，就有了另外一種方法，就是同時徵集「能告者」，每個人都被用各種方式監視著，鼓勵知道你家裡狀況的人來告密。

舉個簡單的例子，比如說一個有錢人，說家裡的全部財產是四千錢，可是他的鄰居去告訴朝廷：「不是不是，我們算過了，他應該有一萬錢。」於是朝廷就可以去調查這個人。如果調查後發現他的確有一萬錢，就把其中的一半，也就是五千錢，送給告密的人，另外五千錢沒收充公。用這種方式，其實是對每個人的威嚇，同時也就鼓勵了各式各樣的告密者，一時之間告密者滿天下。基本上所有有錢的人都被告了，而且大概有九成的有錢人都被發現沒有忠實地報告自己的財產。

為什麼講完這一段之後，就特別講卜式的故事呢？這是司馬遷用曲筆在告訴我們，為了讓國家有更多的收入，漢武帝的做法在社會上產生的扭曲效果。

漢武帝後來表揚卜式：

> 是時富豪皆爭匿財，唯式尤欲輸之助費。天子於是以式終長者，故尊顯以風百姓。

這麼多有錢人，每個人都想盡辦法來隱匿，以至必須要用告密的方式讓他們把錢財拿出來。而卜式，沒有人去跟他要，他卻主動要把一半家產送給朝廷，當時從天子到丞相都不相信他的誠意，即使如此，他都沒有改變對國家的耿耿效忠，在國家有難的時候繼續大批捐輸。皇帝就想，如果有錢人都像卜式一樣，那我們國家的財用不就沒有問題了嗎？

按照漢武帝表揚卜式的用心，他希望豪富之家都學卜式，國家財政問題自然就解決了，社會問題、社會風氣也維持住了。但事實當然不可能如此，所以司馬遷在後面用了很簡短的一句話：

> 天子既下緡錢令而尊卜式，百姓終莫分財佐縣官。

天子再怎樣表揚卜式，還是沒有人願意把錢捐出來給朝廷用，這就意味著朝廷不可能不採取強迫的手段了。於是，環繞著國家財政的政策，漢武帝實質上在鼓勵酷吏們用最殘酷的方式來欺壓這個社會，讓社會不得不把錢財拿出來。司馬遷用他那麼敏銳的觀察告訴我們，整個漢武帝朝的酷吏風氣的起源，不完全是因為治安不好，還來自經濟、財政。用這種方法將這些歷史現象牽連起來之後，對於我們如何思考政府統治、法令，以及社會之間的關係，都有非常多的啟發。

看待歷史的角度不止一種

前面說到，漢武帝表揚主動貢獻財產的卜式，接下來，他還要對卜式進行獎賞。他把卜式招到宮廷裡來，要拜卜式為郎。卜式一開始說不想當官，也不會當官，於是漢武帝就對他說：「我沒有讓你當官，你不是會養

羊嗎？你來幫我養羊吧！我的上林苑裡也有羊，我把這些羊交給你，你作為一個郎，唯一需要做的事情就是幫我養羊。你不用穿官服，也不用參加所有的儀式。」

所以，表面上卜式做了官，但是真正的工作是在上林苑幫皇帝養羊。過了一年多，他養的羊非常好，漢武帝特別高興，就問：「你怎麼那麼會養羊？」卜式說：「不只是羊，我養羊的道理可以拿來跟治民的方法相通。你看這群羊，如果裡面有惡劣的羊，你把牠排斥在外，不讓牠影響到羊群，就能夠把羊養得很好。」

如此，漢武帝就發覺，卜式的見識和能力顯然不僅是養羊而已，於是開始在政治體系上重用他。他先把卜式派為緱氏令，作為試驗，接下來把他遷為成皋令，然後拜為齊王太傅。

《平準書》裡卜式和漢武帝最後一次互動，是有一年朝廷因為旱災嚴重而發動了求雨的儀式。這時候卜式特別上書，說漢武帝如果真心想要求雨，「烹弘羊，天乃雨」。他針對的是當時幫漢武帝主持國家財政政策的重要人物桑弘羊。他認為必須要殺了桑弘羊，才能夠求得老天爺願意下雨。換句話說，他覺得老天不下雨是桑弘羊的做法帶來的懲罰。

為什麼和漢武帝關係這麼密切的卜式，對桑弘羊有這麼強烈的反感呢？卜式在上書中說：「縣官當食租衣稅而已，今弘羊令吏坐市列肆。」在他的觀念中，政府收人民的租稅，然後應該提供人民所需要的服務，如此而已。但是桑弘羊的方式很不一樣，他讓政府做生意，跟人民爭奪利益。「弘羊令吏坐市列肆」，指的是桑弘羊繼東郭咸陽和孔僅之後，進一步地把鹽鐵政策普遍化，讓天下的鹽、鐵基本上都變成了專賣。

鹽鐵專賣的好處是朝廷增加了很多收入，但是也有麻煩的地方：第一，要讓人不盜煮鹽，其實非常困難；第二，當鐵器都由公家來鑄造的時候，因為沒有競爭，必然造成品質下降，而且鐵器沒有合理的市場價格，當朝廷需要用錢，就任意提高售價。人們有時不只是付了很高的價錢來買鐵器，而且經常還買到無法使用的次品。

除此之外，「桑弘羊以諸官各自市，相與爭，物故騰躍，而天下賦輸或不償其僦費。」他看到了什麼問題

呢？第一，各個政府部門之間彼此爭奪利益；第二，各地出產的貨物，運輸到京城的成本經常高於貨物本身的價值。

在這樣的情形下，桑弘羊設計了一個新的制度，他從中央派了幾十個大農部丞，到各地去做貿易中心，主要觀察當地的生產和市場：當這個地方生產的貨物盛產、價錢低廉的時候，就進行大量收購；等到貨物缺乏、價錢騰高的時候，再把收購的貨賣出去，或者運到比較缺乏這個貨物的地方。這樣，朝廷又能獲得一筆相當可觀的收入。

桑弘羊建立了一個非常綿密的朝廷買賣系統，這個系統的主要工作有兩個方面：一個是「平」，在當時的意思就是看時機，賤買貴賣；另外一個叫作「準」，藉由各個地方之間的互通有無，把一個地方盛產因而價值比較低的東西，運到不產或少產這個東西的地方，換來比較高的價值。這套制度就叫作「平準」。

到了這裡，我們也就知道，在《史記》八書中的《平準書》裡，司馬遷要特別凸顯的「平準」兩個字，以此彰示漢武帝時期國家財政最重要的一套制度。顯然，司馬遷特別在文章的最後引用卜式上書的六個字「烹弘羊，天乃雨」，來隱晦地透露他對這項制度的價值判斷。

「平準」是一項非常聰明的設計和制度，然而對它的評價牽扯到我們在歷史上的立場問題。如果站在朝廷的角度，那應該說桑弘羊是一個了不起的、能幹的大臣。他用這種方式解決了國家財政的問題，讓漢武帝滿足他在統治上、開邊上的所有欲望。但是歷史的角度，不應該只有皇帝和朝廷的角度，卜式就代表了另一個角度。司馬遷特別凸顯卜式，就是要告訴我們，卜式不是一個自私的人，用今天的話說，他是一個愛國主義者，他對於公家的事務非常積極、無私。但很顯然，他愛國的方式跟桑弘羊是不一樣的。

桑弘羊的方式是，皇帝想要什麼，就盡一切方法提供給皇帝。但卜式不是，他有一個比皇帝的私欲、朝廷的需求更高的價值判斷——人民的基本福祉。他要捐一半的家產給朝廷去助邊，是因為他認為，如果朝廷打敗

了匈奴，就可以讓這些地區的人民安居樂業；他捐二十萬錢給河南太守，是因為他看不得這些流民貧民生存艱難。所以，從卜式的觀點看，桑弘羊就不再是了不起的大臣，而是一個罪人。第一宗罪，他讓朝廷離開了服務人民的職責，把它變成了一個買賣中心，與民爭利。如果一個社會，連政府眼中都只有利益的時候，那誰來保障人民的幸福和福祉呢？第二宗罪，他敗壞了漢代社會中人和人的基本信任。一開始，漢代繼秦之後所做的最大改變，就是回歸到淳樸的農業生產上。這種狀況下，也許不會有人累積龐大的財富，但是最有機會讓所有人能吃得飽、穿得暖。換句話說，卜式的基本立場，包括他對待弟弟、對待朝廷的態度，不是追求個人財富的累積，而是關切每一個人能否得到一定的保障。

《平準書》是司馬遷對於「通古今之變」在經濟方面的一個積極思考。從生產力到生產所得的各種累積和分配中，政府介入的最好方式是什麼？是要創造一個有著高度貧富差距的社會，還是寧可犧牲部分的生產和財富，讓社會盡可能分配公平呢？這個選擇或許沒有必然的答案，但每個人都處在一定的經濟和財政制度當中，這些事情與我們息息相關。

從國家財政的角度來看，漢武帝一朝的各種變化，不見得適用於今天更複雜的狀態。但是，司馬遷在這背後所關懷的問題，藉由桑弘羊和卜式的對照，卻恐怕是不管時代怎麼改變、財政問題如何愈變愈複雜，都不能回避的。

老子韓非列傳：史記的局限

《史記》的缺點

在講解《史記》的一些篇目時，我一直不斷強調，司馬遷運用的觀念和筆法有哪些優點值得我們一而再、再而三地反覆推究，然後從中挖掘出眾多知識和觀念的寶藏。那麼，《史記》就沒有缺點嗎？當然有。

從現代史學的角度來看，《史記》最大的問題，首先是關係到三皇五帝的上古史。隨著考古學的發展，以及對許多史料的重新解讀、配合考古和文獻出現的新的歷史研究方法論，我們反而可以比司馬遷更貼近那段離我們有三、四千年以上的古史。用現代的方法來檢驗《史記》中三皇五帝的歷史就會明白：第一，在那部分內容裡，司馬遷的話大多數是不可信的；第二，司馬遷之所以在古史上累積了這麼多的傳說（在今天看起來很多是站不住腳的），主要因為他是漢朝人——即使是這樣一部偉大的歷史作品，還是會受到時代的限制。

司馬遷所受的最大限制，是漢代在知識傳統上的繼承——遠一點繼承了春秋戰國的諸子學，近一點又承受了秦始皇焚書所帶來的巨大傷害。所以，司馬遷看待古史不可能很準確，沒有辦法讓我們完全信任。

司馬遷對古史的認知，很大一部分來自戰國時期的種種傳說。但是，戰國時期是一個熱鬧得近乎荒唐的「大

造史時代」。當時，在周文化的基本價值中，已經明確建立了「愈古老的愈好」這種基本價值觀念，人們相信歷史，而且認為人類最美好的、充滿理想和真理的黃金年代是在過去。對於歷史的重視、對過去時代的崇拜在那個時候已經建立起來了。周文化對歷史如此看重，後來當然就徹底地影響了中國人如何看待世界。例如說，戰國諸子彼此的論辯，如果只是陳述自己的觀點，要想壓過別人，難度極高。大家更習慣爭取聽眾和信徒的方式是：宣稱這些話是很古遠的聖人就說過的，這個聖人擁有了不起的身分和地位，而且依照其時代而有了高下之分。以至到後來，每個人要說話的時候，都要先搬出一個聖人來，而且一般來說，如果要壓倒論敵，最好就是讓這個聖人比論敵所依據的聖人時代更古。

於是，這樣就產生了二十世紀初期顧頡剛在「古史辨」運動中提出的一個非常精采的概念：古史層累構成說。「層累」，意味著古史是用相反的順序堆疊上去的，在歷史的陳述上，愈是號稱古老的傳說，它的起源往往愈晚。當然，我們不能把「古史層累構成說」裡所有的細節都用這樣純粹的規矩——「愈早的愈晚，愈晚的愈早」——來看，但是這個思路對於我們瞭解戰國時期有極大的幫助。

司馬遷繼承了戰國時期所創造出來的種種古史傳說，所以他很難辨別這些傳說哪些是真的，哪些是假的。從這裡，我們可以更進一步地瞭解，這種風氣到了戰國後期已經近乎瘋狂，也就引發了秦始皇在概念上絕對的大反動，他不再聽信任何人告訴他，歷史上曾經如何如何，所以應該模仿歷史、遵照歷史。秦始皇認為歷史與己無關，甚至為了不讓別人用歷史干擾他，而有了焚書這種激烈的舉動。從戰國到秦，這種激烈動盪的思想潮流變化，我們已經可以看得非常清楚。

到了漢代，因為這種時代變化所帶來的限制，司馬遷只能夠揀選戰國時期的種種故事和傳說。然而，不管他如何仔細、用心地進行拼貼和排比，由於來源本身就是有問題的，甚至是虛假的，所以《史記》裡對於古史（尤其是商之前）的絕大部分說法，今天的我們不可能再全部信賴。

不過，司馬遷仍然值得佩服。他寫《史記》時距離商代已經有一千多年，但是他必然掌握了特別的史料和來源。今天我們比對那些百分之百可以信任的甲骨文資料，《史記》世系表中從商代先公先王一路下來的商王名號和世系，絕大部分都是正確的。換句話說，司馬遷已經基本掌握了商代及以後的統治。當然，在今天更豐富的考古和知識襯托下，《史記》中商代或西周的說法還有很多需要糾正或補充的。

從這裡延展開來就可以看到《史記》另一個嚴重的大問題：《史記》裡整理的春秋戰國的學術思想史，跟今天的理解也有相當大的距離。在這個問題上，司馬遷所受的局限主要來自兩方面。一方面是秦始皇焚書，尤其是焚毀古代的王官學及春秋戰國時期諸子學留下來的文獻。這些文獻在短時間內被用如此激烈的手段一掃而空，民間基本上無法存留。所以，雖然秦作為帝國延續的時間很短，但在這件事情上造成的破壞和影響卻非常深遠；另一方面，一直到文帝、景帝時期，漢人才慢慢在知識的學習與累積上恢復了一點點元氣。換句話說，不只是秦代，春秋戰國的學術思想文獻和書籍在漢初幾十年的時間裡也是無法流通的。在這樣的狀況下，到司馬遷要寫《史記》的時候，漢人對春秋戰國的學術思想已經有一些隔閡和陌生。而且，漢代這時已經建立了自己的官方意識形態，嚴重地影響了司馬遷如何看待諸子百家，例如老子或孔子的生平問題。

文景二帝時，漢代先是建立了道家黃老無為的政治領導原則，到了漢武帝，也就是司馬遷所在的這一朝，原來重視的黃老之學又被儒家思想取代。所有的官方意識形態必然產生思想傳統的扭曲，從歷史的角度來看，這幾乎是一個顛撲不破的規律。一種思想一旦被確立為官方意識形態，在政治權力的扶持和宣揚下，只會強調它的絕對真理性，其內在的複雜性自然都會被抹殺。

然而，沒有任何思想是真正絕對正確的真理。一旦用政治權力將其建立成不能討論、不能挑戰的真理，它也就失去了原來複雜而精采的面貌。從這個角度來看，司馬遷在面對春秋戰國的學術思想史時，經常落入漢代「先道後儒」的官方意識形態所產生的某種扭曲當中。

官方意識形態之外，我們也不能忽略另一個因素，即司馬談對司馬遷的重要影響。司馬談留下來的唯一著作，就是《太史公自序》裡的《論六家要旨》。司馬遷刻意把這篇文章留下來，就是希望大家知道司馬談在知識和學術傳承上最大的貢獻，就是對六家學術做了如此精要且準確的描述。但是，如果我們認真看《論六家要旨》就會發現，司馬談並不是客觀平等地對待這六家。

在《論六家要旨》中，司馬談說道家：

使人精神專一，動合無形，贍足萬物。其為術也，因陰陽之大順，采儒墨之善，撮名法之要，與時遷移，應物變化。

可以看出司馬談是推崇道家的，並且是從道家的立場來整理、評斷六家要旨。換句話說，司馬談看道家最重要的八個字是「與時遷移，應物變化」，道家不是一套固定的觀念和說法，它教人要有彈性，可以變化。這個彈性大到什麼程度呢？道家集合了其他五家的精華，可以包納其他五家。

司馬談這樣的立場不可能不影響到司馬遷，雖然因為時代和個性上的選擇，司馬遷自己的思想觀念更接近儒家，但不管是司馬談的道家立場還是司馬遷的儒家立場，都使得司馬遷在處理春秋戰國時期的學術思想時，是有著鮮明的偏見和偏好的，特別是對道家和儒家的態度上。

很不幸的是，後世對於老子生平的看法，基本來自《老子韓非列傳》，而這篇文章其實很糟糕，其糟糕程度幾乎在整部《史記》中可能排名最前。

以司馬遷在史學上的敏銳和嚴謹來看，《老子韓非列傳》中寫老子的部分真是一筆糊塗帳，從老子的時代、生平，到老子其人及其留下來的著作之間的關係，幾乎每個環節都有說不通的地方。我們今天講到老子是一個

什麼樣的人、《道德經》是一本什麼樣的書、產生於什麼樣的時代、反映了什麼樣的時代價值思想……如果仍然堅持依賴《史記》的話，那從一開始就站錯了地方。

從清代開始的幾百年來，考據學通過一步一步「考經」（驗明經書中字句的真正意思），到後來擴張範圍到考史、考子、考集，讓我們知道了許多更精確的歷史內容，得以重新認識老子，還原老子思想的本意。司馬遷在史學態度上非常重視是非對錯，是就是是，非就是非，我們看待他的著作也應該承襲這樣的精神，不能因為這是司馬遷，這是《史記》，就把裡面的每句話都奉為事實。

老子比孔子老嗎？

《史記》裡寫老子，「姓李氏，名耳，字聃，周守藏室之史也。」在這個簡單的介紹之後，接下來就開始講孔子問禮於老子的故事。

孔子問禮於老子，這件事在戰國文獻中出現過好幾次，比如《禮記》、《莊子》都記錄過。依照這些紀錄，老子的年紀很明顯比孔子大，是孔子那個時代有名的智者。可是依照戰國文獻的說法，講完這段故事後，司馬遷突然筆鋒一轉：

孔子見老子畫像刻墨拓本。（圖片授權／國家圖書館）

或曰：老萊子亦楚人也，著書十五篇，言道家之用，與孔子同時云。

也有人說（或是有資料紀錄），老子就是老萊子，是楚人，寫的書並不是我們今天留下來的《道德經》，而是另外的十五篇著作，闡述道家的作用。而且依照這種說法，老子並不比孔子年長，而是約莫同時代。如此突然地插入這句話，表現了司馬遷的誠實態度。

他看到過「老子是老萊子」這種說法的史料，更重要的是，他表示自己對於老子的年代早於孔子、孔子曾經問禮於老子這件事情沒有充分的把握。

司馬遷的存疑態度應該有一部分來自他對《論語》和孔子的瞭解。關於孔子的事蹟，最可信的材料是他的弟子在他死後不久編撰而成的《論語》，但《論語》中完全沒有提到孔子到周去向老子問禮的事。

此外，依照戰國的文獻，孔子見到老子這件事情發生在孔子五十歲的時候，但是《論語・為政篇》明明白白記錄了孔子的自述：「吾十有五而志於學，三十而立，四十而不惑，五十而知天命，六十而耳順，七十而從心所欲，不踰矩。」孔子五十歲都到知天命的歲數了，怎麼會因為對「道」的基本原則感到困惑，而去求教於老子呢？

對應《史記》提到的老萊子，在《論語・微子篇》裡面有一段故事。子路跟著老師走，但是後來跟丟了，遇到一個「以杖荷蓧」的老人，正用木杖耕田，然後用拐杖挑著鋤草的工具。子路就跑去問這個老人家：「你看到我的老師走過去嗎？」這個老人家回答說：「你這個人看起來很少勞動，你的四肢不發達，八成也不認得五穀長什麼樣子，就這樣冒冒失失地跑來問我。誰知道你的老師是誰呀？」然後就拄著拐杖繼續鋤草了。子路被罵，自知理虧，恭恭敬敬地拱手立在旁邊，老翁看他很有禮貌，就留他在家住了一晚，還殺雞做飯給他吃，讓自己的兩個兒子和子路相見。

第二天，子路趕上了孔子，就把前一夜的經歷告訴了老師。孔子說，這不是一個普通的農人，應該是一個隱士，讓子路回去找。子路回去的時候，老翁已經出門了。子路（應該是對著老人家的兒子）就說：「不貢獻自己的能力做官是不對的，長幼父子的關係不能廢，難道君臣上下的關係就可以廢嗎？潔身自好，卻違背了君臣上下的重要關係。君子早就知道不可能實現正確的主張了，為國君所用，不過是為了盡到臣子該有的義務。」

這是孔子和這個隱士在進行一種潛在的論辯，他要告訴隱士，你不服侍君王，而且認為在這樣一個亂世當中服侍君王是沒有意義的，我理解並尊重這種態度，但我的立場是看重君臣上下的關係，不管發生什麼事情，不管這個時代如何，我仍然要盡到一個臣子的責任，在盡這樣的責任時，我知道不見得真正能夠達到目的，但這是我對自己人生職責的堅持。

這段故事的關鍵在於「以杖荷蓧」四個字，而老萊子的「萊」字，用作動詞的時候就是「鋤草」的意思。顯然，司馬遷認為這位挑著鋤草工具的老翁很有可能就是老萊子，後世把孔子跟這位隱士或老萊子的相遇、對話，敷衍為孔子向老子問禮的故事。換句話說，司馬遷明白《論語》裡記錄了許多孔子周遊列國途中遭遇隱士，被質疑、被嘲諷的事蹟，認為孔子問禮於老子的說法可能是從這些事蹟當中脫化出來的，孔子不見得會刻意跑到周去找這位守藏室之史，然後挨他訓誡。

說完了老子也可能是老萊子之後，司馬遷接著說，在秦獻公的時候，有一位周的太史，叫作儋，他到秦國之後，預言秦國五百年後會脫離周而獨立，再過七十年，會出現統治天下的霸主。這個「儋」字和老聃的「聃」，古音可能是同一個音，又都是周太史，所以史料上可能把這兩個名字混成了一個人。

很顯然，司馬遷一邊寫一邊在告訴我們，他不知道要不要接受「孔子問禮於老子」這個說法。為什麼他那麼猶豫呢？其實很好理解。秦獻公時，周太史到秦國，這件事情發生在孔子死後一百二十九年，比孔子年長或跟孔子差不多同時代的老子，會在孔子死後一百二十九年去見秦獻公嗎？司馬遷不太相信，所以用補注的口氣

加了一段奇怪的話：老子大概活了一百六十多歲，也有人說他因為修道所以特別長壽，活了兩百多歲。為什麼加了這句話呢？因為沒辦法，老子就算活了一百六十多歲都不夠既當孔子的老師、又去見秦獻公，除非活到兩百多歲。

依照《老子韓非列傳》的上下文，老子去到秦，是因為他「居周久之，見周之衰，乃遂去」。照之前的說法，他當周太史一百多年，不想再幹了，於是，他要出中原入秦過關的時候，遇到了守關的關令尹，那人看他打算出關一去不回，又知道他是一個有大智慧的人，就央求他留下寶貴的想法，這才有了後世看到的《道德經》五千言。

這段故事仍然是一筆糊塗帳。後來注解《史記》的人以訛傳訛，說老子過的是函谷關，但秦獻公的時候還沒有函谷關的存在。另外，「關尹」在許多戰國的文獻上出現過，比如《莊子》就將關尹稱作一位思想人物，但沒有人照字面理解，把「關尹」叫作守關的人。依照出現比較早的戰國史料看，關尹或關尹子活躍在戰國時期，跟老子大約同時在發展道的觀念。

《老子韓非列傳》中講老子的最後一段，是說老子李耳的後代世系。李耳的兒子李宗是魏國的將軍，孫子李注、曾孫李宮，李宮的玄孫李假曾經在漢文帝的時候當官，李假的兒子李解則當了膠西王劉卬的太傅，所以住在齊地——李假、李解的時代就和司馬遷很接近了。

這是一個非常明確的世系紀錄，但我們如果認真思考，也會發現不對勁的地方。首先，魏獨立成為封國是在三家分晉時（西元前四〇三年），距離孔子去世已經七十多年了；其次，老子的兒子要在魏為將，得是老子一百多歲之後才生的，要不然就是李宗也跟他父親一樣長壽，活到一百多歲；再次，哪怕老子和孔子同年，依照《史記》的世系表，從老子出生到漢文帝的時代，他們家只傳了八代，卻經過了六百年的時間，一般情況是三十年左右傳一代，可是他們家平均七十多年才傳一代，這可信嗎？

那這筆糊塗帳到底應該怎麼算呢？傳統的態度是，《史記》寫得對，老子跟孔子大約同時代，老子的《道德經》是春秋時代的古文獻，和《論語》同樣久遠。另外一種態度則是歷史研究的實事求是的態度。首先是研判司馬遷提供的史料的可信度。大概可以認為，一個史家所掌握的史料，距離他的時代愈近、和他自己愈有可能有關係的就愈可信。根據這個標準來判斷，最接近司馬遷時代的是《史記》記錄的擔任過膠西王太傅的李解。如果李解是李耳的八世孫，倒推回去，用一代三十年正常的時間來算，李耳的年代應該是在西元前三世紀左右，也就是戰國的中後期。這個推算剛好可以配合上《老子》（《道德經》）文本中所展示的證據。

了不起的大史學家錢賓四先生（錢穆）寫了四篇關於老子年代考據的文章，清楚地列舉了老子行文所出現的戰國名物和詞語，具體否定了老子生於春秋時代的可能性。而且，老子的行文風格是直白地陳述道理，不只跟《論語》有巨大的差距，甚至也不像《孟子》、《莊子》那樣帶著雄辯的意味，反而更接近《荀子》或《韓非子》。結合外部證據與內部證據配合來看，我們今天或許要接受錢穆先生給我們的結論：第一，《老子》的作者應該是戰國人；第二，《老子》的成書很可能晚於《莊子．內篇》。

從戰國的後期一直到漢初司馬遷的年代，這位叫作李耳的人的生平和另外一個歷史人物「老聃」混雜在一起了。而擔任周太史、時代跟孔子接近的老聃，比寫《老子》的李耳早了將近三百年。不知道究竟經過了什麼樣的過程，或許就是源自《老子》這個書名，李耳被當成了老聃，《老子》這本書的年代也相應地被往前錯置了三百年。老聃跟李耳相差三百年，一前一後，真正連接的是中國古代南方的隱者文化。

早在孔子的時代，南方就有強烈不認同周朝主流價值的傳統。孔子是徹徹底底的封建宗法文化的產物，他出生、成長在封建宗法的核心區域，面對封建秩序敗壞瓦解的時代，他的態度是「知其不可為而為之」，要盡力去恢復、維持舊有的封建禮法。

《老子韓非列傳》裡說，老子是楚國苦縣厲鄉曲仁里人，但春秋時期楚國沒有苦縣，這個地方原來屬於陳

國，戰國時期的西元前四七九年，陳國被楚國併吞，苦縣才為楚所有。這又是《老子》的作者不可能跟孔子同時期的一條旁證。不管是陳是楚，相對於黃河流域的中原各國而言，都是南方，沒有那麼深遠的封建根基。楚在地理上位於邊陲，早在西周建立之前就有了很不一樣的文化傳統，當然不會有魯人孔子那種對於封建宗法的情感，更不會有一定要維護它的熱情。

對孔子來說，他不忍心看到自己信奉的宗廟傾頹，寧可用肉身去扮演最後一根支柱。但對許多處在封建宗法邊緣地帶的人來說，他們關心的往往只是這座大廟倒下來的時候會不會壓到自己。

我們用這種方式批判地來讀《史記》，尤其是檢驗《老子韓非列傳》中這筆糊塗帳時，才能夠還原老子創作《道德經》真正成書的時代。還原到戰國中後期的時代，我們再來看老子《道德經》的內容，一方面，他跟莊子的關係絕對不可能是「老在莊前」，而是「莊在老前」；另一方面，用這種方法，還原了莊子和老子對於封建宗法思想的那種嘲弄，從中吸取完全不一樣的智慧。此外，又因為這種態度跟孔子有著絕然的差異，我們也可以進一步瞭解孔子是一個什麼樣的人，有什麼樣的信仰。

司馬遷的英雄們

世家導讀：通古今之變

《史記》開創了紀傳體史書的先河，但「紀傳」二字卻不足以涵蓋《史記》的所有體裁。其中，「世家」就是《史記》在紀傳體之外非常重要的構成部分，其中的篇目安排也凸顯了司馬遷對「通古今之變」的理解。

世家區分了兩段很不一樣的政治、社會結構方式。前面一段是在周代產生的封建制度。封建制度中有各種層級，慢慢整合成「公侯伯子男」這五層結構，接下來有世卿、大夫、士，這樣就組合成了一個結構井然、秩序嚴明的封建社會。那如何追溯這段制度的起源呢？司馬遷選擇了吳太伯。

《吳太伯世家》是《史記》「世家」部分的第一卷。吳太伯最重要的事蹟是讓位。他知道弟弟季歷比自己更適合擔任領導者，所以遠離宗周（西北周人崛起的地方），到了與故鄉方向徹底相反的地方，東南地區的吳。從這裡開始，周開始建立穩定的基礎。所以，如果我們要說周是怎樣興起的，最關鍵的就是發生在吳太伯這一代的事蹟——吳太伯讓位之後，才有季歷當王，再一步步將王位傳到文王（季歷之子）、再到武王而建立了西周。

另一件值得注意的事情是，如果我們對應《史記》「列傳」的結構，會發現在列傳第一篇《伯夷列傳》中，伯夷、叔齊最重要的事蹟也是讓位。

在這樣的安排下，司馬遷要彰顯的人生價值就非常清楚了：即使在某一種傳統或道理下應該屬於你的東

西，如果違背了某種更高的原則，都應該予以放棄。作為人，在人與人之間的互動中，「放棄」是一種非常高貴的價值，吳太伯和伯夷叔齊的「讓」在後世都有非常長遠的影響。

從西周到東周，《史記》的世家部分一路把封建制度底下重要的列國（陳、衛、宋），以及其中的重要人物（周公、召公、管蔡）一一彰顯出來。再下來就是進入春秋戰國後，新的霸主崛起，我們又看到了晉、楚、越、鄭、趙、魏、韓，一直到世家第十六篇——《田敬仲完世家》。

《田敬仲完世家》中最重要的事件是「田氏代齊」，這個事件代表了從武王伐紂成功之後，在周公的設計下運作了八百年的一套封建制度，在這個時候徹底完結了。世家記載到這一篇，完成了第一個階段的記述。

另一個特殊階段是從漢代建立到漢武帝一朝的「郡國並行制」時期。這是《史記》世家中第二個大板塊，從世家第二十篇的楚元王開始，到荊燕、齊悼惠王，以及跟高祖一起打天下的蕭何、曹參、張良、陳平和周勃，一直到世家第三十篇。它清楚地讓我們看到，漢代的郡國並行制究竟在以什麼樣的方式改變並決定著歷史。

我們必須要佩服司馬遷的史識，他在《史記》中建立的「世家」結構，非常清晰、俐落，前十六篇中彰顯出西周特別的政治、社會制度與變遷，而從第二十到第三十篇，又明白地展現了漢代郡國並行制的起落。不過，在世家的兩大部分之間，還有三篇不太一樣的文章難以歸類，藉由這三篇「例外」的文章，司馬遷展現了他「通古今之變」的獨到史觀。

第一篇是接在《田敬仲完世家》後的《孔子世家》。按道理說，無論把孔子放前面還是放後面，都不應該有世家（封國之君）的貴族地位。在《孔子世家》之後，特別值得注意的是《陳涉世家》。陳涉就是陳勝，他和吳廣最早在秦末揭竿而起，引發了秦末大亂，後來導向了楚漢相爭、乃至於漢朝建立。陳勝、吳廣的出身非常卑微，最多也就到自己稱王的地步，既不屬於前面西周的封建貴族結構，更與後來漢朝建立的郡國制一點關係都沒有。但是，司馬遷在「古今之變」的眼光下，就是要凸顯陳勝、吳廣揭竿而起這件事在改變歷史上的驚

人能量。從這個角度來看，孔子和陳勝放在「世家」，而且放在一起，又有另外一層意義——司馬遷要彰顯這些少數非常難得的個人。他們不靠身分和背景，純粹依憑個人，竟然能夠發揮這樣大的作用，幾乎可以說是隻手改變了歷史。

孔子和陳勝、吳廣又有反向對照的地方，同樣是在歷史上發揮巨大作用，他們的方式卻完全不同。陳勝、吳廣是剛好站在歷史的時機點上，迎合了時代和社會的需要。這個時候，整個秦王朝像是坐在一堆炸藥上，社會已經進入一種高度動盪不安的狀況。換句話說，炸彈不是陳勝、吳廣提供的，而是他們點燃的。藉由凸顯陳勝、吳廣，我們更能夠瞭解秦末整個變局究竟是從哪裡開始轉折的。

而孔子在這件事上剛好相反，他之所以能夠發揮這麼大的影響力，是在於他不願意接受他的時代。他藉由個人巨大的人格力量，抵抗封建制度必然要傾頹、敗壞的歷史潮流。從目的和結果來看，他當然失敗了，這個潮流踩過他，繼續走向春秋末年，更進一步惡化，變成戰國的狀態。

但是，司馬遷在意的是更長的時間維度。當你把時間拉遠、拉長，就會看到孔子的做法非但沒有失敗，而且達到了相當驚人的成就。他靠著他的意志、他的人格，靠著他感染的這些數量龐大的學生，再加上這些學生後來流轉在社會各個角落所產生的效果，把封建制度中最內在、最核心的價值和精神一一保留了下來。因此，雖然封建制度瓦解了，起碼再也不是原來的面貌，但是儒家卻在這樣的廢墟中升了起來。如果沒有孔子，不會有這樣一個驚人的儒家傳統。

儒家的前身是西周封建宗法制度賴以傳承的王官學，經過了孔子，儒家才從王官學這種封閉、狹窄的範圍當中解放了出來。王官學原是貴族參與封建制度必須接受的教育訓練，而孔子在王官學中找到了所有人都能夠依賴的資源和信念，便每個人都有機會成為一個堂堂正正、像模像樣的人。這意味著，本來只是為貴族準備的教育內容，被孔子徹底地普遍化了。「有教無類」不只是一句簡單的口號，它彰顯了孔子真正的歷史貢獻，孔

子把原屬於王官學的貴族教育內容，尤其是那些關於人如何建立自己、修養自己的想法教給了他的學生。

孔子在這中間的角色，非常類似於希臘神話裡的普羅米修士。希臘神話中，火原是神的專利，普羅米修士因不忍看到人的苦難和世界的黑暗，把火從神那裡偷給了人。即使他知道做這件事情會被宙斯懲罰，但還是不顧一切把火盜給了人。孔子也是如此，對他而言，王官學裡面對於人的信念和修養的講究，就像是最重要的火與光，能夠把人從黑暗當中帶出來，從動物性裡面解放出來成為人性。

《陳涉世家》之後是《外戚世家》。在朝廷的政治結構裡，外戚並不是有正式地位的角色，但他們才不管歷史應該給予他們什麼位置，反而在政治、朝廷的運作上發揮了很大的作用。從理解歷史的角度來看，如果不看外戚，很多事情我們是難以看清並理解的，例如《史記》本紀中顯得尤為特別的《呂太后本紀》，背後就是由一群外戚支撐的。

其實漢代從建立以來直到漢武帝一朝，除了呂后在位的時期，外戚問題並不嚴重，但司馬遷也許有一種歷史累積的智慧，竟然用世家的體例刻意把外戚凸顯出來，好像這是一個暗淡的預言——在漢武帝去世之後（也是司馬遷之後），整個西漢的歷史就開始走向外戚掌權、外戚治國，而且每況愈下，後來基本上凌駕了原來政治結構上的所有正式角色。不得不說，司馬遷似乎有一種讓人驚異的歷史直覺，當我們現在再讀《史記・外戚世家》，內心真的會有一種顫動——對於司馬遷的這種歷史遠見，哪怕我們無法解釋，也必須認可。

孔子世家、仲尼弟子列傳：盜火者，孔仲尼

誰是孔仲尼？

在中國的傳統上，說到孔子是一個什麼樣的人，《孔子世家》是大部分人最重要的資訊來源。這一篇是如此重要，以至從西元前一世紀司馬遷完成這篇「世家」後，孔子的基本形象就被固定了下來。後世（一直到二十世紀）許多文人，不管是要稱讚或批判孔子，很自然地都會訴諸《史記》的這些記載。但正因為《史記・孔子世家》的影響力如此之大，使得兩千年來大家都疏漏了兩件非常重要的事情——《史記》所呈現的孔子跟歷史上的孔子是同一個人嗎？這裡面有什麼地方是值得我們注意或提防的？

我在《老子韓非列傳》的導讀中提過，雖然《史記》是司馬遷用心創作的一部偉大而重要的作品，但他再怎麼了不起，也不可能寫出一部完美的著作。除了關於三皇五帝、老子的記載，《史記》另一項嚴重的缺憾就出現在《孔子世家》裡。

司馬遷寫《孔子世家》主要以《論語》為本，把由孔子的弟子記錄下來的片段言辭，以及對孔子行事的描述和形容，根據時間進行排比，進而列出孔子一生的經歷。他讓《論語》裡面的絕大部分字句都有了來歷，記述了孔子是在什麼時間、什麼生命階段，什麼環境中遭遇什麼樣的事情，才說出《論語》中的那些話。從這個角度來看，《孔子世家》的重要的貢獻之一，就是提供了《論語》內容的脈絡，讓我們知道孔子說的很多話並

不是空談。

我們看《論語》，常會誤把孔子當作一個真理發言機，不斷地講一些放諸四海皆準、超越時空的真理。我們往往會忘記孔子是一個真實的人，他之所以說這些話，是因為他有自己生命上的遭遇，會遇到種種困難和問題。舉個例子，《論語》中有一段「葉公問政」，葉公是一個世卿，他問的是在大夫這個階層如何好好地統治自己的領域。孔子在《論語》當中留下了非常重要的四個字，叫「近悅遠來」，意思是如果靠近你的人喜歡被你統治，遠方的人也會因為你正確的統治而受到感召，從遠方來投靠你、依附你。

當然，我們可以從政治的角度來看，把「近悅遠來」當作一般的原則，意味著統治者需要一直思考，怎樣讓統治範圍內的人愈來愈快樂，並讓統治範圍之外的人願意投靠。但是，光用這種方式來抽象、空洞地理解這四個字，遠不如從《史記》提供的重要脈絡和背景下去理解。

當時，孔子之所以會讓葉公有這樣的機會問政，是因為他正被卡在陳蔡之間，也就是《論語》中說的「絕糧於陳蔡之間」。依照《史記》的說法，孔子本來要到楚去，但因為楚國的大夫極為忌憚孔子的名氣，認為如果孔子到了楚國被重用，則會對自己產生極大的不利。因此，他們故意用計，讓當地人把孔子和他的弟子卡在陳蔡之間。最後是葉公伸出了援手，接濟了孔子和他的弟子。知道了這

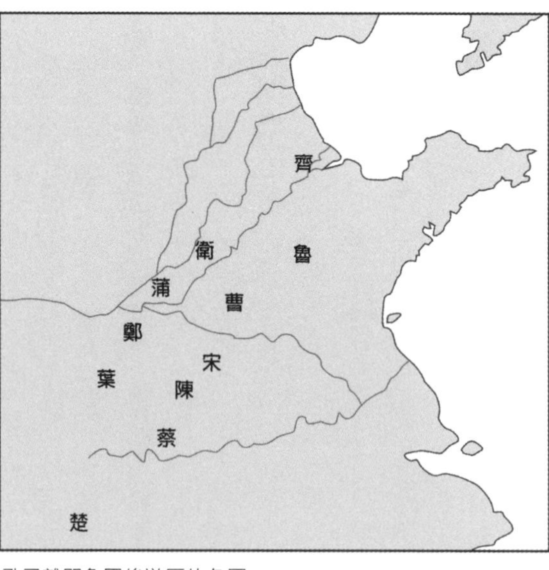

孔子離開魯國後遊歷的各國

樣的前因後果，我們就可以進一步瞭解，當葉公問政於孔子的時候，孔子所說的這個話裡還有感激之情。他對葉公說，一個好的領導者就像你一樣，讓我們這些來自遠方的人，看到你像是看到親人，願意依附於你。用這種方式理解，就比《論語》中記錄的那個孔子有了更多的層次。

不過，我們必須誠實地說，司馬遷受到時代和個人信念的影響，在鋪陳孔子生平的時候，仍然傾向於把他神化。《孔子世家》最後一段「太史公曰」是這樣說的：

詩有之，「高山仰止，景行行止。」雖不能至，然心嚮往之。余讀孔氏書，想見其為人。

這是引用《詩經》裡面的句子，意思是，就像我們抬頭看高山，或者看到別人高貴的行為，知道自己去不到、模仿不了，但是無法阻止我們對高山、高貴的行為有所嚮往。司馬遷讀了孔子的書，進而想要知道他是一個什麼樣的人。

這是一種非常重要的刺激和動機。在今天，很多時候我們讀書讀不下去，或者無法讀得深入，就是因為缺乏「讀其書想見其人」的精神。當你讀到一本自己喜歡的書，一定會想去瞭解這本書後面的那個人。倒過來，當你進一步瞭解了這個人，也就更能夠體會他是如何寫這本書的，以及這本書試圖說什麼。我講《史記》，其實也就是追隨著太史公讀孔子的這種方法，讀其書想見司馬遷其為人。

司馬遷是怎樣去貼近、去認識孔子這個人的呢？他到了魯國，去看孔子留下來的遺跡，包括廟堂、車服、禮器等等。他離孔子的時代已經有四百餘年了，可是看到孔子的影響仍然留在那個地方，「諸生以時習禮其家」，還有很多人在孔子的影響下，繼續保留著那種以禮為中心的生活方式。看到這樣的情況，司馬遷說：「余祗回留之不能去云。」那是個多麼巨大的吸引力，讓他在那裡徘徊不去，於是更加刺激他想寫出這個人是誰，

把他的事蹟留下來。

讀到這段話，讓人忍不住想起西洋史學名著中一部了不起的作品。愛德華・吉本寫《羅馬帝國衰亡史》（*The Decline and Fall of Roman Empire*）這部書，是因為有一次他去造訪羅馬，在羅馬留下來的廢墟中，突然聽到了遠方教堂傳來的鐘聲，還有旁邊修道院裡誦經的聲音。在那個情境下，多重時間被疊合、凝聚在一起，從古羅馬帝國時代傳流至羅馬的廢墟已經有兩千年左右，傳來鐘聲的那個教堂可能也有幾百年的時間了，而修道士們誦經所依循的基督教傳統也產生於羅馬帝國時期。在那個黑暗即將來臨的黃昏，在非常奇特的氣氛情境下，愛德華・吉本有了探索羅馬歷史的強烈衝動，這些廢墟和聲音也提示了他要寫的羅馬帝國歷史是一部什麼樣的歷史——不是羅馬帝國興亡史，而是羅馬帝國「衰亡史」。他要探索的是，為什麼曾經那樣偉大的一個文明帝國會滅亡？它的「衰」是從何處開始，以致引發它的「亡」？

這和他在那片廢墟中聽到修道院誦經的聲音有關係嗎？當然有。在《羅馬帝國衰亡史》中，愛德華・吉本最重要的一個論證是——羅馬帝國之所以衰亡，就是因為基督教的興起。這在當時（十八世紀中後期）是一個非常大膽甚至激烈的觀點。

當時的羅馬帝國之所以能夠不斷擴充疆域，一個重要的做法就是，它會把征服之地的神，納入羅馬原來的萬神殿，於是那些被征服的人很容易就被羅馬人感化，進入羅馬帝國，成為它的子民。這本來是羅馬帝國從創建到擴張最重要的長處。那羅馬帝國為什麼要迫害基督教和基督徒呢？因為，基督教最核心的信仰是一神信仰，除耶和華外，基督教不承認任何其他的神，而這對於羅馬帝國的統治是非常不利的。作為一個史家，愛德華・吉本提出了一個看待羅馬帝國的新鮮角度：基督教堅持一神教，挑戰了羅馬帝國原來政治統治的基礎，於是帝國開始迫害基督教，但是那些勇於為信仰犧牲的基督徒反而讓基督教更加興盛了，興盛到幾乎讓羅馬帝國變成了一個相信一神教的社會，原來的羅馬帝國再也無法維繫了。

有時，歷史的改變就是這樣幽微而巨大。一個人活在現實中，卻受到歷史和過去的蠱惑，變成了一個歷史的思考者。愛德華・吉本如此，司馬遷也是如此。在「太史公曰」中，司馬遷接下來說：

天下君王至於賢人眾矣，當時則榮，沒則已焉。孔子布衣，傳十餘世，學者宗之。自天子王侯，中國言六藝者折中於夫子，可謂至聖矣！

對於歷史人物的評價，從西周留下來一個傳統的重要標準，就是時間，也就是一個人可以被記得多久。《左傳》中說，人能夠在這個世界上留下三類成就——立德、立功、立言。這三件事情，都牽扯到我們活著的時候所創建的東西，卻只有等到死後才會得到真正公平的評價。

在司馬遷的標準下，有那麼多在先天的地位、條件上遠勝孔子的君王、賢人，但是他們之中的絕大部分都是享有活著的時候的氣派，死了之後很快就被世人遺忘了。反之，孔子出身並不高，卻靠著自己一生的努力，「傳十餘世，學者宗之」。到司馬遷這個時代，離孔子已經四百多年了，將近二十代。但大家仍然記得孔子，把他當作知識學問和信仰的根源。這就是太史公在魯地的仲尼廟堂看到諸生還在「以時習禮其家」所得到的感動。

一直到那麼多年之後，天子和王侯要訴諸六藝（人活在這個世界上最根本的才能和技藝）的時候，必須要回歸孔子。因為這樣，司馬遷才說孔子「可謂至聖矣」。我們現在一直習慣說孔子是至聖先師，主要就是來自《史記・孔子世家》。「至聖」在這裡並不是一個空洞、隨便、簡單的讚嘆之詞，而是經過了長久的時間考驗，有著實實在在的背景和含義。

制度的衛道士和破壞者

傳統上，我們習慣把孔子尊稱為「至聖先師」，如果按司馬遷在《孔子世家》最後的讚語來理解「至聖」的話，那「先師」又是什麼呢？先師，通俗的意思就是「第一個老師」。乍一聽，這樣的稱號頗為誇張，但其實相對於「至聖」，恐怕還是「先師」更符合孔子在歷史上的真正地位。

例如，孔子留下來最重要的，最能反映其思想和事蹟的著作是《論語》，由孔子的弟子和門人記錄。我們現在對此毫無異議，但如果回到歷史的情境當中，我們不得不問一個很有趣的問題：什麼是「弟子」？什麼是「門人」？

在中國的歷史上，弟子或門人竟然是孔子開創出來的一種人間角色。在孔子之前，我們找不到任何可靠的證據證明，有老師—學生這樣的相對關係存在。

那以前的人怎麼受教育呢？事實上，一直到孔子生活的春秋年代，都只有在貴族系譜中進行的貴族教育——前一代貴族把自己受過的訓練，比如六藝（禮、樂、射、御、書、數），傳給同樣屬於貴族身分的下一代。這種教育是封閉的、壟斷的，教與學的資格都是以血緣身分來決定的。而孔子和門人弟子之間完全沒有血緣關係，更重要的是，孔子的一些學生在原本的封建秩序當中根本不具備接受貴族教育的身分。因此我們可以說，孔子和他的學生事實上破壞了當時的封建秩序。或者從另一個角度來看，正是在封建秩序動搖的春秋時期，才給了孔子這樣的空間，可以違背舊的體制規範，把原來封閉的、壟斷的貴族教育內容有教無類地提供給更多的人。

從《左傳》裡，我們可以看到很多春秋時期的具體情況。當時，各國內部幾乎都面臨「禮」遭到忽略、破

壞的狀況。於是相應地，國與國之間的固定關係也動搖了，無法持續在原來的「禮」上和平往來的關係，出現了愈來愈多訴諸權謀乃至於武力壓迫的事件。那是一個前所未有的、新興競爭的局面，內部是公子與公子競爭、大夫與大夫競爭，外部則是國與國的角力。競爭的勝負，很大一部分取決於人才。

回到春秋的歷史情境，孔子給予弟子的教育，就是教他們如何去當官，或者更準確一點，是教他們如何在變動、混亂的環境當中讓自己「有用」。新的變化所創造出來新的需求，無法在原有社會架構下得到滿足。比如說，打仗的人才要應付的不再是過去單純的貴族之間有禮有節的射御，而是要指揮成百上千的士兵如何布陣對壘；外交人才應付的也不再是和平的宴飲盟會，而常常是強弱有別的緊張談判，輕則增損幾座城，嚴重時甚至會引來滅國的危機。

孔子是「聖之時者」，他比誰都清楚時代的需求，並在教育的內容和對象上進行了革命性的擴張，訓練可以在政治、外交、軍事場合發揮作用的人才。雖然孔子一再告訴我們，他把周公作為偶像，夢想恢復周公建立的禮樂秩序，然而弔詭的是，如果孔子的夢想真的達成了，回到周初那個封建體系，是沒有他這種人的位置的。歷史上的孔子是一個大矛盾，他所做的事情實質上是破壞周代的封建文化，但他嚮往的卻是回歸舊的封建體制，一個會取消他自己這種老師角色的環境。

孔子在世的時候就成其大名，一部分原因在於，他將貴族教育教給廣大弟子的革命性行為，更重要的原因在於他教出來的弟子真正有用，真正符合春秋時局的需要。從某種角度上來看，孔子是最早的人力資源專家，他看出了當時人力資源所需，勇於突破窠臼，找到切實的辦法。

從《論語》來看，孔子最特殊的地方在於，有一段時間他是那個社會、那個時代獨一無二的老師。相應地，孔子一生最重要的事蹟也都跟老師這個身分有關，跟他的弟子們有關。

《論語・先進》的第一章裡，孔子說：「先進於禮樂，野人也，後進於禮樂，君子也，如用之，則吾從

先進。」君子和野人指的是身分上的差別，大夫以上身分的人叫作君子，出身低於大夫的就是野人或者小人。不過，孔子在《論語》裡明確賦予君子不一樣卻又相關的一層意義：君子既指有貴族身分的人，同時也指擁有這種身分應有的修養與智慧的人。

大夫以上的貴族會接受完整的貴族教育給予他們的特殊的知識與能力，並且形成理解並遵守封建禮儀的習慣。而到了孔子的時代，他將這套貴族教育普及給原本不具貴族身分的人，於是君子的身分與人格品德就分開來了，相應地，孔子也就將擁有那種人格、品德的人稱為君子。身分與人格品德的分離就會產生另一種現象，有的人雖然具備貴族的身分，卻沒有貴族應有的人格、人品，這種人從身分上看是君子，從思想、行為看卻是小人。孔子在《論語》當中有很多的話都是針對這種失格的人有感而發的。

從這個角度來看，孔子在他那個時代最重要的身分就是老師，這個身分特別呈現在《仲尼弟子列傳》中。《仲尼弟子列傳》的存在，是為了跟《孔子世家》裡的內容形成一個互補的連帶關係。這篇特殊列傳的存在，也讓我們知道，仲尼弟子本身就構成了一個特別的歷史現象。

在這篇的開頭，司馬遷就告訴我們，完成核心的「孔門教育」的人前後一共有七十七個，司馬遷一一羅列了這七十七個人大致是什麼樣的，有什麼樣的經歷。用這種方式，司馬遷讓我們看到，在那個時代，在孔子身邊聚集了這樣一群人才，並且在歷史上有名有姓。

今天，我們不僅能夠認識這些人是誰，還能瞭解孔子在人格上面最偉大的地方——從來不給標準答案。孔子會依照每個學生的人格、處境，以及邁向一個完整的人所需要的反省，來提出不一樣的訓誨。尊重每個學生的個性，支持且強調每個學生都是一個個人。兩千年來，有多少老師做得到呢？如果沒有孔子這種精神，司馬遷不可能寫出《仲尼弟子列傳》。在《仲尼弟子列傳》裡，司馬遷也一一凸顯了孔子的弟子在那個時代曾經發揮過的作用、取得的成就。

《仲尼弟子列傳》最先寫的是顏淵。顏淵是孔子最喜愛的學生，他沒有任何外在具體的事功，也沒做過官，但在孔子的眼中，他是一個認真的、不斷讓自己變得完美的人。這是最難得的精神。所以，在《仲尼弟子列傳》中，司馬遷引用了《論語》裡孔子對顏淵幾句最重要的讚美之詞。

其中一句讚顏淵好學。他沒有任何外在利益的考慮，純粹是為了要讓自己變得更好而去學習，去磨礪自己。孔子稱讚他：「人不堪其憂，回也不改其樂。」顏淵過的日子是「一簞食，一瓢飲」的生活，甚至沒有辦法滿足最基本的生活需求。如果是別人，會一直擔心明天該怎麼辦，下一頓飯在哪裡，但顏淵不在意。他只要能夠不斷學到更多的知識學問，有機會讓自己變得更好，就永遠都那麼快樂。這樣的一個人，在中國歷史上留下了非常驚人的人格典範和形象。

孔子還讚美顏淵「不遷怒，不貳過」。這短短六個字，其實是非常嚴格的一種自我道德要求。什麼叫作「不貳過」？簡單地說，就是當我自己知道這是錯的，就再也不做這樣的事情了。就是這麼簡單的一個定義，但是如果認真地回到自己的內心想想看，真的做得到嗎？為什麼這是最基本的自我道德要求呢？因為要「不貳過」，首先要承認自己是錯的，不是靠法律或其他人告訴你，而是自己發自內心有一個標準，甚至不是對別人承認自己做錯了，而是面對自己、對自己負責。人是一種脆弱的動物，我們經常連對自己承認不能做、不該做的事，都沒有辦法不再犯。如果顏淵真的做到了，當然非常值得我們學習和感佩了。「不遷怒」又跟「不貳過」緊密地結合在一起。「遷怒」是把本來屬於自己的錯誤推給別人，如果一個人有遷怒的習慣，就永遠不可能做到「不貳過」，因為不貳過的起點就是自己承認錯誤。所以，光是這六個字就可以看出，孔子用顏淵來樹立了一個多麼高的人格標準。

從顏淵以下，《仲尼弟子列傳》中羅列了孔子所有重要的弟子。我們看到，這些人在那個時代當中做了那麼多的事，留下那麼多鮮明的身影，我們不能不問，不能不感動——怎麼會有這樣的一個老師，能夠在身邊聚

集這麼多人才？這絕對不可能是偶然的，必然說明了孔子作為一個人、一個老師，具有特別的吸引力。用這種方式，《仲尼弟子列傳》彰顯了孔子作為老師的基本價值和地位。

《仲尼弟子列傳》是跟《孔子世家》放在一起對照的，因為司馬遷已經把孔子作為老師的角色寫在這篇列傳當中，所以《孔子世家》對這一部分便沒有太多著墨。受到漢代崇拜孔子的氣氛太過於強烈的影響，他在《孔子世家》中把孔子抬高到了近乎於人跟神之間的一種特殊地位，這是對孔子的真誠崇拜。但是從歷史學的角度來說，這是一個災難。這意味著司馬遷不能如實地去面對孔子作為一個人的事實面貌。我們在讀《孔子世家》的時候，必須用一種批判的方式，盡可能撥開這些神話的雲霧，才能夠看到一個真實的孔子。

面目不清的孔子

依照傳記的慣例，司馬遷在《孔子世家》的一開頭就交代了孔子的世系，但出現了一些奇怪的字句。

孔子生魯昌平鄉陬邑。其先宋人也，曰孔防叔。防叔生伯夏，伯夏生叔梁紇。紇與顏氏女野合而生孔子，禱於尼丘得孔子。魯襄公二十二年而孔子生。生而首上圩頂，故因名曰丘云。字仲尼，姓孔氏。

《孔子世家》說孔子出生於魯，但先世是來自宋。這個說法後來被歷史證明基本是可靠的。宋是一個很重要的古國，背景來源非常古老。周人翦商成功後，成為天下共主，就把商人的後裔封在宋，這也就解釋了為什麼《禮記》中記錄孔子快要去世的時候說自己「夢奠於兩楹間」，因為他是商人之後。

在講完孔子是宋人的這個背景後，司馬遷又繼續追索。孔子的先人叫作孔防叔，父親叫叔梁紇。但為什麼

要特別講「紇與顏氏女野合而生孔子」，還要「禱於尼丘」才得孔子？從這裡開始，孔子的故事已經有點兒神話色彩了，這也是我們今天讀《孔子世家》碰到的一個最嚴重的問題。

司馬遷生活在漢武帝的時代，在「獨尊儒術」的官方意識形態影響下，孔子和儒術已經取代了原來的黃老道家變成政治上的思想原則。受政治上的影響，孔子的地位不斷上升，對於孔子的種種描述也就在原來更古老、可信的史料上添加了許多神話色彩。

在漢武帝的年代，孔子已經得到了一個特殊的尊稱——素王，意味著孔子是上天派下來當天子的，只不過在現實條件限制下，沒有實現這個命運的安排。但孔子留下了他的努力，最重要的是，留下了他的思想。在原來的王官學的傳統中，留下了「六經」，這個觀念也是經過孔子之手改造的，作用是「為後王立法」。孔子本應是一個天子，但是不能為當時的現實立法，所以就留下了這些如何致天下太平、創建一個理想社會的種種典籍，等待後人在此基礎上去創建一個理想的烏托邦。

到了漢武帝的時代，孔子這種身分和漢武帝尋求的新的政治合法性密切結合在了一起。換句話說，漢武帝毫不客氣地承擔了「後王」的角色，意思是孔子就是為了他而準備了儒術，留下了六經。有了這樣一套聯結，孔子的地位顯得更神祕了，好像有一種預言：未來會有合適的人實現他的理想。

在《孔子世家》裡，受這種時代氣氛的影響，司馬遷記錄了很多可能直到戰國後期，甚至秦漢時期才流傳的關於孔子的傳說，這些傳說的共性是讓孔子顯得好像在冥冥當中就應該受到重視。他們喜歡強調的是，孔子是上天派下來的，注定要有這種歷史地位和成就，但這樣的說法反而貶損了孔子的巨大成就。我們現在之所以肯定孔子，就是因為他沒有先天的身分條件，單純靠著自己意志和努力打造出新的社會角色，做出了影響深遠的社會貢獻。

在寫完孔子的世系後，《孔子世家》接下來記錄了這樣一段傳說。孔子在十七歲的時候，還很少人認識他，

但是魯大夫孟釐子在重病快死的時候，把兒子叫到病榻前，說到了孔子。孟釐子說，孔子是聖人之後，他們這個世系原來在宋，但是祖先在宋滅敗了，孔子的先祖把地位讓給了宋厲公，另一個先祖正考父則連續輔佐了宋戴公、宋武公、宋宣公。正考父也是一個聖人，他留下了一個聖訓，教人用什麼樣的方法可以做到謙卑。這個聖訓刻在鼎上，叫「一命而僂，二命而傴，三命而俯」。意味著，當你接到第一個任務的時候要彎著腰，接到第二個更重的任務的時候，要把腰彎得更深，簡直要跪下來，到了接最重的任務的時候，要整個人趴在地上。然後隨時扶著牆走，不炫耀自己的地位和事功，就沒有人能夠欺負你。

講了孔子的來歷後，孟釐子又跟兒子說：「吾聞聖人之後，雖不當世，必有達者。」聖人之後一定有能人，孔子年少好禮，應該就是這個聖人世系當中將來會了不起的人。孟釐子就告訴他的兒子說，等我死了之後，你一定要去找孔子來作為你的老師。果然，孟釐子死後，他的兒子孟懿子就跟另外一個魯人南宮敬叔一起去追隨孔子學禮。

在這個傳言的影響下，當時魯國掌權的季氏重用了孔子，所以孔子很年輕的時候就被季氏重用，先是作為季氏史，接下來被提拔為司空。依照《史記》這種說法，孔子根本就是少年得志，但這種說法和我們所看到的《論語》、《禮記》中孔子自己說的話或《禮記》中對他的記錄是不相符合的。

在《孔子世家》裡，很多地方刻意誇大了孔子在世時的政治影響力。依照《史記》的紀錄，齊魯兩國有很多紛爭，於是有了一次「夾谷之會」，本來是一個對魯國君極為不利的盟會，但孔子藉著堅強的意志，用非常強硬的手段倒過來挾持了齊君，迫使齊國對魯國讓步。「夾谷之會」或許在歷史上確有其事，但我們如果去看孔子的生平，在夾谷之會中，他作為一個知禮者，最多也只是一個「相」的位置。

當時，從西周一路傳留下來的封建制度，其根本就是一套禮，但這套禮隨著時間愈變愈複雜，各個世系、世代間的差別也愈來愈大，以致到了春秋時期，貴族們都沒有辦法充分掌握禮，因此需要有人來輔佐和幫助，

這個角色就叫作「相」——後來的「相國」、「宰相」，就來自這個角色，只是在權力、功能上發生了很大的變化。

在春秋時期，因為封建秩序已經敗壞瓦解，兩國盟會是非常緊張的。大國小國之間，如果盟會順利也許可以免除一場戰爭，如果盟會不成，很可能就要兵戈相向。所以，盟會怎樣順利進行，如何伸張對自己的國、國君最有利的禮儀位置，就是相禮者重要的職責。孔子有知禮的背景，所以在「夾谷之會」中很可能是以相禮者的身分參與其中，依照他對於周代封建禮儀的知識壓倒了齊國的相禮者，指責齊國和齊國國君在夾谷之會所做的事、說的話是不符合禮的，進而逼著齊國退讓。這很可能是比較接近歷史的實際情況，但《史記》以及後來《孔子家語》這些文獻所描述的孔子角色、夾谷之會的狀況，都刻意誇大了孔子的神力，好像只要孔子一出面，其他人就為之披靡，全部節節敗退。

另外，司馬遷延續了父親司馬談所受到的道家影響，在《孔子世家》中特別凸顯了孔子跟老子之間的關係。我們之前提過，這也是一筆歷史上的糊塗帳。《孔子世家》中記述，最早去跟孔子學習的貴族南宮敬叔特別去勸說魯國君，應該帶著孔子一起去觀見周天子。於是魯國君就和孔子坐同一輛車去了周。孔子在周見到老子，分別的時候，老子特別送孔子出來，然後說了一番話：「我聽說有錢的人送行要送有價值的禮物，可是一個有學問、有德行的人要送人家離開的時候，卻是要送有智慧的話。我不是有錢人，勉強有人認為我有智慧、有仁德，所以我送你一句話吧！」於是他說：

> 聰明深察而近於死者，好議人者也。博辯廣大危其身者，發人之惡者也。為人子者毋以有己，為人臣者毋以有己。

不要太聰明（耳聰目明，對這個世界上面的事情看得清楚），不要太雄辯（對是非善惡的瞭解和堅持），這些都會因為議論到別人，而給自己招致不利。然後他又勸孔子說，要放掉自己，不能以自我為中心。

用這種方式記錄老子給孔子的勸誡，充分反映了道家對儒家的一種意見，也就是說，從道家立場上看，儒家其實是一個過度強調是非對錯、固執、以自我為中心的一套想法。

齊景公一度非常賞識孔子，問政於他，孔子的回答就是那個非常有名的答案：「君君，臣臣，父父，子子。」做國君的要像國君，做人臣的要像人臣，做父親的要像父親，做兒子的要像兒子。景公聽了非常感動，認為孔子講得太好了，如果君不君，臣不臣，父不父，子不子，就算國家再有錢，國君可能都要餓死。齊景公當時是想重用孔子的，但是齊國的名臣晏嬰阻止了他。晏嬰說，像孔子這樣的儒者，最大的問題就是自以為是，「倨傲自順，不可以為下」（高高在上，只相信自己的理論和道理）。另外他們那麼講究禮儀，我們會為此耗費大量的資源和財富。因此，「孔子盛容飾，繁登降之禮，趨詳之節，累世不能殫其學。」

這其實又反映了道家對儒家的批評。儒家有太多繁文縟節，要講究、保留所有的封建禮儀，誰也學不完，如果一直把精神耗費在這些外在的禮儀上面，人就沒有辦法回到自己的本源上去過日子，去理解這個世界。

在《孔子世家》的整體中，上面這兩段其實有點怪，跟其他地方把孔子視為素王是有衝突的，其中暗含著司馬遷還是遺留了文景時期影響司馬談的那種以道家為核心和真理的態度。我們需要特別注意，《孔子世家》光是在文本上就存在一些自相矛盾的地方，如果完全接受《史記》講述孔子的方式，我們所認識的孔子一定是面目不清的。這是《孔子世家》無法掩飾的缺點。

不容，然後見君子

《孔子世家》盡可能地把有關孔子分散在各處的史料按照時間排列下來，讓我們大概知道孔子在《論語》所說那些話時的背景。但因為這些史料來自不同的地方，所以司馬遷筆下呈現的孔子的個性也是有差異的。

今天想要回到對孔子最原始的認知和理解，應該如何做呢？我想，有一個最基本的原則可以依循——在《孔子世家》中，只要是對孔子過度褒揚的（包括政治上的作為，尤其是他回到魯國如何被重用），在原始史料上絕大部分是站不住腳的；強調他是一個無所不知的先知者，也是過分誇大的。不過《孔子世家》中也有一些真實感人的段落，比如講到孔子如何應對生命當中的挫折。孔子一生致力於恢復封建的秩序，他希望找到一個君主，願意採用他的方式來創建那個黃金時代的封建秩序，這個追求一直沒有真正實現過，然而孔子在種種挫折中仍然褒有他的志氣，還教導學生要不斷追求理想。

《史記》裡有一段極為精采的紀錄，講孔子和他的弟子「絕糧於陳蔡」的故事。那時候，孔子和弟子們被暴徒包圍著，「從者病，莫能興」，跟著他一起的這些弟子，要麼在精神上、要麼在身體上都已經沒有辦法正常運作了。但是，孔子依然繼續講他的課，繼續沉浸在音樂帶來的愉悅中（孔子是一個音樂愛好者），並以這種方式展現了他特別的精神。

孔子的大弟子子路只比孔子小九歲，他們的關係大概介於師友之間。子路在絕糧於陳蔡時非常難過、生氣，他氣的不是孔子，氣的是他們怎麼會有這樣的遭遇。所以，子路衝動地去見孔子，一見到就衝口而問：「君子亦有窮乎？」意思就是好人（或者是像我們這樣努力修養自己的人）為什麼也會落到這麼可怕的境地？孔子很自然地回答說：「君子固窮，小人窮斯濫矣。」所有的人都會遇到挫折，但君子和小人的差別就在於，君子即

使在最糟糕的情境下都會堅持自己一貫的做人原則，不會為了擺脫挫折而違背原則。相應的，小人是為了解決自己的困難，什麼事情都可能做。在如此極端的處境下，孔子知道弟子們心裡都有鬱結之處，於是一一找這些弟子來談話。第一個招進來的仍然是子路。孔子引用《詩經》說：

「匪兕匪虎，率彼曠野。」吾道非邪？吾何為於此？

孔子把子路的感慨藉由《詩經》的字句，倒過來變成一個問題，來反問子路——你怎麼解釋我們為何會到這個境地呢？

子路曰：「意者吾未仁邪？人之不我信也。意者吾未知邪？人之不我行也。」孔子曰：「有是乎！由，譬使仁者而必信，安有伯夷、叔齊？使知者而必行，安有王子比干？」

孔子在告訴子路，當你遇到了困窘和挫折，不見得都是你的責任，有可能是外界的因素，而有些外界的因素是我們無法控制的。同時，這段話也就呼應了我們之前一再跟大家說的司馬遷自己的內在信仰——「究天人之際」。為什麼會有伯夷叔齊和比干？為什麼他們明明是仁者智者，卻遭到那樣的苦難？因為他們的君王不聽從他們？不是的，是因為有天。這是子路所不瞭解的。

子路出去後，下一個來的是子貢。孔子同樣用這段話問他：我們有今天這樣的遭遇，是我們的錯嗎？

子貢曰：「夫子之道至大也，故天下莫能容夫子。夫子蓋少貶焉？」孔子曰：「賜，良農能稼而不能

為穡，良工能巧而不能為順。君子能修其道，綱而紀之，統而理之，而不能為容。今爾不修爾道而求為容。賜，而志不遠矣！」

子貢的解釋是，我們今天碰到這個困境，是因為老師您太理想化了，您追求的東西是這個世俗社會沒有辦法理解、容納的。子貢從現實的角度來勸孔子，我們可不可以不要那麼高，可不可以不要那樣堅持？如果我們能妥協一下，也許就不會遭遇這種狀況了。

孔子回應子貢，每個人都有每個人的專業，你堅持自己的專業，要知道這個專業的尊嚴在哪裡，這比其他的一切都重要。你要做一個農夫，就把你的農夫技藝發展到極致，你要做一個工人，就把你的工匠技巧發展到極致，這才是做人的基本原則。同樣的類比，什麼叫作君子？君子就是想盡辦法把世界上所有混亂的東西、不合理的東西予以收拾，讓大家都知道這背後的秩序和禮的道理。這是一個君子應該要做，也是唯一能做的。在自己的專業上面，君子不能去妥協、去討好。作為一個君子，他不能違背、委屈自己的原則和專業的尊嚴去討好君王，也不能去討好一般人。孔子進一步訓誨子貢：你想的竟然不是更堅定自己的專業，卻想讓我來討好一下？那子貢我告訴你，你的志氣不夠遠大啊！

子路和子貢的回應形成了一個清楚的對比。子路是一個非常嚴格的、反求諸己的人，他認為可能是我們做得不夠。但子貢不一樣，他想的是讓別人更容易接受我們，在跟社會的溝通、相處上，或許可以稍微降低自己的標準。這是子貢的習慣和聰明，但有時候也是他的缺點。這兩種答案都不是孔子要的，但藉由回應他們的答案，孔子教給他們自己認真相信的原則。

子貢出去之後，進來的是顏回，孔子最喜歡的弟子。孔子也拿同樣的句子問他：我們錯了嗎？為什麼會落到今天大家沒有東西吃，以至所有人幾乎都生病了的狀況呢？

顏回說：「夫子之道至大，故天下莫能容。」他開頭一句話跟子貢所說的幾乎是完全一樣的，最重要的一個原因是老師追求的東西跟現實社會實在相差太多了。不過，接下來他的回答和子貢的截然不同：「雖然，夫子推而行之，不容何病，不容然後見君子！」他完全從相反的方向來說：您追求的這個志願跟社會有這麼大的差別，因此當你在推動、追求你的理想的時候，當然會被社會抗拒啊！但正是這樣，您才值得去追求這個理想。如果您想的跟大家都一樣，這個社會很容易就可以接受，那為什麼還需要孔子，為什麼需要您擁有這樣的理想來改變它？所謂「不容，然後見君子」是說正是因為這個社會對我們有意見，才說明我們做的事情是對的。如果在我們追求理想的過程中，社會給我們的都是正面的反應，這哪能叫作理想？不過就是在社會的現實上面去迎合這個社會罷了。所以，顏回更進一步說：「夫道之不修也，是吾醜也。夫道既已大修而不用，是有國者之醜也。不容何病？不容，然後見君子！」

顏回的回答是對自我責任的一種認知，每個人有自己責任上應該擔負的部分。作為一個君子、一個求道者、一個試圖要實踐理想的人，你的責任是什麼？你的責任是把自己修養好，讓自己能夠達到那樣的高度、擁有那樣的知識和德行。如果在這個自我追求的過程中，有任何不夠的地方，有任何缺漏，那是你的問題，是你應該要覺得羞恥的。可是，如果在這樣的標準衡量下，你該做的都做了，但國君聽不進你要說的話，不能認識你、重用你，社會也對你產生了強烈的敵意，這是你的問題嗎？是你的羞恥嗎？不，這是國君的問題，是社會的羞恥。這些不符合我們標準還以此來輕蔑我們的人，反而證明了我們的價值。

這段話真的非常重要。經過了這麼長時間，今天我們活在這個世界上，面對集體，面對社會，面對別人給予我們的種種看法和標準，還是可以聽聽顏回和孔子的這段對話，思考什麼叫作自我的責任。作為一個人，一定要這個社會接納我們才是我們的光榮嗎？很多時候，如果這個社會的運作模式和方法是你不能認同的，是你知道在一個更高的理想和標準下有問題、有缺憾的，那你為什麼要讓這個社會一開始就認同你呢？你應該努力

去改變這個社會。在這個階段，你抱持的態度和價值跟這個社會必然是有差距的。在你追求理想的過程中，社會不那麼容易接受你，這是榮耀而不是恥辱。

所以，聽了顏回的回答後——

孔子欣然而笑曰：「有是哉顏氏之子！使爾多財，吾為爾宰。」

這就是顏回了不起的地方，孔子很高興地說，「有這種道理！」我們還看到了孔子經常被忽略的幽默感。他對顏淵說：「姓顏的，以後如果你當了高官或是有錢了，這樣吧，我去幫你服務，幫你工作。」這是一個老師對學生最高的讚美：我多麼希望這個世界上有像你這樣的有地位的人；倒過來說，我多麼希望這個世界上有地位、有財富的人都像你這樣，明白什麼是理想，並且願意追求理想，實踐理想。

在《孔子世家》當中，還有一小段事蹟也可以讓我們更進一步體會孔子的個性和了不起之處。孔子找了一位音樂大師師襄子學音樂，但他學的方式跟老師不太一樣。孔子花了十天的時間接受了一首樂曲，沒有要學別的。師襄子說：「來吧，可以學學別的東西。」孔子說自己已經學會了這個音樂，但是還沒有體會它背後的道理，因此他繼續學。

過了一陣子，師襄子又問：「可以學新的了吧？」但是孔子說：「我已經知道音樂的道理了，但我還不瞭解創作者背後的情感和意志。」又過了一陣子，孔子瞭解了這個音樂要呈現的情感和意志了，但他說還沒有理解音樂背後的人，因此又繼續學了一陣子。

最後，孔子已經可以通過這個音樂感受到這個人。他說：「這個人非常專注，思想非常深邃，我好像可以看到他，他臉上有一種自在，眼光很高，志向非常遠大。我從這個形象中左思右想，恐怕只有周文王會有這種

形象吧？」師襄子非常驚訝，雖然他是老師，但他知道孔子在學習這件事情上已經超越了自己。他告訴孔子：「你說對了，這就是《文王操》。」

當然，我們是在神化孔子的能力。但是孔子這樣學音樂，背後的道理真的值得我們學習，那就是一層層地通過音樂、藝術、文學的文本，最後真正要認識的其實是文本背後的那個人。這種對人的關懷，是孔子和司馬遷傳遞給我們最了不起的東西。

留侯世家：帝王師的一生

少年遇黃石

《留侯世家》是世家的第二十五篇，描繪了一個重要的歷史人物——留侯張良。精采得不得了。

依照史記世家的通例，一開始要先講張良的來歷。不過《史記》在講張良來歷的時候特別強調了幾件事情，埋下了重要的伏筆，這些伏筆後來在張良的一生中，一直是他決定變成一個什麼樣的人，如何經歷、決定自己走向何處的重要因素。

張良的出身背景最重要的是「大父、父五世相韓」，他是韓國大夫中非常高層的世卿之後，祖父、父親在韓國國君身邊扮演著重要的政治角色。然而，隨著秦不斷地壯大，從西往東侵擾，遭受最嚴重威脅的就是在地理上跟秦緊鄰的韓、趙、魏。在歷史上，是韓、趙、魏三家分晉開啟了戰國時期，但這三家在領土和軍事實力上其實是不平等的，最小、最弱的就是韓。所以，在張良的成長過程中，因為自己的家世背景，他目睹而且親身經歷了秦的壯大帶給他們的種種痛苦。

到了秦滅韓的時候，張良還很年少，來不及繼承他的家世（意味著他在韓的政治系統裡實際是沒有任何地

位的），但因為他們家和韓國國君那樣久遠的淵源，在國破之後，雖然有家童三百人，但張良寧可不顧家，不把弟弟歸葬也要為韓報仇。

怎麼報仇呢？他選擇的是當時在戰國末年的流行辦法——暗殺。在《留侯世家》中，張良的第一個故事就是「學禮淮陽」。在淮陽，張良遇到了一個大力士，讓這個大力士做了一把重達一百二十斤的鐵錘。等到秦始皇統一六國，東游到淮陽的時候，他就和這個大力士拿鐵錘去刺殺秦始皇。不幸的是，鐵錘投過去，「誤中副車」。這顯然是秦始皇出於安全的考慮——雖然一個車隊有好幾輛車，但看起來最豪華的那一輛，坐的卻不一定是秦始皇本人。

暗殺的機會只有一次，張良沒能夠成功，但顯然惹惱了秦始皇。「秦皇帝大怒，大索天下，求賊甚急」，相當於全國通緝張良。張良只好隱姓埋名，躲到了下邳。

然而，《留侯世家》用短短幾句話就彰顯出了張良與眾不同的個性——「良嘗閑從容步遊下邳圯上」。明明全天下都在通緝他，他仍然能夠「從容步遊」。愈是緊張，他愈維持非常平靜自在的態度，或者可以倒過來說，平靜自在的態度這時反而是最好的自我保護。

張良從容地走在橋上，遇到了一位老先生。老翁穿著粗布衣，走到張良旁邊，然後把自己的鞋子脫了下來，伸手一丟，丟到了橋下。然後他非常無禮地對張良說：「小鬼，去幫我把鞋子撿起來。」

張良當時的心情是怎樣呢？雖然他藏匿在下邳，看上去很平靜，但是內心不可能不激蕩著各種情緒——他剛剛刺殺了當時全天下最有權力的人，雖然失敗了；他被全國追拿，仍然從容以對。可以想見這個少年自視多高，有多強大的自信。但是，他在橋上碰到了這個破老頭兒，叫這個志氣如此之高的韓國公子，去橋底下幫自己撿鞋子，而且鞋子也不是不小心掉的，是當著張良的面丟下去的。所以張良的第一反應是「愕然，欲毆之」，恨不得伸拳就要打人。但一看對面是個老人，「為其老」，勉強把氣給忍下來，真的去橋下把鞋子撿了上來。

撿上來之後，老翁還不放過他，說：「幫我穿上。」張良這時候腦袋裡可能轉過了千百個念頭：我幹嗎要做這樣的事情？但既然都已經屈辱到幫他撿鞋子了，那就再幫他穿上吧。因此張良跪下來，又幫那位老翁把鞋子給穿上了。老翁在張良幫他穿鞋的時候，還把腳舉高，對張良極不禮貌。穿完了之後仍是無禮，大笑而走。這一路的無禮，讓張良覺得非常驚訝，忍不住一直看著老翁離去的背影。

這個老翁走了很遠，又回來了，看到張良還在那裡，就對他說：「孺子可教也。」我們今天把「孺子可教」當作是一個好的成語，但是回到原來的情境下，這幾個字仍然暗含了一種狂傲的口氣，意思是：「小鬼，你還可以呀，我願意教你。」怎麼教呢？老翁告訴張良說，五天之後天亮時，到這裡來找我。

張良覺得不對勁，但是仍然恭恭敬敬地跟老翁說：「好，五天之後我會來。」這是他的個性。五天之後天亮的時候，張良到了橋頭，老翁已經在那裡了，非常生氣地罵他：「你這個小鬼，跟老人家約會，你竟然晚到？」發了一頓脾氣之後，老翁又說：「五天之後，同樣時間來找我。」

張良學乖了，五天之後，雞剛叫就出發了。但一到橋頭，老翁又已經在那裡了。事情重演了一次，老頭再次罵了他一頓，然後約了五天後見面。

下一次張良乾脆夜半就出發到那裡，總算比老人家早到。這回老翁看到張良，高興了，說「這樣才對」——老翁根本就是故意的，跟張良約天亮，實際上自己午夜沒過多久就去了。老翁從懷裡拿出一冊書來交給張良：「你好好地讀這本書，就可以做帝王師。十年之後，你輔佐的人就能夠成為王者。十三年之後，小鬼，你到濟北穀城山下來找我，山下有一塊大黃石，那就是我。」這就是在中國的傳統文獻上非常有名、反覆被引用的黃石老人的故事。

不過，我們在《留侯世家》的開頭重新看這段故事，應該要體會到一些不同的東西。這個故事很顯然是後來為大家所流傳、相信的關於張良的神話，而這個神話必然來自留侯張良本人。我們想想看，當時沒有任何目

擊者，只牽涉到一個人跟一個神，或者說一個人跟一塊石頭。如果不是張良自己講出來，世界上怎麼會有這個故事？所以，司馬遷是要讓我們知道，這是留侯張良的本事，他要讓人家相信他是注定要成為帝王師的人，而且他那些猶如神助的意見和想法，不是一個凡人的智慧所能想出來的，而是在年少時有一段奇遇，得到了這本《太公兵法》的書所產生的。

《太公兵法》的「太公」，一般認為可以遠溯到姜太公。如果真是姜太公留下來的兵法，那麼這種由歷史和時間所帶來的權威，就使得深稔《太公兵法》的張良所提的意見有了特殊的分量。可以說，張良藉著這段神話，給自己樹建了獨特的權威性。

這個故事還有一層用意同樣值得我們注意，那就是張良怎樣成為一個成年人。年少的時候，張良的心情是那樣直接而衝動——刺殺秦始皇。在那時，他以為刺殺是最好的手段，以為只要殺死秦始皇，所有問題就迎刃而解了。在下邳的橋上，如同神話一般，黃石老人真正教他的是不能只在外表上從容步遊，如果你的內心仍然充滿了各種激動，就看不到更長遠、更廣大的一種角度，無法成為真正的智者。如果是這樣，那你還遠沒有資格在這個亂世中追求自己的成就，甚至創造歷史上的功業。當遇到「不意之間」，即完全無法防備的意外的時候，你能不能不用衝動和直覺來應對？能不能保持耐心，保持理性的思考？

這樣一路看下去，我們會發現，這是司馬遷心中留侯張良身上最重要的特色：當面對最嚴重、最可怕的大事和挫折的時候，沒有任何東西可以撼動他。只是司馬遷追根溯源，卻追到了這個傳奇和神話上——原來張良是如此幸運，曾經得到黃石老人的教誨。

運籌帷幄的「始祖」

《高祖本紀》中有這樣一段話：

> 夫運籌策帷幄中，決勝於千里之外，吾不如子房。

這是漢高祖劉邦對張良的至高評價，也是「運籌帷幄」一詞的來處。從歷史的結果來看，劉邦從崛起一直到成為皇帝的過程中，許多關鍵時刻都是靠著張良的建議，要麼解除了危難，要麼開拓了新的機會。但是，世家公子張良是如何與劉邦結合在一起的呢？

《史記》中記載，秦末大亂伊始，張良靠著世家公子的地位，聚集了少年百餘人，本來準備去投靠景駒，但是在「留」這個地方，也就是後來張良被封的這個地方，他遇到了剛從沛出來的劉邦。這是一個重要的伏筆，牽涉到後來劉邦為什麼會把「留」封給張良，使張良正式變成「留侯」。這個稱號是有感情上的意義的，意思就是，當劉邦回顧自己的人生經歷時，認為在留遇到張良是一件非常重要的大事。

對張良而言，如果不是遇到劉邦，他很可能就隨著景駒而去了。這個時候，張良內心最重要的想法是，如何建立自己的勢力，以及如何延續被滅掉的韓。因此，他游移在對沛公劉邦的效忠和對韓的認同中。等到項梁的勢力愈來愈大，張良去見項梁的時候，他仍然沒有把自己當作劉邦的人。他念茲在茲的是韓，他勸項梁說，你已經立了楚懷王，也就是說楚已經有了繼承者，但韓還沒有，韓公子韓成是一個好人，你可不可以把他立為王，如此一來，你立的王所帶領的勢力一定會幫助你，這是對你非常有好處的。項梁聽從了張良的意見，找到

韓成並立其為韓王。韓成被立之後，張良就去做了韓的司徒，輔助韓王。

所以，看起來張良會投入韓的陣營，與劉邦漸行漸遠。可是當劉邦帶領軍隊從洛陽南出時，張良又去找了劉邦。因為這個時候韓王的軍事行動不太順利，張良藉著老交情去找劉邦幫忙。劉邦也很夠義氣，一聽張良需要，就帶著軍隊幫韓成打下了十幾座城。用這種方式，韓王成得到了落腳的基地陽翟。也因為這樣的交情，張良願意跟著劉邦一起往南，然後在接下來的軍事行動上極大地發揮了他的作用。

這時候，沛公手底下大概有兩萬人。張良就勸他，秦的守軍還很強，我們不可以輕敵，不過我聽說帶領軍隊的人是屠夫之子，這種人出身庶民，通常很容易被賄賂，所以你先按兵不動，誇大軍隊的實力。張良叫他把伙房擴張，大張旗鼓地煮飯，並且煮五萬人的飯。這時敵人看到炊煙，算出劉邦的軍隊有五萬人吃飯。當然，還要有各種旗幟布在山上容易看到的地方。同時，這時候已經在劉邦陣中的酈食其則拿各種重寶賄賂秦將。果然如張良預期的那樣，秦將因為是做生意的人，衡量一陣之後，覺得應該投降劉邦，還願意帶著軍隊跟劉邦一起打到咸陽。

這時，劉邦理所當然地認為張良的計謀已經奏效了。不，張良還有下一步。他說，我們賄賂的只有這個將軍，但那些兵卒會投降嗎？如果他們不投降，我們就會受到危害。張良真正要達到的效果和利益是什麼？他要藉由秦將想投降而心情鬆懈的狀態，讓劉邦去攻打秦軍，秦軍果然一擊即潰了。

打贏了這場仗後，劉邦接下來一路往西北走，到了藍田，再度遭遇了秦兵。這場戰役在《史記》裡描述秦兵的只有兩個字：「竟敗」，但這簡單的兩個字放回到楚漢相爭、劉邦崛起的過程中，又是如此的重要。從第一次攻下宛、西入武關之後所遇到的秦兵秦將，從實力來看劉邦是沒有把握打贏的。但正是靠著張良的計謀在上場戰役中取得的勝利，劉邦的軍隊一步一步乘勝往西走，到了原本打不下來的藍田，也打贏了。因為有了這兩場重要戰役的勝利，本來幾乎不被任何人看好的劉邦最先進入了咸陽。

劉邦進入咸陽後的一段，在《高祖本紀》也寫過，但《留侯世家》裡還有一個有趣的細節。劉邦進咸陽後，秦王子嬰投降，劉邦長驅直入地進到了秦的宮室裡，看到「帷帳狗馬重寶婦女以千數」。這是多大的享受和誘惑啊，他進了秦宮後根本不想出來。《高祖本紀》記載，這時有兩個人給高祖出了意見，一個是樊噲，一個是張良。

樊噲和張良的出身非常不一樣。樊噲是一個武士，一個粗人，本來就不習慣這種豪華的享受。他勸劉邦不要留在這裡，但是劉邦不聽。這時候，換張良去勸。張良怎麼勸？他說：「老大，你想想看，今天我們進到咸陽，憑的是什麼？」張良知道，劉邦再怎麼樣都有一個非常重要的長處，就是有自知之明。劉邦知道自己是一個流氓混混，只是喜歡誇口而已。張良瞄準的正是他這一點，繼續說：「我們之所以今天到了咸陽，進入秦的宮室，是因為秦無道。正是靠著秦在統治上所犯的錯誤，我們才能進來」，「夫為天下除殘賊，宜縞素為資。」你愈是訴苦，愈是認同、跟隨著一般人，愈能夠得到好的幫助和資源。今天你一進來就安於此樂，這叫「助桀為虐」。張良擔心劉邦聽不進去，就再跟他說了一句我們今天還在用的俗語——「忠言逆耳利於行，毒藥苦口利於病」。不要老是想要輕鬆的，老是聽好聽的，這件事應該聽樊噲的建議。於是，劉邦就離開了秦的宮室，還軍霸上。

接下來就是鴻門宴了。在這裡，司馬遷用了非常儉省的方式，說：「語在《項羽》事中。」如果你對這個有興趣，要去看《項羽本紀》。不過，在《留侯世家》裡，他補充了一個細節。

鴻門宴後，項羽進入咸陽大封功臣，他違背了原來的承諾，不把關中給劉邦，而是讓劉邦去非常偏僻的巴蜀做漢王。劉邦為了感謝張良在鴻門宴上的幫助，賞給張良「金百溢，珠二斗」。但張良不在意這些財貨，轉手就送了出去。送給誰呢？項伯。在鴻門宴上，真正在項羽旁邊但心向張良而救了劉邦的是項伯。這時候項伯又發揮了作用，說服項羽，讓劉邦同時擁有了漢中。

這個時候，項羽大封六國，包括韓。我們不要忘了張良是韓人，他要回到韓王的身邊，所以劉邦帶軍隊入漢中時，張良已經不在他的身邊了。回到韓王身邊之前，張良又送給了劉邦一個重要的禮物。

他告訴劉邦，去巴蜀的路上，要把經過的棧道全部燒掉，表示你不會再沿著這條路回來，以此讓項羽安心。這一點是在《高祖本紀》和《項羽本紀》中都沒有寫的，原來也是張良的作用。

張良回到了韓王的身邊。但是因為張良過去一直在劉邦身邊，韓王對他沒有那麼信任，沒有馬上重用他。另外，項羽並不信任這些六國之後，怕他們回到故國會對他不利，所以基本上是把韓王扣押在自己身邊。張良跟著韓王，得到了跟在項羽旁邊的機會，他對項羽說：「劉邦一路把棧道都燒了，您可以放心，他不會出來和您做對了。如果不考慮劉邦，那天下現在最嚴重的事情就是東邊的齊王田榮的反叛，您現在應該全力來對付齊王。」

項羽也以為棧道被燒掉，劉邦就出不來了，於是安心地帶領大軍離開咸陽返回故鄉，在途中決定先收拾六國之後，尤其是齊。劉邦和他陣營的長處就是，他們總是可以掌握充分的訊息。當項羽一心一意看著東方的時候，劉邦的機會來了。他找到故道突襲出來，輕而易舉回到關中，拿下了這塊項羽違背誓言沒有給他的地方，這成為楚漢相爭第一個關鍵轉折，而這個轉折背後真正的關鍵人物，就是這個如此聰明且一心一意要幫助劉邦的張良。

成就漢朝的兩大決斷

司馬遷記錄了張良在漢朝成立前後所做的種種籌謀和貢獻，快要寫到張良生命終點的時候，他突然插了一段話。很容易被忽視，但非常重要。

司馬遷在這段話前寫到，張良一度跟著高祖皇帝帶兵去北邊的代，在馬邑城又貢獻了妙計。這個妙計具體是什麼，《留侯世家》裡並沒有詳細說明。接下來，司馬遷又提到，在立蕭何為相國的時候，也是張良給了重要的意見。但接下來，司馬遷轉而寫道：

> 所與上從容言天下事甚眾，非天下所以存亡，故不著。

這段話為什麼重要？司馬遷是在總結，同時也在明白地告知後人，他在用怎樣的標準和原則來選擇《留侯世家》的內容。張良對這段歷史時期太過重要，雖然司馬遷掌握了這麼多材料，卻不會統統放進史書中。這種情況，也是史家在作史學研究時最大的功課和考驗。很多時候，史家掌握的材料遠超過可以運用的，這個時候考驗他的就是「史識」。「史識」決定了史家在龐雜的內容材料中選擇留下什麼、捨棄什麼。

《留侯世家》有一個非常特別也非常高的標準，那就是在張良各種不同的計策中，必須要確切關係到天下（這裡指漢朝）存亡，才能被寫入。司馬遷用這種方式，標舉了兩件事：第一，張良在歷史上的重要性。光是關係與天下存亡相關的事情（收入《留侯世家》的）就有那麼多。同時，他做過很多別的事情，用這麼高的標準放不進來；第二，我們可以藉由《留侯世家》來對照漢朝如何成立，以及後來劉家天下如何維繫的大主軸。所以，當我們知道了司馬遷這個用意後，回過頭再來讀《留侯世家》，就知道每件事情背後都是一個天下存亡的關鍵點。

在《留侯世家》中的許多敘述，有一部分可以補充《項羽本紀》、《高祖本紀》中所顯現出來的楚漢相爭的過程，還有一部分幫助解釋了高祖成立漢朝後，劉家的天下是怎樣一步步穩固下來的。從《留侯世家》裡對讀楚漢相爭的歷史，我們知道項羽無意中又犯了一個嚴重的錯誤，那就是一路把韓王韓成留在自己身邊。項羽

不信任韓成，不願意讓韓成真正去統治韓國故地，而且最後因為各種原因殺了韓王，等於是把張良直接送給了劉邦。

那時劉邦剛剛收回關中，接下來準備東征楚國。到了彭城，劉邦碰到了一次大潰敗，退回到下邑。這個時候，劉邦延續著我們在《高祖本紀》裡看到的個性，他不承認挫敗，在那樣的情形下，他第一個想法就是捲土重來。

《史記》的這一段紀錄非常鮮活——「漢王下馬踞鞍而問」。即使是潰敗如此，劉邦仍然有他的自信和雄才。他問，我現在要把出關之後打下來的關中以東這一塊地方送給別人。應該送給誰呢？

這個話對誰問呢？張良。張良馬上就明白劉邦在問什麼，所以立刻給了他三個名字。第一個，九江王黥布。九江王的稱號是項羽封的。在張良眼中，這個黥布是楚之梟將，和項羽來自同樣的地方，而且都是真正會打仗的、有楚軍事傳統的人。但也正因為這樣，他和項羽之間是有嫌隙、恩怨的。第二個，彭越。齊王田榮第一個站出來反項羽的時候，彭越是跟著一起反的，當然也不可能真心服從項羽。第三個是誰呢？這裡我們不得不佩服張良的洞視——他說：「你身邊這麼多將領，其實只有一個人真的可以獨當一面，這個人就是韓信。」

張良知道劉邦要幹什麼，他說，把這塊土地送給這三個人，就可以打敗項羽。劉邦立刻就聽從了他的意見，馬上叫隨從去說服九江王黥布，然後再去聯合彭越。最後，劉邦果然主要就是靠著這三個人的兵力打敗了項羽。而這三個人的兵力又是憑藉什麼得來的呢？劉邦的慷慨，或者說無賴。從劉邦的角度來看，反正所有占領的地方都是額外得到的，一旦碰到問題，他一點都不吝惜，統統都散出去。正因為他的慷慨，這三個人又有自己的野心，想要得到自己的勢力範圍，所以非常容易就上鉤了，紛紛投奔或是更加效忠劉邦，盡全力攻打項羽。在彭城之戰這樣糟糕的情況下，劉邦竟然可以用這種方式反彈。

《留侯世家》所講的下一樁事情也關係到天下存亡。到了漢王第三年，又出現了一個危急時刻。在滎陽，

劉邦被項羽的大軍團團圍住，情況極其緊急。這個時候，他身邊的策士酈食其跟他商量說：「依照歷史，商成立的時候，湯伐夏桀，把夏桀的後代封在杞。等到周建立的時候，也把商人的後裔封在宋。我們今天之所以面對這個狀況，是因為秦的無道，秦無道最明顯的一件事情，就是侵伐諸侯社稷，讓六國之後竟然無立錐之地。依照這個歷史教訓，你現在就乾脆說，統統幫六國之後復國，讓他們都有一席之地，重新刻這些六國的封王、封國之印，那樣的話，他們的君臣百姓都會感恩，願意當你的子民。你就可以南向稱霸，所有六國之後都服從你、支持你。楚一看你的實力比它大太多了，這時候只能乖乖地跟你協商，甚至投到你的麾下。」

劉邦一聽，這太便宜了，刻幾個印，把這些地方封給這些人就可以解圍，甚至可以戰勝楚，幹嘛不做呢？於是他就說：「快、趕快去！」這就是劉邦的個性，要做就會馬上就做。但刻印需要一點時間，在酈食其準備去執行這個計謀的時候，張良來了。張良從外地回到劉邦身邊，劉邦留他吃飯，席間就說了這個計謀，問張良說：「你覺得如何呢？」張良一開始沒有評價，而是問：「這是誰幫你想的？你如果用了他的想法，基本上你就大勢已去，不必再玩了。」劉邦當然嚇了一跳，問張良為什麼這樣說。

這裡有一個非常形象的描述。張良拿起了一把筷子，說：「這樣，我藉由這些筷子一條一條地幫你分析。第一條，湯封夏人的後裔在杞，那個時候已經明確可以致桀死命。換句話說，當商湯攻伐夏桀的時候，是等到他已經確定贏了之後，才把夏人的後裔封在杞。請問大王，你現在能確定你可以致項籍於死命了嗎？」

劉邦當然誠實地說：「不能。」

張良說：「這是第一不可。第二，還是看歷史的前例。武王伐紂也是一樣，他之所以把商人的後裔封在宋，是因為這個時候他已經能夠得到紂王的頭顱了。今天你也能夠得到項羽的頭顱嗎？」

劉邦說：「我當然不能。」

接下來張良再問：「武王伐紂成功之後，他把箕子釋放出來，去拜比干之墓。請問，今天你有這樣的權力

和實力，可以封聖人之墓、表賢者之閭、式智者之門了嗎？」

劉邦忙說：「我不是，我不行。」

所以張良說：「這是第三件有問題的事情。再者，你現在已經可以把這個糧倉裡面所儲藏的糧食、餘錢來救濟窮人了嗎？」

劉邦說：「沒有啊，我做不到。」

然後張良說：「這是第四個有問題的地方。再來，武王伐紂成功之後，他馬上就可以息武，把軍隊給解散，不打仗了。你現在已經到了可以不打仗的地步了嗎？」

劉邦還是說不行。

「所以這是第五個有問題的地方。」張良又問，「休馬華山之陽，示以無所為。我們現在已經到了太平年代，因此可以來處理應該怎樣建立一個新制度的時候了嗎？我們現在已經可以把軍隊解散了嗎？」

劉邦說：「不行。」

張良繼續分析：「再下來，你能夠放牛桃林之陰，以示不復輸積嗎？」

劉邦當然說：「我做不到。」這就是第七個有問題的地方了。

最後，張良指出，酈食其最嚴重的錯誤在於，他所使用的歷史前例跟劉邦此時面對的情況完全是南轅北轍。酈食其所講的，都是別人已經明確得到勝利後，對過去仇敵的處理辦法，但劉邦的狀況完全不是這樣。

「那麼多人去故舊、跟著你，不就是希望在天下大亂的狀況下，日夜望咫尺之地，期望也有一天有機會可以封侯封王嗎？你今天把六國之後都給立了，不就是告訴這些天下的游士說，沒你們的份了。能封的、能給的都給完了，那請問，這些人該怎麼辦？他們要做什麼事？當他們不可能從你這裡得到好處，就會回到故主身邊，誰還來幫您打天下呢？這是第八個不可以啊！」張良接著說，「分析了這些事情，你還覺得立六國之後可以讓

楚有所忌憚，或是削弱楚的實力嗎？剛好相反，原來你已經應付不了項羽，去立六國之後是給自己找了更大的麻煩。」

依照司馬遷的寫法，劉邦聽完，一口飯還沒吞下去，馬上吐出來罵道：「這個王八蛋，差點害死我。」當然，他罵的是酈食其。然後劉邦馬上叫人去銷毀了這些印。就這樣，張良再次阻止了劉邦即將犯下的嚴重錯誤，挽救了他奪取天下的機會。

劉邦的救星

從楚漢相爭到漢的成立，劉邦如何得天下、治天下，乃至於這個政權如何順利地傳到劉邦的兒子漢惠帝的手裡，整個過程中，張良基本上無役不與。因此，司馬遷明確告訴我們，他只記錄張良的計謀中影響到天下存亡的部分。真的有這麼多事情是靠著張良的計策才得以成功的嗎？我們回過頭看《留侯世家》中樁樁件件的紀錄，不得不承認司馬遷所言非虛。

漢四年，楚漢之爭正在膠著中，劉邦派韓信去攻打最東邊的齊故地，韓信帶兵成功地把這個地方平定了下來。平定下來之後，韓信的野心出現了。這件事情比較詳細地記錄在《淮陰侯列傳》當中（韓信就是後來的淮陰侯）。司馬遷告訴我們，讀《留侯世家》到了這一段的時候，要插入來看《淮陰侯列傳》。

《淮陰侯列傳》記載，韓信平定齊之後，派使者去跟劉邦說：「我到了齊，發現齊真是一個奇怪的地方，這裡的人偽詐多變，都不老實，不會乖乖接受統治。這是一個反覆之國。」他說的其實是有道理的，楚漢相爭是怎麼開始的，就是來自西邊和東邊同時發生的變化：西邊是劉邦偷偷北上占領了關中，東邊就是齊的田榮不滿項羽封王的不平等，反了。這一東一西兩股勢力，造成楚漢相爭後來的局勢。所以，齊不是一個那麼容易統

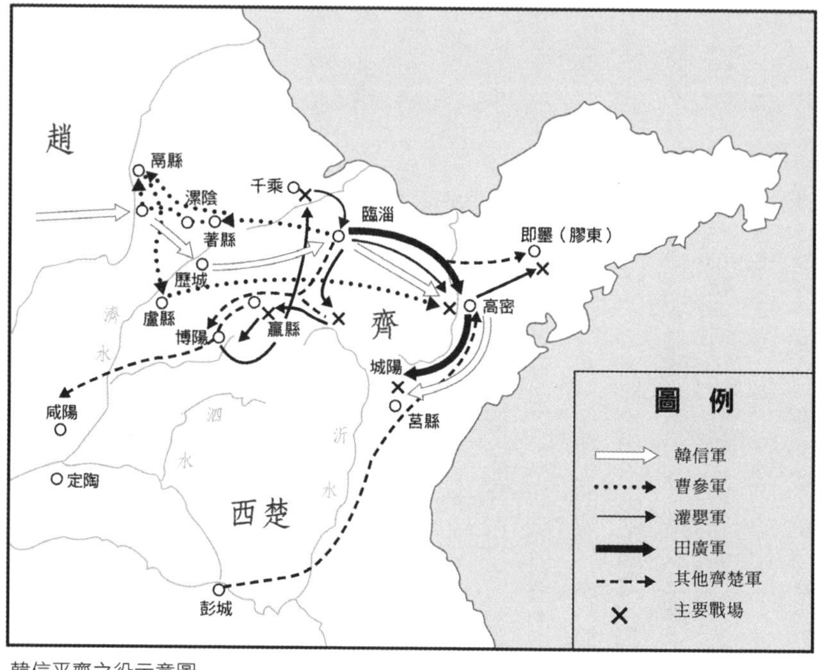
趙
鬲縣
漯陰
千乘
臨淄
著縣
即墨（膠東）
歷城
盧縣
贏縣
齊
高密
博陽
濟
水
城陽
咸陽
莒縣
泗
沂
水
水
定陶
西楚
彭城
圖例
韓信軍
曹參軍
灌嬰軍
田廣軍
其他齊楚軍
主要戰場

韓信平齊之役示意圖

治的地方，更麻煩的是，齊的南邊緊鄰著楚國的領土和勢力。

因此，韓信就說：「我看，我必須要當齊王。」但他還是客客氣氣地說，「這樣吧，我在這裡當一個假王，也就是暫時當個王。為什麼呢？因為用這種方式，我才能夠占領齊的地方，夠免除齊的不安定狀態。希望你同意讓我當假王。」

這裡有一個背景是，當時韓信的勢力愈來愈大，而且他是一個真的會用兵的人。而劉邦被項羽的楚的軍隊牽制著，勢力和軍事行動空間實質上是不如韓信的。所以韓信在這件事上基本是有恃無恐。

劉邦這時正被項羽的軍隊圍在滎陽，本來就已經在急難中，韓信又給他來這麼一招，簡直是火上澆油。於是，劉邦看完使者帶來的信，馬上就大罵：「今天我被困在這裡，時時刻刻都在想，你到東邊去，如果成功了，你要帶著你的軍隊來幫助我、來救我。你什麼都不想，也沒有顧念到我，只想自己當王！」

這個時候劉邦身邊有張良和陳平，他們兩個就偷偷地踢劉邦的腳，為什麼呢？因為劉邦忘記了，韓信的使者還站在那兒，他還要回去報告韓信劉邦是怎麼反應的。張良偷偷地在劉邦耳邊說：「這時候我們的狀況很不利，你覺得你可以阻止韓信稱王嗎？」意思是，如果你拒絕他，他就自己稱王了，如果他自己稱王，也就意味著你逼他跟你決裂了。然後張良又說：「不如因而立，善遇之。」你反而要擺出這個姿態說，這是我的好意，我願意讓你當王。用這種方法你把他穩定下來，不然後面可能產生的變化是我們擔不起的。

劉邦聽了張良的意見，立刻就壓抑了自己的情緒。這裡我們不得不感嘆，劉邦真會演啊，剛剛使者已經看到他發了一頓脾氣，可他賭這個使者沒聽清楚他發脾氣的具體內容，所以就補了一句話——這些段落簡直像是在寫劇本一樣，劉邦使出他演戲的本事，他還是繼續罵，因為要延續那個使者感覺他在生氣的情緒，可是這時候這句話就是罵給使者聽的——「你韓信是個男子漢嗎？扭扭捏捏的幹什麼！大丈夫當王就當王，當什麼假王啊？要當王就當真王啊！」一下子就把這個局勢給扭轉了，好像他生氣的是站在韓信的立場來說的，用這種方

式化解了這個危機。

我們現在可以很清楚地看到，在當時楚漢相爭的局勢中，韓信是多麼關鍵的一股力量。如果當時劉邦沒有用這種方式壓抑自己的憤怒，所導致的幾種可能對於當時的他來說都是承擔不起的。一種情形，韓信自立為齊王，跟劉邦決裂；另一種，劉邦勉強答應了，使者跟韓信說，其實劉邦原來是不願意的，那韓信和劉邦之間的信任、他對劉邦的支持必然會受到影響，甚至消失。在劉邦遇到的這種危機狀態下，如果韓信倒戈到項羽那邊，那後來的劉家天下基本上就不會存在了。所以，雖然這個事件在《留侯世家》中只有短短一句話，但的確也關乎天下存亡。

到了漢王第六年正月，這時候，《留侯世家》中對劉邦的稱呼已經從「漢王」變成了「高帝」——劉邦已經戰勝項羽，當上皇帝，可以開始封功臣了。

《留侯世家》裡先講了劉邦對封功臣的態度，他碰到了最大的一個問題。這個時候封功臣基本的標準，是依照戰功、軍功。張良體弱多病，而且以他的角色，很多時候不可能真正去帶兵。單純從戰功來看，張良很難被列在封功臣的行列當中。但劉邦知道，打仗不是只靠那些在戰場上帶兵的人，他明白張良有多大的功勞。因此，他故意用非常誇大的語言來稱讚張良說：「運籌策帷帳中，決勝千里外，子房功也。」意思是，你們不要看他沒出去打仗，光是在營帳裡面，他就可以決勝於千里之外。他有這樣的功勞，因此我要好好地獎勵他。

於是，劉邦就叫張良「自擇齊三萬戶」。三萬戶是個大封地，而且在齊這樣人口密集的地方，不是封王卻勝似封王。可是張良不要。更有意味的是，張良說：「我從下邳開始參與到秦末大亂當中，到了留，遇到皇上，這是天意啊！從留之後，我就從一個韓國的故臣，變成了你的左右。而且我非常感謝你，你經常願意聽我的勸告，為了紀念這件事情，我別的都不要，就請你把留這個小小的地方封給我就好了。」

劉邦一聽，當然也非常感動。張良會這樣做是因為他知道，雖然劉邦有流氓的個性，但是也有情感，所以

他要利用留變成留侯。在張良和劉邦的關係中，這是不可言語但非常關鍵的一件事情。到後來，漢初這些功臣有那麼多命運上的起起落落，甚至包括韓信、黥布最後都被迫跟高祖翻臉，但是一直到高祖劉邦去世，留侯的地位、聲望都非常穩固。這是因為一來張良不貪，劉邦給他這麼大的獎勵他都不要；二來，他知道怎麼在感情上拉住劉邦，選擇「留侯」這樣一個身分，讓劉邦一直記得，當年幸好你在留遇到了我，這是天意。

張良被封為留侯之後，同時已經被封賞的大功臣有二十多人，其餘的人日夜爭功，還沒有封賞結果。有一次，高祖劉邦從洛陽南宮走複道（複道是秦始皇設計的一種特殊的通道，皇帝從裡面經過的時候，可以看到外面的情況），看到一個奇怪的景象，之前跟他一起打天下的一些將領席地而坐，圍在一起討論。他就問張良，知不知道他們在講什麼？張良就反問劉邦說：「你會不知道嗎？他們在謀反啊！」

這是多麼可怕的一個答案，劉邦當然不願意相信。當時跟項羽打仗的時候，有那麼多的變數，他們沒有反，怎麼可能現在一切已經安定了，卻想要謀反呢？

張良說：「你想想看，你原來自己是一個平民，是靠著跟這些人一起，才得到天下。現在你得到了天下，得到好處的是誰呢？是蕭何、曹參這些從沛就開始跟著你的故人，你喜歡的人。這個過程中，被你懲罰的、殺的都是跟你有仇怨的人。今天，基本上是靠戰功來封賞，可是有這麼多人有戰功，他們擔心的是，你有可能統統都封嗎？他們擔心自己這樣出生入死跟著你打天下，搞了半天最後還不見得有好處。還有，在這個過程中，他們是什麼時候來投奔你的，投奔你的時候來歷又是什麼，甚至在打天下的過程當中還產生了種種恩怨……這個時候天下太平了，你會不會來跟他們算帳了？他們在想的是這個啊！」

聽到這裡，劉邦開始擔心了，馬上就問張良：「這可怎麼辦呢？」因為他問的是張良，這個擔心也就化為了一個很簡單的問題。張良的確早就想好了方法。他問劉邦：「你想想看，現在你身邊，你最討厭、最恨的人是誰？」

劉邦很誠實地回答：「是雍齒，而且所有人都知道我討厭他。因為他跟我太熟了，從小一起長大，所以他對我沒有別人的這種敬意，常常羞辱我，還背叛過我，我想殺了他。但沒辦法，他立了很多的軍功，每次我氣得要死，氣得咬牙切齒，但一想到他還是幫了很多忙，就下不了手。」張良說：「那就容易了，現在你馬上封雍齒，讓其他人都看到。大家看到雍齒都從你這裡得到了權力和好處，也就安心了。」

劉邦立刻照著這個想法辦了一個儀式，把雍齒封為「什方侯」。接下來還有一系列的配套工作，催促還在那裡慢條斯理地討論的丞相、御史，趕緊把封賞群臣的方法給定下來。本來坐著討論謀反的這些人都高興了——太棒了，雍齒這麼得罪皇帝，都還撈到一個「什方侯」，我們怎麼可能沒有希望。用這種方式，劉邦當然就穩定了當時跟他一起打天下的人。

這部分內容沒有寫在《高祖本紀》當中，但又如此關鍵。漢代初年，如果不是張良，依照劉邦的個性，這些部將、大臣很可能很快就起而謀反，那時還會不會有劉家天下呢？

西漢命運鏈上的身影

項羽隕滅後，表面上看起來劉邦獨大，可以安穩地當皇帝了。事實上，到了漢成立之後，劉家天下依然不是那麼穩固。

漢王朝成立後，有一個關鍵的問題出現了——定都。劉敬勸高祖劉邦，應該跟秦一樣，定都關中，但劉邦不太同意這個觀點。更重要的是，當時跟隨的大臣都是東部的人，這些人一想到要去關中，就覺得離自己家鄉好遠，紛紛勸劉邦就留在洛陽。他們的分析也算有理有據：「洛陽東有成皋，西有崤黽，倍河，向伊洛，其固亦足恃。」

這時，有個關鍵的人對此持不一樣的意見，那就是留侯張良。雖然他自己也是山東之人，但他的意見顯然和自己的出身沒有關係。他說，洛陽最大的問題是腹地不夠大，範圍不過只有幾百里，而且離開了這幾百里之外，都是四面受敵，這叫作「非用武之國」。這幾個字非常關鍵，這是張良的判斷，或是他刺激劉邦一定要去思考的——我們現在建立的這個王朝已經可以不用打仗了嗎？已經不用擔心外來的軍事威脅了嗎？你如果真的覺得已經徹底太平，你能夠鎮壓附近所有對你有敵意的軍事行動，那或許洛陽是可以考慮的地方。相對應的，

> 夫關中左崤函，右隴蜀，沃野千里，南有巴蜀之饒，北有胡苑之利，阻三面而守，獨以一面東制諸侯，諸侯安定，河渭漕輓天下，西給京師；諸侯有變，順流而下，足以委輸。此所謂金城千里，天府之國也。

關中的腹地非常大，它的生產潛能遠大過洛陽的平原，而且南邊是豐饒的巴蜀，北邊靠近胡人的地方有牛馬的利益，更重要的是，整個關中最重要的就是非常容易防守，別人要打你，只能從東邊來。另一方面，面對東邊，你也可以制住這些諸侯，當天下安定的時候，這條路就是最重要的資源之路，來自東邊的各種資源可以順著這條路，源源不斷地送到關中來。萬一這些諸侯有什麼蠢動，你在最西邊，有一個水運順流而下的優勢，資源運輸也不會有問題。這叫作「金城千里，天府之國」。

在這個節點上，幾乎只有張良站在劉敬的這邊，說關中才是現在更應該考慮的地方。劉邦怎麼反應呢？「高祖即日駕西，都關中」。他馬上就被張良說服了，不用再猶豫了，今天就走。這又是一件和張良有關、且關乎天下存亡的事情。

再下來，就到了劉邦的繼承問題。

我們在讀《呂太后本紀》的時候就看到，呂后和戚夫人的矛盾是高祖在位時就有的嚴重問題。戚夫人是劉

邦身邊最受寵的一個妾，而且生了趙王如意。劉邦愛屋及烏，也覺得趙王如意比當時的太子好太多了，而且這幾乎是他公開的態度，呂后不可能不知道。

除了呂后之外，也有很多人反對高祖這個態度，紛紛勸皇帝不要更易太子。但很多大臣有可能是被呂后拜託的，或者看在跟呂后的老交情上去勸諫劉邦。愈勸，劉邦的這種心態愈堅決，呂后就愈來愈擔心害怕。

這時候，有人跑去跟呂后說，張良是最擅長籌措和計劃的，更重要的是皇帝非常相信他。呂后聽後，就像一個溺水的人突然抓到了一根浮木，非去找張良不可。她的方法非常簡單，直接讓她的哥哥建成侯呂澤把張良給攔截了下來。

本來呂澤、呂后兄妹跟張良是沒有這種交情的，呂澤硬是去攔截了張良，然後明白地告訴他：「你經常幫皇帝出主意，現在皇帝要把太子換掉，你覺得安心嗎，能夠睡好覺嗎？」張良說：「的確，過去皇帝在困急當中幸好願意聽我的，所以到目前為止，許許多多的危機都度過了。但他為了自己的偏心，想要換太子，這個叫『骨肉之間』，恐怕就不是我能想到辦法的。」骨肉之間是家務事，是人的家族、家庭內部的情感，張良是說，我們這些外人，哪怕上百個都使不上力。

呂澤聽了這個話，知道張良的態度是有保留的，在這個問題上，他可以感知到張良的立場跟他是一樣的——這個時候如果換太子，不單是高祖劉邦的私心問題，還會牽扯到國家和朝廷，這不是一件好事。所以，他就硬是和張良說：「拜託了，請你一定要給出一個辦法。」

張良是有辦法的。張良說：「現在口舌是沒有用的，你回頭想，漢家朝廷建立以來，在劉邦的心上，有什麼樣的遺憾？」劉邦曾經很想要四個老人家來漢朝為官，這四個老人都是有文化、有地位的人，但因為他們之前聽說，可能也碰到過，知道皇帝最大的缺點就是出身，所以不懂禮貌，經常慢侮人，跟人說話不客氣，做事情的舉止也沒把人放在眼裡，不尊重人，所以故意逃到山中，「義不為漢臣」。

「義不為漢臣」這幾個字讓我們想到《史記》的《伯夷列傳》，伯夷、叔齊也是因為看到武王伐紂、以暴易暴，所以不食周粟，餓死在首陽山中。這都是非常有原則的人，他們有一種潛在的巨大力量。正是他們發誓不當漢人，不服從劉邦的統治，劉邦反而非常尊敬他們。

張良繼續說：「所以你不要吝惜任何資源，不管是黃金、布帛，用太子的名義，非常謙虛、卑恭地寫信，然後用安車，找到真正會說話的人，去請這些老先生。」真正會說話意味著知道這些老先生需要怎樣的尊敬，「一定把他們找來。找來之後，把他們奉為上賓，經常跟在太子身邊，入朝的時候就跟著去，遲早有一天會讓皇帝看到他們。他一定會問，等他知道這四個人是誰了，就會很有幫助了。」呂后採取了張良的建議，真的讓呂澤想盡辦法去請，然後這四位老先生也真的來了，他們住在呂澤的地方，很快就立下了一件重要的功勞。

漢十一年，跟劉邦一起打天下的一員猛將黥布，看到劉邦不斷在收拾其他的功臣，心知肚明劉邦也不可能容他，於是就趁劉邦生病的時候反了。果然，劉邦因為生病無法出行，就讓太子帶兵去打黥布。

這個時候，太子身邊的四個老人家覺得不對，他們討論說：「我們之所以被邀請來，是為了想辦法保存太子，現在看起來，如果真的讓太子帶領軍隊去打黥布，這事就很危險了。」於是，他們主動和建成侯說：「太子如果帶軍隊，一種可能是真的立了軍功，但那會怎樣？他已經是太子了，沒有更高的地位可以給他了，所以一點用都沒有。但如果無功而還，那就是別人的把柄，有很多壞事可能會降臨在他身上。再者，太子有可能帶兵成功嗎？他要帶的這些將領，都是跟皇帝一起定天下的梟將，他們是何等的人物，怎麼可能聽太子的？這無異於叫一隻綿羊去帶領一群狼，狼又怎麼可能乖乖聽羊的呢？這些和劉邦一起打天下的將領如果不聽太子的，怎麼可能打敗黥布呢？」

所以，四個老人請建成侯轉告呂后，讓她找機會在皇帝旁邊哭訴，說黥布是天下猛將，那麼會用兵，今天這些將領都是跟皇帝一起打天下的，讓太子帶這些人去打黥布，他們不可能聽太子的。更重要的是，如果黥布

聽到了這個消息，他會如何反應呢？這是關鍵，要讓呂后提醒劉邦，黥布是一個什麼樣的人，怕什麼，在意什麼。他一旦聽到劉邦生病了，他那個軟弱無能的兒子來帶兵，他肯定馬上就帶著大軍毫無忌憚打到長安來了。

接下來，他們又教呂后哭著建議高祖說：「我知道你生病了，也不是不關心你，但是你可以不用很勞累，就躺在車子裡，只要你去，這些將領，我保證他們不敢不盡力。我知道你這樣會非常辛苦，可這是為了我，為了我們的兒子，為了我們的天下。」

呂澤聽完後，「立夜」轉告呂后，呂后照做了。最後，高祖果然聽進去了，《史記》裡又非常鮮活地記錄了他的反應，他說：「其實我早就知道了，這個不像樣的兒子，根本沒用。還是我自己去吧！」於是，雖然在病中，高祖還是親自「將兵而東」，當然這個態勢就完全不一樣了，留守的群臣一直將出征的隊伍送到了霸上。

這原本是一個巨大的危機。一來，太子很可能無功而返；二來，太子不在身邊，戚夫人卻日日夜夜陪在皇帝身邊，可以說他的小話，或許等到太子無功而還的那一刻，就會被換掉了。所以，相當於是張良和這四位老人用他們的智慧暫時保住了太子。

張良在這件事情上的作用還不止於此。更關鍵的是，他要用什麼方法讓劉邦真正遇到這四個老人家，然後給劉邦帶來怎樣巨大的震撼和心理效果，用這種方式真正保住太子，讓他可以變成後來的漢惠帝。

張良的最後一計

漢十二年，漢高祖劉邦打敗了黥布，但他的病也愈來愈重。與此同時，他想要換太子的想法也愈來愈強烈了。

留侯張良也去勸誡，但是高祖不聽。於是司馬遷這樣記錄道：張良「因疾不視事」。他稱病，不和高祖見

面了。換句話說，張良沒有要強求，但他讓劉邦知道，我有我的立場，我勸你不要換太子，你不聽，我不多說，但我也不服侍你了。

這個時候，高祖身邊還有一個人對這件事情也非常堅持，就是叔孫通。叔孫通的職務是太傅，也就是輔佐太子最重要的人，他引用了古往今來種種例證和道理，不斷跟劉邦說不應該換太子。他的耐心表面上看起來也得到了回饋，「上詳（佯）許之」。劉邦受不了了，煩死了，假意敷衍叔孫通說，好了好了，不換了。但他內心「猶欲易之」。

那什麼事情真正改變了劉邦的念頭呢？在一場重要的宴會上，太子同時帶來了四個人。

四人從太子，年皆八十有餘，鬚眉皓白，衣冠甚偉。

這四個人在宴會上太突出無法被忽略了。在那個時代，人的平均壽命只有四、五十歲，這四個人竟然都活到八十多歲，頭髮鬍子都是白的，但是身形仍然很有樣子，穿著也很正式。為什麼？就是要讓劉邦看到。

劉邦當然看到了，而且他很好奇，為什麼太子身邊會有這四個人呢？然後，這四個人就主動在皇帝的面前各言其名姓，分別是東園公、用裡先生、綺裡季、夏黃公。等這四個人把名字講完之後，劉邦嚇了一大跳，說：「我找你們找了好多年啊，你們不是都不理我嗎？今天為什麼會在這裡，而且為什麼會跟著我的兒子呢？」

這四個人異口同聲地告訴他說：你啊，「輕士善罵」，對你要找的人，你一般都沒有基本的禮貌和尊重，我們有我們的自信和自尊，不能想像被你這樣不禮貌地對待，所以特意躲開你。但是，我們聽說太子跟你不一樣，他「為人仁孝，恭敬愛士」，因此，全天下的人「莫不延頸欲為太子死」，這種人才是我們應該效忠的對象，所以我們來了。

顯然，他們為了幫助太子，早就想好了這套說辭。於是，劉邦也只能對這四個人說：「太謝謝你們了，那就請你們好好來調教、保護太子吧！」

這一段寫完後，四個人要離開了，司馬遷沒有放過一個細節，他告訴我們：「上目送之。」劉邦這個時候還在剛才的震撼中。他是多麼世故的一個人，目送這四個人離開的時候，心裡已經有了明確的盤算。他把自己最愛的寵妾戚夫人叫過來，指著四個人的背影說：

我欲易之，彼四人輔之，羽翼已成，難動矣。呂后真而主矣。

他要告訴戚夫人，抱歉，雖然我那麼疼妳、愛妳，也愛妳所生的趙王如意，但這件事情已經不在我的控制範圍以內了。雖然我貴為皇帝，但沒有辦法再動太子了，他已經有了自己的陣營和勢力，這個勢力並不完全是這四個老人家，更重要的是這四個老人是誰找來的，以及他們究竟在政治的權力運作上代表著什麼。

當劉邦說「羽翼已成，難動矣」，我們從上下文也大概也可以察覺，他也在想，太子真的有那麼厲害嗎？是誰幫太子想出這個主意？還有，要動員怎樣的資源、有什麼樣的關係，才能讓這四個不願意服務皇帝的人，竟然乖乖地陪伴在太子身邊？這背後的人，有什麼樣的號召力能夠去運作這一切——

一方面，讓這四個人陪伴在太子的身邊，是在柔性地告訴皇帝，你的兒子不是一個什麼隨便的人物；另一方面還帶有一點恐嚇，告訴劉邦，這個時候你的兒子已經不再單純是你的兒子，他現在已經是一股重要的政治力量，你必須用更現實的、政治的角度和眼光去看他，要把他換掉，牽涉到的是整個王朝當中一股龐大的、已經集結的政治勢力。

因此，劉邦這時候不得不告訴戚夫人，「呂后真而主矣」。這幾個字也是充滿感情的，他不只是告訴戚夫

人現在不可能換太子了，而且呂后基本上也會一直在她之上了。戚夫人直接就哭了。

這是劉邦非常少有的真情流露的時刻，他對戚夫人說：「為我楚舞，吾為若楚歌。」來吧，替我跳家鄉的舞蹈，我為妳唱家鄉的歌。而他唱的歌，歌詞本身也是在講換不了太子的事情：

> 鴻雁高飛，一舉千里。羽翮已就，橫絕四海，當可奈何！

哎呀，這已經不是一隻雛鳥了，變成了一隻龐大的鴻雁，鴻雁要飛到天上去，就算你手上有箭，你的箭上綁了繩子，都已經拿牠沒有辦法了。唱了幾次之後，戚夫人唏噓流涕，哭得更厲害了。「上起去，罷酒。」就這樣，劉邦真的決定不換太子了。

這一段描述雖然寫在《留侯世家》中，我們會不由自主地聯想起《項羽本紀》，最後項羽四面楚歌，被圍在漢軍當中，聽到了故鄉的歌，那時候他也在感慨，身邊也有他深愛的女人虞姬。同樣的，當時的西楚霸王也是起而歌，起而劍舞，唱的也是一曲哀歌。用這種方式，我們看到了司馬遷描述人性、人的命運的功力。這兩個梟雄相爭了那麼久，但沒想到，在他們的生命快要終結的時候，面對的竟然是同一種悲劇性的情懷，而他們表達悲劇性情懷的方式——或許因為他們都是楚人，來自同樣的文化和歷史傳承——也如此的相似。

行進至此，《留侯世家》中描述的留侯一次又一次參與、介入和天下存亡有關的事蹟也差不多結束了。

接下來，在張良生命最後的這段時間，他回到了一個韓國公子的身分。在劉邦即位的最後時刻，張良就已經知道，所有他自願的、該做的事情都已經做完了，他這一生已經夠了。當初，他為了要替韓國報仇介入秦末大亂，最後竟然能夠「以三寸舌為帝者師」，靠著智慧和說話的說服力多次影響皇帝，而且得到了如今這樣的地位。這已經是一個普通人能夠追求的極端了，如果到這個地步還不知道節制的話，只會給自己帶來災禍。所

以，這個時候他不願意再管任何事情，要去從事仙道，「學辟穀，道引輕身」，用這種方式跟現實的政治拉開距離。

高祖去世之後，呂后因為感念張良的幫助，當然也許擔心他還會在政治上有什麼作用，無論如何也要把他留在身邊，勸他進食。張良不得已，勉強繼續他在人世間的活動和存在。

最後，張良去世之前，與《留侯世家》行文前後呼應，回到他崛起的最重要的事件上，那就是在下邳橋上碰到的老翁。《留侯世家》寫道，張良在遇到這個老翁十三年後，有一次陪漢高祖劉邦到了濟北，果然在古城山下看到了那塊黃石，於是帶了回來，「葆祠之」。等到留侯死的時候，這塊黃石也陪著他一起下葬，之後也一同接受節日祭祀。

太史公對張良有一段有趣的評論：

學者多言無鬼神，然言有物。至如留侯所見老父予書，亦可怪矣。

意思是，雖然我內心不太相信這種鬼神，但是有一些傳說，像張良跟這個老翁之間的故事，說得那麼真確，讓你不得不相信。漢高祖劉邦多次脫困，張良都有很大的功勞，光是這一點，也讓我們不得不相信有這種神怪的事情。能夠在這些節骨眼上，在這個時代發揮這麼大的作用，好像不是單純靠著人的智慧和努力所能解釋的。

在這裡，其實司馬遷再度說明了自己的觀點，歷史上有些人物、事蹟是介於「天人之際」的。正是這個「天人之際」引發了他最後的思考和感慨：想到張良的功績和發揮過的作用，我們會自然認為張良是「魁梧奇偉」的，長得非常體面，但是沒想到張良留下來的圖像竟然「貌如婦人好女」，是一個非常斯文、文弱的人。所以，「以貌取人」在歷史上是最不可信的，人長什麼樣子跟能成為一個什麼樣的人沒有必然的關係，留侯張良就是

如此。

這是一個非常有餘韻的收尾。作為一個歷史學家，必須知道得更多，才能對一個人有更準確的認知和評價。如果以為一個人必須要長什麼樣子才能夠做什麼樣的事情，那歷史會向你展示無數的反例。

蕭相國世家、淮陰侯列傳、曹相國世家：皇權下的生存智慧

《史記》中一篇重要的名文是《蕭相國世家》。蕭相國就是蕭何，他和留侯張良一樣，都是在漢代成立的時候圍繞在劉邦身邊的重要人物。沒有張良和蕭何，就不會有劉邦的天下。司馬遷反覆在《史記》中凸顯的史識是：楚漢相爭中，項羽的特色在於個人如此傑出，但也正因為這樣，在他的身邊沒有這麼多輔佐的人，而劉邦最後能夠打敗項羽，靠的是一個集團。

司馬遷為什麼要花那麼多的筆墨，用多篇世家和列傳來寫這些環繞在劉邦身邊的人？因為這個功臣集團一個非常重要的特色，就是每個人都是「人物」，每個人有自己獨特的個性和長處，他們和劉邦產生聯繫、輔佐劉邦的方式也各有不同。

用這種方式，司馬遷展示的不只是關於劉邦集團的描述，還有更普遍的關於人、個性、事蹟、成敗的一個人物光譜，說明我們認識到如何看人、如何理解人，以及如何用人。同時，藉由描述劉邦身邊的這些功臣，司馬遷也讓我們看到劉邦的特性。劉邦不是一個沒有缺點的人，他常常輕侮人，對人不禮貌，但他身邊竟然可以聚攏這麼多個性完全不一樣，而且都非常有棱角的、不平庸的人，靠這些人的知識和能力把天下打下來。為什麼這些人會跟著他？在漢朝成立的過程中，這是謎一樣的問題。司馬遷藉由寫劉邦集團功臣的精采篇章，部分解答了漢初歷史上這個巨大的謎。

無賴和皇帝之間，差了幾個蕭何？

蕭何蕭相國是跟在劉邦身邊的一種人的代表。他是劉邦年輕時的好朋友，而且「高祖為布衣時，何數以吏事護高祖」。劉邦是一個流氓無賴，經常闖禍，如果沒有這些朋友護持的話，不要說當皇帝，他連稱霸一方都不可能，而蕭何就是最早護持在劉邦身邊的人。

劉邦還在沛縣的時候，要去咸陽出差。出發的時候，大家依照規矩和禮貌，都會送路錢給他。按照身分，他的同僚基本上每個人給他三錢，可是蕭何會特別給他五錢。我們可以看出來，一方面蕭何跟劉邦有特殊的情感關係，另一方面他應該在劉邦身上看到了一些獨特性，包括很可能是劉邦所散發出來 charisma（領袖氣質）。隨著劉邦的崛起，蕭何馬上就知道自己在劉邦的陣營裡應該扮演的角色。

當劉邦起軍打到了咸陽之後，《蕭相國世家》寫道，大家眼裡都是秦始皇累積下來的金帛財物，但蕭何不一樣。他特別蒐羅了過去秦主要的官署留下來的紀錄，還有秦的律令。當時，在「焚書令」之後，民間無法流傳的這些圖書，沒有人認為它們有價值，更沒有人想要把它占為己有。如果不是蕭何，當時這些東西只可能有兩種下場：一種是留在咸陽的宮裡，很有可能就會被項羽一把火燒掉；另一種是被比劉邦更聰明或更有遠見的人收走。

這些東西的價值在哪裡呢？《史記》告訴我們，等到項羽進了關中、屠燒咸陽、把劉邦封在巴蜀之後——

漢王所以具知天下厄塞，戶口多少，強弱之處，民所疾苦者，以何具得秦圖書也。

這時，這幾樣關鍵的訊息都掌握在劉邦的手裡。第一，天下阨塞。在當時天下的地理形勢上，不管從經濟還是軍事的角度，哪些地方可以攻、可以守，用什麼樣的方式資助軍隊。第二，戶口多少。到底每一座城市、每一個區域，它的生產能力和人口是什麼樣的。第三，強弱之處。不管是統治上，還是軍事條件上，哪裡強，哪裡弱。還有第四，「民所疾苦者」。各個地方的人面臨的主要問題是什麼。這些都充分反映在蕭何收集的資料裡。正因為他得到了這些材料，才能夠幫助劉邦，在楚漢相爭過程中做出不可思議的貢獻。

司馬遷說，這是蕭何做的對劉邦產生過巨大幫助和貢獻的第一件事。那第二件事情是什麼呢？就是推薦韓信。正因為他的推薦，漢王劉邦才以韓信為大將軍，進而在楚漢相爭中得到優勢，不過這件事情主要寫在《淮陰侯列傳》中。

《淮陰侯列傳》也是一篇名文。文章一開始就說韓信是淮陰人。作為一個平民，韓信年輕的時候非常窮，而且「無行」，德行很差。所謂的「無行」，意味著他不只窮，在地方上還是一個聲名狼藉的人，連最小的公家職位都沒有資格被推舉。他不可能去當官，但又不會做生意，那怎麼辦呢？他就經常寄人籬下，靠著別人的好意才活下去，讓很多人討厭。

有一度，韓信在南昌的亭長家寄食，賴著不走，連待了幾個月。亭長的夫人受不了，有一天故意特別早起來煮飯，然後讓家人在床上吃。等到韓信晚一點依照吃飯的時間去後，發現沒有給他準備吃的。他當然知道這是什麼意思，一氣之下離開了。

沒飯吃怎麼辦呢？他就跑到城下釣魚。在城下，有許多的「漂母」，就是專門洗布的女性工作者。其中有一個漂母看韓信肚子餓，沒東西吃，就分食給他。韓信多無賴啊，漂母給他吃的，他就接受，而且一吃就是幾十天。韓信很高興，就對這個漂母說：「哎呀，我將來一定會好好地回報妳！」但話一出口，這個漂母非但沒有感動，還非常生氣，她說：「你是誰呀？你這樣的一個大丈夫，沒有工作，沒有辦法餵飽自己，還靠我餵你。

我是可憐你，你連自己都餵不飽，竟然妄言要回報我。如果我期待你回報我，根本就不會幫你了。」《淮陰侯列傳》一開始就告訴我們，連一個漂母都看不起韓信。

不單是這些人，甚至連淮陰這個地方的其他流氓也看不起韓信。因為韓信長得高大，而且喜歡帶刀劍，這些流氓看他很不順眼，就當面挑釁他，說：「哎，你帶刀劍，你敢用嗎？如果你不怕，就拿劍來刺我。如果你沒有辦法殺我，那就請你乖乖地從我的胯下爬過去。」韓信看著那個挑釁的流氓，想了一段時間，竟然乖乖地放下了刀劍，從那個無賴流氓的胯下爬了過去。可見，他在家鄉多麼不受尊重。《史記》的說法是「一市人皆笑」，所有的人都嘲笑韓信。

司馬遷要告訴我們，這樣一個人，其實跟劉邦一樣，如果活在一個正常的社會，大概也就一輩子作為小混混，在一個沒有人知道的小角落混過一生罷了。但慶幸的是，他們活在一個動盪的時代。等到秦末大亂，陳勝、吳廣揭竿而起，整個時代的狀態改變了，像劉邦、韓信這種人，竟然有機會擺脫小混混命運。

在亂局中，韓信跑去投靠了項梁。不過，他並沒有得到任何重視。項梁死後，他又順理成章地跟隨著項羽。項羽一度以韓信作為郎中，但韓信給項羽提的好多建議都沒有被採納。所以，等到劉邦被封為漢王，進蜀之後，韓信就跑去投奔了劉邦。他是如何引起劉邦的注意呢？這個戲劇性的過程就牽涉到了蕭何。

韓信拜相：蕭何導演的大戲

直到項羽打入關中時，韓信都一直屬於楚的陣營。可是等到項羽入關之後——我們一再強調，這是楚漢相爭的關鍵——他的所作所為，瞬間疏離了很多人，很多原本追隨項羽的人此後對自己的人生和未來走向做了不同的選擇，其中就有韓信。

韓信投靠劉邦的時候，一開始也不是很順利，只當了一個小官，沒過多久還犯了法，要被斬。這時候，和他同案的都被殺了，輪到他的時候，他居然高抬著頭，看著在上面主持刑罰的滕公，當他跟滕公四目相視的時候，說：「你們家主人不是想爭奪天下嗎？如果他要爭奪天下，為什麼要斬壯士呢？」滕公想，這個人明明已經命在旦夕，而且是一個罪人，竟然敢看著我的眼睛，講這麼狂妄自大的話，可能不是一般人。所以，滕公「奇其言，壯其貌」，當下做了決定，「釋而不斬」。接下來，滕公還跟韓信交談，聊得很愉快。

韓信後來被拜為大將，而且在軍事上屢有建樹，但《淮陰侯列傳》寫到這裡，其實司馬遷是在告訴我們，不要搞錯了，韓信真正的專長不是武勇，而是他的智慧。他知道用什麼方式幫自己保留一點活命的機會。碰到了流氓少年的挑釁，他當下就知道，跟這種流氓去決鬥是不值得的；在這樣的即將要被斬殺的情況下，他也能夠馬上做出這樣的反應，讓滕公主動跟他說話，我們也就瞭解，韓信腦袋裡其實有非常多的東西，不是打仗，而是識見。

他用這種方式吸引了滕公的注意，被推薦給了劉邦，劉邦讓他當治粟都尉，主要是管後勤的。這意味著，事實上劉邦仍然不知道這個人有什麼了不起，只是可能有用。除了滕公之外，蕭何跟韓信也談過幾次話，覺得他不是一般人。

這個時候，劉邦數度被楚打敗，到了南鄭，好多人都逃走了。韓信就想，滕公和蕭何估計都和劉邦推薦過我，但劉邦還是沒理我，不重用我，我也走了算了。蕭何一聽說韓信走了，來不及跟劉邦報告，馬上跑出去追，這就是後來在戲文裡非常有名的「蕭何月下追韓信」。蕭何當下來不及處理任何事情，迫切地想辦法把韓信追回來。然後就有人去報告劉邦：哎呀，糟了，蕭何跑了。劉邦聽了當然非常生氣，感覺突然失去了左膀右臂。

不過，一兩天之後，蕭何回來了。司馬遷非常鮮活地描述劉邦的反應——「且怒且喜」。

劉邦罵蕭何：「你怎麼跑了？」

蕭何回答：「我不敢跑，我去追跑掉的人。」

劉邦問：「你追誰？」

蕭何說：「去追韓信。」

這個時候，「上復罵曰」：「那麼多人跑了你沒追，韓信是什麼角色，值得你去追嗎？你不要騙我了。」

蕭何於是鄭重地對劉邦說：「你身邊這些帶兵的人都很容易得到，但是韓信卻是一個『無雙國士』。這樣說吧，如果你未來就想在巴蜀安穩地當你的漢王，你就讓他走。可是如果你想爭奪天下，那你必然需要韓信。」

這時，劉邦當然回答說，我是一定要到東方去爭天下的，怎麼可能長期留在這裡。於是蕭何就順著說：「那你一定要善用韓信，但就算你把他拜為將，他都不見得會留下來，因為韓信在意的是你是不是真的相信他、能重用他。」

看蕭何這麼鄭重其事地推薦韓信，劉邦就說：「那好，我就拜韓信為大將吧！」但蕭何還沒完，他接下來就藉機說真話：你拜將「素慢無禮」，拜大將都「如呼小兒」，表面上尊重別人，給他們很高的位子，可是擺出來的那個姿態好像就是：來，你給我做大將，然後你要感謝我。用這種方式肯定留不住人。蕭何等於藉由這個機會提醒、教育劉邦，為什麼你剛被打敗幾次，這些人就都跑了呢？因為這些人平時既得不到你的重用，也得不到你的尊重，而重用和尊重才是你真正留住人才的關鍵。

接下來，蕭何就明確建議劉邦，要拜韓信的話，必須有很特殊的方式，先發布消息，選一個良日，而且要齋戒，設一個壇場。換句話說，要把它變成一場大戲，把所有這些該做的禮貌、該有的儀式全部做足，然後再拜將。

其實從這裡以及後來的一些描述，我們應該能看出來，蕭何能夠勸動劉邦，用這種方式將韓信拜為大將，關鍵並不完全是為了韓信，而是藉這種方式來給在劉邦身邊所有人看——劉邦並不是總以不禮貌、不尊重的姿

態對待所有人，當他遇到了夠厲害、值得他尊敬的人的時候，可以徹底放低自己的姿態。

於是，用這種方式，劉邦要拜將這件事吸引了全軍的注意。大家心裡都好奇，而且「諸將皆喜，人人各自以為得大將」。不少人都在心裡盤算，依照功勞、位分什麼的，應該是我吧？或至少我是有機會的，我是有希望的吧？

藉由這樣的預告儀式，蕭何又達到了一個了不起的目的——至少在這段時間，這些人都不會再逃了。每個人都想，搞不好是我，不能放棄這個機會。另外，不講到底要拜誰為大將，產生的另一個效果就是當場的震驚。當最後謎底揭曉，竟然是韓信被拜為大將，「一軍皆驚」。大家都驚奇怎麼可能是韓信，他是誰，憑什麼被拜為大將？

看到後面的描述，我們就知道這些顯然是蕭何早就安排好的劇本。等到大家都在好奇為什麼韓信得以拜將的時候，每個人都會認真聽劉邦和韓信在拜大將時候的對話，藉由這種方式，他們兩個人對話，必然也就深深地印在每個人的心裡。

按照禮儀拜完將之後，劉邦就問韓信，蕭丞相一直說將軍好厲害，不知道將軍有何計策指導呢？韓信先是道謝謙讓，然後反客為主地問劉邦說：「今天如果我們要東向去爭天下，敵人是否就是項羽？」劉邦回答說：「是的，依照目前的局勢，是項羽。」接下來韓信又說：「在『勇、悍、仁、強』這四個重要的人格特質上，你和項羽誰比較厲害？」這應該是早就安排好的，劉邦也很會演，「默然良久」，才說：「不如啊，我不如項羽。」

這兩句問答，表明不管是現實的狀況，還是未來的變化發展，項羽的條件都比劉邦好，那我們憑什麼跟項羽爭呢？不必爭了吧。這個時候，韓信就要顯現他自己的價值了。他可以當大將，憑的就是識見。

他說：「漢王啊，我本來也以為你不如項羽，可是我曾經在項羽身邊觀察過。項羽是一個什麼樣的人呢？

他的武勇甚至氣勢都是非常嚇人的，他發起脾氣來的時候，可以震懾千人，這是他的長處。但他也有短處，就是不能任屬賢將，此特匹夫之勇耳。

「另外，項羽給人的感覺非常恭敬慈愛，比起你，他跟人講話禮貌多了。而且，項羽碰到身邊有人生病，他會同情到流下眼淚。他自己要吃的東西也會分給人家吃。但那只是一面，另一面，他是一個獨斷的人。如果你幫他做事，等到你立了功勞應該得賞賜的時候，他的缺點就顯現出來了——他無法分權。他光是刻一個印、封一個王，都要把印拿在手上把玩再三，捨不得交出來，所以他的仁心叫作婦人之仁。

「而且，項羽本來已經是天下的共主，卻不懂得在戰略上選擇關中，而跑到彭城去，這個過程中又違背了跟義帝楚懷王的約定，偏心封自己的親信為王。所以，看到項羽驅逐義帝，後來甚至還殺了他，諸侯有樣學樣，都回去驅逐了自己的國君，占地為王。在這種狀況底下，誰能夠有一個安穩的天下秩序可以依恃呢？再加上項羽所過之處無不殘滅，因而天下多怨，百姓不親附。雖然項羽是霸主，但他已經失去了人心。

「所以，項羽其強易弱，你其實是可以打敗項羽的。怎麼打敗？你要倒過來，項羽所沒有的，就請你好好地做。第一，針對項羽的匹夫之勇，你要能任屬賢將，善待幫你帶兵的所有人。」可以想像，當韓信在拜大將的壇上講這段話的時候，所有的將領都聽到了。「第二，項羽是婦人之仁，你要有真正的慷慨之仁。該封功臣的時候就封給人家，該分的就分，不要吝嗇，不要小氣。」大家一看，韓信講這個話，而且劉邦還真的就把這麼高的位置給了他，劉邦怎麼可能小氣？我們跟著劉邦，不都能夠分得到嗎？

再下來，韓信告訴劉邦：「你根本不要擔心，項羽把你封在漢中，他把關中封給了誰？封給了三個過去秦的將領，這是他絕大的錯誤。這三個秦將長久帶兵打仗，耗損的都是關中父老的子弟，其中包括被項羽坑殺的二十餘萬人。可以想見，關中的父老怎麼可能服氣？這時候你只要出兵關中，關中的父老基本上都會站在你這邊。」韓信不只是指出了整體的方略，還提供了一個當下具體可行的策略，那就是立刻離開漢中，去攻擊關中。

這真是一場大戲。表面上看，這場大戲的主角是韓信，但我們知道，在這場大戲後面的導演是蕭何。蕭何安排這場戲，不只是為了讓漢王劉邦重用韓信，他更在意的是如何藉由這場公開的大戲，拉攏漢王身邊的這些將領，讓他們安心地跟著劉邦。

最後，靠著這樣一種安定軍心的方式，劉邦才有了下一步的動作，也有了條件可以向東角逐天下。這也是在楚漢相爭中，絕對不容忽略的一個事件。在《蕭相國世家》和《淮陰侯列傳》中，司馬遷也同時告訴我們，楚漢相爭中的關鍵人物蕭何和韓信，在漢王劉邦身邊的位置和地位是如何建立起來的。

不歸路上的淮陰侯

蕭何把韓信留住了，而且說服劉邦將韓信封為大將軍，這對於當時提升漢軍士氣和管理諸將都起到了非常大的作用。這段故事在《蕭相國世家》是這樣寫的：

何進言韓信，漢王以信為大將軍。語在淮陰侯事中。

意即這件事具體要參看《淮陰侯列傳》。《蕭相國世家》並不長，有意思的是，那句短短的「語在淮陰侯事中」卻重複了兩次，這兩次蕭何和韓信密切的聯繫，就是後世一直流傳的諺語「成也蕭何敗也蕭何」的由來。我們回到《陰侯列傳》，從這段話開始讀起。

項王亡將鍾離眛家在伊盧，素與信善。

項羽身邊有一個非常重要的將領鍾離眛，家在伊盧，因為地緣的關係，他原來跟韓信是有私交的。等到項羽兵敗後，鍾離眛就跑去投靠韓信。

鍾離眛曾經跟在項羽的身邊，當然對劉邦和漢軍產生過很大的傷害，因此劉邦知道了這件事情後很不高興。這個時候，韓信是功臣將領中得到最大賞賜的，被封為楚王，劉邦就要求韓信把鍾離眛抓起來。但韓信剛剛到楚實施各種統治措施，並沒有立刻處理劉邦這個要求。

到漢六年，有人上書告說「楚王信反」，其中很明顯的理由就是，皇帝讓他抓鍾離眛，他也不做。這時候韓信畢竟被封為楚王，已經慢慢地建立起自己的勢力。更重要的是，經過幾年的歷練，劉邦跟身邊的人都知道，韓信帶兵是有特殊能力的，就連劉邦都沒有把握在正面衝突的時候贏過他，必須要有所籌畫。

陳平給的計策是，讓漢高祖宣稱，因初當天子，所以要到南方去巡視。說辭具體是這樣的：「我現在要請諸侯到南方，因為南方有雲夢大澤，這是一個重要的據點，我請大家到時候到雲夢邊陳（縣）這個地方跟我相會，依照舊有的周王故事，我要來會諸侯，這是天子的一項職責。」

其實高祖是為了襲擊韓信。這個計謀基本上是得逞的，韓信一開始並不知道漢高祖的真正的用意。直到高祖已經逼近，韓信才知道高祖並不是真的要會諸侯，而是帶軍來處置他的。

這個時候，韓信面臨抉擇。一方面，他想乾脆發兵謀反，跟劉邦決裂。但是又回頭想，劉邦到底能拿我怎麼樣？我做錯了什麼，有什麼罪嗎？於是，他又想了一個方式，當面明白地問劉邦：我到底哪裡得罪你，你為什麼要對付我？可是他又擔心見了劉邦立刻就被抓起來，所以一直在猶豫——這恐怕也是楚王韓信犯的最大的錯誤。

他拿不定主意，於是旁邊就有人勸他說：「你把鍾離眛斬了，然後去見高祖劉邦，劉邦一看你殺了鍾離眛，

覺得有效忠的舉措，就不會對你怎樣了。」

韓信相信了這個辦法，就把鍾離昧找來。鍾離昧馬上就知道了韓信的用意，告訴他說：「你知道嗎？劉邦現在沒有用正式的軍事行動來收服你，是因為我在你這裡，結果你反而要抓我來討好他。今天我死了，明天你也會完蛋。」但是很顯然，鍾離昧無法說服韓信，所以他最後罵了一句：「你真不是個有仁心的長者！我來投靠你，而且我們有過去的淵源，你竟然不能保護我，還要用這種方法來出賣我，來保護你自己！」沒有等韓信殺他，鍾離昧就自刎了。

於是，韓信帶著鍾離昧的頭去見劉邦。果然，劉邦還是沒有放過他，立刻叫武士把他綁了，然後放在自己的車子後面緊緊看著。韓信非常後悔，留下了幾句重要的智慧之言。

果若人言，「狡兔死，良狗亨；高鳥盡，良弓藏；敵國破，謀臣亡。」天下已定，我固當亨！

這個時候劉邦就跟韓信說，不是因為天下太平不需要你才這樣對付你，是因為有人告你謀反。所以，硬是把韓信當作罪犯，一路押到了洛陽。到了洛陽之後，劉邦還是赦免了他，只不過把他的楚王頭銜剝奪了，降為淮陰侯。

雖然韓信的功業和成就對漢朝那麼重要，但司馬遷還是沒有辦法把他的故事和蕭何、張良、陳平、曹參這些人寫在一起，而是放入了列傳。「淮陰侯列傳」這個名字，一來顯示他因為得罪了漢高祖，被剝奪了封位和封號；二來，我們又能看出，司馬遷對他仍然有不忍，所以這個列傳不是叫「韓信列傳」，而是把他最後的封號放在了標題上，而且通篇基本上都稱韓信為淮陰侯。

韓信被貶為淮陰侯，開始小心和警惕，他也知道劉邦討厭他。劉邦之所以討厭他，是害怕他太有能力，所

以他刻意顯得自己沒有能力，更沒有野心，經常「稱病不朝」。這樣做，自然也就影響了韓信的心情，每天心情都非常低落，非常抑鬱。

行文至此，司馬遷又揭露出韓信另外一個嚴重的問題——自恃太高。韓信非常自傲，想到要跟絳侯、灌嬰這些遠不如他的人一起去早朝，對他來說都非常難過。而他「稱病不朝」，或許還有一個更大的傲慢在——上朝就必須要面對那個在他心目中不見得能力更高，而且如果沒有他恐怕也無法打敗項羽的皇帝劉邦，在其面前表達自己的卑屈。

這個時候，只剩下樊噲和他有來往。樊噲的地位和待遇其實比韓信要好，但是樊噲對韓信高度尊重，都是跪拜送迎，仍然口口聲聲稱他為王。韓信出了樊噲的門，總會感嘆地冷笑說：「沒有想到，我這一輩子是跟樊噲這樣的人來往啊！」可以想見，韓信的心情有多麼抑鬱。

劉邦不是不知道，但還會不時地刺激他，「從容與信言」，跟韓信閒話家常。劉邦說：「我們大家一起打天下，不一樣的將領，每一個人能力不太一樣，我知道你能夠看人、看將，那我問你，你覺得我的能力大概可以帶多大的軍隊？」韓信雖然仍然恭稱劉邦為陛下，但他說，「陛下不過能將十萬」，十萬大概就是你的上限了。劉邦當然就順著問：「那你呢？你能將多少呢？」韓信用比較卑屈的自稱，但重點他說的是，「臣多多而益善耳」，是沒有上限的。劉邦大笑說：「多多益善，好啊，你那麼會帶兵，那為什麼你現在被我管著呢？」這個時候，韓信就說：「陛下不能將兵而善將將。」你沒有那麼會帶兵，但是你會帶將領，這是我被你挾制的理由。另外他又說：「你的這個特殊能力，不是學來的，這是老天給你的。」

接下來，我們就迫近淮陰侯韓信的終局了。

陳豨被拜為鉅鹿守，離開京城的時候去跟韓信辭別。韓信握著他的手，把左右全部都支開，然後仰天長歎，說：「我可以跟你說真話嗎？我有話要跟你說。」陳豨說：「你說什麼？我當然聽。」韓信就說：「你現在去

鉅鹿，鉅鹿是天下精兵處，有很多重要的軍事要地，而且有很多好的軍隊。現在劉邦相信你，但是你別忘了，如果有人在劉邦旁邊說你謀圖不軌，劉邦一開始會不信，第二次就會開始懷疑，到第三次就會生氣，而且會自己帶兵去打你。我跟你說，這件事情一定會發生！但是我們商量好，如果真的發生這件事情了，他去打你，你在長安沒有人，我在這裡做你的內應，我會在這裡另外起兵。我們一內一外，這個天下就是我們的了！」陳豨本來就知道韓信的能力，所以他回答說：「謹奉教。」意思是，如果真的發生這個事情，就照這樣做吧！

到了漢十一年，果然，「陳豨反」。然後也如韓信所預料的，劉邦自己帶著軍隊要去打陳豨。這時韓信就刻意稱病，然後偷偷地跟陳豨聯絡，說依照我們當時的約定，我一定會在長安舉兵來幫助你。

韓信原來的想法是，他和他的家臣矯造朝廷的命令，釋放在長安的刑徒，然後帶著他們去襲殺呂后和太子。他已經部署好了，就等著陳豨那邊的消息回來。

但不幸的是，韓信身邊有人得罪了他，被抓了起來馬上要殺掉，這個人的弟弟就跑去告訴呂后韓信的圖謀。呂后一聽，非常著急，但又不知道該怎麼對付，她想把韓信找來，又擔心他不來，就算來了恐怕也不服從。焦慮之下，她只好去找蕭何。

蕭何給呂后出了這樣一個計謀，找人去通報消息，說陳豨已經被打敗，而且還被殺了，這是皇帝的又一件豐功偉績，因而號召群臣統統到朝廷來祝賀。這是一個很難被拒絕的理由。此外，蕭何還特別寫了一封信給韓信，騙他說，我知道你身體不好，但這件事情太重要了，請你一定要來。

蕭何這封信不只要騙韓信說陳豨已經死了，更重要的是暗示他，你已經沒有任何機會了，如果這個時候還不趕快來表達你的忠誠，你跟陳豨之間的關係萬一有任何風吹草動，你就完了。他知道陳豨跟韓信之間的關係，所以也明確用這種方式勸韓信，韓信就非來不可了。

於是，韓信就被蕭何騙進了宮。一進宮，呂后立刻就在長樂宮的鐘室把他斬殺了。臨死時，韓信留下了一

句遺言。他說，我真後悔當時沒有聽蒯通的話，到現在竟然「為兒女子所詐」。他不知道這背後其實是蕭何的主意，以為是被呂后、太子所欺騙，沒有敗在劉邦手裡，竟然被用這種詐術結束了生命。所以，這裡面有他強烈的悲憤，以至於長歎一聲：「豈非天哉！」這真的是老天的懲罰。最後，韓信不止被殺，而且三族都被夷滅。

看到這裡，我們大概就能更深刻地瞭解，司馬遷在寫《蕭相國世家》的時候，前後兩次「語在淮陰事中」，含藏了多麼巨大的人生反諷。

韓信曾經在劉邦身邊得到過那麼巨大的權力，參與了建造漢代的這個大功業，一度得到最高的賞賜變成楚王，是因為蕭何看到了他，蕭何也知道怎麼用他。可他最後又是怎麼失敗地結束這一生的功業生涯的？還是因為蕭何。最後，從怎麼騙他、怎麼抓他，到怎麼殺他，都是蕭何的主意。所以韓信的一生，「成也蕭何，敗也蕭何」。

《淮陰侯列傳》曾經記錄劉邦和韓信關於「帶兵能力」的對話，韓信說自己很會帶兵，但劉邦「將將」的能力太強了。但是，看到本篇的最後，我們對這句話可以有更深刻的理解，意味著劉邦所謂的天授的「將將」的本領，和在他身邊聚攏的是哪些謀士有一部分關係。真正非常會「將將」的，在淮陰侯韓信的例證上，其實是蕭何。蕭何看出韓信是一個大將軍的材料，而當韓信在生命中有最後一搏的機會時，也是蕭何看出來這個人想要幹什麼，以及會被什麼方式誘拐進宮。所以，劉邦的「將將」之能很大程度上不是他一個人的，而是因為他聚攏了《史記》裡相鄰文章中的這些人，蕭何、張良、陳平、曹參，他們才是劉邦真正的「將將」之能。

在「究天人之際」中，很多人面對人事時，經常說這是「天」，不是「人」。項羽死的時候，說「天亡我也，非戰之罪」。韓信對劉邦說，你「將將」的能力是「天授也」，要死的時候也說「豈非天哉」。但司馬遷從不輕易許以「天」，從歷史緣由的探究上，他顯然並不覺得項羽和韓信的感慨就是真正的定論。如果這就是「天」，那我們不可能從中得到任何的歷史教訓。

司馬遷為什麼要費這麼多的篇幅寫劉邦、談論劉邦呢？因為司馬遷對劉邦真的有高度的興趣，而他對劉邦的認知和理解是如此透徹，以至於不同意韓信說劉邦的這個本事是「天」。

我們之所以讀劉邦、講劉邦，是因為劉邦給我們很多歷史和人事上的教訓，其中就包括，如果一個人真的要成就自己的功業，他需要的這種領袖才能是有不同層次的——要有像韓信這樣的人，善於帶兵；還要有一種有管理才能的人，像蕭何這樣懂得如何處理帶兵的人。而當劉邦身邊有些人有這樣的眼光看到才能，同時疏通才能、安排才能、組織才能時，他會被這種人說服，並且會依照他們的建議來行事。這才是我們從歷史回落到現實上，可以有所理解的。

《淮陰侯列傳》還有一段非常有意思的尾巴。故事本身跟韓信已經無關了，但卻是由韓信臨終前的最後一句話引發出來的。司馬遷之所以也寫在這裡，已經不是要告訴我們關於韓信的事情了，他是想再次展現劉邦的個性，以及藉由劉邦我們能學習到的領導和人事上的智慧。

韓信要死的時候特別感慨，當時怎麼沒聽蒯通的話呢？這個話傳到劉邦耳朵裡，他馬上就問：「蒯通是誰？趕緊給我抓來！」蒯通是誰呢？他是齊國的一個辯士，韓信一度被封為齊王，也就是那個時候所遇到的人。

蒯通被抓來了，劉邦就問他：「你當時教韓信謀反對不對？」

蒯通面對劉邦時充滿自信，他說：「對，我教他，但是這個沒用的傢伙不聽我的，所以今天才會搞到這種下場，我告訴你，如果當時這個沒用的傢伙他聽我的，陛下，您有辦法像現在這樣殺他嗎？」

劉邦聽這個話當然非常生氣，馬上下令烹之。

這時候蒯通又說：「你要殺我，煮我，真是冤枉。你怎麼可以這樣對待我呢？」

劉邦說：「我這樣對待你有什麼錯？你自己剛剛明明白白說你教韓信謀反，你有什麼冤？」

蒯通回答說：「你這樣看，當時是因為秦造成的亂局，異姓並起，有那麼多人才一起爭奪天下，才能較高、

跑得較快的，就能夠得到權力和地位。你想想看，那時候有誰和誰是已經有主從關係的嗎？」接下來，他舉了一個例子，說：「像盜蹠，盜蹠養的狗看到了堯，就對堯吠，堯不是個聖人嗎？堯不是一個仁君嗎？那狗幹嘛吠他呢？狗吠他是因為堯不是狗的主人，牠是依照誰是牠的主人而選擇它牠的行為的。回到那個時候，當時我的主人是誰呢？我只知道韓信是我的主人，根本不知道陛下是誰。而且，那個時候天下披堅執銳，大家都想能有所成就。你現在成就是很大，但如果回到那個時代，每個想要跟你競爭天下的、想要殺你的，你統統都要像抓我一樣抓來殺了、煮了，你得費多大的勁？這些人有多少你知道嗎？」

蒯通說完，劉邦就改變了主意，說：「暫時不要殺他。」再過一陣，劉邦就把他放了，也免除了他的罪。

這一段為什麼那麼重要？

第一，蒯通所說的這件事情，如果用一個現代法律的概念來解釋的話，叫作「不能溯及既往」。對錯是非的標準會隨著時間移動、改變，所以現在法律認定錯的事情並不表示過去或者長期以來都是錯的。法律只能夠在訂定的那一刻，告訴大家說這件事情是錯的，才開始有效力。如果有人觸犯了，應該接受相應的懲罰。如果在這之前並沒有法律告訴人們這件事情不能做，而重新訂定法律之後，又因為你過去做了，現在要懲罰你，那是多麼大的不公平啊！這是一種任意且可怕的權力。它意味著，掌權者當下訂定的道德標準、法律標準，哪怕在你還不知道什麼是錯誤的時候做了，也要被懲罰。

人世之間，有一個「終極公平」不得不考慮的事情，就是時間的先後。什麼叫「不教而殺謂之虐」？如果你沒有告訴別人這件事情是錯的，卻要因此而殺人，這不是公平處置的方法。

另外，蒯通還講了一個很重要的原則，就是一個人要在行為上遵循什麼樣的標準和價值。一個人是不是應該為他的主人效忠和著想呢？對蒯通而言，他要效忠的對象就是韓信，他替韓信著想、規劃，哪裡錯了？如果你認為一個人當下可以不替他的主人謀劃，那麼全天下所有效忠你的人看到你這樣決斷，都會認為自己可以不

需要效忠自己的主人了。所以，對於當下個別案件的處置，必須考慮到它背後更長遠、更普遍的原則。用這種方式，劉邦聽進去了，所以改變了主意，放了蒯通。

到了《淮陰侯列傳》的最後，司馬遷留下來的評語說：「我到淮陰去，也就是韓信的家鄉，這些人跟我講韓信，他們留下了特別深刻的印象，當他還是一介平民的時候，就已經有跟別人很不一樣的志願，他相信自己會有很高的成就，很高的地位。」其中一個近乎荒唐的例證，司馬遷說：「韓信的媽媽死了，死的時候他窮到連張羅葬禮的錢都不夠，但是他硬是要把媽媽葬在一個高地上，他的想法是，他母親的墳墓旁邊要能夠擺得下萬戶人家。這意味著韓信當時就在想，如果我取得了成就，其中一個賞賜就是媽媽的墳墓旁邊會有萬戶人家來守。」這在封建時代是非常重要的功臣的封賞方式，韓信當時就已經在想這個了。然後，司馬遷也很驚訝地說：「我去到那裡，看到他母親的墳墓，的確是這樣啊！」

不過，他接下來也就感嘆：「有這種雄才壯志，如果韓信能夠學道（學習道家的基本的行為和原則），能夠謙讓，『不伐己功，不矜其能』，那他也許就有更好的下場。如果那樣，他對於漢家的功勳比得上周公、召公、太公，而且後世會一路受到封地和庇蔭的。」這幾句話對應起來，也是換另一種方式再度稱讚留侯張良的智慧，因為留侯就是一個學道者，懂得如何在劉邦身邊謙讓，但這並不是韓信的生命情調。

一百個曹參，不如一個蕭丞相

蕭何對劉邦的重要性不言而喻，而蕭何開始嶄露頭角、明白顯現出來自己的意義是在劉邦進入咸陽之後。從進入咸陽，到被封漢中，再從漢中打回關中，楚漢相爭局面形成，因為有蕭何，劉邦這邊已經有了兩項項羽比不上的優勢。

一項優勢是，蕭何剛到咸陽就收了秦代的丞相御史律令圖書，把它們作為建立一個帝國的文件，全部都收在一起。文件裡記錄了當下帝國的種種訊息，所以，對於地理、人口、經濟、軍事等不同的面向，蕭何都有最好的掌握。另一個重要的優勢是，在劉邦帶軍向東跟項羽征戰的時候，蕭何一直留在關中地區，主要做兩件事情。

首先是「使給軍食」，換句話說，就是負責給前線軍隊的後勤補給。後勤補給最核心的是糧食，所以他必須充分掌握關中的生產力。不止如此，他還要確保後勤所需的糧草跟其他器械能固定且有效地送到前線去，讓劉邦沒有後顧之憂。當然，在楚漢相爭的過程中，即便有這樣的優勢，劉邦仍然數度在戰場上敗給比他更有軍事能力的項羽。所以，蕭何還必須做另外一件事情，就是《蕭相國世家》中所寫的：

> 關中事計戶口轉漕給軍，漢王數失軍遁去，何常興關中卒，輒補缺。

他要不斷地幫劉邦動員新的軍隊，每當前線戰敗，軍隊有所流失，如果不能快速補充兵士，那麼很明顯會給劉邦帶來無法逆轉的頹勢。還好有蕭何坐鎮關中，他一而再、再而三地有效動員關中的物力和人力去補給前線，這是他最重要的功勞。

但即使有功至此，在那樣的亂世當中，蕭何仍然要找到自處之道。接下來，「漢三年，漢王與項羽相距京索之間」。這時候正是楚漢相爭的最高峰，劉邦和項羽相持不下，可是出現了一個奇怪的現象，劉邦一直派使者來慰問後方的蕭相國：你最近好不好？有沒有什麼需求？

蕭何就搞不清楚了，這是怎麼回事？還好他旁邊有一個策士鮑生，教蕭何說：「你想想看，這時候漢王是在什麼樣的狀況下？他在最前線打仗，如此辛苦，卻一再派人來問候你，這絕不是什麼好事。為什麼他要反反

覆覆來問候你，因為這是他最沒有安全感的時候，隨時有可能戰敗。所以他怕在這個節骨眼上，萬一後方有什麼不測，就完了。他反覆來問候你，是為了穩固自己的後方。所以，你要讓他安心，覺得後方絕對不會有事。不然的話，一旦他開始懷疑你，你想想他會怎麼做？所以，既然你負責的是動員，那就把你們家族裡只要能打仗的男丁，統統找來，都派到劉邦身邊，這樣他就不會懷疑你了。」蕭何聽了，乖乖按照這個建議去做了，劉邦果然非常高興。

到了漢五年，劉邦已經打敗了項羽，要論功行賞了。之前說過，整個封賞的過程花了很長時間，很難決斷。最後，劉邦把蕭何放在最前面，封他為酇侯，而且給他非常多的食邑。看到蕭何得了這麼大的賞賜，很多功臣，主要是在前線打仗的人，心裡很不平衡。他們對劉邦抱怨：「我們在前線攻城掠地，多則跟敵人戰鬥了上百場，少的也打了幾十場，經歷了多少生命危險，留下了多少傷口。蕭何呢？他打過仗嗎？他騎過馬嗎？他就在後方，徒持文墨議論，不戰。他從來沒有真正上過戰場，為什麼功勞反而在我們上面呢？不合理！」

劉邦聽了他們的抱怨，沒有直接回答，而是問他們會不會打獵。大部分人說，會啊！接下來劉邦就問：「你們知道打獵的時候有獵狗嗎？」他們說：「當然知道，打獵的時候要帶著獵狗去。」劉邦就接著說：「如果你們要去打獵，會叫狗去追，對不對？所以，表面上看起來是狗追到了獵物，可是，是誰放狗的？還有，是誰指示狗應該到哪裡追呢？我們會認為，打到獵物都是獵狗的功勞，而不是人的功勞嗎？你們取得的這些戰績，用打獵來作比的話，叫作『功狗』，你們就是去把獵物咬回來的，這是你們的功勞。可是不要忘了是誰指使你們到哪裡打獵，怎麼打，這背後有『功人』。這個人是誰呢？就是蕭何，因為蕭何發蹤指示，他在後面告訴我們軍隊應該到哪裡，去打什麼地方，怎麼打。而且，你們跟在我身邊，覺得自己非常效忠我，也許你弟弟和其他親戚也跟著我，但至多就是兩三個人。你們知不知道，蕭何舉宗數十人，幾乎所有傳宗接代的男丁全部跟著我。功不可忘也，所以，正是這兩個因素，決定了蕭何應該獲得的特殊地位。」

在這件事情上，我們首先要佩服劉邦的識見，他會區分，真正攻打城池擊退敵人打退的那些人，不過是打獵時的「功狗」。「功狗」有苦勞，但是最高的功勞是在背後出謀劃策、運籌帷幄的「功人」，費心的人比費力的人地位更高。

另外，我們也就瞭解了，當時鮑生給蕭何的建議真正打動了劉邦。劉邦在前線最艱難的時候，蕭何竟然把蕭家所有男丁都派過去，這是徹底的效忠。因此，等到論功行賞時，劉邦自然也會給蕭何應得的地位。

但事情還沒有完。封賞後，接下來就要定位次。這時幾乎所有人的共識是，擺在最前面的應該是平陽侯曹參。為什麼呢？因為他打仗打到身上有七十道傷口，能活下來就已經是一個奇蹟了。而且，曹參攻城掠地，功勞最多，也應該擺在最前頭。但劉邦心裡不這樣想，他還是認為擺在第一的應該是蕭何。

關內侯鄂君可能意識到了劉邦的心意。他獨排眾議，說曹參雖有野戰掠地之功，但這是「一時之事」，就是說每場戰役就是一個點一個點的功勞。但是，劉邦跟項羽相爭長達五年的時間，而且戰線拉得那麼廣，過程中有贏有輸，而且輸的時候居多。每次輸了，部隊裡面就有很多人逃亡，最終之所以取勝，靠的是蕭何源源不斷地從關中補充人力，有時甚至不用等劉邦告訴他應該怎麼做，他一看前線不對，就會主動用這種方式。當楚漢在滎陽僵持時，已經到了「軍無見糧」的地步了，最後能夠打敗項羽，就是因為蕭何一直從關中運來糧食。在爭奪東方領土過程中，劉邦不斷失敗，也是靠著蕭何鎮守關中，才成就了萬世之功。

鄂君講得非常誇張，「今天我們不要說少了一個曹參，就算少了一百多個曹參，漢軍仍然是漢軍，可是如果少了一個蕭何，那就不可能有漢軍，不可能有楚漢相爭的這個結局了。」蕭何是長時間的、全面的功勞，曹參雖然打了那麼多場戰役，但不能「以一旦之功而駕萬世之功」。

用這種方法來主張蕭何第一、曹參次之，當然就是劉邦想要的。結論是，蕭何不僅排第一，還被賜予了一個非常重要的特權，可以「帶劍履上殿，入朝不趨」。這是最高等級的優待，意味著蕭何上朝可以不用脫鞋，

不用解劍。不止如此，依照本來的朝儀，上朝時為了表示看到皇帝的慌張和敬仰，臣子在殿上不能慢慢走，必須要快走，就是「趨」，但是像蕭何這種特別的功臣，可以慢慢地走向殿上，走向皇帝。

這一段其實還埋下了一個伏筆。在《蕭相國世家》接近結束的時候，我們會看到有一段蕭何和劉邦的互動，司馬遷用了非常簡要的兩個字「徒跣」。「徒跣」就是赤腳，表示蕭何本來被劉邦恩賜可以穿鞋、帶劍上殿的特權，但他刻意把鞋脫了，光著腳去見劉邦。這就是蕭何的為臣之道。

不安，是權力者的本能

《蕭相國世家》寫了非常多有趣的故事，其中最核心的一條脈絡和歷史教訓是，漢朝建立後大部分功臣都跟劉邦有所齟齬，甚至被一一翦除，蕭何憑什麼能夠全身而退。

少數留在劉邦身邊的幾個人，包括留侯張良、蕭相國蕭何，還有曹參、陳平、周勃。司馬遷把他們集合起來放在世家中，這意味著他們直到去世，都保留了劉邦給予的封位。藉由這幾篇世家，司馬遷要告訴我們，這些人的遭遇在漢朝不是常態，而是特例。

蕭何身處這樣高的地位，他一生中最重要的幾件事情，都是在劉邦的猜疑、敵視甚至可能是懲罰中，一次次通過考驗，保住了自己的位置。

和韓信的關係，是蕭何一生中最重要的故事之一。韓信「成也蕭何、敗也蕭何」，但對於蕭何而言，不管是他推薦韓信，還是最後除掉韓信，都是在劉邦面前展示了自己的價值和能力。漢十一年，劉邦在外平定陳豨的叛亂；在內，蕭何也解決了韓信意欲謀反的危機。劉邦知道後，就派使者回到長安，給蕭何嘉獎。劉邦給的獎勵非常高。首先，他讓他蕭何由丞相再升一等，變成了相國，是朝廷所有官位中最高的，真正是一人之下，

萬人之上。其次，他還給蕭何加封了五千戶，這五千戶每年應該要交給朝廷的稅收，現在統統歸給蕭相國了。在這些獎勵之外，還有一件有趣的事：高祖另派了五百人，由一個都尉帶領，去當「相國衛」，他們的工作就是保護蕭何。

蕭何一下子得了三大獎勵，大家都認為這是了不起的好事，紛紛來道賀。但是，這個時候有個人和別人不一樣，居然來向蕭何表達悼念之意。

這個人是誰，為什麼會有這種態度呢？司馬遷用寥寥幾筆介紹這個人的背景和關鍵資訊：「召平者，故秦東陵侯。」這個人叫作召平，原來在秦的時候被封侯，有過蠻高的地位。但是秦滅亡之後，東陵侯的位置自然也就沒有了，他變成了布衣，家裡很窮，窮到只能種瓜來養活自己。但是他種的瓜跟別人的瓜不一樣，長得好看，又好吃，以至於有一個特別的名字，叫作東陵瓜。

雖然這段話非常短，但是點出了兩個重點。第一，召平這個人有過富貴的時候，也經歷了富貴的消亡，知道從高處跌下來的感覺，所以必然對某些事情會特別敏感。第二，這個人有特殊的能力，即使是生命最挫折、最失意的時候，他仍然能找到出路。什麼樣的人會去種瓜呢？種瓜意味著你得到的土地甚至不足以當一個正常的農戶，沒辦法種大家普遍認為更有價值的穀類。但是，東陵侯召平就算去種瓜，都有特別的能力和智慧。用這種方法，召平恢復了一定的財富和地位，不然也不可能去找到蕭何，還去提供自己的意見和看法。

召平具體怎麼說的呢？他對蕭何說：「你好可憐，禍自此始矣！你從現在開始就要倒霉了。現在的狀況是，劉邦正帶著軍隊在外面打仗，暴露於外，隨時有可能受傷甚至喪命。而你呢？你現在坐鎮在後方，箭不會射到你身上，石頭不會打到你身上。皇帝這麼辛苦，你卻如此安逸，在這樣的對比下，皇帝還給你獎勵。你蕭何安穩地坐在長安，他派五百個人來保衛你，為什麼？有任何敵人或是軍事力量可能會謀害你嗎？為什麼要派五百個人來保護你，因為今者淮陰侯新反於中，你平定了韓信的謀反。皇帝不在長安，長安有任何變動是來不及救

的，哪怕只是像韓信這樣一個陰謀，哪怕韓信現在沒有那麼龐大的軍隊，但他如果真的跟陳豨裡應外合，說不定漢朝就沒了。所以，現在劉邦在擔心什麼？你可以用這種方式敉平韓信的謀反，但如果你變成下一個淮陰侯，就沒有另一個蕭何治得了你。皇帝能不擔心嗎？疑君心矣。夫置衛衛君，非以寵君也。你不要搞錯了，前面兩項可能是對你的獎勵，感謝你解決了韓信的問題，但是這五百人顯然不是在保護你，而是監視你，以防你變成下一個淮陰侯。」

所以，召平明確地建議蕭何：「你可以要位置，可以要財富，但不要皇帝給你什麼你都拿。你就告訴皇帝自己已經過得夠好了，不需要再增加五千戶。而且，你要把現在的積蓄全部拿出來給皇帝，告訴皇帝說：『你在外面打仗很辛苦，一定需要資源，我家裡有多少財富都供奉給你，幫助你安心地打仗。』用這種方式，等於給了皇帝雙重的安心。第一，把家財給了皇帝，表示你對於皇帝的關心勝過自己聚斂財富；第二，你再度宣誓了自己對於皇帝的效忠，你連自己的家都不顧，不可能在長安想對他有什麼不利。」

蕭何聽從了召平的建議，劉邦果然非常高興。這是漢十一年，蕭何在處理跟劉邦的關係上又過了一關。但是，只要劉邦與舊功臣之間的恩怨還沒結束，蕭何就必然被捲在其中，無法脫身。

次年秋，黥布反。之前在《呂太后本紀》中提到過，這時候劉邦生病了，原本是讓太子帶著軍隊去打，但是在留侯張良的計策下，呂后哭訴一番，劉邦還是自己帶著軍隊去打黥布。那麼誰留守長安呢？仍然是蕭何。

劉邦帶軍出去之後，就像楚漢相爭時那樣，又不斷派人回來問候蕭何，要好好地把看守長安，把該做的事情做好。這個時候，又有一個人去幫助蕭何，可是司馬遷也不知道這個人是誰，只用「客」來代稱。

這個人和召平一樣來警告蕭何，話也說得很可怕：「君滅族不久矣。」不只是蕭何自己有生命危險，一家子都有危險了。為什麼要給蕭何這麼嚴重的警告呢？

他說：「你現在是相國，表面上看起來地位那麼高，但最大的問題是再也升不上去了。換句話說，這時候

你有任何功勞都會讓皇帝頭痛，因為他沒辦法再獎勵你了。更可怕的是，從當時跟劉邦一起入關到現在，你想想，你留在關中已經有多長時間了？已經有十幾年了。這十幾年中，劉邦幾乎沒有時間待在這兒，而關中的父老都認得你，親附你。所以，在皇帝的眼中，你基本上掌握了關中的人民。皇帝出去打仗，為什麼一直派人來問候你？他的心裡該是如何的不安啊！他要借著這些使者傳遞訊息給他，確認你沒有問題。我請問你，你很瞭解劉邦的個性，你猜他會怎麼做？當他不安的時候，他會先下手把你除掉。」蕭何一聽，當然知道這個客說得有道理，也猜到他應該有備而來，就問：「那你認為我應該怎麼做呢？」這個客給的建議非常特殊，《史記》裡只有很短的一個詞——「自汙」。

這個客說：「你現在的問題是什麼？是把相國職務、把看守關中的工作做得太好了！因為做得太好，太得民心了，大家都願意跟隨你，你就完蛋了。所以，你要讓自己看起來沒有那麼好，也就是要『自汙』。具體怎麼做呢？比如你現在要表現出你的貪欲，大買田地，然後用各種方式斂財，建立這樣的形象，關中的人就不會那麼愛戴你了。一旦皇帝覺得關中的人不再擁護你，他也就不會覺得你那麼有威脅了。」

於是，蕭何聽從了這位客的建議，一度大買田宅。為了表現自己的貪欲和弱點，他還運用政治上的特權，賤買一部分民間的田宅，這就等於是欺壓百姓了，一定會造成反彈。所以，當劉邦率軍回到長安後，收到了一大堆針對蕭何的告狀信。劉邦怎麼處理呢？他把蕭何叫來，然後把這些告狀信統統交給了蕭何。他一方面讓蕭何知道，你有把柄在我手裡，我現在就可以治你。當然，因為你對我有功勞，所以我不隨便動你。

到了這個節骨眼上，本來事情應該就可以解決了。但蕭何就是蕭何，他採用這個做法，是為了自保而不得不自汙，這不是他的本心。蕭何在漢朝建立的過程中取得這樣的地位、成就，還是源於他非常根本的初心，所以當劉邦打進咸陽，別人都在享受秦始皇的豪華宮室、美女和珠寶的時候，蕭何要的是跟人民與統治有關係的所有資料。他有這樣的視野和眼光，不會隨著漢朝建立就變成另外一個人。所以，他雖然以這種方式自汙，但

我想，司馬遷還是要讓我們感動，才記錄了蕭何接下來的反應。

皇帝指控蕭何說，你變了，你現在變得心裡面沒有人民了，只有你自己。蕭何怎樣反應呢？他給了皇帝一個建議：長安其實是一個小地方，沒有足夠的土地進行農業生產。在這樣的環境下，還保留了非常多的地方留給皇室，或者拿來預備做皇家庭院。人民沒有東西吃，沒有農地可以生產，而這些地方現在基本上都是空地，還養著禽獸。蕭何建議皇帝把這些地讓出來，賣給人民變成農地，用這種方法造福人民。

這話一說，本來對蕭何已經安心的劉邦就發脾氣了，罵蕭何說：「你以為我不知道嗎？你在長安勾結了這些有錢人，收了他們的賄賂，他們叫你來給我提這個建議的。他們看不得我作為皇帝有這麼多的土地，你就是代表這些有錢人的利益，叫我把這些園囿的土地給讓出來！」因此，一人之下萬人之上的蕭何立刻就被收押了，這就是一個帝國剛剛成立、沒有制度化的時候發生的可怕的事情。

劉邦身邊有一個地位不高的衛尉，姓王，因為跟劉邦親近，就大膽地問：「蕭相國到底犯了什麼樣的大罪，要用這麼暴烈的方式收押他呢？」

皇帝就跟王衛尉解釋說：「李斯在做秦相國的時候，他有一個原則，有好事、有好的名聲，他都會歸給秦始皇，如果有錯的、壞的事情就攬在自己身上。李斯是用這種方式保護秦始皇的。那今天我們這個相國呢，他剛好相反，接受這些商人的賄賂，然後代表商人的利益來跟我提要求，要我把園林給讓出來。這就叫自媚於民。他就是要把這個名聲傳出去，讓百姓覺得相國多麼替他們考慮，皇帝占了這麼多土地不給百姓用，只有相國愛護他們，為他們好。但其實他是在經營自己的名聲。」

這個王衛尉有一定的智慧和經驗，他回覆皇帝：「您想想，這件事情是不是有道理？這是不是相國的工作職責上應該處理的事情？他不過就是管了應該管的事情，您為什麼要懷疑他的動機，說他是接受有錢人的賄賂、為了自己的名聲才做這件事情呢？」

接下來，王衛尉又講：「楚漢相爭的那幾年，您都在外面打仗，接下來陳豨、黥布反的時候，您又自己帶兵在外，都是蕭相國幫您鎮守關中。如果他真有私心，為什麼要這個時候才表露呢？那麼多年您都不在，那是他最好的機會，如果他當時有任何私心——」這時王衛尉講了一句很重的話：「則關以西非陛下有也。」

楚漢相爭的時候，蕭何大可以不這麼認真地把他控制的關中資源源源不絕地送到東方，去幫劉邦打仗。如果他更狠的話，甚至可以跟淮陰侯韓信等人一樣，直接抗命不遵。蕭何擁有別人都沒有的條件，只要把關中封起來，關中就是他的基地，而劉邦要想再聚攏資源，帶著軍隊打回關中，會是一件多麼困難的事情！所以，王衛尉才說，當時的局勢對蕭何來說如此有利，他完全可以把整個關中都變成自己的私家產業，為什麼現在反而要去收這些富人的錢呢？和據關中自立為王相比，這些富人能給他多少錢？他有這麼笨嗎？

再接下來，就是王衛尉勸劉邦的第三個理由，他說：「您剛剛舉的是李斯的例子。李斯服務秦始皇是好的例子嗎？秦之所以滅亡，不就是因為李斯蒙蔽了皇帝，讓始皇帝無法充分掌握民間究竟在想什麼，發生了什麼事情嗎？他這種做法又何足法哉。陛下何疑宰相之淺也」，他很直接地跟皇帝說，你懷疑蕭相國這個想法太淺了。

很顯然，王衛尉因為每天跟著皇帝進進出出，才可以跟皇帝說這樣的話。但我們仍然要佩服他的勇氣，也要佩服司馬遷的描述功力，接下來他寫道：「高帝不懌。」「不懌」一方面是形容劉邦不高興，另一方面表示在不高興當中還有深思。這就是劉邦，哪怕不高興，只要覺得別人說得有道理，他還是會聽。後來，劉邦當天就把蕭何放了出來。

這時蕭何已經年紀很大了，「素恭謹」。在這之前，我們提過一句非常關鍵的話，是前面埋下的伏筆。蕭何被放出來之後，怎樣表現他的恭敬呢？他脫了鞋子走到劉邦面前，向劉邦謝罪。這裡呼應的是劉邦大封功臣時給蕭何的特權：劍履上殿。但是蕭何規規矩矩的，而且他知道不能要這個特權，而是回到一個臣子的本分上，

以此去感動劉邦。

劉邦也告訴蕭何說：「你不用擔心，你為人民陳情要求的事情，我如果不允許，那就變成了桀紂之王，你就成了一個賢相。」劉邦這時候在給自己找台階下，還要跟蕭何邀功。他說：「正因為我知道人們會怎麼看，所以故意凸顯你是一個賢相啊，是我這個昏君搞不清楚。我願意損傷我的名聲來成就你，所以關了你，讓百姓知道我不是一個完全沒有過錯的皇帝，知道應該如何感激這樣的相國。」

蕭何這次的危機就這樣解決了。這件事在《史記》裡的篇幅雖然不大，但中間每一個節點、每一步轉折，都牽涉到我們對於權力本質的認知，以及權力者思考問題的路徑所帶給我們的啟發。

扔掉野心的政治家

《蕭相國世家》到了快要結尾的地方，在記錄蕭何離開人間的過程中，司馬遷又寫下了一件非常重要但又非常奇怪的事情。

在這一段的開頭，司馬遷先告訴我們，「何素不與曹參相能」。在所有功臣中，蕭何跟曹參兩個人相處得非常不好。當然，兩人怎麼可能關係好呢？當時劉邦大封功臣的時候，本來曹參在戰場上最英勇，身披七十創，這麼奮力地幫劉邦打天下，但第一功臣的頭銜卻被蕭何給搶走了，所以他對蕭何一定是有不滿的。但反過來說，蕭何有他的自視之高，在當年狀況最糟的時候，如果不是蕭何守住關中，把所有資源源源不斷地送到前線，曹參身上再多的傷口都不足以打下江山。

在漢朝成立的過程中，蕭何和曹參扮演的角色如此不同，幾乎不可能作為朋友或者同僚好好相處。但是正因為這個背景，後面發生的事情才讓人驚異。

蕭何病重的時候，當時的皇帝孝惠帝親自去看望他，而且不得不問：「君即百歲後，誰可代君者？」蕭何的回答非常有趣，他說：「知臣莫如主。」言外之意是反問漢惠帝：你應該夠瞭解我了，你覺得找誰來代替我是最好的呢？於是孝惠帝就試探著問：「找曹參怎麼樣？」

司馬遷已經明白告訴我們蕭何和曹參是有過節的，而孝惠帝竟然要找曹參來接替蕭何的位子，但我們再看蕭何的反應——蕭何頓首曰：「帝得之矣！臣死不恨矣！」如果漢惠帝真的這樣做了，那他死而無憾！這段對話不僅表明蕭何非常贊成曹參接替他做相國，還透露出，他早就想讓孝惠帝知道，他和曹參的私交雖然不好，但在統治帝國的考量上，他可以擺脫私心。從公共利益的角度來看，蕭何最討厭的人正是最適合在他死後可以託付巨大權力的人。關於這件事情，我們還要結合下一篇《曹相國世家》中寫到的事情，才能知道這件事情有趣和重要之處。

「惠帝二年，蕭何卒」。當時曹參正在齊國輔佐齊王，聽到蕭何去世的消息，他馬上告訴旁邊的人說：「我們要搬家了，我要到朝廷裡去當相國了。」果然，沒過多久，使者就把曹參召到了長安。但是，曹參在離去之前，特別叮囑接替他做齊相的人：「以齊獄市為寄，慎勿擾也。」跟刑罰、買賣有關的事情，什麼都不要改，不要動。這個接任齊相的人就問：「所以，你認為在治理上面，最重要就是這件事了？」

曹參回答說：「不，這件事情之所以重要，是因為刑罰最關鍵的就是能容。」在當時，漢朝的律令仍然是秦的那一套，所以他告訴接他相位的人不要亂動。所謂不要亂動，就是根本不要去執行。這是一個很奇怪的建議，可是在當時的環境下有特別的道理。

曹參說：「這時候如果你有所作為，那壞人就沒地方去了。」換句話說，社會的嚴重問題不是壞人太多，而是在原來那樣的律令壓迫下，會逼著太多人變成壞人。所以，那種小奸小壞要給它空間，不要為了把壞人全部除掉，而使得社會進入一種非常可怕的肅殺狀態，那樣反而會付出更高的代價。

接下來，司馬遷用一段話簡單交代了蕭何和曹參的關係。他們在沒什麼地位的時候，是好朋友；一個做將一個做相之後，就有了隔閡；到蕭何死之前，他推薦的賢臣只有曹參；曹參當了相國之後，最重要的事情就是：

舉事無所變更，一遵蕭何約束。

這件事情聽上去有點不可思議：蕭何明明和曹參有隔閡，卻叫曹參來接替他當相國；曹參明明討厭蕭何，卻在接了蕭何的位置後，一切都按照蕭何原來的安排。

另外，曹參治國還有一個重要的原則，就是用那些不隨便改變現狀的保守派。在幫郡國選擇官員的時候，他偏愛不太會說話的、厚道的或者年紀比較大的人。對於那些很愛表達自己的意見或想追求聲名的人，他就去之不用。

他自己做些什麼事呢？

日夜飲醇酒。卿大夫已下吏及賓客見參不事事，來者皆欲有言。至者，參輒飲以醇酒，閒之，欲有所言，復飲之，醉而後去，終莫得開說。

這段話太有趣了。曹參不只是每天喝酒，更重要的是，如果有人來找他，第一件事就是喝酒，不喝酒就會被趕出去。一喝起酒來，總要找個機會跟相國說一說吧？我們擔心什麼、關切什麼，希望你做什麼……但是來的人一開口，就又會被叫喝酒，到後來都沒有機會把要說的話講出來。

曹參的相國官舍後面有一個吏舍，住了一群小吏。這群小吏日飲歌呼，也很愛喝酒，非常吵鬧。相國宅邸的管家們非常厭惡這件事情，但又拿他們沒辦法，就想把曹參請到園子裡來，好讓他下令讓這些人不要吵。曹參的反應是什麼？「來吧，我們也把酒拿來，在院子裡面來喝吧！他們吵，我們跟他們一起吵，就不覺得吵了。」而且，曹參碰到有人有小過錯的時候，都會幫忙掩蓋過去，所以相府中總是平安無事。

這時，惠帝開始有所疑惑了，他一定也聽到了很多相國不治事的消息，尤其他是剛即位不久的新皇帝，所以不免懷疑曹參是因為覺得他太年輕了，才用這種方式怠慢職責。曹參的兒子曹窋是中大夫，惠帝就把曹窋叫來，說：「你回去的時候，不動聲色地問一下你父親：『老皇帝剛死不久，新帝現在很年輕，父親您當相國，天天喝酒，也不聽聽人家講什麼事情，您是不是真的不在意這個天下？』你不要說是我叫你問的，就假裝你自己很好奇問一下。」

曹窋回去之後，果然找機會問了曹參。曹參怎麼反應？曹參大發脾氣，把兒子痛打了一頓，然後說：「你做好自己的工作就行了！你問我天下事？天下事干你屁事，你有資格問天下事嗎？」

曹窋當然很委屈，回到皇宮，告訴了皇帝。等到上朝的時候，惠帝就指責曹參說：「你為什麼要這麼打你兒子，那是我叫他問的。」這個時候，我們看上下文，就知道曹參其實心裡明白那個問題是皇帝問的，他打兒子也是打給皇帝看，因為他要和皇帝講接下來的這番話。

曹參「免冠謝」，說：「我現在要說的話會得罪您，您高興怎麼處置就怎麼處置我，但我不得不說；您捫心自問，您跟您父親誰比較厲害呢？」

惠帝說：「我怎麼可能跟我父親相比呢？」

接下來曹參再問：「您也跟蕭何共事過，蕭何做完相國才交給我的，那您覺得我跟蕭何誰更有本事？」

惠帝還是挺客氣的：「看起來你應該是不如蕭何。」

然後曹參就說：「您說得太對了！您看看這個天下怎麼來的？天下靠的是高祖皇帝，高祖靠的是蕭何，他們定了天下，然後設下了這樣的制度，那我們做什麼？我們什麼都不要做，因為您又比不上您父親，我也比不上蕭何，我們只要遵而勿失，不亦可乎？」好好地遵守他們留給我們的，讓這套制度能夠運作，才是對的。

惠帝就說：「是了，我瞭解你在說什麼，你不必多說了。」

最後，曹參當了三年相國，沒有任何了不起的作為。但正因為如此，他得以善終，也得到了百姓的擁戴。百姓中間甚至有這樣的歌謠：

> 蕭何為法，顜若畫一。
> 曹參代之，守而勿失。
> 載其清淨，民以寧一。

這是對蕭何和曹參兩位相國治國的肯定，以至於在後世留下一句重要的成語——蕭規曹隨。

在這個歷史轉捩點上，「蕭規曹隨」還有一層我們不能忽略的重大意義：從曹參當相國開始，漢代其實已經走向後來文帝時進一步確立的首要政治意識形態——黃老、清靜、無為。清靜無為對應的是秦代過度役使社會的後遺症，經過楚漢相爭，再經過漢高祖收拾黥布、陳豨、韓信的爭鬥，整個社會已經受不了了。這時候，蕭何定下了一些基本的規範，但更重要的是後來曹參的眼光與意志。他能夠看出這個時代天下真正的需要，更難得的是，他能夠徹底壓抑自己的野心——他已經坐到這麼高的位置，擁有這麼大的權力，但他面對這些只有一個想法，就是節制自己不要去使用這份權力。如果說前者是智慧，那後者就是人格了：不管外人怎麼看我，當我覺得這件事情是對的時候，我就用自己的方式來做。或許換一個時代，換一個情境，蕭何不會建議曹參當

他的接班人，曹參可能也不會用這種方式來做相國。

在「通古今之變」的原則下，「蕭規曹隨」其實包含了「變」最關鍵的一步——如何「矯枉過正」。為了讓社會得到休息，曹參「過正」到什麼程度呢？他乾脆不讓任何有野心的人進政府，為此包括皇帝都要懷疑他，所有人都說他是一個莫名其妙的無能相國。但另一方面，我們也看到，當一個社會的問題嚴重到那種程度，或許人民也有自己的特殊觀察和思考，他們會瞭解事情的重要性。更重要的是，像司馬遷這樣的史家看到、理解了，然後用這種方式寫下蕭何和曹參交接的故事。

列傳導讀：活成主角的邊緣人

列傳的主角

《史記》開篇是以描寫統治權力核心作為對象的「本紀」，司馬遷以此把古往今來的大事做了一次根本的整理。本紀之後，「書」是制度史，或者說，是不以人物為中心的一種歷史紀錄，「表」則是著意在雜亂的時間中梳理出各國之間的關係，例如春秋戰國或者楚漢相爭時期，由於存在不一樣的政權和政治中心，產生了時間紀年上的錯亂，這時候司馬遷就用「表」讓我們不至於迷失在多重系統中。書、表之後是世家，對貴族生平的紀錄，世家之後是列傳。

《史記》共一百三十篇，從第六十一卷到第一百三十卷，超過一半的內容都是列傳。雖然列傳在順序上被擺在最後，但從篇幅來看卻可以說是《史記》真正的核心，也是《史記》敘述歷史真正重要的一種體裁。它以「人」為主（這個「人」可以是個人，也可以是集體），描寫這「人」的來歷，之後進一步整理他或他們一生當中做過什麼事。

列傳與本紀、世家構成了非常鮮明的對照。本紀和世家裡的人物都有一個顯赫的身分，比如皇帝，不管他

是一個什麼樣的人，有沒有做什麼重要的事情，這個身分本身就不容忽視，很多大事的發生也依附在這個身分上。世家也是如此，人物的身分使得他們跟一般人區隔開來。而列傳裡的人基本沒有貴族血統，也沒有從皇帝或者其他政治力量裡來的身分，他們之所以被寫進歷史，是因為身上有一種個人的特色或者功業。司馬遷希望能夠藉此彰顯一種獨特的精神，以及這種精神所隱含的英雄主義。

「hero」這個詞一般翻譯為「英雄」，在戲劇和小說中也可以翻譯成「主角」。廣義的「英雄」是指有些人過日子的方式、一輩子的成就與眾不同，他們把自己活成了主角。司馬遷認為，歷史上最值得被記錄、被看到的正是這種英雄，他們生命的特殊質地需要被人發現和瞭解。更進一步，瞭解他們跟那個時代之間的關係，以及在那樣一個時代如何成就自己，也是歷史的一個主軸。

從這個角度，我們可以對列傳的體例有基本的掌握。

列傳中有很多司馬遷的巧妙安排，例如列傳的結束就是《史記》的結尾，而列傳的最後一篇是《太史公自序》。這不只是司馬遷依照中國傳統書籍編撰的方法——序言一向是放在最後面——他有意識地把自己的序言放在「列傳」第七十，換句話說，這篇自序同時也是司馬遷自己的傳記。由此，這篇序言便有了雙重作用：一方面，為了交代清楚寫這本書的來龍去脈，司馬遷必須認真仔細地說清他自己是一個什麼樣的人；另一方面，這同時也是司馬遷的自傳，司馬遷要在這裡留下自己的名字，留下司馬家的名字。在這個意義上，《太史公自序》其實呼應了《孔子世家》：孔子本不是一個貴族，可是基於他所做的事情，司馬遷認為應該給他一個貴族的地位。《太史公自序》也是如此。

周代以來，司馬家一直都掌管太史的工作。雖然這不是一個正式的貴族身分，可是裡面卻有一種專業世襲的尊嚴，使得司馬家幾乎把自己當作一種另類的貴族。所以，《太史公自序》的背後不只是司馬遷個人的傳記，同時也是一個隱形的集傳，是關於司馬家如何當太史、當太史時保持何種態度和傳統的家族集傳。

凸顯春秋

列傳第一篇是《伯夷列傳》，之後的第二篇是什麼呢？《管晏列傳》。我們知道，依照傳說，伯夷、叔齊是商周之際的人，而管仲是齊桓公時代的人，也就是東周春秋五霸崛起的時候。這兩篇所寫的人物幾乎隔了五百年，難道其間沒有一個人值得寫在列傳當中嗎？為什麼從伯夷叔齊到管晏兩者之間跳過了整個西周呢？這並不是司馬遷的疏忽，而是他「通古今之變」的一個提醒。

從更高層次來看，「人物」不是一開始就有的。不一樣的歷史時代，人在組織上有不一樣的性質，一個巨大的差異就是，有些時代是集體性的時代，用馬克思唯物史觀的看法，叫作「原始共產主義時代」。原始共產主義時代意味著人的集體組織性是整個歷史的主軸，是推動歷史的主要力量。人從這樣一種集體的開端出發，需要各種條件來加以配合，包括社會組織的分化、階級的發展，才慢慢地從集體的時代過渡到更小的單位——個人。這樣看來，並不是有人就有「人物」。在司馬遷的心中，對「人物」一詞有非常明確的看法。列傳把管晏放在前面，表現了司馬遷在漫長的中國歷史中的觀察重點，他要凸顯春秋時期的重要性。

在看待中國古代歷史時，「春秋」無疑是一個重要的斷代。此前，在一種相對平靜的封建秩序下，每個人都有各自的位分，都知道自己應該做什麼。一生的大部分時間當中，個人按照封建宗族的安排，做應該去做的事情，活完一生，沒有什麼自由發揮的空間。每個人都是龐大集體封建秩序當中的一顆螺絲釘，不可能是主角或英雄。從什麼時候人才有機會把自己活成主角、英雄了呢？顯然，是開始於封建秩序的瓦解。

春秋時期，隨著宗族系統一代代的變化和發展，原本維繫整個封建制度的禮儀和行為規範開始動搖，使得人的能力和智慧有了不一樣的發揮空間，因此才有了「人物」的可能性。最早出現的人物是管子、晏子，然後

是老子、莊子、申不害、韓非，等等。因此，光看列傳的目錄就能瞭解司馬遷要表達的一個觀點——春秋戰國是人物輩出的時代。

《史記》中，春秋戰國時代具有司馬遷所賦予的雙重焦點。第一重焦點在世家，司馬遷通過世家講述這些留下來的封建貴族；第二重焦點在列傳，同樣提醒讀者注意貴族之外的那些新興人物。

這些人物在原來的封建秩序下並沒有高貴的血統，然而他們靠個人的作為展現出了不一樣的光彩：管晏在政治上具有極高智慧，老子、莊子有著獨特的思想，作為一個老師的孔子在那個時代所付出的努力，還有舌燦蓮花遊說列國的蘇秦、張儀，而孟嘗君、平原君、信陵君、春申君這四大公子的聲名靠的則是他們養門客的作為。那麼多人物紛紛崛起，有各自不同的性格特色。

春秋戰國是一個非常精采而多元的時代，在這樣的時代裡，不同個性的人可以走不同的路，最後也可以建立足夠的功績把自己凸顯為主角，後被司馬遷寫進《史記》。

集傳的深意

在《史記》中，列傳的通例是「個傳」（一篇寫一個人），以此而言，七十篇列傳中有二十五篇的人物都屬於春秋戰國時代，直到列傳第二十七才記錄到秦朝的李斯。如果從「集傳」（一篇不只寫一個人）來看的話，又能夠看出非常有意思的安排。

在寫春秋戰國這些人物的時候，司馬遷其實沒有用太多集傳的方式，雖然也會有一些列傳在一篇中寫了好幾個人，但通常都有特別的考量。例如，他之所以把老子和莊子、申不害和韓非放在列傳第三篇，是要彰顯道家的來源，並藉此將道家與以申不害、韓非所代表的法家聯繫起來，討論兩者的關係，而《史記》中最彰顯春

秋時代人物最突出的，是第二十六篇《刺客列傳》。有這種標題的集傳，到列傳後段開始密集地出現。進一步觀察這部分內容，考察這些人的時代性，我們又會發現他們大部分都出現在漢代，而且裡面記錄的很多人物只比司馬遷稍微早一點。換句話說，這些人大都存在於景帝到武帝，尤其是在司馬遷自己親身經歷的武帝時代。司馬遷有意這樣安排，是想藉由這些集傳告訴我們什麼，或者要表達什麼樣的歷史主題呢？

在《刺客列傳》中，司馬遷一方面是想藉由這些刺客彰顯在戰國末年特別流行的一種風氣——由於社會混亂太久，政治權威亟待重建，很多人相信暗殺是解決問題最快的方法，或者說，人們已經絕望到除了用暗殺之外再找不出其他解決問題的辦法；另一方面，暗殺不是那麼容易的事，這個時候刺客之所以會流行，就是因為政治軍事的權威已經到達一定的程度，很難再被正面挑戰。

五個刺客變成刺客的原因，以及他們行刺的方式各有不同，是五段非常精采的故事。然而當把這五段故事放在一起看，這五個人又明顯表現出了一個共同點：以個人有限的力量去挑戰那些愈來愈難以靠近、傷害的君王。一個刺客要去行刺的時候，他必須要有心理準備——這個事情不容易成功，只要失敗就會喪命，甚至就算成功了也難以全身而退，所以刺客有一種共同的特殊性格：不畏死，並且願意犧牲。

他們願意去當刺客最根本的理由是什麼？司馬遷藉由《刺客列傳》讓我們看到了戰國末年一種非常獨特的人格，這種人格的核心是忠誠——一旦認定了一個主人，就願意為替主人報仇，或者為了替這個人解決問題，願意隨時奉獻自己的生命。有這樣的精神，才可能有這麼多的刺客，才足以形成那個時代的刺客風氣。

除了《刺客列傳》，還有兩篇具有明顯對照意味的列傳。一篇是《循吏列傳》，「循吏」表示是好官，通常指的是他們用什麼樣的方式執行法律、統領行政，然後造福人民。有《循吏列傳》也就有《酷吏列傳》，不過《循吏》是第五十九篇，《酷吏》是第六十二篇，二者並沒有並列在一起，其中一個原因是循吏這些人物在時代上基本都早於酷吏。

《酷吏列傳》所寫的重要人物，例如趙禹、張湯、杜周等都在漢武帝時代，也是司馬遷在《酷吏列傳》中最花氣力、寫得最淋漓盡致的幾個人。顯然，司馬遷在用這種方式表達對漢武帝時代的看法：秦始皇當然是一個暴君，秦始皇的統治也是殘酷的，可是不要以為到了漢代這種暴烈和殘酷就消失了。秦代的法律在很長一段時間仍然繼續留在漢代，只不過幸好有從曹參以下建立的這種「黃老」的政治風格，使文帝和景帝能夠將這些法律置而不用，與民休息。不過司馬遷清楚地提醒我們，從文帝、景帝到武帝，不是一脈相承的。漢武帝雄才大略，他要重新定義自己承接下來的這個漢代，重建一套法律制度以及培養執行這套法律的人。在這一過程之中，司馬遷身受其害。

在看待漢武帝這一朝時，司馬遷的眼光非常尖銳。如果我們把秦始皇跟漢武帝對照起來看的話，他們二人有共通之處：一是對於征伐擴張都充滿了野心；二是對統治都有內在的高度權力欲望，使他們的統治手段絕不會像文帝或者景帝那樣溫和。不過，在秦始皇死後秦代迅速滅亡，而漢武帝死後漢朝仍然可以穩定下來，多多少少說明了，秦皇漢武在殘暴統治的執行上還是有根本性的差別。這中間關鍵的差別就是，秦始皇的殘酷是對待一般人民的，而漢武帝在對待一般人民上並沒有殘酷到秦始皇那樣的地步。漢武帝要擴邊，所以必須動員大批百姓，在這件事情上面，百姓當然是受苦的，可是在《酷吏列傳》中，酷吏那種苛刻的法令大部分不是針對一般人民的，是針對官吏的。由此可見漢武帝統治的一個特色——他對於身邊的官吏極其殘酷。趙禹、張湯、杜周其實是皇帝的工具，當皇帝把某官員下獄的時候，他們就知道皇帝討厭這個人，便用最殘酷的方式逼他承認他可能沒犯過的錯，然後定下重罪，以此滿足漢武帝扭曲的心態，讓皇帝得以報復這些跟他說了他不想聽的話，或做了他不願意看到的事的官員。

從《循吏列傳》到《酷吏列傳》的對比，司馬遷在告訴我們什麼叫「吏」，什麼樣的「吏」真正適合掌管法律，什麼樣的人表面上掌管法律、運用法律，但實際上在濫用法律，作為皇帝洩憤報仇的工具，因此變成酷

吏。

還有一個集傳是《佞幸列傳》，裡面有鄧通、韓嫣和李延年。另外，《滑稽列傳》裡面有淳于髡、優孟、優旃，以及東方朔、東郭先生這些人。這兩個集傳指向漢朝成立之後帝國政治底下的一種怪現象——皇帝握有太大的權力，圍繞在皇帝身邊跟政治有關的這些人就會用不一樣的方法來影響皇帝，乃至於影響王朝政治。佞幸的方法是去獻媚、揣摩上意，說皇帝想聽的話。一個人擁有了絕對權力，引發的最重要的問題就是個人好惡可以超越制度，所以才有佞幸為達目的無所不用其極，他們的方式可能非常簡單，但是禍亂朝政的結果卻是非常惡劣的。佞幸不管是非，也沒有任何原則，對他們來說，只要能夠討好主上，讓主上願意賞識他們，給他們權力和地位，一切就都是對的。司馬遷將《滑稽列傳》跟《佞幸列傳》放在一起，另有深意。雖然都是在說權力扭曲所引發的現象，但滑稽比起佞幸還是有價值多了，他們討好皇帝的方式是鬧劇式的。滑稽有時候是內在的、目的性的，有時候是外在的、手段性的。內在的、目的性的滑稽比較接近佞幸，他們用嬉鬧來討好掌權者，讓掌權者發笑從而喜歡他們；另外一種滑稽則更多是一種手段，良藥苦口，忠言逆耳，有的時候皇帝的確要聽取建議，可是當皇帝處在帝國所給予的那種絕對權威的情緒底下，聽不下這些逆耳的忠言。那怎麼辦呢？只好把苦口的良藥包上一些糖衣，這種滑稽的風格就是給皇帝的糖衣。

《佞幸列傳》、《滑稽列傳》這兩個列傳顯現出來的是整個漢代政治風格上的一些轉變，與此相關的還有跟滑稽形成強烈對比的《儒林列傳》。《儒林列傳》的這些人是一些重要的儒生，包括申公、轅固生、韓生、伏生，還包括司馬遷自己非常敬重的老師董仲舒，他們傳承了在秦代滅絕的王官學和儒學。司馬遷用這些人對照佞幸和滑稽，從另外一個角度說明了，為什麼漢代建立的這套政治制度到後來儘管有很多問題，還是可以長久地維繫，因為漢代王朝政治的骨幹畢竟是這些相信儒家、相信孔子的儒生。

作為一個儒生，需要具備兩項條件：一是他相信行使政治權力必須要依循一些根本的信念和原則——這一

點和僥幸徹底相反——而且把這些信念和原則看得比個人的利害更高；二是必須掌握豐富的學識，裡面有很大一部分是歷史，而且提高到了歷史哲學的層次。

另外，在剩下一些集傳中，司馬遷描述的不是政治或者朝廷，而是漢代社會。例如《貨殖列傳》，這篇所寫的人物可以遠溯到戰國時代，但主要是描述以農立本、以商為末的漢代如何建立起新的商業和經濟制度。藉由《貨殖列傳》，司馬遷試圖說明，王朝的意識形態和現實之間是有差距的，不管漢王朝如何重本輕末，商業還是得到了大幅發展。《貨殖列傳》的這些商人就是靠著在這個環境中的買賣致富、變成人物，最後被寫進《史記》。

另外還有列傳第六十四《游俠列傳》。朱家、劇孟、郭解，這些人物的存在告訴我們，在漢代的社會裡，還有一群有自己獨特的個性、不遵循基本社會秩序的人。他們也許是社會秩序的破壞者，但是從另一個角度來看，他們樹立了自己的鮮明個性及行事風格，從而也成了一種特殊的人物。

另外有一篇變形的集傳值得特別注意，那就是列傳第五十八篇。司馬遷在這一篇裡寫了三個人，卻並沒有起特殊的標題。他們分別是淮南厲王、淮南王安和衡山王，他們都是漢代宗室，而且曾經被封王。這三個人列在這上面非常奇怪，列傳不應該是寫一般人嗎？如果他們都是王，不是應該寫到世家裡嗎？為什麼司馬遷把這三個王放在列傳裡，而且寫在一起呢？他的目的就是要讓我們一眼看出不對勁。換句話說，司馬遷是在用這種方式隱晦地表達，在漢武帝統治中，他不只是藉由酷吏對待官員，對自己的宗室也毫不手軟。司馬遷藉由詳盡的史筆，就是要表明，這三個人得罪漢武帝最根本的理由不是做了什麼壞事，而是漢武帝害怕他們在各自的領地建立起勢力來。那個時代，皇帝制度給予皇帝近乎絕對的權力，其他人光是去組織或者召集人群，在漢武帝看來就已經是罪行了，因為用這種方式培植的勢力或者組織，很可能挑戰到皇帝的權威。像淮南王劉安，為了編寫《淮南子》把這麼多賓客聚集在自己身邊，光是這件事情就會引來皇帝的整肅。通過這種方式，司馬遷又

透露出他對漢武帝，尤其是對絕對權力本質的洞見。

最後，列傳中還有幾篇稍微特別一些，是跟一些邊疆部落和民族相關的內容，有《匈奴列傳》、《東越列傳》、《朝鮮列傳》和《西南夷列傳》。這幾篇傳記全部放在一起，表面看寫的是外族人民，但其實司馬遷描述的仍然是漢武帝用什麼方式運用他的絕對權力，其中非常重要的就是不斷地開疆闢土，攻打其他的部族人民。

司馬遷在編組列傳的過程中有很多細膩的用心，藉由詳盡的史筆和不同的觀察角度，表達出來的不單單是一個個人物，還有這些人物所處的時代，特別是他瞭解、熟悉、在意的武帝時代。

伯夷列傳：史記的終極關懷

「掛羊頭賣狗肉」的寫法

若要在《史記》一百三十篇中選出難讀的一篇，即使不一樣的人有不一樣的讀法，《伯夷列傳》也絕對在數一數二的位置。為什麼《伯夷列傳》這樣難讀，還會被司馬遷放在列傳的第一篇呢？這是掌握司馬遷的歷史精神所必須面對的一個重要現象，有幾個線索可以幫助我們來解讀。

第一，一般來說，《史記》常用的方式是先敘述後議論，司馬遷先讓我們知道這個人是誰、經歷了什麼、在生命中的重要轉捩點做了什麼樣的決定，等讀者對這個人有了體會和印象之後，才在文章最後的「太史公曰」中說出他理解的歷史上的道理。然而《伯夷列傳》開頭就是議論，結尾也是議論，為什麼？

在《史記》的絕大部分文章當中，我們都能看到司馬遷有一種非常重要的能力，那就是精準地描寫人物、事件，以及人跟人之間的場面。列傳七十篇比世家、本紀更加活潑，書寫的也都是鮮活的個人在生活上具體的選擇、挑戰和決定。《伯夷列傳》的主角雖然是伯夷、叔齊，但描述伯夷、叔齊的部分比較短，甚至可以說是「掛羊頭賣狗肉」。

司馬遷不是想側重講伯夷、叔齊是什麼樣的人，而是要講一些更難以表達的重點——當歷史去記錄這些人的時候，有沒有一個終極的標準或關懷，來約束、決定我們如何看待人物？一般的世俗究竟怎樣評斷人物？而當歷史紀錄不得不評斷人物的時候，這種評斷跟世俗的認知究竟有沒有不同？

在《伯夷列傳》的開頭，司馬遷寫道：「夫學者載籍極博。尤考信於六藝。《詩》、《書》雖缺，然虞、夏之文可知也。」從父親司馬談的道家本位的態度，到漢武帝獨尊儒術的環境，再加上他自身跟董仲舒學習的經歷，對司馬遷來說，儒家才是知識的本位，如果典籍上有不一樣的說法、紀錄，而大家又只能接受一個共識的態度與方法的話，就要「考信於六藝」。換句話說，如果對過去發生的事情以及事物內在道理有困惑，就應該回到儒家繼承的這些西周王官學經史典籍上，用裡面的文字作為終極的評斷標準。因為即使到舜或者夏這麼古遠的時代，六經中仍然能夠考索到一些確定的內容，比如堯如何把大位讓給虞舜，而舜用什麼方式將大位交給了夏禹。依照《尚書》，這裡面其實有一個非常明確的考量：

> 嶽牧咸薦，乃試之於位，典職數十年，功用既興，然後授政。示天下重器，王者大統，傳天下若斯之難也。

堯、舜把大位傳給下一任繼承人，首先要請有地位、有眼光的部落首領們推薦，這些人如果都推薦了同一個人，就給他政治責任，讓他來試用，等結束後再看這個人是否適合這個職位。不是今天在公司裡的兩個月試用期，這一試就要試數十年，要在漫長的時間裡一點一滴地觀察這個人。一個新的統治者將來要負擔的是全體人民的福祉，這件事情太重要了，絕對容不得半點輕忽。這個人在這個位置上如果有功、有用，表示他的決策是正確的，在執行上面也有長處，才正式將大位交給他。

司馬遷想表達的是，王位大統是如此困難、艱巨，需要小心謹慎的一件事，不可以隨隨便便交出去。接下來，「堯讓天下於許由，許由不受，恥之，逃隱。及夏之時，有卞隨、務光者。此何以稱焉？」堯要把天下讓給許由，可是許由覺得堯一定是認為他對權力有興趣，因而感覺到羞愧，遠遠地離開了。還有一種更誇張的說法，許由聽說堯要以大位相讓，就羞恥得跑到河邊，用河水洗自己的耳朵——怎麼會聽到這麼難聽、汙染耳朵的話！

對司馬遷來說，這是一個很大的矛盾：把位子交給一個人明明是那麼困難，而堯怎麼會如此輕率地交給一個明確拒絕他、將這種責任視為奇恥大辱的人呢？更奇怪的是，歷史上這種傳說還不只許由一個。到了夏，卞隨、務光都是被選中去接統治大位的繼承人，跟許由一樣，他們被選中時非但沒有高興，反而都逃走了。所以太史公在《伯夷列傳》文章的開頭說：

> 余登箕山，其上蓋有許由塚云。孔子序列古之仁聖賢人，如吳太伯、伯夷之倫詳矣。余以所聞，由、光義至高，其文辭不少概見，何哉？

司馬遷要提出他的大問題：許由這個人究竟存在過嗎？這是司馬遷在探究歷史時實事求是的基本態度。他說，我遊歷天下，在箕山上發現一個遺址，就是許由的墳墓。如果真的有許由的墳墓，我們就必須接受有許由這個人，可是為什麼在由孔子以儒家傳統為體系建立的典籍中，很少提及許由和務光呢？如果許由、務光的人格果真如此高潔，為什麼孔子不講，這些紀錄裡也看不到他們呢？這是兩個矛盾的因素：一邊是許由塚這個現實的證據證明許由的確存在；然而另外一邊，在最值得信任的儒家典籍中卻沒有提到許由。

司馬遷明白且坦率地告訴我們，作為一個史家，我沒有答案，只能存疑，你們盡可以去想。為什麼沒有答

案還要想呢？因為從許由身上會延伸出另外一個線索，就是孔子講過的這些仁者賢人，在作為和人格上類似許由的就是吳太伯和伯夷、叔齊。司馬遷認為通過瞭解他們，就可以明白應該用什麼方式來對待有許由這種精神特質的人。這也就說明了，為什麼在前面的世家當中特別寫了吳世家，因為吳太伯是司馬遷心中的典範。同樣，列傳從伯夷開始，是因為伯夷也是古代難得的典範。

歷史是什麼？歷史是史學家經過探究和努力，告訴後來的人當時究竟發生了什麼事情。同讀哲學、文學不太一樣，讀者閱讀歷史的時候會習慣性地預期在史學著作裡得到一個肯定的答案，是誰、在什麼時間、什麼地方、做了什麼事、發展了什麼事。司馬遷把《伯夷列傳》放在列傳的第一篇，是想提醒我們，不能用讀其他人物傳記的態度來讀這篇文章。

「義人」的絕對原則

伯夷、叔齊是一對兄弟，他們的事蹟被放在《伯夷列傳》的中間部分，如果司馬遷只是在這一篇中選擇了商周之際的人物來介紹的話，這篇文章應該就只有那段「中間部分」而已。這段「中間部分」發生在商代，那時中國散布著許多城邦小國，孤竹君之國就是其中的一個，伯夷、叔齊是孤竹君的兩個兒子。根據後來周代奠定下來的名稱序列，「伯」是老大，「仲」是老二，「叔」是老三，「季」是老四，所以伯夷、叔齊是孤竹君的大兒子和三兒子。叔齊顯然最得父親的青睞，孤竹君希望他接任國君。叔齊認為依照宗法制度，嫡長子伯夷才是王位的繼承人，要把王位讓給伯夷，但伯夷不肯接受，讓叔齊繼位是父親的遺志。伯夷擔心自己繼續留在國內一來會讓叔齊尷尬，二來叔齊很有可能會依照宗法的原則讓他來擔任國君，所以乾脆離開了孤竹君之國。

叔齊看到兄長為了讓他當國君而離開，也跟著離開了，因此孤竹君的國人，也就是這個政治體系裡面的其

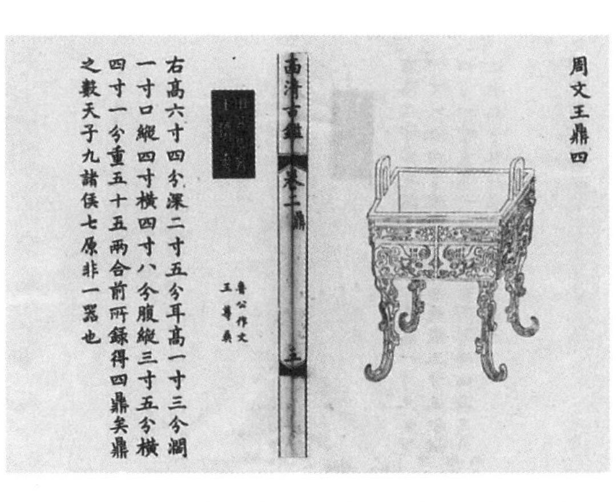

周文王鼎四

魯公作文王尊彝

右高六寸四分深二寸五分耳高一寸三分闊一寸口縱四寸橫四寸八分腹縱三寸五分橫四寸一分重五十五兩合前所錄得四鼎矣鼎之數天子九諸侯七原非一器也

西清古鑑　卷二　鼎

周文王鼎《西清古鑑》卷二，清乾隆二十年武英殿刻本。
右圖為明晚期文王方鼎。國立故宮博物院典藏

他貴族，只好選擇二兒子當了國君。

商代末年，西伯昌（周文王）聲名遠播——「善養老」。這個是很有趣三個字，意味著西伯昌能夠愛民，連老人都會願意到他的國度裡面去養老。這是伯夷、叔齊喜歡的一種社會氣氛和待遇，所以就去到了周。他們是衝著文王西伯昌去的，然而尷尬的是，他們到的時候，西伯昌恰好去世了。

通過包括《史記》在內的許多文獻史料，再加上考古學上的證據，我們大概可以瞭解，西伯昌之死不是一件自然發生的事情。事實上，周人在西方的崛起，很早就對作為中原共主的商產生了威脅，有一種最合理的說法認為，商人覺得有必要壓抑西邊崛起的周人，西伯昌因此被抓到商人的勢力範圍內，最終死在那裡。他死後，周人不可能順從地接受。於是，「武王載木主，東伐紂，號為文王。」武王把父親封為文王，表明這時周不再是商的屬國，開始公開質疑商的共主地位。武王要為父報仇，如果有誰反對出兵伐紂，就意味著要他違背自己的尊嚴和立場。

這個時候，來投奔西伯昌的伯夷、叔齊二人站在武王的軍隊前，拉著武王的馬勸諫：「父死不葬，爰及干戈，可謂孝乎？以臣弒君，可謂仁乎？」這其實也就點明，武王為了報父仇，本就是刻意選擇父親沒有下葬的時候發兵。「仁」在這裡是一種廣義的概念，指的是人與人之間最根本的道理。這話說得非常直率，而且毫不客氣，甚至暗含著指責。武王的左右隨從看到這種情況，就要把他們抓下去殺掉，被姜太公阻止，說：「此義人也。」什麼叫作「義人」？「義者，誼也。」姜太公認為伯夷、叔齊並沒有錯，他們說話雖然不好聽，但是恰恰表明他們非常看重既有的規範，不因為自己的需要而違背自己的信念。

這也就解釋了為什麼這兩個人會「逃國」。對伯夷、叔齊來說，在孤竹君之國得到很大權力，這麼巨大的誘惑抵不過他們內在的根本問題——我這樣繼承王位是對的嗎？他們的選擇就是在告訴我們，他們是絕對主義者，這個絕對是原則的絕對，在原則面前，他們不做任何現實的考量，不管所失與所得之間有多大的差別。這

就叫作「義人」。

伯夷、叔齊看待周武王也是基於這種絕對原則。他們指責周武王伐紂違背了原來的承諾，因為如此一來，周跟商之間的關係會打破。太公看到了背後的這些原因，所以出面讓隨從將伯夷、叔齊拉走。武王當然不會因為伯夷、叔齊而停止伐紂。接下來，武王取代商紂王變成了天下的共主，伯夷、叔齊覺得非常羞恥。他們覺得，武王用這種方式取得天下違背了他們堅信的原則，這個天下裡的一切都是可恥的，所以他們逃到最遠的地方，遠離周武王。他們跑到首陽山上，那裡沒有人種植穀類，在一般的生產和文明的範圍之外。兩人「采薇而食」，最後當然就餓死了。

史家職責：對抗「天道」

整個故事如此簡單。偏偏司馬遷在講故事之前，引用孔子的說法：「伯夷、叔齊，不念舊惡，怨是用希……求仁得仁，又何怨乎？」其中的關鍵是兩個「怨」字。孔子的意思是，伯夷、叔齊求仁得仁，他們做這種選擇的時候，也就意識到了要付出什麼代價。他們自己選擇跑到首陽山上，不要任何權力，最後甚至不要跟周武王在同樣一個天下呼吸同樣的空氣、吃同樣的穀物。他們堅持自己的原則，哪怕因此付出了餓死的代價，心中也沒有怨恨，是求仁而得仁。

接下來，司馬遷就提出了自己的疑問：「余悲伯夷之意，睹軼詩可異焉。」他認為《詩經》中這部分對伯夷、叔齊的看法似乎跟孔子的說法有出入，這是一個大問題。前文曾提到司馬遷的態度，如果對許由是何種人有疑惑，就應該聽從孔子所編撰的六經。可是，孔子和《詩經》都提到了伯夷、叔齊，但不一樣。作為一個歷史學家，司馬遷面對重要史料的差異，他感到疑惑，並以這個疑惑作為伯夷、叔齊生平的開端。這篇文章之所

以那麼難讀，正是因為它一直在逼迫讀者去思考這些關鍵的問題。

在《詩經》裡面有這樣的紀錄：「登彼西山兮，采其薇矣。以暴易暴兮，不知其非矣。」伯夷、叔齊在西山上採野草，商紂王的確是暴君，可是武王用武力去推翻暴君，而且是一個臣下對主上的叛逆，這樣的做法跟商紂王是一丘之貉。以暴易暴，周武王根本沒有資格去推翻商紂王。

接下來：「神農、虞、夏忽焉沒兮，我安適歸矣？」他們所嚮往的，是像神農、虞、夏這種上古的理想生活環境，既沒有商紂王，也沒有周武王，人跟人之間有一種天然的秩序。所謂「秩序」，就是要回到人的倫常上，沒有違背倫常的政治。然而那個理想的情境已經不存在了，以伯夷、叔齊的個性，還不如死去。

接著歌裡面說：「於嗟徂兮，命之衰矣」。倒霉呀，竟然活在這種衰世當中。然而餓死在首陽山並非造化弄人，其實是他們兩個人主觀的選擇。「由此觀之，怨邪非邪？」這是司馬遷對孔子那段話的回應，他是在問：伯夷、叔齊心中到底有沒有怨恨呢？如果他們臨終前唱的歌是可信的，最後明明是在怨「命之衰矣」。一方面是《詩經》裡留下來的歌，我們看到這對兄弟餓死之前哀歎「命之衰矣」，明明充滿了怨恨；另一方面，孔子卻又特別褒獎他們，說他們是坦然「求仁得仁」而死。如果《詩經》是對的，難道孔子在說謊嗎？如果孔子是對的，我們應該懷疑《詩經》的紀錄嗎？我們要把這些根本性的問題放在心上，在看待後面關於伯夷、叔齊的討論時才能讀懂。

怎麼解決這個根本的問題？司馬遷說：「或曰：『天道無親，常與善人。』」我們似乎都覺得冥冥之中有一種好人有好報的規律，如果是這樣，伯夷、叔齊當然是堅持自己的信仰和原則的好人，可是他們又得到了什麼結果呢？不只伯夷、叔齊是這樣，孔子跟他的弟子也是如此。在所有的弟子當中，孔子最喜歡的是顏淵，「回也屢空，糟糠不厭」。顏淵必然是一個善人，可是他的結果跟伯夷、叔齊幾乎沒有兩樣——他也經常忍饑挨餓，而且因此早死。「天之報施善人，其何如哉？」難道上天就是這麼對待善人的嗎？有那麼多證據證明好人沒有

好報，相反地，還有壞人沒有惡報的實證。像盜蹠這種歷史上的大盜，每天殺一個沒有惹他的人，殘暴到吃人，為所欲為。這樣一個徹頭徹尾的壞人，所造成的災難又如此之大，「聚黨數千人，橫行天下」。這個人的結局如何呢？他壽終正寢。

這還只是特別明顯的事例而已，沒那麼明顯的就更多了。而且不只是古代，司馬遷認為自己身邊都有很多這種「操行不軌，專犯忌諱」的人，做壞事惡事，卻「終身逸樂，富厚累世不絕」，身邊的君子「或擇地而蹈之，時然後出言，行不由徑，非公正不發憤，而遇禍災者，不可勝數也」。從這裡可以看出司馬遷個人的生命體會，這也是「究天人之際」關鍵的大問題。他一定在想，我又如何呢？我為什麼在這樣的時局當中遭遇了宮刑，難道是上天因為我的行為給予我的正確對待嗎？我應該怎麼看待好人有壞報、壞人有好報呢？所以他問：到底有沒有天道？

接下來他引用孔子非常有名的一句話，一步步給我們新的論證和答案。

子曰：「道不同，不相為謀」，亦各從其志也。故曰：「富而可求也，雖執鞭之士，吾亦為之。如不可求，從吾所好。」

司馬遷這時又回到孔子。如果只是為了天道而選擇做一個好人，那不會是真正的好人，真正的好人是「從吾所好」。人生最根本的是要能夠維持選擇，按照個人的信仰、信念、熱忱在這個世界上有所作為。並非好人就有好報，壞人就有惡報，這種「天道」不存在，真正存在的是人內心的仁道。

「歲寒，然後知松柏之後凋。舉世混濁，清士乃見。」往往是整個社會都妥協、沒有原則的時候，我們才會看到少數人高風亮節的可貴。從另一個角度來看，正因為這些如此有原則的人，卻遭遇了這麼多災難，這中

間如此鮮明的對照，讓我們一下子明白他們為什麼了不起。這中間的輕重，不是用那麼簡單的方式可以選擇或者看待的。

接下來，有一個非常關鍵的句子：「君子疾沒世而名不稱焉」。這就是司馬遷寫《史記》巨大的野心，他是在重新賦予一個史家最尊貴的責任——正因為天道不會寵愛善人，所以需要歷史。如果沒有史家把這些受天道委屈的人選出來，他們的名字就不會留在歷史上。從這個意義上來看，史家簡直就是在跟天道對抗。如果只依賴天道，那許由、卞隨、務光、吳太公、伯夷、叔齊、顏淵這些善人的名聲可能都會被湮沒，他們值得尊重的事蹟，在天道下自然就全部不見了。

在這件事情上，司馬遷顯然沒有遵循司馬談的態度——依照自然，自然是如何就是如何。不！人必須要有在自然之上的一種責任感，我們不能遺忘人身上最有價值的東西。事實上，司馬遷寫到這裡，也就解決了前面提到的那個疑問——伯夷、叔齊到底有沒有怨？我們應該相信詩裡顯現出來的怨恨，還是應該依照孔子的說法相信他們沒有怨？

在司馬遷看來，孔子並非不知道有《詩經》這樣的材料，而是站在史家的立場去評論伯夷、叔齊，試圖告訴我們一個根本的、更高層次的評斷：伯夷、叔齊生命的真正價值不在於《采薇之歌》當中的「怨」，他們更重要、更具有典範意義的地方在於，選擇做一個相信自己、依隨自己原則的君子。至於堅持原則所要付出的代價，他們從沒有逃避過。這個時候，「怨」就代表了另外一種不同的層次。或許他們死前確實有怨，但是在更高層次上，在人的終極選擇上，他們不是這樣的。如果有稍稍的猶豫，他們就不會走上餓死這一條路。

通過伯夷叔齊的例證，司馬遷要在他的史書裡面彰顯人。哪怕天道要把人埋沒，但是因為有史家，因為有歷史，這種人就可以重獲精神的榮光。從這個角度才能夠真正讀懂《伯夷列傳》，才能對司馬遷作為一個史家的責任感和自我期許有更高、更深的認識。

吳太伯世家：君子典範

世家自「周」始

在列傳第一篇，司馬遷特意安排了一篇奇文——《伯夷列傳》，非常清楚地表達了自己對歷史的關鍵信念：歷史上有些人具有典範的人格，但往往會受到不公平的待遇，他們的人生也因之充滿了各種挫折和痛苦，甚至到最後很有可能在時間不斷的流逝中被遺忘。歷史學家就要對抗這種「天道」，換句話說，要承擔起人們原本對天道的預期——公平。「好人有好報，惡人有惡報」的「天道」是人們的一種主觀期待，跟真正的現實——古往今來人們的作為和遭遇——對照起來，就能夠清楚地看到所謂「公平的天道」並不存在，而人的精神則是高貴的。一方面我們希望好人可以得到好報，另一方面，又不能以為有天道就什麼事都不做了。想讓這個世界趨近於人們所想的那種公平，需要許多人為之努力，歷史學家就是其中之一。

歷史學家自身需要具備高貴的人格和選擇的原則，憑藉這兩點找到歷史上的人，把他們的精神和事蹟凸顯出來，散發出高貴人格的光芒，以此抵抗天道的不公。司馬遷用這樣的眼光寫完了《伯夷列傳》，還提到古代歷史的權威一個是六經，一個是孔子。雖然孔子沒有提到許由、卞隨、務光這些人，但是講了伯夷、叔齊和吳

太伯。吳太伯是誰？司馬遷用什麼樣的態度來對待吳太伯？在《伯夷列傳》中，司馬遷就留了一個回馬槍，要讀懂這個回馬槍，就要回到世家部分。

翻開《史記》目錄，世家第一卷是吳太伯，接下來是齊太公，然後依次是魯周公、燕召公、管蔡、陳杞、衛康叔。從吳太伯開始，一路到晉和楚，都是周建立封建制度之後的封國。周取代商是中國歷史發展上最重要的一個突破，但實際上《伯夷列傳》中提到，武王伐紂不過是對殷商巨大統治勢力的一次反抗，是在文王死後被迫發兵的。

周人及其聯盟雖然出兵反抗紂王，但從來沒想到真的可以打敗商。對他們來說，「大邑商」有大城市和豐富資源，是等級更高的政治權威。當時大多數反抗勢力只是想表現自己反抗的意志，然而發兵後不久，周人就在牧野擊潰了大邑商強大的軍事勢力。周人及其盟軍一路打進朝歌，將紂王與其周圍的政治勢力都打敗了。

這是周人沒有預期到的巨大勝利，但考驗也隨之而來——贏了之後該怎麼辦？

對周人來說，他們並沒有準備好做一個國家的領導者，由此產生了對周人、周文化乃至中國傳統文化都極為關鍵的「憂患意識」。不能因為得到了權力就放鬆心情，這個權力的來源如此神祕，神祕到其中似乎應該有一個天命來支持。天命是什麼？這個問題必須不斷地追究，更重要的是，必須保持戰戰兢兢的態度，好好把握這個得來奇特的權力。

像商這麼龐大的勢力都可能在來自西部邊陲部族的挑戰之下一夕瓦解，周人又要如何說服自己，新建立的政權是可長久的呢？周人沒有把握，一直如履薄冰，不斷地自我檢討，思考如何接下商人的政權，如何統治這麼廣大的區域。在這樣的背景下，而有了封建制度。

今天，人們對封建制度的認識已經愈來愈清晰。封建制度其實是周人把自己的親族及可以信賴的友邦勢力結合在一起，然後不斷地對外擴張。在對外擴張的過程中，把原來商人用鬆散的聯盟方式統治的區域，轉而用

封建和宗族宗法組構成一個更緊密的政治結構和權力系統。封建制度的建立其實非常坎坷，也就留下了很多故事。

在歷史上，有一個觀點不應該被遺忘——有無封建制度的歷史面貌是非常不一樣的。司馬遷顯然很清楚這一點，因此才有了「世家」這個體例的存在，而世家就源自周代封建制度。世家一直到第十篇都在企圖說明，周人是怎樣把一支支部隊、一群群宗族建構起封建制度，使中國從此進入封建時代的。再對照本紀，我們就知道這裡有一個奇特的歷史分期的重要概念被後世忽視了。

《史記》前面的幾篇文章涵蓋的時間非常廣遠，在敘事上過渡得非常快——第一篇是五帝，第二篇是夏，第三篇是殷，第四篇是周。司馬遷試圖用這樣的方式說明中國古代的歷史。

中國古代歷史之中有五帝、夏、商、周，但是世家卻從吳太伯開始，意味著司馬遷認為夏、商並沒有封建制度，而有無封建制度對於歷史的變化和發展的影響是非常不一樣的。不管是夏還是商，在一種鬆散的政治架構底下，我們沒有太多的資料去認知它們的政治變化。可是從周以下，因為封建制度建立，記錄歷史的方式跟夏、商不可能是同樣的。所以本紀之外，需要用龐大的篇幅來寫世家，才能夠更充分有效地認知並理解周代的歷史。

《周本紀》之後是兩篇「秦」本紀，第一篇是昭襄王和莊襄王的時代，第二篇是秦始皇和秦二世。如果說本紀展現出來的是一種歷史分期的概念，一路寫下來就是夏、商、周、秦、漢這種為人們所熟知的朝代史，那麼在世家部分，司馬遷則明明白白地寫了另外一種分期的概念——這是一個特殊的時代，開端於周初，結束在司馬遷的時代。

在這個時代裡，有吳、齊、楚、晉、魯，歷史是由一個個擁有世家貴族血統的諸侯構成的。後人在這段歷史中看這些諸侯如何統治自己土地，如何擴張、征戰，更進一步看他們如何挫敗、失國，如何被消滅，這是周

代歷史最輝煌、最複雜，同時也是人類經驗上最值得理解和認知的一頁。

秦帝國建立之後，新的時代使得這種以諸侯為主角的情境開始有了變化。這種變化並非一蹴而就，不是秦帝國建立之後就立刻從封建進入帝國，中間有一段曖昧的重疊時期。秦滅亡之後，漢代一方面承襲了秦的帝國制度，另一方面又復原了周代的部分封建制度，採用了郡國並行制。

漢初到漢武帝時代，因為實行郡國並行制，一些地區被分封出去，與中央朝廷並不是直接隸屬的關係，換句話說，這裡面仍然有封建的運作機制存在。而當司馬遷寫完世家的時候，也就標誌著一個漫長時代的結束，並定格在漢武帝在位期。漢武帝把秦始皇建立起來的帝國予以重建，在皇帝獨大、中央集權的情況下，地方諸侯已然沒有了立足之地。儘管這些諸侯很多都是劉氏的宗親，甚至是皇帝的兄弟，但是所有的封王在被歷史巨輪碾過之後都消失了。

這是司馬遷對世家和歷史上社會政治結構變動的一種獨特看法，但如果只是用這種方式來看世家，又會有一個有趣的問題——寫世家要涉及封建的起源，不管是吳太伯、齊太公還是燕召公，建立時都是隨著封建制度的成立而出現的，那為什麼不是齊太公、周公或者燕召公，而是吳太伯被放在第一篇？顯然，這是刻意為之。世家第一篇跟列傳第一篇對應，《吳太伯世家》對應《伯夷列傳》。司馬遷選擇的人物身上特別值得被彰顯的行為和品德，有非常清楚的類似之處。

政治權力上的高貴情操

《吳太伯世家》開頭就說：「吳太伯，太伯弟仲雍，皆周太王之子，而王季歷之兄也。」吳太伯是周太王的兒子，而在周太王的兒子當中，有一個後來在承襲周代系譜上非常重要的人，季歷。季歷很有能力，更重要

的是，周太王還在世的時候，季歷生了一個兒子，就是後來的文王西伯昌。當時太王看出這個孫子有獨特的能力，心裡便有了讓季歷接位的念頭，這樣一來，王位才可以傳到西伯昌身上。

從周代開始，中國有一種非常清楚的排行命名方式：伯仲叔季。從名字就可以看出季歷是老四，上面至少還有三個哥哥。《吳太伯世家》一開頭就先提季歷的這兩個哥哥，老大太伯和老二仲雍。兩人知道了父親的心意，也看到弟弟季歷有特殊的能力，季歷的兒子昌更加傑出，於是決定離開周人誕生和成長的周原。兩人離開當時的文明區域，長途跋涉到了南方荊蠻之地。為了不讓周人在周太王死後把王位交給他們，兩人做了更戲劇性、更決絕的舉動——到了荊蠻之地，自己也放棄了文明，變成野蠻人，以此表示再也不會回到文明的地方，更不可能去承接王位。他們的用意很清楚，就是避開季歷。

季歷因此順利地接任了王位，變成了王季。因為有了王季，昌後來才接了位子，才有了後世所熟悉的周代系譜。司馬遷選擇吳太伯作為世家第一篇，其用心昭然若揭。對應列傳第一篇餓死首陽山的伯夷、叔齊，更可見其用意之深刻。伯夷、叔齊把王位讓給弟弟，跟吳太伯、仲雍是完全一樣的選擇。

吳太伯和仲雍在血緣身分上比季歷更有資格繼承王位，在這裡，血緣上的原則和能力上的原則發生了衝突：到底應該是嫡長子接任王位，還是能力最好的那個來當權力的繼承者？在兄弟的排行當中，弟弟有時會展現出特殊的能力，甚至在統治上擁有超越哥哥的智慧和運作的魄力，那麼立長還是立賢，就變成了一個巨大的問題。哪怕到了漢武帝時代司馬遷寫《史記》的時候，在嫡長子繼承制的基本框架底下，不管爭奪的是財產還是權力的繼承權，最容易引發的就是兄弟鬩牆。

如果真的可以只遵照嫡長子繼承的原則，這個世界無疑會平靜很多。然而世事從來沒有那麼簡單，不只是剛剛提到的兄弟之中的能力差異，更麻煩的是父親不可能完全沒有私心，在那麼多兒子中，父親不見得偏愛老大。所以在司馬遷的紀錄中，到了春秋戰國時期，最明顯的變化就是原來以宗族、宗法規範為基礎的封建制度

的瓦解，所有的血緣關係（父子兄弟）往往因為能力、偏愛等因素的介入而導致家人相爭、欺詐、背叛，乃至於互相謀害。

寫這些歷史往事的同時，司馬遷敏銳地覺察到那個時代跟自己所處的時代有呼應之處。換句話說，從高祖建立漢朝之後，在漢朝的宮廷，乃至於漢朝各封國的土地上上演的，也是這樣一齣大戲。在皇權面前，血親家人甚至原本應當賜予兄弟的基本保障都變得愈來愈不重要。司馬遷在列傳中寫了一些原來是皇帝兄弟的封王，因為有了封國便引發了皇帝的猜忌和不滿，最後一個接一個地被收拾了，待遇好的只失去了封國，有些則被帶回京師長安嚴加看管，剩下的甚至因此喪失了性命。

人無法相信自己的親人，這是一件多麼悲哀的事。在東周，家人的情感、宗親的安排在政治權力面前不再有效。漢代一路到武帝，鏡影一樣又將歷史重現。然而還有一種高貴的情操，是唯一能夠與東周和漢代發生的人倫悲劇相對峙的利器，那就是「讓」。司馬遷必然是對這件事情深有感慨，才在《吳太伯世家》中說了一次，在《伯夷列傳》中再說一次，這顯然就是司馬遷在政治權力的運用上認定的最高貴的道德情操。

吳太伯和仲雍，伯夷和叔齊，這些人在血緣上明明都是順理成章可以擁有那樣的位子，得到巨大的權力，享受榮華富貴，但是他們寧可選擇更重要的標準。瞭解父親所希望的權力繼承方式，他們非但不以血緣上的資格去挑戰父親的遺志，反而擔心自己的「讓」不夠徹底，會妨礙父親的遺志，或者使弟弟發揮能力的空間被剝奪。跟我們在東周或者漢代看到的現象截然相反，他們沒有去搶奪、設計、謀劃本該屬於他們的權力，反而想盡方法把權力推出去，確保不會承接權力。

太伯和仲雍的方法就是遠遠地離開周原，去到最遠的地方。周原在中國西北部的黃土高原，而吳在東南方，也就是今天浙江這一帶。他們不但走了這麼遙遠的路，更進一步「斷髮文身」，與周文化徹底決裂，自願歸於蠻荒，用這種方式斷絕了跟周聯繫的所有可能。

接下來，司馬遷非常忠實地列出了吳太伯後面一代又一代的傳承。在這之後，司馬遷有一個段落特別標舉了吳在世系傳接上一個重要的王——壽夢。

壽夢是吳國非常重要的一個王，他讓吳壯大起來。太伯是太王的兒子，跟季歷是兄弟，季歷又是文王的父親，武王的祖父，也就是說，到了武王伐紂成功建立周代的時候，吳已經傳至第五世。武王在周的封建制度內另立了一個虞國，奉祀太伯之後，所以到這時候太伯的世系分成了兩支，一支在吳，一支在虞，虞在周代的封建系統之內，而吳則在夷蠻。

虞國存在了十二代，最後被晉滅掉了，春秋的紛亂也就逐漸拉開了序幕。換句話說，這些封建制度中的傳統封國，尤其是一些小國，慢慢就無法存在了。同樣都是太伯的後裔，在中國的虞沒落了，兩代之後，遠在封建範圍之外的吳興起了。從太伯到壽夢共十九世，從這裡開始，司馬遷分出了兩個明確的主題。

吳興起之後，立刻威脅到封建系統中最接近吳的楚，所以司馬遷寫到吳興起之後跟楚的一連串衝突及征戰。單純這樣寫也可以交代吳的歷史，可是司馬遷的用心顯然不止於此。接下來，在吳太伯世家的文章中出現了一個新的主角，吳季札。

壽夢傳位

讓位、讓賢的歷史故事可以遠溯到堯、舜，那種只存在於理想和想像之中的黃金時代。到了真正的歷史時期，這些美好傳說就漸漸沒落消失了。但是司馬遷要告訴我們，高貴的情操不會因為黃金時代的消失而不被體會和理解。

寫完吳太伯、仲雍兄弟讓國之後，司馬遷羅列了吳國的王位更替，一直到壽夢。

壽夢有子四人，長曰諸樊，次曰餘祭，次曰餘眜，次曰季札。季札賢，而壽夢欲立之，季札讓不可，於是乃立長子諸樊，攝行事當國。

吳王壽夢一共生了四個兒子，其中最小的季札偏偏是他最希望接位的。這不是跟周太王的故事完全一樣嗎？

這個時候故事有了新的轉折，季札認為自己的年紀太小，不能接任王位，所以嚴詞拒絕。在這樣的情形下，吳國才依照血緣的原則讓長子諸樊來擔任國王。諸樊也有這樣一種美德，等到父親的喪禮辦完之後，他明白父親真正要的不是他，於是讓位於季札。這時季札說了這一段話：

曹宣公之卒也，諸侯與曹人不義曹君，將立子臧，子臧去之，以成曹君，君子曰「能守節矣」。君義嗣，誰敢干君！有國，非吾節也。札雖不材，原附於子臧之義。

他跟兄長說，宣公死後，國人和與宣公有密切關係的諸侯都不喜歡當時的新國君，想擁立子臧取代原來的曹君。可是子臧不願意，他用逃走的方式來成就曹君。那時候的人們認為子臧有一種高尚的美德，稱讚他「能守節」。在血緣上，諸樊繼承王位是順理成章的，沒有人可以破壞或者干預。季札謙稱自己不是那麼有能力，但畢竟還可以像子臧那樣讓位而「守節」，所以拒絕了哥哥讓出的王位。然而，在當時的封建制度中，王身邊有很多大夫，大夫旁邊又有國人，這些人對於誰在封建制度中取得多少權力也頗有影響，而在當時，吳國便有很多人認為應該讓季札來接任王位。於是季札只好效仿吳太伯，放棄地位，自願變成一個農人，以此拒絕壽夢

留下的王位。

諸樊繼位十三年後過世，死時特意把王位傳給弟弟餘祭，這種方式改變了封建制度父死子繼的模式，變成兄終弟及，裡面又有特別的用意——老大傳給了老二，接下來就應該是老二傳給老三，有機會再傳給老四，季札就能按照父親的遺願接掌王位。諸樊認為這種方法一方面顧全了封建血緣上的原則，另一方面也能讓父親對季札的賞識得以實現。從這裡開始，吳太伯世家就以季札作為主角。季札並不是吳王，只不過是兄長們都希望他將來能夠接王位的一個王子而已。

音樂中的時代情緒

從地理位置來看，吳國位於邊陲不毛之地，可是這個化外之地從創立之初，就具備中原諸國都遺失的一種美德——讓。隨著吳國逐步發展，原來以封建宗法的嚴整秩序作為核心的中原封建地帶卻正在迷失，或者說，正在遺棄這種美德。「禮失而求諸野」，中原地區的封建古國彼此征戰，徹底遺忘了封建建立初期那種關於秩序的夢想，但因為吳國的建國淵源，他們還保留著這種夢想，或者美好的文化。吳一方面是最邊遠的，但從另一個意義上又是最純粹、最核心的一個地區，這種雙重性讓它慢慢地被編入封建系統當中。

季丸的正式身分是「延陵季子」，在吳國是一個特殊的角色。當年吳太伯遠赴蠻荒之地建立吳國，根本不在封建體系的範圍之內。餘祭即位的第四年，派季札出使魯國。

魯國是保留周文化的重鎮，季札訪問時，期待能在這裡聽到最正統的周樂。

他先在魯國聽到了周南、召南，就是周代剛剛建立時周公、召公傳留下來的音樂。吳季札一聽到這個音樂說：「美哉，始基之矣，猶未也。」這是一個屬於開端的音樂，在裡面可以聽到開端的那種美好。既然是屬於

開端的音樂，就說明這不是一個完成的音樂，至少它傳遞的不是一種完成的訊號。然而在音樂裡可以聽到一種「勤而不怨」的聲音，那時候大家剛開始建立一個朝代、一個國家，每個人心裡都有期待，在奮鬥的時候沒有任何抱怨。

接下來他聽到了邶、鄘、衛的音樂。邶、鄘、衛就是所謂「三監」之地，環繞著原來商人的基地。一聽到這個音樂，季札馬上就明白，這是三個國家建立時的特色，傳遞了地理和歷史風土上的特殊訊息。他說：「美哉，淵乎！憂而不困者也。」這種音樂深刻之處在於「憂而不困」，包含了一種憂患意識，雖然戰戰兢兢，但是人們知道如何解決這種憂慮，努力讓自己擔心的事情不要發生。所以他又說：「吾聞衛康叔、武公之德如是，是其《衛風》乎？」季札的優秀由此可見。他在聽演奏之前並不知道這是哪個國家的音樂，是從音樂本身的特質辨識出來的。季札曾經聽說衛康叔有「武公之德」，並且在音樂裡聽到了這種特色。

接下來他們給他聽「王風」，也就是周天子所在地方的音樂。「美哉，思而不懼，其周之東乎？」那個時期，周把國都從原來的西邊搬到了東邊，季札聽到了當中的變化，知道這是周遷都東方之後，天子在王畿演奏的音樂。鄭國的音樂是最早的「靡靡之音」，是帶有高度肉欲和娛樂性質的音樂。季札一聽就說：「其細已甚，民不堪也，是其先亡乎？」在這種音樂之中，他聽到瑣碎和虛弱，這樣國家恐怕沒有辦法維持很久吧！

接下來季札聽到齊的音樂，馬上說：「美哉，泱泱乎大風也哉。」他在齊風裡面聽到了一種規模，一種氣度，讓他想到大海，進而聯想到：「表東海者，其大公乎？國未可量也。」這應該是齊太公那裡的音樂吧！一個國能夠產生這樣的音樂，有這種規模和氣勢，其發展將不可限量。

對於豳風，季札說：「美哉，蕩蕩乎，樂而不淫，其周公之東乎？」豳是周公後來建立的一個國，承襲了周公的人格特質和政治風格。

聽到最西陲的秦音，季札說：「此之謂夏聲。夫能夏則大，大之至也，其周之舊乎？」這個音樂不像是周

代的音樂，像是比周更古老的夏樂。這也就顯現出了秦和周之間的關係。秦所在的是周原本崛起的地方，有這樣的淵源，將來必然可以發揚光大。

接下來他聽到了魏的音樂：「美哉，渢渢乎，大而寬，儉而易，行以德輔，此則盟主也。」這裡的人儉樸，從這種儉樸中生出了一種特殊的力量和氣度，國君若能好好加以運用，是可以當盟主的。這裡的魏風其實就是晉風，對照後來春秋五霸成立的時候，晉文公位列其一的事蹟，就能明白季札的厲害之處。

然後季札又聽到了唐風，說：「思深哉，其有陶唐氏之遺風乎？不然，何憂之遠也？」他立刻在音樂中聽到了陶唐氏（堯）的風格，然後說：「非令德之後，誰能若是！」這一定是歷史美德非常悠久、深厚的地方才可能產生的音樂。

聽到陳的音樂，他開始覺得非常不舒服，評語是：「國無主，其能久乎？」這個地方不只是國君沒有好好地統治人民，更重要的是，人民也根本沒有信仰和原則，這種國家恐怕難以長久。他又聽了其他幾個小國的音樂，生出另外一種反應：「自《鄶》以下，無譏焉。」這些音樂要麼太小，不夠清楚，讓他無法立刻辨識，要不就是不夠好，不夠重要，

漢樂舞畫象磚拓片。（圖片授權／國家圖書館）

出於禮儀，他未多加評論。

這段故事到此為止，非常精采，讀者也可以理解壽夢為什麼特別疼愛季札。季札來自蠻荒地區的吳國，到了魯國這種文明之地，本來應該顯出是無知的，至少是粗糙的，但顯然吳國這時已經有了自己的積累和傳承，季札也這麼聰明，又有著豐厚的歷史涵養。他能夠極其敏銳地掌握這些音樂的本質，準確地探測音樂的來歷，更進一步，還能描述出音樂的內在精神。通過這樣的描述，司馬遷讓一位文化英雄在紙面上呼之欲出。

「季札觀樂」這段故事經常被視為中國古代音樂史上非常重要的史料，其意義並不在於記錄了可以被還原的音樂，而是記錄了古代中國對音樂的一種非常神奇甚至神祕的想像。中國的古人相信音樂有特殊的能力，可以把集體的心態、文化保留下來，即使在現實中已經發生變化甚至消失了的文化和風氣，也可以在音樂當中表達出來。換句話說，在這種古老的中國音樂理念裡面，音樂是最誠實的。

聽完各國的國風之後，接下來季札就聽到了同一批樂師演奏的小雅。他的評語是：「美哉，思而不貳，怨而不言，其周德之衰乎？」在這個音樂當中，有一種對文王、武王、周公時代堅定不移的嚮往。這種音樂並非來自黃金時代，而是對那個時代的思念和緬懷。後面說「怨而不言」，說明這裡面仍有遺憾在，無論作曲者多麼嚮往，那個黃金時代終歸是逝去了。這種音樂是《雅》而不是《風》，曲調含蓄，可以把這種遺憾婉轉曲折地表達出來，所以季札聽後判斷這種音樂表現了「其周德之衰乎」，應該是在周的黃金時代之後產生的。

周樂來自王畿，是核心正統地區的音樂，所以他說：「猶有先王之遺民焉！」聽完小雅之後聽大雅，季札的評語是：「廣哉！熙熙乎！曲而有直體，其文王之德乎？」他一聽就知道大雅是文王的音樂。那是一種什麼樣的音樂呢？用西方古典音樂的術語來說的話，是一個很 expansive（廣闊）的音樂，一聽就會覺得曲調在不斷地往外擴散，就好像把有限的生命帶到無限的時空之中的神奇感覺。你能在其中體會到和平與寧靜，有曲折的音符和變化，但是所有的變化又都有一個清楚的核心，叫作「曲而有直」。這是文王的音樂。

小雅、大雅都還沒有到音樂的極端，音樂走到至高之處是風雅頌中的頌。季札對頌的評語是：「至矣哉！直而不倨，曲而不屈。邇而不逼，遠而不攜。遷而不淫，復而不厭。哀而不愁，樂而不荒。用而不匱，廣而不宣。施而不費，取而不貪。處而不底，行而不流。」這應該就是絕對的音樂吧？或者，這就是完全的音樂吧！

這種音樂反映出中國文字和音樂的一種特殊表達方式。季札形容頌的時候，用了一連串同樣的句型，「直而不倨」、「曲而不屈」，然後是「邇而不逼，遠而不攜」等一系列的兩個形容片語合，一個正述，一個反述

「直而不倨」，這裡面有一種簡單和直白，不過卻是中庸的簡、直，絕不傲慢。

「曲而不屈」，個中幽微的地方，就像走在小徑上因轉彎而看不到的風景，這種幽微之處也絕對不會隱晦、黑暗。

「邇而不逼」，這種音樂還很容易讓人感到親近，好像就在眼前，這種接近並不會帶來任何壓迫感，同時又非常悠遠，像站在一個遙遠的地方跟所有人保持一定距離，也不會讓人覺得是身外之物，不會跟聽眾形成對立或者緊張的關係。

「遷而不淫」，這裡面有隨環境變化而流動的特質，有上有下，有左有右，同時又能夠保持內在的原理和原則，絕對不會流於放縱，既不討好也不投降。

「覆而不厭」，雖然音樂會一而再再而三地反覆，但絕對不會令人厭煩。

「哀而不愁」，音樂中有哀傷，但絕對不會變成哀怨。

「樂而不荒」，這裡面有歡樂，但絕對不會讓我們耽溺。

「用而不匱」，雖然包含了各種不同的情緒，也都在中庸的內核下對人的精神進行淘洗。

「廣而不宣」，這種音樂是細水長流、源源不斷的，就像文王的大雅一樣，都是廣大的音樂，在自我擴張

的過程當中不會讓人感到傲慢、炫耀，反而會得到一種既不華麗也不奢侈的安慰和享受。

「施而不費」，構成這種音樂的條件絕對是剛剛好的，不會多用一點點多餘的精神來創作。「取而不貪」，其中有原則上的堅持，這種堅持絕對不會變成固執，裡面完全有可以調動和變化的部分。所以季札接下來說：「五聲和，八風平，節有度，守有序，盛德之所同也。」

這一切都在表明，在音樂裡，一切美好的東西都以一種完美的方式混合在一起。任何人類能夠想到的聲音和美德都在這裡混而為一。當然，季札同時也藉由這種方式，將理想的音樂應該是什麼樣子表現了出來。

這是吳季札聽雅、頌所留下來的描述，同時也是對中國音樂有什麼樣的特殊感想和思考非常重要的一段史料。

舞蹈與政治

講完季札如何看待音樂之後，司馬遷接著又講他如何看古代舞蹈。剛開始的時候，他看了一支舞蹈，說：「美哉，猶有憾！」他看到的是武王時代的舞蹈，為什麼會「猶有憾」呢？武王最大的貢獻是建立了周，但是採取的方式就如同《伯夷列傳》中寫明的，仍然是用武力，這樣建立的王國是有遺憾的。如果可以用古代禪讓的方式來取得政權，不是更加美好嗎？

隨後他又看到了另一支舞蹈，他的評語是：「周之盛也其若此乎？」這是周公也就是周文化的黃金時代所留下來的舞蹈。雖然周是用武力建立起來，但經過「猶有憾」之後，周公負責整治這種由軍事武力帶來的殺伐之氣，讓一切回到和平，回到人的善良本性。

接下來季札又對一支舞蹈比喻道：「聖人之弘也，而猶有慚德，聖人之難也！」這是來自一個聖人的舞蹈，

這個聖人是誰呢？原來，季札看到了商代成湯的舞蹈。成湯同武王一樣，也是用武力取得天下的，可見做一個聖人其實非常困難，有時候解決問題根本沒有一種完美的方式——要解救夏桀統治下的生民就不得不推翻他，要推翻夏桀就不得不使用暴力，而暴力會破壞整個社會與時代的和平之氣。

再看下一支舞蹈，季札的評語是：「美哉！勤而不德。非禹，其誰能修之！」這個舞蹈表現出的最重要的精神是勤勞，是任勞任怨，更重要的是絕對不想在別人面前彰顯自己的苦勞，要讓別人感激。季札馬上就判斷這是夏禹的舞蹈。

面對最後一支，他說：「德至矣哉，大矣！如天之無不幬也，如地之無不載也！雖甚盛德，其蔑以加於此矣？觀止矣。」這就像他聽到「頌」的時候認為那是終極完美的音樂一樣。眼前的舞蹈來自最古老的舜的時代，舞蹈背後象徵的是一種沒有遺憾的政治權力的繼承。舜的權力來自堯的禪讓，他承擔起了重任，愛護人民，對國家的治理也達到了無以復加的完美地步，後來又將權力交給了禹。不管是在取得、運用、還是交付政治權力上，他的表現都很出色，反映在舞蹈上自然也會是完美的。到這裡，吳季札就不再看別的了。這是一個人的品位，認為自己已經看過最美好的東西，所以到此為止，再多會傷害對品味的感知能力。

司馬遷心中的理想人物

隨後季札離開魯去了齊。在齊國，他遇到了晏子（晏平仲）。季札有深厚的文化素養，所以到任何地方都可以在短時間內掌握這個國家在國政上的問題。季札一到齊國，馬上就知道最大的問題是晏平仲。齊國國君只有表面上的權力，實質上的權力都握在晏子手裡。這個時候季札就警告晏子，最好把過於龐大的封邑和不符合身分的政治權力交還國君，不然會出問題的。晏子聽從季札的勸告，在齊國安穩地得以善終。

季札又到了鄭國，遇到子產。兩人之前就認識，季札立刻掌握了鄭國的嚴重問題，就告訴子產：「鄭之執政侈，難將至矣，政必及子。」鄭國最大的問題是失去了規範，這個「侈」就意味著鄭國的一切都是按照人的貪欲在運行，而非按照應有的規範。季札認為，用這種方式運行國政一定會帶來災難，並且影響到子產。於是他請子產一定要「慎以禮」，把封建的規範放在心上，來應對目前「鄭國將敗」的危機。

離開鄭國之後，季札又到了衛國，遇到了幾位公子，發現每個人都各有所長，更重要的是，這些人還有著適當的品德。衛國是一個幾百年的小國，照道理講，它的處境在春秋時代其實是很危險的。但是季札看到這群公子之後，有了不一樣的評斷：「衛多君子，未有患也。」

接下來，季札從衛要去晉。在到晉國之前，他先住在孫文子的家裡，聽孫文子敲擊編鐘。季札對音樂非常敏感，他誠實地告訴孫文子，鐘聲裡有非常不對勁的東西，也就是「辯而不德」。他看出孫文子喜歡炫耀自己的長處，但是所謂的長處背後並沒有實質的內容，長此以往的話，一定會惹來刑罰和災難。季札就說：「夫子獲罪於君以在此，懼猶不足，而又可以畔乎？夫子之在此，猶燕之巢於幕也。君在殯而可以樂乎？」季札認為，孫文子的聲名非常顯赫，所以晉的國君對孫文子是有所忌憚的。他形容孫文子就像一隻沒有把巢築在扎實的棟梁上而是築在帷幕上的燕子，帷幕隨時可能動，燕子的巢也就不保了。由於這個原因，季札就不住在孫文子家裡了。孫文子聽到這樣的建議，當然非常震撼，決定從此終身不聽琴瑟，改掉享樂和炫耀的習慣，於是也得以終老。

在晉國，季札見到了韓宣子、趙文子、魏獻子，說：「晉國其萃於三家乎！」這也就預示了後來三家分晉的史實，而這三大家族後來也確實變成了戰國的三個大國：韓、趙、魏。

走完這幾個國家之後，季札便啟程回吳了。他剛開始出使的時候，曾經拜訪徐國的國君，國君一眼就看中了季札身上的佩劍，喜歡得不得了，卻基於禮貌沒有開口索要。敏感如季札，馬上就明白了徐國國君的心意，

因此暗暗做了一個決定。這兩個人，一個沒有開口要，另外一個也沒有說要給。等到季札遊歷了魯、齊、鄭、衛、晉，再次經過徐國的時候，徐國原來的國君已經去世了。季札把寶劍綁在徐國國君墳墓旁邊的樹上，身邊的人覺得非常奇怪：人都死了，劍要給誰呢？這時候，季札的回答非常重要，他說：「不然。始吾心已許之，豈以死倍吾心哉！」當初在徐國，季札已經在心裡做出承諾，要把劍贈與國君。徐國國君合乎禮，並不開口索要，因此季札也就合乎禮，主動把劍贈與他。這種心意及其背後至高的人倫標準，那種人與人之間深摯的感情，是比寶劍更重要的東西，季札選擇不去違背這樣的感情。

司馬遷用這種方式結束了《吳太伯世家》中關於季札的描述。一個溫厚聰明的人，看到任何人都毫不吝惜地給予最真摯的建議和勸告。他之所以擁有這樣的能力，最重要的是文明的薰陶，核心表現是他對音樂、藝術的感知能力，另外就是溫厚的人格，以及能夠體貼別人的情意吧！

季札光是知道別人心裡在想什麼，就產生了做人方面的責任，他想要滿足一種嚮往，在滿足別人的期待中建立自己生命的價值，這樣的人不只是好人，不只是善人，而是模範和榜樣，誰不想親近他呢？如果社會上多一些季札這樣的人，必然可以出現司馬遷心目中那種理想的、源於周代的黃金時代。

伍子胥列傳：怨毒的能量

家仇

《伍子胥列傳》被司馬遷放在列傳第六，全書卷六十六。

伍子胥是楚人，名叫員，他的父親叫伍奢，哥哥叫伍尚，先祖伍舉則是楚莊王身邊非常重要的世卿大臣。

楚平王時，伍奢和另一名大臣費無忌都是太子建的老師。但費無忌很有野心，他本應直接效忠太子建，卻將目光瞄準了權力更大的楚平王。楚平王要幫太子建安排婚姻，讓費無忌負責挑選。費無忌花了很大的力氣選到一位絕色美女，然後對楚平王說：「秦女絕美，王可自取，而更為太子取婦。」楚平王相信了他的話，真的把這個女人娶到宮中，替太子找了別的女人。楚平王愛這個女人愛得不得了，還跟她生了一個兒子。

費無忌藉由這種方式接近平王、接近權力中心之後，擔心太子建繼位以後會對自己不利，不斷在楚平王面前詆毀太子建。太子建的母親是從蔡娶過來的，不受平王寵幸。在費無忌的挑撥下，楚平王愈來愈疏遠太子建，最後把他派到城父去守邊，遠離都城。

沒過多久，費無忌又在平王面前攻擊太子，說：「太子以秦女之故，不能無怨望，願王少自備也。自太子

居城父，將兵，外交諸侯，且欲入為亂矣。」在這樣的情形下，「平王乃召其太傅伍奢考問之」：「你是太子的老師，那麼以你的眼光來看，太子到底怎麼樣？我是否可以信任太子？太子在邊城會不會跟其他的諸侯勾結？會不會變成楚國的危害？」伍奢當然知道費無忌在背後所做的這些勾當，所以跟平王說：「王獨奈何以讒賊小臣疏骨肉之親乎？」

費無忌一聽就知道這番話是針對他的，於是對平王說：「王今不制，其事成矣。王且見禽。」在費無忌的離間下，平王不但決意要殺太子建，甚至覺得伍奢也不再效忠自己了，乾脆把他綁起來，同時派人去殺太子建。可是，殺手司馬奮揚心裡也有自己的盤算——一個父親讓我去殺他兒子，如果有一天父親後悔了，肯定不會責怪自己，而是歸罪於我。為了自保，也為了保護太子建，司馬奮揚就先把消息透露給太子建，於是「太子建亡奔宋」。

費無忌看到太子建沒有死，心中另生一計。他想，一旦太子建在宋找到了援軍，在楚國最有可能支持並幫助太子建回來的人是誰呢？這些人當中地位最高的當然就是伍奢。於是費無忌跟平王說：「伍奢有二子，皆賢，不誅且為楚憂。可以其父質而召之，不然且為楚患。」讓楚平王把伍奢的兩個兒子都找回來，楚平王聽信了他的話，叫人對伍奢說，「能致汝二子則生，不能則死。」

這個時候伍奢非常誠實地告訴楚王的使者：「尚為人仁，呼必來。員為人剛戾忍詬，能成大事，彼見來之並禽，其勢必不來。」可是楚王不聽，執意讓伍奢叫兩個兒子來。事實也正如伍奢所料，大兒子武尚覺得自己應該去，但是二兒子伍員制止哥哥說：「他們要叫我們去，不是真的要放過父親，是擔心我們一家如果有漏網之魚會造成威脅，所以才拿父親當餌把我們騙去，趕盡殺絕。就目前的情況來看，父親一定活不成了。與其跟父親一起去死，倒不如藉這個機會趕快逃，還可以用別國的力量來為父親報仇。」但是伍尚有不同的想法，他說：「我知道去了也救不了父親，可這是我的原則。父親叫我去我卻不去，這樣的事情我做不來。這樣吧，汝

能報殺父之仇，我將歸死。」於是伍尚去見楚平王，而伍子胥「貫弓執矢向使者，使者不敢進」，伍子胥就這樣逃了。

兄弟二人選了不一樣的路，由此開啟了伍子胥的故事，也開啟了他未來的報仇之旅。伍子胥逃到吳，遇到公子光，跟吳王僚發生了一連串緊張和衝突的關係。

子胥奔吳

季札讓國的故事終結後，吳國受中原封建系統崩壞的影響，也在不斷轉型和變質。據《吳太伯世家》記載，從吳王諸樊開始，王位由父死子繼變成了兄終弟及，諸樊傳給了餘祭，餘祭傳給了餘眛。餘眛在位四年，離世之前準備把王位讓給季札，但是季札仍然不要這個王位，「於是吳人曰：『……季子今逃位，則王餘眛後立。今卒，其子當代。』乃立王餘眛之子僚為王。」這裡的「吳人」是指圍繞在國君身邊的大夫和士，他們在春秋封建體系中有特殊的地位。這群人商量之後，決定恢復父死子繼的傳統，讓餘眛的兒子公子僚接任王位。這時候，有個人心裡對這樣的安排極為不滿，他就是公子光。

公子光是諸樊的兒子。對他來說，自己的祖父吳王壽夢把王位傳給父親諸樊，諸樊死後傳位給弟弟，是因為要把位子最終讓給季札，如今若是恢復封建的王位繼承原則，也應該是他而不是公子僚繼承王位。畢竟他是長子諸樊的嫡子。公子光心裡已經對吳王僚有了非常強烈的不滿，而且認為叔父季札也會支持這樣的做法，埋下了後來吳國內亂的種子。

此時，吳國產生了跟太伯立國、季札讓國完全相反的現象——爭。除了公子僚跟公子光的王位之爭，還有吳楚之爭。春秋時期，吳、楚彼此相鄰，又都在不斷擴張之中，難免就會出現摩擦。到了公子僚的時代，兩國

爆發了一次嚴重的衝突。

織布對吳、楚兩個國家來說都是重要產業，織布的核心在於絲的生產，而生產絲的核心是養蠶，蠶需要桑葉才能夠生長，所以種植桑樹是牽涉到當地生產命脈的一件大事。吳、楚兩國的這次衝突，就是邊界兩側的絲女們為了搶奪桑葉而引發的。衝突進一步惡化，逐漸變成兩座城池之間兵戎相見，然後成為吳、楚兩國的鬥爭。吳國先奪下楚國邊界的兩座城，楚則蓄勢準備反擊。就在全面開戰一觸即發的時刻，伍子胥從楚逃到了吳，處於衝突風暴的中心。

為什麼伍子胥會逃到吳呢？由於伍子胥一家的遭遇起於太子建的失寵，而父親伍奢是太子建的太傅，伍子胥跟太子建也有特別的淵源和情感。此時太子建逃亡在宋，伍子胥從楚國逃跑後，就到宋去投奔他。伍奢聽到伍員逃亡在外，他知道這個兒子個性剛烈，對認定要做的事無所不用其極，於是感慨地說：「楚國君臣且苦兵矣。」言下之意，伍員這下大概不會輕易放過楚國了。講完這句話，伍奢、伍尚父子就被楚平王殺害了。

這個時候宋國有華氏之亂，伍子胥也無法久留，不得已，又和太子建逃亡到了鄭。兩人在鄭得到的待遇比宋要好很多，但春秋時期諸國關係非常複雜，太子建後來去拜訪晉，國君晉頃公對他說：「太子既善鄭，鄭信太子。太子能為我內應，而我攻其外，滅鄭必矣。滅鄭而封太子。」晉頃公的野心是凌駕於列國之上，要達到這個目的，就必須先收拾相鄰的鄭國，所以他想利用鄭人對太子建的信任來幫助自己。太子建懷著這樣的協定回到鄭，不料卻被身邊的僕役出賣，把他跟晉頃公的合謀告訴了鄭定公。此時鄭國的執政者仍是子產，也就是《吳太伯世家》中提到的季札在鄭國的舊識。鄭定公和子產知道了這件事，就殺了太子建。

這是伍子胥必須面對的另外一個變局。

伍子胥決定帶著太子建的兒子勝再度出逃。宋待不下去，鄭也待不下去，他們去吳國。要進入吳國，必須通過昭關。在後來的戲曲當中，有伍子胥一夜白頭的故事——昭關守門人要抓伍子胥，伍子胥通過很多人一步

步地幫助，最後過昭關入吳，一夜白頭。

不過，《史記》裡「過昭關」的故事比較簡單，相關人物只是一個漁夫。伍子胥因為要過昭關，就把身邊所有的隨從和行囊都放棄了，和勝二人孤身而逃，在幾乎要被追到的時候，他們來到了江邊。江邊的漁夫認識伍子胥，而且知道他的急難，於是讓他們上了船。在這位漁夫的幫助下，伍子胥得以渡江，進入吳的領域。安全之後，伍子胥心懷感激，要把身上的佩劍解下來贈給漁夫——這就又呼應了季札的故事，季札與徐君之間的交情也是跟劍有關。在春秋，士身上所佩的劍屬於個人信物，這把劍也是伍子胥身上唯一的財產，他跟漁夫說：「此劍直百金，以與父。」有趣的是，這個漁夫回答道：「楚國之法，得伍胥者賜粟五萬石，爵執圭，豈徒百金劍邪！」這位漁夫乾脆連劍都不要，抱持著純粹的善意，只是因為知道了伍子胥的急難，同情他的遭遇，不僅保住了他的性命，而且幫他進入吳國，不求任何回報。也許正是《史記》裡這個漁夫的高貴情操感動了後世，所以後來的戲曲才會把伍子胥過昭關變成一齣精采的大戲。

依靠漁夫的幫助，伍子胥順利進入吳國境內。但在快到吳國國都的時候，伍子胥在路上生病了，病到必須要在路上乞食。父親是楚的貴族、楚太子的太傅，而他現在卻淪落到必須乞食為生，可以說到了人生的最低點，然而他沒有放棄，最終見到了吳王僚。

此時「吳王僚方用事」，有野心，想要攻打楚國。公子光同樣想要有所作為。伍子胥是個聰明人，他一到吳國就立刻探查到了吳國的政治情況，於是就去找公子光，通過公子光的關係求見吳王。在吳王僚面前，他只說了一件事：「楚可破也。原復遣公子光」。根據他對楚國內部的認知和理解，伍子胥認為吳國是有機會贏的，不應該放棄對楚施壓，尤其當吳國有公子光這樣一個大將的時候。伍子胥認為，公子光剛剛在邊界衝突中打敗楚軍，這時候如果乘勝追擊，就可以把楚國滅掉。

吳王僚聽完之後並沒有馬上做出決定，而是找到公子光說：「你介紹的這個伍子胥，建議我用你做大將去

打楚國，你認為如何呢？」有意思的是，公子光跟吳王僚說：「彼伍胥父兄為戮於楚，而勸王伐楚者，欲以自報其仇耳。伐楚未可破也。」公子光提醒吳王僚，伍子胥作為楚國人，是想利用吳國報一己之私仇。聽到公子光這種分析之後，吳王僚也就打消了念頭，不再理伍子胥。

就像剛到吳國就立刻瞭解吳王僚跟公子光之間的關係一樣，伍子胥立刻明白這中間發生了什麼。「伍胥知公子光有內志，欲殺王而自立，未可說以外事。」「外事」跟「內志」這兩個詞非常重要，外事指的是伍子胥的夢想，或者直白來講，就是藉吳王僚攻打楚國。而吳在軍事與外交上面的關鍵人物是公子光，他原以為公子光想儘快建立功勳，一定樂意帶軍攻打楚國。然而知道吳王僚跟公子光的對話之後，伍子胥理解了另外一件事，那就是公子光雖然負責軍事和外交，但其真正的野心叫作「內志」，也就是想方法把本應屬於自己的王位給奪回來。

以伍子胥的政治判斷和手段，他知道這件事情之後，立刻擱置了勸吳王僚派公子光攻打楚的這件事情，跟太子建的兒子勝「耕於野」。表面上看，他似乎放棄了報仇的野心，跟勝變成了只求溫飽的吳國農民。然而伍子胥怎麼可能真的放棄報仇呢？他布了一個局，「進專諸於公子光」。專諸後來襲殺吳王僚，公子光上位，成為吳王闔閭，之後當然也就起用了伍子胥，將他變為身邊重要的謀士。

「我必覆楚」

接下來，吳、楚之間發生了很多重大的變化。

首先，「楚誅其大臣郤宛、伯州犁」。伯州犁的孫子叫伯嚭，他一看自己的家在楚處於危急狀態，也逃到了吳國。吳王闔閭將伯嚭封作大夫，予以重用。而吳這邊，「前王僚所遣二公子將兵伐楚者，道絕不得歸」，

吳王僚的兩個弟弟被派去打楚國，聽聞闔閭殺了吳王僚自立，索性投靠楚，楚也重用他們，把兩人封在舒這個地方。

闔閭即位三年後，吳、楚之間的恩怨到了不得不爆發的時刻。這一次，吳王闔閭派伍子胥和伯嚭帶兵去打楚國，而這個重要目標恰好就是舒。兩個人把舒攻下來，把原來的兩個公子抓回了吳國。闔閭本想乘勝打到楚國國都郢，不過吳國大將軍孫武勸闔閭說：「民勞，未可，且待之。」於是闔閭放棄了進攻。一年後，也就是闔閭四年，吳再度出兵，這次拿下了楚的兩個城池，六和灊。

再過一年，吳國「後院」一個偏遠地區的小勢力越國開始逐步興起。為了好好對抗楚，吳國勢必要先收拾這個後顧之憂，於是派兵打敗了越。再一年，楚昭王叫公子囊瓦帶兵進攻吳國，吳則由伍子胥帶兵迎擊，在豫章大破楚軍，又拿下了楚的一座城，居巢。再過三年，離上次伐楚已經過了六年，吳王闔閭把伍子胥跟孫武找來，問道：「始子言郢未可入，今果何如？」二人商量之後回答說：「楚將囊瓦貪，而唐、蔡皆怨之。王必欲大伐之，必先得唐、蔡乃可。」闔閭遵照了他們的建議，與唐、蔡聯合，大舉發兵攻打楚國，「與楚軍夾漢水而陳」。吳王的弟弟夫概這個時候想要強攻，吳王闔閭不同意。夫概不顧吳王闔閭的命令，帶著自己私屬的五千人軍隊直接出兵。「己卯，楚昭王出奔。庚辰，吳王入郢。子常敗走，奔鄭。於是吳乘勝而前，五戰，遂至郢。」連勝五場重要的戰役，一路打到郢。吳王闔閭堂而皇之地進入了楚國國都。這個時候，楚昭王只好倉皇出奔，幾乎是走投無路。到這裡，司馬遷再回頭講大仇得報的伍子胥。

伍子胥曾經跟申包胥有深厚的交情。他要逃亡的時候，告訴申包胥說：「我必覆楚。」但是申包胥也針鋒相對地說：「我必存之。」如今，吳兵打進郢，伍子胥一時抓不到當時的楚昭王，於是做了一項非常極端的報復行為：「掘楚平王墓，出其屍，鞭之三百，然後已。」逃亡山裡的申包胥聽到這個消息，派人去跟伍子胥說：「子之報仇，其以甚乎！吾聞之，人眾者勝天，天定亦能破人。」在這個環節上，又碰觸到了司馬遷念茲在茲

的「天人之際」。當人的力量很大的時候，或許一時可以突破天的限制，但是天不可能一直被壓抑著，如果有人違反天的基本規則，終有一日會被天懲罰。所以，申包胥跟伍子胥說：「今子故平王之臣，親北面而事之，今至於僇死人，此豈其無天道之極乎！」你原來是平王的臣子，親自稱臣侍奉過他，如今弄到侮辱死人的地步，這難道不是違背天道到極點了嗎！

聽到申包胥這些話，伍子胥告訴傳話的人：「吾日莫途遠，吾故倒行而逆施之。」伍子胥的意思是說，我報仇這個目標這麼遙遠，別無選擇，非得違背天道不可。你指責得對，但我也要告訴你，如果今天不是我刻意違背天道，也就不會有大仇得報這樣一個結局了。

回過頭來說申包胥的「我必存之」。這個時候，申包胥去向秦求救。秦和楚一個在最西邊，一個在最南邊。雖然秦有實力，但是並不覺得應該去幫助即將滅亡的楚。「包胥立於秦廷，晝夜哭，七日七夜不絕其聲」，終於感動了當時的秦哀公：「楚雖無道，有臣若是，可無存乎！」於是派了五百乘的軍隊去救楚擊吳。秦軍出動，「六月，敗吳兵於稷」。

當時吳王闔閭為了找到楚昭王，一直留在楚國境內，吳國在內部疏於防範之下發生了政變，主角就是他的弟弟夫概。夫概出兵時違抗闔閭的命令，反而得勝，於是覺得可以藉此戰功換取政治上的資產，趁闔閭不在的時候自立為王。在這種情況下，闔閭不得不匆忙離開楚，回國去平定夫概之亂。楚昭王這時看到機會，就帶著世卿臣子回到了首都郢。夫概被打敗後來投奔楚，楚昭王就把夫概封在堂溪，命他為堂溪氏。楚重整實力之後，再度跟吳作戰，這一次楚勝吳敗，闔閭只好帶著軍隊徹底退回吳國。

又過了兩年，闔閭派太子夫差出兵伐楚，拿下了楚的番城。楚害怕吳國捲土重來，又從郢倉皇地把國都遷到了鄀。到這裡，司馬遷總結道：「吳以伍子胥、孫武之謀，西破強楚，北威齊晉，南服越人。」吳在闔閭即位之後，因為有伍子胥和孫武在旁邊出謀劃策，快速興起，在春秋末年變成了一個重要的大國。

句踐滅吳

五年之後，吳王再度伐越，越王句踐帶軍迎擊。與五年前不同，吳越情勢逆轉，越王句踐率軍在姑蘇擊敗吳國，闔閭也身受重傷。退兵回吳後，闔閭的傷愈來愈重，在病重的時候，闔閭把夫差叫到旁邊來問：「爾忘句踐殺爾父乎？」夫差回答：「不敢忘。」當晚闔閭去世，夫差即位成為吳王。

到這裡我們大概可以看出，跟伍子胥關係最密切的核心故事，就是如何從楚出奔到吳、如何在吳謀劃、輔佐闔閭並報復楚國的故事說完了，闔閭也去世了，後面還有伍子胥在吳的另外一段經歷。

夫差即位之後，吳國對外關係的主軸從吳楚變成了吳越，伍子胥的角色和身分，也在歷史的無情推移當中改變了。

夫差與闔閭對待伍子胥的方式極為不同。此前，伍子胥的名字是與孫武相提並論的，兩個人在軍事上有著同樣的才能、想法，以及對抗楚的決心，能夠同心協力。到了夫差即位之後，伍子胥的名字就不再跟孫武掛在一起，這時候像幽靈一般跟隨他的，是伯嚭。

伯嚭也是來自楚的世卿，家族背景和伍子胥類似，兩人都被吳重用，也都曾經帶領吳國軍隊去跟楚國對抗。夫差被立為王之後，伯嚭的地位愈來愈高，最後被任命為太宰，主管軍事上的事務。吳王夫差當然記得父親闔閭在去世之前的提醒——不能忘了他的殺父仇人是句踐，所以兩年之後，派軍隊去打越國，大敗越國的軍隊。越王句踐收拾五千殘兵逃到會稽山上，幾乎面臨滅國的危機。句踐只好賄賂太宰伯嚭，「求委國為臣妾」，希望用這種方法，讓自己的社稷、國家留存。吳王聽到這樣的消息，便打算答應，但伍子胥認為越王句踐不是一般人，「為人能辛苦。今王不滅，後必悔之」。夫差不聽，採用了太宰伯嚭的計策，跟越重新達成了和平協定。

過了五年，吳王夫差在伯嚭的輔佐之下有了更大的野心，目標變成了曾經為五霸之首的齊國。這時齊景公剛剛過世，新立的國君沒有辦法壓住國內因爭寵而產生的混亂局面。夫差見獵心喜，便揮師北伐。這個時候伍子胥又有不同的意見，對夫差說：「句踐食不重味，吊死問疾，且欲有所用之也。此人不死，必為吳患。今吳之有越，猶人之有腹心疾也。而王不先越而乃務齊，不亦謬乎！」伍子胥仍然提議讓吳王夫差先打越國，但吳王聽不進去，還是依照自己原來的想法，跟太宰嚭一起出兵伐齊，大敗齊師於艾陵，順道滅了鄒魯之君。一路行軍獲得了如此大的勝利，也就使吳王夫差更不願意聽從伍子胥的建議。

四年之後，吳王夫差仍然認為齊是他光大吳國最重要的一個對象，也真的就忽略了越王句踐。越王句踐採用身邊的一個聰明人，也就是孔子重要的弟子子貢的計謀，「率其眾以助吳，而重寶以獻遺太宰嚭。太宰嚭既數受越賂，其愛信越殊甚，日夜為言於吳王」。伯嚭接受了句踐的重金賄賂，便不斷在吳王身邊說越國的好話。伍子胥看在眼裡，再次勸諫說：「越是吳國的腹心之病，今天您竟然相信越國這種浮辭詐偽，而一心想從齊國得到好處。以吳國的立場來說，今天你打敗了齊國，不過像是拿到了一大片石田。」「石田」是根本種不出任何糧食的田地，也就是說，吳國得到的只是表面上的好處，而不是實質的利益，因為它太遠了。接下來伍子胥還引用了《尚書．盤庚之誥》中的話：「有顛越不恭，劓殄滅之，俾無遺育，無使易種於茲邑。」如果你知道有什麼力量可能威脅到你，就一定要想盡辦法把它徹底滅除。為什麼商朝可以興起，可以有這樣的國祚？就是因為當商人看到威脅的時候一定會把它徹底根除。伍子胥繼續跟吳王夫差說：「若不然，後將悔之無及。」

伍子胥屢次跟夫差說「不然你會後悔莫及」，但夫差就是不聽。這一次非但不聽，還「使子胥於齊」。臨走之前，伍子胥跟兒子說：「我一而再再而三地勸吳王，他就是不聽。今天，我可以預見吳國將要滅亡，你們不要跟著吳一起喪命。」於是把兒子帶到齊，托給齊國大夫鮑牧照管，然後回到了吳。

太宰嚭與伍子胥的關係愈來愈緊張，愈來愈容不得伍子胥，不斷在吳王夫差面前進讒言，把事實跟謊言交

雜放在一起。他對夫差指出，伍子胥為人剛暴，不然他也不會到吳來，也不會念茲在茲地要對楚報仇。這個剛暴之人現在有了「怨望」：「你要去打齊，伍子胥不同意，然而你去打了，結果打贏了，這樣的事實證明他的想法是錯誤的。如果現在吳國去打齊，伍子胥肯定還會阻止你，並且希望吳國的軍隊戰敗，因為這樣才能證明他是對的。現在我們把吳國主要的力量都發動起來伐齊，而國內卻有個人希望你失敗。我們要出兵，他說他生病，沒有辦法跟著去。你把他派到齊，他卻把兒子帶去交付給齊的鮑氏。」太宰嚭接著說：「內不得意，外倚諸侯，自以為先王之謀臣，今不見用，常鞅鞅怨望。願王早圖之。」吳王夫差聽了這番話，像是恍然大悟：「微子之言，吾亦疑之。」然後賜了一把劍給伍子胥，直接對他說：「子以此死。」

伍子胥仰天長歎：「讒臣伯嚭作亂，王卻要殺我。我曾經讓你父親帶領吳國變成了霸主，你還沒有變成太子的時候，有這麼多公子爭位，是我站在你這邊，以死爭之於先王，立你為太子。你剛剛當王的時候，要把你的國分給我，我都沒有接受。而今天你聽了奸臣這些話，就要殺害長者。」所謂「長者」，不只是因為伍子胥年長，更因為他曾是吳王闔閭身邊的人。

然後伍子胥交代他的後事，死後「抉吾眼懸吳東門之上，以觀越寇之入滅吳也」。他的遺言很快就傳到了夫差的耳朵裡，夫差非常憤怒，甚至不願意給伍子胥一個體面的葬禮——他把伍子胥的屍體扔進江中，讓其死後屍骨無存。不過，伍子胥在吳國有自己的聲望，有人特別為他在江邊立祠祭拜。

伍子胥被殺之後，吳王發兵再度攻打齊。這個時候，齊

東漢銅吳王越王神人畫像鏡，呈現越王與臣密談，吳王飲酒作樂的反差。（國立故宮博物院典藏）

悼公被殺，鮑氏——就是之前提到的掌管齊國大政的世卿——立陽生為新任齊王。吳王戰敗。再過兩年，吳國國力強大，夫差想把自己抬到五霸那樣的地位，於是找了魯衛之君，「因北大會諸侯於黃池，以令周室」。

然而，就在夫差的身分升到最高的時候，伍子胥的預言也正在變成現實。

越王句踐打敗了吳國的軍隊，殺了吳太子。夫差聽聞，匆忙趕回，但因為毫無準備，所以只能去賄賂越國簽訂合約。越王句踐確實就是伍子胥所說的那種人，他有著堅強的意志，不會停止報仇。於是，失敗九年之後，越王句踐終於滅掉了吳國，殺了吳王夫差，同時也殺了在整個過程中對句踐和越國都有幫助的太宰嚭，因為他「不忠於其君，外受重賄」。這樣的人留著，隨時都可能會背叛。

藉由伍子胥的生平，司馬遷講了一個復仇的故事。復仇在春秋時期是一件非常重要的事，有各種方式和理由。正因為伍子胥是這樣的人，所以當他看到越王句踐，馬上就辨識出這個人跟自己一樣，是不會輕易放棄復仇念頭的。

司馬遷將這些人如何念茲在茲地實施復仇寫了下來，同時也探觸到人性中的「怨毒之心」，在開頭短短的幾句評語中，就說「怨毒之於人甚矣哉」！人的內心如果充滿怨毒，將會是多麼可怕的一件事，產生多麼隱忍而強大的力量。

刺客列傳：士為知己者死

司馬遷在《刺客列傳》中寫了五個不同時代的人。他是用什麼方式來呈現這個特殊人群的？為什麼要制定這樣一篇傳記？藉由這五個人的故事，司馬遷希望凸顯什麼原則？

曹沫

《刺客列傳》一開頭，先說曹沫。

在歷史上，「士」分為文士和武士，都是封建制度中非常重要的角色。在封建儀式和規矩發生改變前的很長一段時間，武士的地位是高於文士的。武士最重要的特質就是「力」，身強體壯，在春秋時很容易得到國君的青睞。

曹沫是魯國一個非常勇敢的力士，恰好「莊公好力」，所以格外喜歡他，並讓他以力士的身分成為魯國最重要的將軍，但「與齊戰，三敗北」——很有力氣，可以在一對一搏鬥當中戰勝對手，這樣的人就適合擔任將領嗎？司馬遷短短的幾句話就表明了自己的態度。曹沫打起架來讓所有人都害怕，是以得到魯莊公的喜愛和信賴，但戰爭是如此殘酷的一個競爭機制，在戰場上面，曹沫的力氣並不能發揮決定性作用。作為一個將軍，曹

沬是失敗的，他指揮軍隊三次跟齊作戰，都戰敗了。魯莊公害怕齊巨大的軍事力量，「乃獻遂邑之地以和」，把自己的封地中跟齊相鄰的很大一塊送給了齊，請求齊不要繼續侵略。但是，即便三戰都敗北，而且到了割地求和的地步，魯莊公對曹沬的信任和喜愛也沒有動搖，仍舊讓他擔任魯國最重要的軍事將領。

接下來齊魯會盟，地點選在「柯」。此時的齊國國君是春秋五霸之一的齊桓公，他跟魯莊公在祭壇上完成了應有的儀式，重新締結盟約。

就在這個時候，曹沬突然從一旁殺出，手持匕首綁架了齊桓公。齊桓公左右的隨從怕曹沬傷了齊桓公的性命，不敢輕舉妄動，只能問他：「子將何欲？」曹沬說：「你們是強國，相較於你們，魯是一個弱國。你們強國用武力來侵略我們弱國，欺人太甚。」他繼續說：「今魯城壞即壓齊境。」在封建封地的開發模式下，城外有野，野之外通常還有林地，很多城與城之間還有緩衝地帶，這是封建時候發展國與國之間關係的一種正常的地理分配。但在會盟的時候，齊要求魯把這些土地都割讓給它，也就意味著國界劃到魯的城牆邊，一旦魯的城牆向外倒塌，就相當於侵犯了齊國。曹沬的意思是，既然齊桓公要做春秋霸主，自認為可以取代周天子來維持秩序，就不能違背封建的禮。怎麼可以用武力奪取別國的土地，還把邊界劃到城牆邊呢？曹沬講完這句話，又講了四個字，叫「君其圖之」，一方面是說理，另一方面當然是明確威脅。齊桓公也知道把國界劃到別國城邊是理虧的，何況自己的性命正握在這個大力士手裡，所以「乃許盡歸魯之侵地」。

齊桓公說完這話——我們再看《史記》中怎麼形容曹沬的做法——曹沬把匕首放下來，重新回到原來的位置上，好像什麼都沒有發生過一樣。雖然《史記》裡沒有進行詳細的描述，但是我們可以想像當時的場景：曹沬丟掉匕首回到原來的位置上，齊國的隨從和護衛一定團團圍上來保護齊桓公。此時齊桓公又羞又怒，於是想反悔，不把土地還給魯。

這時候出現了一個關鍵的人，管仲。管仲勸齊桓公，不要貪圖這些小利而喪失了威信。貪圖小利或許能夠

滿足一時，但也會「棄信於諸侯」，齊國現在是諸國的盟主，如果毀約就會失去大家的信任，霸主地位也會隨之動搖，還是把土地還給魯國吧！曹沫挾持齊桓公，逼迫他做出承諾，本身並不是一個正當行為，齊桓公當然有理由反悔，可是管仲有更深遠的看法，他希望藉這件事情，將齊桓公是一個什麼樣的人、齊國是一個什麼樣的國家包裝宣傳出去，讓其他國家的人都知道，哪怕是在生命受到威脅的情況下說的話，齊桓公也一定會做到，那將來他所說的任何話都不用懷疑。管仲在意的是整個事件帶來的宣傳效果。這是取信於諸侯的一種方式，是使諸國敬佩並推崇齊桓公做霸主的先決條件，甚至可以是影響諸侯聯盟最重要的資產。

在這件事上，司馬遷看到了曹沫的勇猛，更看到了管仲的智慧——在這種無法預測的緊急時刻中，立刻就算出大利和小利，齊桓公還在計較已經到手的土地，管仲想到的卻是諸侯的信任，而後者的價值是遠遠超過這些土地的。曹沫也得到了他想要的，把三次打仗輸的土地一下子全部贏了回來。這也是曹沫變成一個刺客，用武力挾持、暗算齊桓公的最深層動機。

專諸

曹沫的故事結束之後，《史記》筆鋒一轉，「其後百六十有七年而吳有專諸之事」。從曹沫到專諸，其間相隔了一百六十七年，超過了五代人。《史記》這樣安排是想說明，曹沫和專諸這兩個人有一種跨越時代的深刻聯結。這種聯結是什麼呢？我們要繼續讀專諸的故事才能明白。

「專諸者，吳堂邑人也」。專諸人生中很重要的一件事情是遇到了伍子胥。伍子胥從楚來到吳的時候，吳發生了一些事情，起因是吳王僚和公子光的心結。公子光認為，依照父親的遺志，等到自己的三叔死了之後，如果季札不願意當國君，那麼王位應該回到自己身上。公子光為了實現奪王位的野心，「陰養謀臣以求立」，

培植自己的力量。伍子胥知道公子光的策略，便將專諸推薦給了公子光。公子光「善客待之」，把專諸養在身邊做門客。

楚平王死的這一年，楚國的新國君要即位，吳王僚認為這時必會有所動亂，是從楚國得到利益的好機會，於是派兩個弟弟蓋餘、屬庸帶兵攻打楚，同時拜託他叔叔，也就是吳國最重要的外交人才季札出使晉國，「以觀諸侯之變」。晉這個時候是最強大的國家，它的立場會影響到其他諸侯。不過，這場戰役不像吳王僚預計的那樣順利，楚軍斷了吳軍的後路，將蓋餘、屬庸困在了灊這個地方。吳王僚本想利用楚的危機獲取一些利益，沒想到反而引發了吳國的內部危機。

吳國的精英部隊被困在楚國境內回不來，公子光看準這個機會，跟專諸說：「此時不可失，不求何獲！」他擔心專諸不能下定決心支持他，又說：「且光真王嗣，當立，季子雖來，不吾廢也。」看這段話就能瞭解季札當時在吳國的地位有多高，公子光想讓專諸幫助他，也要把季札的態度搬出來才顯得有說服力。專諸其實是同意公子光的，所以直截了當地說：「王僚可殺也。」接下來他們開始密謀如何把吳國的王位從僚的手上奪過來。

專諸的判斷是：此時吳王僚上面只有一個老母，底下的兒子還很小，身邊也沒有什麼像樣的大臣，有能力幫助他的兩個弟弟蓋餘和屬庸都被楚斷了後路，回不來。依據這樣的判斷，專諸認為吳王僚「無如我何」——「我」其實是指「我們」，也就意味著專諸完全站在公子光這一邊了。接下來，公子光頓首——公子光的地位如此之高，但這時候對專諸擺出了非常謙卑的姿態，他對專諸說：「光之身，子之身也。」你就是我，我就是你，用這種方式交換了彼此的忠誠。

信諾之後，就是行動。四月丙子日這一天，公子光宴請吳王僚，事先安排武士藏在宮中的地下室。吳王僚心裡是有所疑懼的，所以帶著大批護衛從王宮出發，一路護衛到公子光的家門。在公子光的家裡，從門口到堂

的台階上，布滿了吳王僚的侍衛和親信，並且都帶著重兵器。吳王僚此時不只是提防公子光，也要讓公子光明白，他根本無機可乘。

在這樣的部署下，吳王僚安心到了公子光家裡喝酒。喝到一定程度，公子光推辭腳痛要到內室去看一下，隨後就進到藏有武士的窟室裡面，留下專諸在堂上。這個時候，宴席上端來了一條大魚，專諸當機立斷，取出藏在魚肚子裡的匕首，撲到吳王僚面前乾淨利索地刺死了他。

吳王僚死後，護衛自然不可能坐視不管，專諸也被殺死在現場，整個局面非常混亂。這時候，公子光帶領著武士從窟室衝了出來。一邊是有備而來的公子光，一邊是領袖突然死於非命的護衛，兩邊情勢高下立判，公子光很快就取得了勝利。之後，公子光變成了吳王闔閭。

吳王闔閭是藉由專諸暗殺吳王僚而奪得王位的，如今專諸死了，他便將專諸的兒子奉為上卿，作為對專諸的報答。

豫讓

《刺客列傳》當中的第三位主角，是晉國的豫讓。專諸的故事結束了，「其後七十餘年而晉有豫讓之事」，司馬遷用這種句式快速地把故事從專諸移到了豫讓的身上。

藉由這種方式，司馬遷還想點明，所謂刺客，不只是在行為上彼此類似，更重要的是他們的生命選擇，以及這個選擇所帶來的結果也存在共同之處。這樣一路看下來，三個刺客處在完全不同的時代：曹沫時春秋五霸剛剛開始崛起，齊桓公作為霸主出現；到了專諸，則是霸主時代從最高峰走向沒落，晉雖然是霸主，可是對他國的約束和影響正在迅速下降；到了豫讓，春秋即將轉型進入戰國時代，霸主晉國開始大亂，世卿們謀奪國政，

而且彼此之間互相角力。

一般在講時代分野的時候，春秋和戰國之間最重要的分界點是「三家分晉」。這個歷史事件意味著本應由周天子所封的封國，在沒有經過天子同意的情況下，便由國內的世卿將國君的權力轉移到了自己手上，並進一步消滅了國君。這個時候再也沒有霸主，更不要說由周天子懲罰或阻止他們了。這件事情的開端，就發生在晉國。

「三家分晉」的重要背景是晉國有六家非常強大的世卿，除了後來三家分晉的韓、趙、魏之外，另外有范、智、中行三家。有趣的一點是，豫讓先後為范和中行服務過，但「無所知名」，不是重要角色。而這三家中的智家，其領導者智伯是一個有勇力、有謀略的人，憑藉自己的勢力滅掉了范和中行。這樣一來，世卿的主要力量就剩下四股：智、韓、趙、魏。智伯滅掉中行的時候，原來服務於中行的豫讓就轉移到了智伯身邊，得到了智伯的信任，這是豫讓生命中的重要轉折。

智、趙兩家水火不容，而趙襄子一直被智伯欺壓，記恨在心，後來聯合魏、韓兩家消滅智，還在智伯的頭顱外面塗上不透水的漆，當作酒杯，用這種方式來洩恨，也是在提醒大家、提醒自己：仇敵已經死了，再也沒有辦法危害他了。

智伯死後，豫讓逃進了山裡，心中只剩下一個念頭——「士為知己者死，女為說己者容」。一個女人面對喜愛自己的人，會努力讓自己在這個人面前看起來容光煥發，顯得最漂亮；而對男人來說，尤其是作為周封建體系下的基層貴族的士來說，則會為懂得並重用自己的人獻出生命，來報償這份情義。智伯理解並看重豫讓，成全了他生命的價值，如今智伯死了，豫讓發誓一定要為智伯報仇，「則吾魂魄不愧矣」。

於是豫讓隱姓埋名，刻意犯法變成刑人，去當奴僕。他找機會到宮中做最汙穢不堪的工作——掃廁所，並且身上隨時帶著匕首。唯有通過這種方式，他才有辦法接近趙襄子，找機會暗殺他。

也許是趙襄子命不該絕，有一天他要去豫讓埋伏的廁所，突然之間「心動」，便立刻叫左右把廁所裡的人抓起來。侍衛一看豫讓手上握有匕首，就把他帶到趙襄子面前。豫讓毫不隱瞞，直接說自己要幫智伯報仇。依照一般封建和宗法的道理，智伯死後要由他的後人來報仇，然而智伯並沒有後人。趙襄子沒有想到智伯竟然有如此忠誠的臣子，認為他是「天下之賢人也」，身上有一種令人尊重的價值。趙襄子是個直率而衝動的人，不然也不會怨毒到把智伯的頭做成飲酒的漆器。可正是這樣的人，會有內在的真性情。明明差一點就被豫讓殺死，趙襄子卻願意放過豫讓，並且說：「吾謹避之耳。」趙襄子認為以自己的地位，豫讓不可能那麼容易靠近，儘管暗殺國君是死罪，但還是讓豫讓這位「義人」離開了。

趙襄子放過了豫讓，但豫讓沒打算放過趙襄子，以他對智伯的忠誠，不會就此放棄。然而，在被趙襄子釋放之後，豫讓也欠了趙襄子一份人情，必須重新調整策略，於是就有了《刺客列傳》最感人的一段。

復仇是春秋時期一項重要的時代精神，是一個「大義」。趙襄子雖然放了豫讓，但是豫讓並沒有放棄復仇，反而做了更極端的事情：「居頃之，豫讓漆身為厲，吞炭為啞，使形狀不可知，行乞於市。其妻不識也。」他將自己文身，改變了身體皮膚的顏色。他刻意吞下木炭，讓聲音非常沙啞，甚至到了不能講話的地步。他也不去從事正常的行業，化身成了一名乞丐。他這樣毀壞自己的外形，就是為了讓人們都認不出他。他改變到了什麼程度呢？即使是跟他共同生活過的妻子，在路上看到他，都認不出來這是自己的丈夫。然而，改變形貌畢竟不可能跟原來完全不同，還是有一個朋友在路上認出了他，被認出後，豫讓也非常坦白地承認。看到豫讓變成這個樣子，朋友流下了眼淚：「你怎麼會變成這樣，我們知道你想為智伯報仇，可是還有很多其他方式報仇啊！你難道沒有想過，以子之才，委質而臣事襄子，襄子必近幸子，只要能留在趙襄子的旁邊，就會有很多報仇的機會。為什麼你不做這樣的選擇呢？」與其混在街道上等著偶然的機會接近趙襄子，還不如更有心機地去刻意接近他，假裝投誠，為他所用。依照你的能力，完全可以混到他旁邊變成心腹，這樣有很多機會可以實現刺殺

的願望啊！

朋友的辦法豫讓不可能沒有想到，但是豫讓不能接受，因為，一旦用這種方式接近趙襄子，就意味著願意為他效忠，也就違背了做人的基本原則，比吞炭失去聲音、徹底改變面貌還要難以接受。他說：「所以為此者，將以愧天下後世之為人臣懷二心以事其君者也。」對豫讓來說，行為上可以有不同的規範，但他對自己效忠的君主卻有一種至高的期許，他也正是基於此才會為智伯報仇的，所以又怎麼可能抱著為智伯報仇的動機去假裝服侍趙襄子呢？從這裡便可以看出，豫讓身上有春秋時代建立起來的、對中國人來說非常重要的典範觀念，那就是每個人都很在意自己的行為會對後世產生什麼影響。為後世破壞原則，是豫讓絕對不願意承擔的，所以他離開了朋友，堅持用自己的方式報仇。

過了一陣子，豫讓終於找到了趙襄子要去的地方，埋伏在必經之路的一座橋底下。不知道為什麼，就像他當初埋伏在廁所時一樣，趙襄子的車馬到了橋邊突然開始叫跳起來，趙襄子心中一動，馬上跟左右的人說：「一定是豫讓在附近準備殺我。」

上一次趙襄子放走豫讓後，他並不覺得豫讓會因此感激他，從而打消刺殺的念頭。此時他預感這個人又出現了，命人去搜索，果然找到了豫讓。豫讓第二次站在趙襄子面前，趙襄子忍不住責備說：「你堅持為智伯報仇是有道理的，但有一個矛盾的地方。在服侍智伯之前，你不是也在范家和中行家當過家臣嗎？你忘了范家和中行家最後是被智伯給滅掉的嗎？為什麼你不為范家、中行家報仇，只在意替智伯報仇要殺我呢？你這不是雙重標準嗎？」

在被趙襄子指責、質疑之後，豫讓說了這樣一番話：

臣事范、中行氏，范、中行氏皆眾人遇我，我故眾人報之。至於智伯，國士遇我，我故國士報之。

什麼叫作「國士遇我」？智伯看中了豫讓的能力，徹底信任豫讓，並且讓豫讓參與所有的事情，因此豫讓認為自己對智伯就有了身為國士的職責，也就是徹底效忠，智伯活著的時候盡己所能輔佐他，他被殺後就想方設法替他復仇。

趙襄子本來以為自己這個問題可以說服豫讓，不要再當刺客繼續追殺自己，但當發現豫讓心中有比自己的問題更強悍的信念時，不禁流下眼淚。他也不得不作出決定：「嗟乎豫子！子之為智伯，名既成矣，而寡人赦子，亦已足矣。子其自為計，寡人不復釋子！」這個時候，他左右的家臣、士兵就把豫讓團團圍住了。

豫讓知道自己非死不可，就對趙襄子說：「臣聞明主不掩人之美，而忠臣有死名之義。」他所需要的不過就是一個忠臣的名義，不能讓後人認為智伯待他以國士，而智伯死後他竟然不能以國士報之。讓後世知道有豫讓這個人，也許就有更多的人慷慨赴義，願意成為這樣的國士。豫讓稱讚趙襄子「不掩人之美」，意思是趙襄子不會因為這種恩怨，不讓豫讓的名字傳出去。「前君已寬赦臣，天下莫不稱君之賢」，可以看出，即使是在這個終極的時刻，豫讓的頭腦依然清醒。

在上下文中，這句話更另有一番深意，豫讓希望以此提醒所有的國君，應該以什麼樣的方式來看待國士。為自己的主上報仇的人，國君就應該尊重他。豫讓接下來說：「今日之事，臣固伏誅」，可是這時候他有一個心願，「願請君之衣而擊之，焉以致報仇之意，則雖死不恨。非所敢望也，敢布腹心！」趙襄子也很感動，叫使者把自己身上的衣服脫下來交給了豫讓。「豫讓拔劍三躍而擊之」，豫讓真的就像在行刺趙襄子一樣刺他的衣服，之後說：「我只是能力不足，並不是不夠堅持。如今到了地下，我見到智伯也不會覺得羞愧了。」隨之伏劍自殺。

此處，司馬遷特別講了趙國志士的反應：「死之日，趙國志士聞之，皆為涕泣。」豫讓明明要殺國君，可

是趙國那些有原則、有志氣的人聽了這個刺客的所作所為後，都流下了感動的眼淚。豫讓最在意的就是他的故事會以什麼樣方式影響後世，這也是司馬遷在行文當中埋藏的一條重要訊息，呼應了前面的《伯夷列傳》。

如果沒有史家，豫讓和趙襄子這樣磊落的為人，還有他們跟一般庸俗的人截然不同的決定和行為，根本就留不下來，更無法實現他們最重要的嚮往——以生命奠定一種高貴的典範，讓後世受到鼓勵，對於什麼是「忠」能有更強烈的追求、信念。這就是史家的作用，也是司馬遷寫《刺客列傳》的原因。

聶政

豫讓的事件發生了四十多年之後，出現了聶政。

聶政是一個什麼樣的人？聶政是一個殺人犯。他登場的時候住在齊國，不過齊並不是他的家鄉，他殺了人，為了躲避仇人才跑到齊。聶政本來的身分地位比較高，但是來到陌生的地方，又是為了殺人避仇，所以淪為社會地位非常低下的屠戶，以賣肉為生。前面提到過，在春秋戰國時期的宗族結構下，中國社會非常重視復仇。如果家裡有人被殺，他的子弟們一定要復仇。所以一個人殺了人之後，真正要擔心的不是被官府判罪，而是死者的後代子孫和親友有決心復仇。

聶政的故事中另外一個主角是濮陽嚴仲子。這位韓國的公子地位非常高，但因為得罪了韓相俠累，所以逃了出來。嚴仲子一邊流亡，一邊四下打探有沒有可以幫他殺死俠累的人，這時聶政在齊已經有了名聲，所以「齊人或言聶政勇敢士也，避仇隱於屠者之間」。

一個是社會地位非常低下的屠戶，一個是從韓國來的貴族。嚴仲子聽聞聶政事蹟後，便登門拜訪，好幾次都被聶政給送走了，但他依然不放棄。兩人最後終於有機會坐下來喝酒，酒酣耳熱之際，嚴仲子從懷裡拿出黃

金百鎰，說：「希望藉這個禮物，祝福您母親長命百歲。」聶政嚇了一跳，沒想到嚴仲子會拿出這麼重的禮，他當然知道嚴仲子一定有所企圖，所以跟嚴仲子說：「臣幸有老母，家貧，客游以為狗屠，可以旦夕得甘毳以養親。親供養備，不敢當仲子之賜。」

嚴仲子明白這時候需要把事情說開，於是支走旁邊人，跟聶政坦白：「我在韓國得罪了地位非常高的人。我怕他對付我，才在各地流浪。到了齊國，很多人都說你能夠幫我解決問題，這就是我帶著黃金來拜訪你的重要理由。請你收下這個禮物，這只不過是我跟你結交的一份小小的信物。我沒有特別要求你為我做什麼事情。」聶政聽了後，當然明白其中的含義，就說：「你有你流亡的理由，我有我流亡的理由。我之所以選擇這樣的生活方式，不過是為了我的老母親能好好生活下去。只要老母親活著一天，我就不敢答應任何危害到生命、讓我沒辦法養老母親的事情。」嚴仲子仍然堅持要送，而聶政也一直堅持不收。最後，他們行了非常正式的賓主之禮，嚴仲子才離開。

過了很長一段時間，聶政的母親去世了。聶政等到服喪期滿，就說：「我是一個沒有任何地位的市井之人，整天拿著刀殺狗賣肉，而嚴仲子是韓國諸侯的卿相，他從韓到齊，不遠千里想要跟我結交。回頭想想，當時他要跟我結交的時候，我用那樣的方式對待他，真是非常無禮。他來找我的時候，我跟他根本不認識，也沒有任何交情，我沒有幫他做過任何事。而且我在一般人心目中也沒有做過什麼了不起的事情，不足為道，但他竟然拿出黃金百鎰來祝福我母親長命百歲，同時想跟我結交。我當時沒有接受他的禮物，但心裡已經被深深感動。夫賢者以感忿睚眥之意，而親信窮僻之人，而政獨安得嘿然而已乎。一旦被人家這樣對待，便難以裝作不知道而沒有任何表現。」當初嚴仲子拜訪時，因為母親尚在，聶政不得不拒絕，如今母親已經故去，知己者就是這個世界最重要的人，「政將為知己者用」。

《刺客列傳》中，司馬遷企圖用這些故事叩問一個關於人生的終極問題：你會在什麼樣的狀況底下、為了

誰、為了什麼理由而奉獻出生命？人生中有比生命還重要的東西嗎？前面幾個刺客都找到或者說遇到了這樣一個重要的理由。在看《刺客列傳》的時候，需要關注的不是行刺行為本身，而是背後強烈的動機，這個動機甚至強烈到超過一個人的求生意志。真的有這樣的東西存在嗎？結合聶政這個故事，再回頭看專諸和豫讓，刺客的動機都是一樣的，即「士為知己者死」。這些人變成刺客就是因為遇到了「知己者」，他們看中別人對自己的尊重，並且願意為之獻出生命作為報答。

刺客要做的就是奮不顧身的事情，行刺的對象必然是一個在身分、地位乃至資源上都高過自己很多的人，所以刺客在行刺前都會料想到，很可能會在刺殺過程中喪命。人會為了什麼而喪命？這個大問題對絕大部分人來說可以不問，也不必去問，日常生活中活下去是最重要的，但正因為有《刺客列傳》中非常之人的存在，也就點出了這些人跟芸芸眾生不一樣的地方。這是人之所以為人、作為萬物之靈最特別的地方。

聶政把奉養母親看得比自己的生命還重要，甚至將之當作自己人生當中最關鍵、最重要的一件事。在好好奉養母親的心願之下，他可以不顧自己想要什麼，也可以不想自己應該做一個什麼樣的人。等到母親死了，也就意味著他的生命有了新的轉折，他進一步去問：我到底是一個什麼樣的人，我活著是為了什麼？過去是為了讓老母得享天年，如今這個目的已經達成，那麼我要做一個什麼樣的人？聶政思考後做出了選擇，「知己者」比他的性命更重要，而他覺得嚴仲子就是自己的「知己者」。嚴仲子不顧很多現實問題選擇了聶政，並認為聶政是可以信任和依賴的人，光憑這件事情，他就是聶政的「知己」，有這樣一個「知己者」出現，像聶政這樣的豪傑之士就明白自己接下來要如何度過人生。

於是，聶政到濮陽找到了嚴仲子，跟他講：「前日所以不許仲子者，徒以親在；今不幸而母以天年終。仲子所欲報仇者為誰？請得從事焉！」嚴仲子也就告訴聶政，他的仇敵是韓相俠累，在韓國是一人之下萬人之上，非但不是一般人，甚至不是一般的大夫。俠累擁有這麼強大的權力，背後更有一個龐大的宗族，所以嚴仲子明

明白白地告訴聶政：「宗族盛多，居處兵衛甚設，臣欲使人刺之，終莫能就。今足下幸而不棄，請教其車騎壯士可為足下輔翼者。」不過聶政認為：「我們現在在濮陽，離韓相去不遠。你現在要殺的人是國君非常親近的親戚，周遭都有他的勢力。面對這種人，再多的車騎、壯士都沒有用，只會多生是非。人多口雜，極有可能洩露祕密，屆時整個韓國都會跟你為仇。那時你不就危險了嗎？不就更難殺俠累嗎？」聶政「遂謝車騎人徒」，一個人帶著劍到了韓國。

在這裡必須佩服《史記》的筆法，司馬遷花了很多篇幅去描述嚴仲子和聶政兩人的對話。那些都是刺殺前的鋪襯，接下來，司馬遷對聶政殺俠累的描述卻極短：「韓相俠累方坐府上，持兵戟而衛侍者甚眾。聶政直入，上階刺殺俠累，左右大亂。」聶政直接一路上去，當場刺殺俠累，沒有一個字的廢話。司馬遷以用語多寡的對比，凸顯出了聶政的膽識和武勇。

聶政被稱為「勇敢士」，就是因為他有這樣的膽識。做同樣的事情，別人總是會想，在這裡或者那裡被阻撓了怎麼辦？聶政根本不管，他提著劍，在任何人來不及防衛的情況下，直走到俠累面前，拔劍擊殺，隨後其他人才反應過來。《刺客列傳》中這一段行刺的描寫是最快的，而且沒有任何曲折，跟後面荊軻刺秦王的故事形成了強烈的對比。

俠累被刺之後，左右大亂，這時候「聶政大呼，所擊殺者數十人」。以聶政之英勇，又多殺了幾十個護衛，然後他做了一件奇怪的事，「自皮面決眼，自屠出腸，遂以死」。這不只是自殺，而且是在死前特意毀壞自己的身體，讓別人分辨不出身分。聶政死後，「韓取聶政屍暴於市，購問，莫知誰子」。韓國為了找出這個刺客的身分，進行了高額的懸賞。如果有人能夠指證屍體的身分，將得「千金」。但是過了好長時間，沒有人來領這個錢。一直到有一個女性出現，那是聶政的姐姐聶榮。

聶政的姐姐不在韓國，所以過了很久，她聽說有人刺殺了韓相，並且沒有人知道刺客的名姓，馬上認定這

個刺客就是自己的弟弟。她知道嚴仲子曾經委託弟弟去韓國做一件事，她趕到韓國看到屍體，立刻認出就是弟弟，伏在上面大哭。接下來，她揭露了聶政的身分，大街上的人都嚇了一跳，說：「這個人殺了我們的國相，而且國王現在正以千金懸賞他的名姓。妳怎麼敢來辨認他呢？」聶榮回應說：「我當然知道弟弟做的是什麼樣的事，他是在保護我。他死前把自己的面容用這種方式毀壞，就是為了不被辨認出身分。這是我弟弟的個性。當年他殺人避仇時想要贍養老母，自汙身分去做一個賣肉的屠夫。他接受這種卑屈的生活，就是因為母親還在，還有我這個沒有找到夫家的姐姐在。如今我的母親已經得享天年，我也已經有了夫家，嚴仲子在我弟弟生活最卑下的時候找到了他、厚待他，因此刺激了我弟弟心裡最深刻的想法——士固為知己者死。他決定要為嚴仲子而死時，心裡還記掛一件事情，那就是不要連累我。但他並不瞭解他的姐姐，難道我就真的怕歿身之誅嗎？我怕被他牽連嗎？不是！如果我保住性命以求苟活，那這個世界上就沒有人知道聶政是誰，做了什麼事。更重要的是，沒有人知道聶政是為了嚴仲子而做這件事，沒有人知道他這麼做是為了報答他的知己者。他一旦答應了別人的請求，就可以用這麼英勇的方式兌現自己的承諾。雖然我這樣做會被牽連，韓國的國君也會抓我殺我，但這樣世界上就會留下聶政的名字和行跡。」

人做了高貴的事，應該讓後世的人知道。因為這樣一種信念存在，後世的人可以學習、模仿，至少感受到什麼是高貴的精神，並受其感召。再回過頭深刻地體會司馬遷在《伯夷列傳》中提到的「名」。這個「名」不是空洞的好名的虛榮，之所以必須千秋萬世地一直傳下去，因為它可以告訴後來的人應該如何行事。延伸來說，司馬遷對於為什麼要有史家來寫歷史，有自己的答案。這個答案跟今天歷史系、歷史研究所裡老師講的非常不一樣。對司馬遷來說，史家的責任就是把過去這些非常行為和高貴人格流傳下去。

為了把這些名聲保留下來，有些人會用更麻煩或者代價更高的方式，例如聶榮所做的這件事情。她講完了這番話之後，「大驚韓市人」。大家都知道死者是她的弟弟聶政之後，聶榮「乃大呼天者三，卒於邑悲哀而死

政之旁」，跟弟弟一起離開了人世。這個時候司馬遷說：「晉、楚、齊、魏聞之，皆曰：『非獨政能也，乃其姊亦烈女也。』」

豫讓的故事結束時，司馬遷寫過一小段評語：「趙國志士聞之皆為涕泣。」豫讓行刺趙襄子雖然不得，但是他的行為驚動了整個趙國。講到聶政的故事，尤其是後來聶榮的所作所為，不只是驚動了韓國，連周邊的晉、楚、齊、魏都被驚動了，這兩個人的名聲快速地傳了出去。聶政的確了不起，但是「非獨政能也」，他姐姐同樣是一個烈女，令人感佩，「鄉使政誠知其姊無濡忍之志，不重暴骸之難，必絕險千里以列其名，姐弟俱戮於韓市者，亦未必敢以身許嚴仲子也」。

回頭來看，如果當時聶政知道，即使他想盡辦法不讓別人知道他的身分，姐姐還是會來認他的屍體並死在他旁邊，那他還會這樣做嗎？大概不會，因為聶政是一個如此有原則的人，他生命當中最重要的是家人，對他來說，姐姐的生命還是高過自己的追求。

晉、楚、齊、魏等國人的討論，也正是司馬遷最看重的歷史效果。因為有了這件事情，大家會跟著去思考：這樣的人是怎麼活的？如果從頭來過，他會做什麼樣的選擇？在討論的時候，也必然會想，自己活著時，到底覺得什麼東西比較重要，什麼東西不那麼重要？當我們追求自己想要的東西的時候，我們眼中有別人嗎？當我們追逐利益的時候，心裡有原理、原則嗎？我們用自己的方式活著，忽然看到聶榮、聶政姐弟這樣的人，又做何感想呢？

所以《史記》接下來還是要說一下，嚴仲子「亦可謂知人能得士矣」。嚴仲子在這麼多人當中找到了聶政，而聶政的確就是可以為他解決問題的人，不止如此，他還多收獲了聶政樹立的人格典範。

荊軻

荊軻是中國歷史上最有名的一個刺客，他之所以有名，主要是來自《史記》的記載。《刺客列傳》寫了五名刺客，從聶政到最後一個荊軻，間隔了二百二十多年，是書中幾個人物相隔時間最久的。換句話說，在聶政之後幾乎沒有了刺客，這個傳統在相當長的一段時間裡幾乎要絕跡了。直到戰國末年，荊軻的出現才使得刺客的精神和價值觀念重現在天地之間。

司馬遷先寫了荊軻的家世。荊軻原來是衛人，祖先從齊搬到了衛。在衛的時候，他被稱為慶卿，表示有一定的地位，受到當時人的尊重。後來他從衛一路遷移到燕，被燕人叫作荊卿，所以才有後來的荊軻。這其實就告訴我們，司馬遷在記錄歷史時的細心之處。荊軻名字的差別，很大一部分是由於春秋戰國時候語言和文字不統一，不同的地域會有不同的發音，從而影響到這些名字如何記錄。這也解釋了為什麼秦始皇在吞併六國之後要統一文字，因為整個中國，尤其是到了戰國後期，原來的語言文字在封建瓦解之後也跟著離散了，如果沒有秦的統一，也不會有後來像司馬遷這樣把不同名字用一套文字重新整合起來的《史記》。

荊軻繼承了春秋「士」的傳統，他能文能武，喜歡讀書和擊劍。司馬遷寫到，荊軻「以術說衛元君」，這六個字指出了一個歷史事實：那個時候好文武的士有一個重要的轉型，他們要有一套能讓國君用來治理國家的「術」，後來被稱為「法術」。在那樣一個時代背景下，荊軻找到了衛的國君，但並沒有被衛元君所用。後來衛在秦的侵逼之下很快就滅亡了，衛元君被罷黜，遷移到野王一帶。

然後荊軻到了榆次，遇到俠士蓋聶。蓋聶是知劍之人，荊軻也懂劍，就跟蓋聶論劍。但是顯然兩個人談得並不愉快，一言不合，「蓋聶怒而目之」，而荊軻轉頭就走。有人跑去跟蓋聶說：「荊軻這個人看起來是有本

事的，你要不要再把他找回來？」蓋聶就說：「我當時跟他說話見解不合，只不過是凶他，可他連話都沒說就逃走了。這樣的人真的有用嗎？」雖然有這樣的疑問，但是經建議與勸說，蓋聶仍然派人去找荊軻，想看看荊軻到底是不是一個可用之人。這時荊軻已經離開了榆次，蓋聶就自以為是地說：「固去也，吾曩者目攝之！」

荊軻離開榆次到了邯鄲，遇到魯句踐。魯句踐跟荊軻賭博，兩人發生了爭執，「魯句踐怒而叱之」。荊軻的反應跟與蓋聶論劍時一樣，「嘿而逃去，遂不復會」。

通過這兩個小插曲，司馬遷點出了荊軻為人的風範：他不跟別人糾纏，也不太在意別人如何看待他。在戰國時期強調人要有強烈個性的風氣底下，「嘿而逃去」會被認為是懦弱的表現，但顯然荊軻並不在意，他不是一個弱者，不然也不會名列《刺客列傳》之中了。

司馬遷再三提出疑問：認識一個人真的那麼容易嗎？他屢次想要表達這樣一個觀點：我們在現實中認識甚至是親近某人，反而不會認識他內在最核心的部分。在記錄歷史的時候，要如何記錄一個人？史家要記錄的是一個人對時代、社會產生的共性和變化的影響。歷史學者在寫人的時候，是要看這個人跟別人在思想或行為的不同之處，或者將留下什麼樣的印跡。這種看待人的方式告訴我們，如果輕易下判斷，經常會誤解人。一個看似平凡的人，也可能在集體、社會或者歷史上發揮巨大的作用。

荊軻到了燕國之後，跟一個殺狗的人，還有一個很會唱歌的音樂家高漸離交往密切。「荊軻嗜酒，日與狗屠及高漸離飲於燕市，酒酣以往，高漸離擊筑，荊軻和而歌於市中，相樂也」。他們看似很高興，但並不單是高興，而是「已而相泣，旁若無人」。荊軻是一個性情中人，他有非常自我的一部分。當情緒來的時候，他不會去管別人怎麼看他。他喜歡結交狗屠和高漸離這樣的人，喝酒後高聲唱歌，唱到慷慨激昂或悲傷之處，該哭就哭，該笑就笑。那是真實的自己。

除了喜歡喝酒之外，荊軻還喜歡讀書，也喜歡思考。他每到一個地方都會去找「賢豪長者相結」。換句話

說，他不是隨意與人結交，而是有自己的盤算和選擇。

此時，荊軻生命中一個特別的人出現了，「燕之處士田光先生亦善待之，知其非庸人也」。田光充分瞭解到荊軻是怎樣的人，引薦他和燕太子丹聯繫上。燕太子丹是一個什麼樣的人呢？

燕太子丹者，故嘗質於趙，而秦王政生於趙，其少時與丹驩。及政立為秦王，而丹質於秦。

戰國時期國與國之間的關係非常複雜，每一個國跟其他國有可能是盟友，也隨時可能爆發戰爭。要盡可能地穩定國與國之間的關係，其中一種解決機制就是把太子送到別的國家當人質，等於締結和平條約，而且是最有保障的一種，戰國後期列國太子幾乎都有同樣的命運。燕、趙都在北方，而燕的西邊就是趙，燕要防範東方大國齊，首先就要穩定跟趙之間的關係，所以把太子丹作為人質送到趙。燕太子丹在趙國的時候，生於趙的秦王政也在趙作人質，所以在兩人長大的過程當中應該有所交往。政被立為秦王之後，雖然燕秦之間隔著韓、趙、衛三國，但燕無法確保秦不會發兵。這個時候和平條約已經不夠作為保證了，必須要對秦表現出謙卑的姿態。

既然燕太子丹跟秦王少年相識，理所當然地就被送到秦國去作人質。燕太子丹認為，秦王跟他年輕的時候就相識，現在當了國王，應該會念及這份舊情。然而，登基之後的秦王政已經不再是當年在趙成長、有著非常複雜身世的那個人了。他繼承了一個大國，自然與太子丹產生了巨大的身分落差，於是「遇燕太子丹不善，故丹怨而亡歸」。燕太子丹不是和平順利地回到燕，必然得罪了秦王政。

等到燕太子丹回到燕之後，心裡面就動了一個念頭——「報秦王」。他要報復秦王，動機有二：一個是私人的動機，兩個人有這樣的舊交，而秦王政卻對他如此無禮，所以他非常憤怒；二是因為自己逃回來了，秦王政必然非常不滿，可能對自己和燕國不利。燕雖然遠在東方，但是秦愈來愈強大，沒有哪個國家可以置身其外，

不受威脅。這個時候，為了安全起見，燕必須有所行動。

在六國當中，燕最弱小，遠遠不如齊、楚、韓、趙、魏的實力。燕在東北，跟秦的距離最遠，本來可以依靠地理條件來維持生存，但秦在壯大的過程當中，已經不願意只據守西方，甚至已經跟齊、楚都產生了衝突，更不用說中間的三晉了。這個時候，燕國君臣都感到不安，燕太子丹也非常憂慮，就去請教他的老師鞠武。鞠武的回答是：秦在西邊威脅到韓、趙、魏，其實力是燕難以抗衡的。秦北邊有甘泉谷口，南邊有涇水、渭水灌溉出來的平原，「右隴、蜀之山，左關、殽之險」，東邊的諸侯沒有辦法威脅到它。秦的人民愈來愈多，軍隊愈來愈強大，更重要的是它有對外擴張的集體意志。如此發展下去，長城之南、易水以北恐怕沒有任何力量跟它抗衡。

鞠武這樣說，是讓燕太子丹忘掉與秦王政的私怨，因為這時候燕沒有任何條件去對抗秦：「奈何以見陵之怨，欲批其逆鱗哉！」燕太子丹聽了鞠武的分析，但不可能真正咽下這口氣。不久，一個讓太子丹心動的機會出現了。秦國將領樊於期得罪了秦王，逃到燕。從秦逃出來的人，燕太子丹見到就欣喜，於是接受了樊於期，而且善待他。鞠武知道後力諫太子丹：「夫以秦王之暴而積怒於燕，足為寒心，又況聞樊將軍之所在乎？」這樣做將引來大禍，相當於「委肉當餓虎之蹊」，這個禍是你無法解決的。鞠武把話說得非常重：「如果你用這種方式的話，就算管仲、晏子都沒有辦法治理這個國家，解決這個國家的危機。請你現在趕快把樊於期送走，送到匈奴滅口。另外還要去聯絡韓、趙、魏、齊、楚，甚至拉攏匈奴的力量一起對抗秦。然後慢慢地等，也許還有一點機會。」鞠武希望燕太子丹認清秦不可抵擋的客觀形勢。

這段話對荊軻刺秦王這個事件非常重要，因為這樣的分析逼出了燕太子丹的癥結所在，他心裡放不下與秦王政的恩怨，而鞠武的分析讓他知道，如果跟秦發生正面衝突，沒有任何機會獲勝。這就是荊軻跟燕太子丹聯結的前提。荊軻的加入，不但改變了燕太子丹，也改變了燕國的命運。

司馬遷是一個難得的史家，他寫歷史的一項特點，是他不只要寫出歷史上發生了什麼樣的事情，還在敘述當中含藏著解釋，讓讀者明白為什麼會發生這樣的事。同時，在鋪陳事件來龍去脈的過程中，也對時代背景和社會潮流有所描繪。

燕太子丹一方面因接納樊於期讓秦王政不高興，另一方面也動了藉樊於期來瞭解秦國軍事狀態的念頭，甚至抱著讓樊於期對抗甚至進攻秦的想法。

鞠武的看法徹底相反。鞠武看到了秦的強大和對外擴張的野心，面對這樣的情勢，鞠武的策略是盡可能保持低調，低調到讓秦忘記你的存在，這樣或許秦就不會採取任何行動，燕才有一絲生存下去的機會。對於鞠武來說，這個困境必須要有一個長期的辦法才能解決。短期看，唯一能做的就是不去刺激秦，這也是為什麼他那麼反對收留樊於期。本來秦王政心裡要顧慮韓、趙、魏、齊、楚這種大國，可以不注意燕國的，燕如果收留樊於期，這不是迫使秦王政把其他國家的事情放到一邊，眼睛只盯著燕嗎？一旦如此，燕怎麼能夠抵抗秦的敵意呢？鞠武的看法是先確保燕存活下來，再伺機壯大。

但是，燕太子丹難以接受這樣的想法和建議，他說：「太傅告訴我的這個計謀，要花太長時間了。我的心怦怦地跳，沒有任何一刻可以安穩，而且我也不覺得用這種方式可以維持目前的狀態。夫樊將軍窮困於天下，歸身於丹，丹終不以迫於強秦而棄所哀憐之交，置之匈奴，是固丹命卒之時也。願太傅更慮之。」

鞠武更進一步就跟他講：「你作為太子應該做的是謀求這個國家的安全，但是你現在的行為是要招來禍患的。你不斷累積跟秦之間的怨恨，這個後果我們怎麼可能承擔得了？譬如你抱著一堆鴻毛站在炭爐旁邊，一點點火星就可以燒著，你怎麼可能安穩地睡覺呢？」兩個人爭吵了很久，仍然不能說服對方。這個時候，鞠武有另外一個提議：「燕有田光先生，其為人智深而勇沉，可與謀。」燕太子丹也覺得應該聽聽別人的意見，就說：「願因太傅而得交於田先生，可乎？」於是鞠武就去找了田光先生，跟他說：「太子願圖國事於先生也。」用

這種方法，燕太子丹與田光建立了聯繫。

太子丹去拜訪田光的時候，極有誠意，以接待身分最高的客人的方式引導田光坐——倒著走，入坐時跪下來擦拭坐席上的灰塵，等在那裡。田光坐定之後，太子丹把左右全部遣開，這意味著此刻他不是以主人的身分，而是一個請教者的身分來跟田光說話。請教什麼呢？很簡單。太子丹直言：「燕秦不兩立，願先生留意也。」田光說：「太子，我知道你們都聽聞我的名聲。但是你不知道，一匹駿馬壯年時一天可以跑千里，但老了以後就算血統再糟的劣馬都可以跑到牠的前面去。」他非常誠懇地告訴燕太子丹：「今太子聞光盛壯之時，不知臣精已消亡矣。雖然，光不敢以圖國事，所善荊卿可使也。」燕太子丹一聽就被感動了，回答說：「願因先生得結交於荊卿，可乎？」田光當然說可以。

田光離開時，太子丹將他送到門口，又警惕地說：「丹所報，先生所言者，國之大事也，願先生勿泄也！」

田光低頭笑著答應，然後用老邁的步態去找荊軻。

他說：「燕國上上下下都知道我跟你非常要好，今天太子丹因為聽聞我年輕時候的名聲找到了我。但是他不知道，我已經名存實亡了。他說『燕秦不兩立，願先生留意也』，是想要我幫他解決燕秦之間的恩怨。我也坦白地告訴他，這件事情不應該找我，而應該找像年輕時候的我一樣的人。我現在希望你能夠看在我的面子上，看在這件事情的嚴重程度上，去拜訪太子。」

荊軻說：「謹奉教。」

田光又說：「吾聞之，長者為行，不使人疑之。今太子告光曰：『所言者，國之大事也，願先生勿泄。』是太子疑光也。夫為行而使人疑之，非節俠也。」田光生命的基調是做一個節俠，「節」是他終生信奉並貫徹的原則，意味著其行為是出於自己內在的基本原則，而不是外在的行為規範。田光做了一輩子節俠，老的時候當然相信，或者希望沒有人懷疑他，但是在他最後參與的這件事情裡，太子丹並不完全信任他，這對他來說是

一個非常大的打擊。

他跟荊軻說：「天啊，多丟臉啊，我活到這把年紀，太子丹竟然還懷疑我。他擔心我把話講出去嗎？我有辦法讓他永遠不再懷疑我。如果我人都離開這個世界了，還能跟誰說去呢？」

春秋戰國時代的人遇到這樣的事情，都會有這種反應。田光表面上對荊軻說一定會讓燕太子丹徹底安心，因為他會馬上死去。但通過司馬遷的描述，田光真正的用心可以合情合理地推斷出來。

他眼睛看著荊軻，腦袋也許在想：「如果我再年輕二十歲，就會去承擔這件事。可是這二十年不會回來了，人再也無法回到年少的時光，那麼活下去還有意義嗎？不如就借由一死完成兩個目的吧：一來讓燕太子丹徹底放心，他的祕密決不會被洩露；二來把荊軻緊緊地綁在燕太子丹身上。」所以田光自殺之前特別交代荊軻：「願足下急過太子，言光已死，明不言也。」田光用這種方式告訴荊軻：我就是想讓你知道我所做的事情，包括我所做的決定、我的死，究竟是怎麼一回事，請你去幫我回報給燕太子丹吧！

荊軻是被田光用這樣的方式跟燕太子丹聯結在一起的，這絕不是正常的關係。司馬遷要花這麼大的篇幅，一步步地把荊軻是一個什麼樣的人、他為什麼會結交田光、鞠武跟燕太子丹為什麼會有衝突，再到田光的出現……用這種方法搭建出一個宿命的舞台，荊軻通過鞠武、田光走到上面，命運其實早就把他和燕太子丹聯結在一起了，不可能離開。

這個強烈的宿命能夠解釋司馬遷後面所鋪陳的燕太子丹跟荊軻的交往。可以想像，荊軻和太子丹的會面一定是充滿情感張力的情景。司馬遷特別記錄了兩人第一次見面時燕太子丹所說的話：

「丹所以誡田先生毋言者，欲以成大事之謀也。今田先生以死明不言，豈丹之心哉！」雖然是燕太子丹跟荊軻單獨見面，可是兩個人一直圍繞著田光的精神。田光要荊軻無論如何都幫太子丹，而且正是因為田光的作為，燕太子丹一見到荊軻就充分信任他。

接下來燕太子丹說：

> 今秦有貪利之心，而欲不可足也。非盡天下之地，臣海內之王者，其意不厭。今秦已虜韓王，盡納其地。又舉兵南伐楚，北臨趙；王翦將數十萬之眾距漳、鄴，而李信出太原、雲中。趙不能支秦，必入臣，入臣則禍至燕。

相較於趙國，燕國更小、更弱，過去幾年幾乎沒有打過勝仗。如果秦國入侵，就算把全國的力量都動員起來也無法抵擋。更何況，等到秦來壓迫燕的時候，可能已經征服了韓、趙，甚至是楚。

那怎麼辦呢？當年蘇秦、張儀活躍的時候，天下還有合縱的辦法可以用，可是這時候局面已經非常清楚，現在僅存的國家聯合在一起也不足以對抗秦。所以實質上只有兩種選擇：一種是主動去討好秦，把國家利益拱手送給秦；另一種是繼續抵抗，但這不過是拖延時間，因為秦的大軍隨時都有可能來攻打燕。還有其他的解決方式嗎？

燕太子丹把告訴田光的話又跟荊軻說了一遍，接著說：「我認為只有一種方法，就是找到一個勇士，帶一份大禮假裝去討好秦，請秦王放過我們。只要能見到秦王，就會有機會挾持他。」燕太子丹在這裡講了一個重要的典故：「誠得劫秦王，使悉反諸侯侵地，若曹沫之與齊桓公，則大善矣；則不可，因而刺殺之。」《刺客列傳》開頭第一個故事就是曹沫挾持齊桓公，並迫使他把強奪魯國的幾座城全部歸還。一個君王再強大也會珍惜自己的生命，若齊桓公因為曹沫而讓步，燕國可以也用這種方式讓秦退回西邊，土地全部歸還給各諸侯，讓韓重新擁有土地和實力，趙也可以重新作為燕國的屏障。事情一旦做成，秦王被殺，秦國必定大亂，也許燕國就有機會保全自己，甚至進而滅掉強秦。

太子丹把這些想法一五一十地告訴了荊軻，這就是《史記》的筆法。燕太子丹見到田光的時候，就告訴過他這套想法，現在他直接告訴荊軻：「這就是我所想的。原來不知道可以委託給誰。現在我知道了，你可以幫我做這件事。」

司馬遷前面已經提過荊軻是個深沉之人，這個時候他回答說：「此國之大事也，臣駑下，恐不足任使。」燕太子丹當然非常驚訝，所以「前頓首，固請毋讓」。太子丹原本認為荊軻受田光所託，一定會答應，才將整個計畫和盤托出，沒想到荊軻竟然推託。此時太子丹已經沒有退路了，不知道要怎麼辦，只好用懷柔的辦法，封荊軻為上卿，把最好的地方給他住，而且每天都去拜訪他，甚至「車騎美女恣荊軻所欲，以順適其意」。可是等了好久，荊軻依然沒有要答應的意思。

與此同時，燕太子丹預想的事情發生了。王翦已經攻破趙國，俘虜了趙王。秦軍迫近燕國的南方邊境。燕太子丹恐懼得不得了，再去拜託荊軻，他對荊軻說：「這個時候易水就是燕國的邊界，一旦秦打進來，燕被滅了，則雖欲長侍足下，豈可得哉。」

荊軻真的不想去嗎？不是，他就是要等到這個時刻。他告訴燕太子丹：「不用你來提醒我。我知道我該走了，去做我該做的事。可是現在條件不夠成熟，我一定要得到秦王政的信任，除了你說的把燕國地圖送給秦之外，我還需要一個禮物，就是樊將軍的人頭。」燕太子丹收留樊於期讓秦非常不滿，荊軻也就告訴太子丹，說：「誠得樊將軍首與燕督亢之地圖，奉獻秦王，秦王必說見臣，臣乃得有以報。」這時候太子丹又猶豫了，跟他反對鞠武時的理由一樣：「樊將軍窮困來歸丹，丹不忍以己之私而傷長者之意，願足下更慮之！」

荊軻早就知道燕太子丹會有這樣的態度，也不跟燕太子丹爭執。他直接找到樊於期，開門見山地說：「就我所知，秦對你非常殘暴，將你的父母、宗族都殺了。我聽說秦還懸賞『金千斤，邑萬家』來買你的人頭。你覺得該怎麼辦呢？」聽到荊軻提起這件事情，樊於期仰天歎息流涕，激動地說：「於期每念之，常痛於骨髓，

顧計不知所出耳！」荊軻就說：「今天有一件事，不但可以報你的仇，還能夠解燕國的患。你要不要聽？」樊於期當然願意聽，荊軻就接著說：「如果我能夠把你的人頭獻給秦王，秦王一定會高興地見我。我見到了秦王之後，左手拉住他的袖口，右手用刀刺進他的胸膛。這樣一來你的仇也報了，燕國也不用被秦王侵略。」樊於期非常講義氣，立刻袒露自己的胸口，坦然對荊軻說：「此臣之日夜切齒腐心也，乃今得聞教！」當場就自殺了。

荊軻跟前面的四個刺客最不一樣的地方在於他的性格，不僅有勇力，更重要的是有深沉的謀畫和冷靜的頭腦。不需要燕太子丹去說什麼、做什麼，荊軻就得到了樊於期的人頭。燕太子丹聽到消息，趕到樊於期的住處，伏屍而哭，非常哀痛。事已至此，他也無可奈何，只好將樊於期的頭裝了起來。接下來，燕太子丹給荊軻準備了準備去刺殺秦王最重要的武器，一把非常銳利的匕首，「趙人徐夫人匕」，淬上毒藥，秦王稍微劃開一點皮膚就會被毒死。這些條件都準備好了之後，他另外要找一個人。這個人是燕國有名的武士，叫秦舞陽。他十三歲的時候就敢殺人，而且殺人時會讓旁邊的人感受到他的氣勢，連斜眼看他都不敢，被找來當荊軻的助手。

但荊軻還在等，仍然沒有出發。太子丹開始懷疑他反悔了，說：「我們快要沒有時間了，你是不願意去刺殺秦王政嗎？如果這樣的話，那要不要派秦舞陽去呢？」荊軻很生氣，他告訴太子丹說：

何太子之遣？往而不返者，豎子也！且提一匕首入不測之強秦，僕所以留者，待吾客與俱。今太子遲之，請辭決矣！

因此，就有了《史記》中一個非常有名的場景：易水送別。送行的人和燕太子丹穿著白衣，戴著白帽，先在易水邊上祭拜了祖先，然後開始真正的道別。荊軻的好朋友高漸離擊筑，荊軻應和而歌。他先唱得非常悲傷，

所有送行的人都垂淚。接下來他又改變聲調，唱道：「風蕭蕭兮，易水寒。壯士一去兮不復還。」激昂的歌聲刺激了旁邊所有的人，這些人眼睛瞪得大大的，毛髮都豎了起來。送別之後，荊軻上車出發。這裡司馬遷記錄了一個非常重要的細節：荊軻「終已不顧」。這一去，荊軻沒有任何留戀，連頭都不回。這就是他的個性，是他果決、勇敢的表現。

到了秦國，荊軻用帶去的金銀賄賂秦王身邊的寵臣。這個寵臣得了賄賂，就去幫荊軻跟秦王說：「哎呀，燕王現在害怕得不得了，願意主動投降。哪怕您給他一個諸侯的位子，燕王也願意接受。他現在想把燕國的土地奉獻給您，又擔心您不願意接受，於是斬了樊於期，還派人帶來了他的頭和燕國最關鍵地區的地圖。」秦王果然非常高興，穿了正式的朝服，用正式的儀式在咸陽宮接見燕國使者荊軻。

荊軻抱著裝樊於期人頭的盒子，秦舞陽在旁邊捧著裝地圖的木箱子，依次走進秦廷。這時候我們就知道如何看人，以及人在面臨大事時的差距了。到了秦廷的階梯上，出了一個意外，秦舞陽嚇得發抖。本來選秦舞陽是因為他很勇敢，殺人的時候氣勢很強。但秦舞陽能在街頭殺人，卻沒有看過秦國的這種陣勢，因為心裡有鬼，已經害怕走不進秦廷。這是第一個對荊軻不利的事情，秦廷的人就有了疑惑：燕國使者的助手怎麼會怕成這個樣子？

荊軻這時沉著冷靜，他嘲笑秦舞陽，對秦廷諸臣和秦王道歉：「我們是北邊來的鄉下人，沒有見過這麼大的陣仗，才嚇成這個樣子。請您原諒他。」接下來他們走到秦王政面前，拿出箱子裡的地圖。

荊軻在秦王政面前慢慢把地圖展開，他的匕首就捲在地圖的最裡面。地圖快要完全展開的時候，匕首出現了。荊軻早有準備，先用左手抓住秦王政的袖子，讓秦王政的手沒有辦法動，右手拿起匕首直刺過去。

但這時出現了一個意外，本來這一下應該穩穩地刺到秦王政，但秦王政已經起身，同時袖子被撕裂了。秦王政脫身出去，想要拔自己的劍，但他配的是長劍，驚惶之下怎麼也拔不出來，所以就產生了接下來這個奇怪

的場景：荊軻握著匕首在秦廷上追逐秦王政，秦王政拔不出劍，只好繞著庭上的柱子跑，群臣都不知所措地看著。秦廷有嚴格規定，上殿的人不能持尺寸之兵，而有兵器的侍衛都在外面，沒有秦王的詔令不能進來。此時的秦王政正在忙著躲避荊軻，哪有時間下令讓這些兵士到殿上來呢？就這樣，荊軻拿著匕首追秦王，而秦王無法拔劍反擊，情急之下想要徒手跟荊軻搏鬥。

這個時候，旁邊有一個叫作夏無且的太醫，拿藥箱擊中了荊軻，幫秦王政爭取到了寶貴的時間。秦王政繞著柱子跑的時候，有人大喊：「王負劍！」因為是長劍，只有把劍背起來，才能利用上面的空間拔出來。秦王政拔出劍，荊軻手上只有匕首，整個情勢就完全逆轉了。秦王政用劍刺中了荊軻的左腿，荊軻摔倒在地，沒辦法靠近秦王政，只好拿匕首投射秦王，但

荊軻刺秦王及車馬圖拓本。
上層為荊軻刺秦王圖，有「荊軻」、「秦舞陽」榜題，表現出荊軻擲出匕首，擊中宮柱，秦王倉惶逃出的情境。山東嘉祥武氏祠出土。
（中央研究院傅斯年圖書館館藏，圖片授權／中央研究院歷史語言研究所）

只射中了旁邊的銅柱。秦王政又拿他的劍攻擊荊軻，在荊軻身上刺了八道劍傷。這時荊軻知道，事情結束了，他沒辦法完成任務了。

荊軻身上全都是傷，站不起來，也可能坐不住了，所以靠在柱子上，但是他在笑，用非常輕蔑的口氣對秦王說：「事所以不成者，以欲生劫之，必得約契以報太子也。」在生命結束的那一剎那，荊軻仍然有他的尊嚴。他要告訴秦王，同時也是告訴自己，這次任務失敗，並不是因為我沒有準備好，也不是因為我的能力不夠，而是因為一念之差。我太貪心了，在那一瞬間想的不只是殺了你，更想挾持你，讓你把從諸侯那侵占的所有土地都讓出來。當然，到這個時候，左右這些人已經擁了上來，把荊軻殺死了。

《史記》短短地補了一句：「秦王不怡者良久。」即使是秦王政這樣一個凶悍的統治者，遇到這件事也大受震撼，很長一段時間都沒有恢復過來。等他平靜下來之後，立刻想到論功，「賞群臣及當坐者各有差」。最有功勞的人是夏無且，關鍵時刻用藥箱去砸荊軻，贏得了黃金兩百鎰的獎賞。

處理完宮殿裡的賞罰之後，秦王該發洩他的憤怒了。他讓王翦帶兵去伐燕，「十月而拔薊城」，燕王喜和燕太子丹逃到了遼東。這個時候，秦將李信繼續追擊燕王，代王嘉就寫了一封信給燕王喜：「秦所以尤追燕急者，以太子丹故也。今王誠殺丹獻之秦王，秦王必解，而社稷幸得血食。」燕太子丹也知道這是最危急的時候了，於是「匿衍水中」，然而燕王還是派人去刺殺他。只不過，即使殺了燕太子丹，也已經太遲了，秦王的憤怒和野心不可能被遏制。五年之後，燕滅，燕王喜被俘。再過一年，秦王政統一六國，兼併天下，號為皇帝。

在秦統一六國之後，所有牽涉到這件事情的人都要逃亡。其中有一個關鍵的人物高漸離，「變名姓，為人庸保」。他在幫人家做庸保的時候，每次聽到堂上有客擊筑，就回想到自己的真實身分和過去，所以總是在旁邊徘徊，忍不住說這裡打得好，那裡打得不好。跟他一起工作的人就跑去告訴主人：「彼庸乃知音，竊言是非。」於是主人把高漸離找來，叫他擊筑，果然感動了所有人，大家都認為他打得好，還賜酒給他。這個時候，

「高漸離念久隱畏約無窮時，乃退，出其裝匣中筑與其善衣，更容貌而前。」人們看了他的變化都嚇一跳，這才知道，原來高漸離不是一般人。

這件事傳到了秦始皇的耳朵裡，於是召見了他，果然有人一看就認出是荊軻的朋友高漸離。秦始皇帝愛惜高漸離擊筑的才能，沒有殺他，但派人弄瞎了他的眼睛，留在自己身邊擊筑。高漸離在筑裡面灌滿鉛，讓樂器變成一件兵器，等到有機會靠近秦始皇的時候，他舉起筑去砸秦王。原來高漸離繼承了荊軻的遺志，要刺殺秦始皇帝。不過，他的眼睛畢竟是瞎了，並沒有打中秦始皇，因此失去了生命。這個事件也使得秦始皇帝從此再也不敢親近六國的人，只信任身邊的秦人了。

到這裡，荊軻刺秦的故事已經寫完了，然而司馬遷還有一個尾聲要交代。魯句踐曾經跟荊軻發生過衝突，並對其「怒而叱」，結果荊軻什麼話也沒有說，轉頭就走。等到一切都過去了，魯句踐聽到了荊軻的事情之後，第一反應是，「惜哉，其不講於刺劍之術也！」然後又感嘆說：「我真是個笨蛋啊！看人的能力真的很差！當時我以為他被我一瞪就走，這不是個人物應該做的，但顯然我大錯特錯了。」

司馬遷不只是在書寫歷史事件，他更在寫人，寫這些人的情感，他們的動機和行為是怎樣轉化的，又產生了哪些複雜的關係。經由魯句踐之口，他給了荊軻一個非常高的評價，同時也在說明到底該如何看人。刺客的行為是「非常人」的行為，有人做了這種非常的行為，史家就有責任跟大家說歷史上有過這樣的人，以及他們做了這樣的事之後，如何衝擊一般人的生命體會和生命選擇。

游俠列傳：是否存在「法外」正義

何謂「游俠」

在讀《伯夷列傳》的時候，我提醒大家，那是一篇奇文。文章開頭就是議論，司馬遷抒發了他對於什麼是史家，以及史家責任的深切看法。接下來他在不同的篇章談到了不同的人，這些人都有著相同的品質，在大是大非面前做了相同的選擇。

在所有的列傳當中，《游俠列傳》與《伯夷列傳》是最接近的，開頭同樣沒有寫人物，而是發表了一長段議論。司馬遷先從韓非子的法家立場出發，引用「儒以文亂法，而俠以武犯禁」，點明儒和俠都是法家所要建立的、籠罩在強迫秩序底下的完美社會的破壞之源。儒藉由他們的知識、語言和文字，讓人有自己的思想，而不是一味服從法，這樣一來，法家的社會理念勢必會被質疑；俠使用的工具是武，其存在同樣會造成法制社會的不穩定。因此，法家認為這兩類人都應該被「完美的」社會排除在外。

將儒、俠並舉之後，司馬遷在後文寫出了一組對照。經過秦這樣一個法家帝國，時至漢代，儒跟俠有了迥然不同的命運——「學士多稱於世」，甚至「以術取宰相、卿大夫」。經過時代環境的變化，儒得到了平反，

可是這些儒不見得都是孔子要培養的人才，其中有真儒有假儒。

所謂「假儒」就是那些披著儒生的外衣，靠一套治術，「輔翼其世主，功名俱著於春秋」的人。這種人在政治上自古以來就是儒的一種特殊角色。司馬遷提醒讀者，不要光看那些非常成功的儒，還要看到那種不太成功、在世俗功名上並沒有多麼了不起的儒生。例如孔子的弟子季次、原憲，他們沒有地位，沒有功業，身處陋巷，然而他們「讀書懷獨行君子之子」，抱持的理想是「空室蓬戶，褐衣疏食不厭」。他們的價值觀念不見得與當時的主流理念相符合——不過四百多年過去後，孔子的弟子們卻「志之不倦」，可見儒有一種強大的精神力量，就算是不成功的儒生也會得到精神上的支援。另外，雖然經過法家的打壓，但是儒從周代一路流傳，從秦到漢，一直都有一定的社會地位，所以要看到儒在社會上的作用一點都不難。相較之下，「以武犯禁」的俠，更值得從歷史的角度予以公平的注視。

司馬遷在這裡再次彰顯了什麼是史家——史家要有自己特殊的眼光，要去挖掘歷史上曾經存在的人和事。如果沒有歷史，沒有史家，人們也許就會忘掉一些重要的行為，因此他寫了《游俠列傳》，想要告訴我們游俠是什麼樣的人。

游俠不依照一般的社會規範行事，但是他們有一些內在的東西是不能被忽略的，例如「言必信，行必果」，對於說出來的承諾，俠不會違背，對於要做的事情，俠有堅定的決心。「已諾必誠，不愛其軀」，這八個字必須連在一起讀，才能看出游俠對自己的承諾重視到什麼程度——就算付出生命的代價，都一定要做到。

一個社會為什麼需要俠？因為他們「赴士之阨困」。俠見義勇為，去解救值得或者應該解救的人。他們言必信，行必果，有決心和毅力，甚至本來應該死的會被他們救回來，本來應該消滅的硬是被他們維持下去。司馬遷在後面告訴我們，他之所以選擇寫《游俠列傳》，尤其決定用最多篇幅寫郭解這個人，就是基於這樣的標準。郭解「不矜其能，羞伐其德，蓋亦有足多者焉」，他做事不是為了讓人家知道，而是因為做這件事情可以

滿足自己內在的一種根本信念與基本理想。更何況，人生在世，每個人都有可能陷入困境當中，並不會因為誰的行為多麼正直，德行多麼高潔，命運就放過他。「昔者虞舜窘於井廩，伊尹負於鼎俎，傅說匿於傅險，呂尚困於棘津，夷吾桎梏，百里飯牛，仲尼畏匡，菜色陳、蔡。」這些人哪個不是有價值、有能力，在道德上面值得人們學習的呢？但他們也會遇到災難，正如所有人一樣，身處亂世，當災禍龐大的陰影籠罩過來的時候，誰都不能倖免。接下來，司馬遷帶著悲憤再說一次，伯夷叔齊如此高潔，他們連周武王以暴易暴都不能接受，後來餓死在首陽山，然而他們沒有任何能力扭轉局勢，周仍然建立了。相對地，像盜蹠那麼壞的人，這個世界也沒有阻止他，不僅沒能阻止他，甚至不能阻止他的黨羽頌贊他。

接下來，司馬遷就寫下了在後世讀來感慨萬千，被千百次引用的兩句話——「竊鉤者誅，竊國者侯」。偷小東西的竊賊被抓到了會被殺掉，但「竊國者」，這種把國家的權力、社會利益全部放進自己口袋裡的人，卻會變成統治者。「侯之門仁義存，非虛言也。」什麼樣的人才會讓別人覺得他有仁義呢？不是那些真正有仁義的人，而是擁有權力之後去扮演和表現出仁義的人。

司馬遷感慨悲歎，當然也帶著一點點的無奈：這個世界上真的有公道嗎？如果有的話，為什麼這樣無奈的事情會一而再再而三地發生呢？只要是地位高，這個人就同時在道德、品性、成就和能力方面比一般人來得更高，這根本不是一種客觀的評價，而是權力的作用，而且人們普遍籠罩在這種權力的陰影之下。正是因為人生有這樣一種無奈，才有了游俠。游俠在這種無奈的情境之下，以自己有限但堅決的力量，讓這種不公不義得到些許疏解。

司馬遷繼續說，今天有這種「拘學」者，他們抱著「咫尺之義，久孤於世」，堅持原則能夠得到的名聲，一定比不上那些討好社會的人，因為討好社會的人是「與世沉浮而取榮名哉」。這時候，游俠表現出一種徹底相反的生命情調和生命追求。他們雖然是布衣之徒，沒有什麼身分地位，可是對自己的諾言是清清楚楚的，他

們堅持自認為對的原則，可以不顧性命。那些有權力的人勉強裝出一副仁義的外表，但游俠是真正相信「義」的人——「義」就是去做自己覺得應該做的事，一旦承諾了一件事，無論如何都會把它完成。

這樣的人當然是有所長，有高於別人的地方，而且絕對不苟且。因而，「士窮窘而得委命，此豈非人之所謂豪賢閒者也」。當人們碰到困厄的時候，就需要借助游俠才能得到解脫，從困厄當中找出一條路來，這就是「豪賢閒者」。然而，在一般人看來，游俠的名聲還比不上蔽居閭巷的季次、原憲這類儒生，因此司馬遷感慨地說：「要以功見言信，俠客之義又曷可少哉！」一個社會有沒有俠客是非常重要的，潛台詞則是，社會中的人能否認識到俠客的重要性、能否肯定俠客，同樣非常重要。

《吳太伯世家》中的延陵季子，還有戰國的孟嘗君、春申君、平原君、信陵君這些人的形象非常突出，可是從歷史上看，他們「皆因王者親屬，藉於有土卿相之富厚」。「有土」意味著他們有自己的封國，而有了封國就有現成的財富可以運用。他們又是「卿相」，以這樣高的地位，自然可以招徠豪俠之士前來投靠。司馬遷就比喻說，這好像是一個人，順著風高呼，他的聲音不需要太大就可以傳得很遠，因為「其勢激也」。

司馬遷為什麼要特別舉出季札和戰國四公子的例子呢？因為他要借此凸顯另外一種游俠。這種游俠，他們不像王公貴族一樣有行事方面的優勢，也沒有很高的地位，但是這種人無論走到哪裡，都可以聚集許多佩服他們的人。他們沒有錢，也沒有地位，憑藉的是人格力量讓別人聚攏在他身邊。人為什麼可以有這種力量？這種讓人佩服、讓人死心塌地跟隨的力量從哪裡來呢？

匹夫之俠

《游俠列傳》位於列傳第六十四，《史記》第一百二十四篇。司馬遷在文章開頭先發表了一段議論，他的

用意就是要告訴讀者，「儒、墨皆排擯不載。自秦以前，匹夫之俠，湮滅不見，餘甚恨之」。司馬遷為什麼要寫《游俠列傳》，其關鍵在「匹夫之俠」。從世俗條件來看，這些人其實哪有什麼資源可以幫助別人，他們甚至連保護自己不受強權欺壓的能力都不見得有。即使如此，他們的生命裡仍然有一種高貴的情調，當碰到有人急難，如果游俠認定這個人是值得被解救的，就會用盡自己的資源和能力去解救。

游俠不是吳季札，不是戰國四君子，他們沒有那麼高的地位，沒有那樣的資源，但是游俠走在任何地方，身邊總有「信從者」。為什麼？不是因為他們的地位和錢財，而是因為他們自身的品性與行為上的特殊吸引力。無論從人類社會的角度來看，還是從歷史上來看，這種人都非常值得肯定，可是因為受到主流社會價值觀念影響，儒、墨都不能夠認識到俠的價值，法家更是直接把俠挑出來視為社會之敵。因此，作為一個史家，司馬遷覺得「甚恨之」。他恨自己這樣努力都沒有辦法還原秦漢以前那些俠士的行為和名聲，如今只能帶著遺憾，依據史料寫下幾個人的事蹟。

接下來，司馬遷列了一串名單：朱家、田仲、王公、劇孟、郭解。他把這幾個名字列下來之後，從形式上來看好像是一篇集傳，但是文章真正的寫法，是以一個長篇議論來開頭，到後面則講的是郭解這個人。在司馬遷心中，真正的俠中之俠，是郭解。而藉由詳細的歷史紀錄，司馬遷在表達雙重的意思：第一，俠的存在，以及到底什麼叫作「俠」，俠會對周遭的人和社會產生什麼樣的刺激；第二，藉用史料分析為什麼俠會被打壓、被遺忘。

在詳細介紹郭解之前，司馬遷要繼續把他的議論說完。這些人「雖時扞當世之文罔」——「文罔」背後既是價值上的評斷，也是法律上的禁令——不被世俗主流的價值觀念所接受，更觸犯了當時的法律，可是難道因為這樣他們就是壞人嗎？當然不是。在世俗觀念之上，在法律之上，有一個更普遍的價值關懷，而史家應該是用這種更普遍的價值信念來看待歷史、評斷人物，所以他接著說：「然其私義、廉潔、退讓，有足稱者。」他

們的品格是格外值得肯定的。這幾個人讓那麼多有勇氣、有能力的人跟在身邊，這難道是偶然的嗎？這種「名不虛立，士不虛附」的人，他們是真正的人物。

相較之下，正因為俠沒有辦法得到這個社會的肯定，沒有辦法讓史家用確切的分析以及敏銳的眼光看到他們到底是誰——這也正是俠悲劇命運的另一個來源——假俠的名聲經常凌駕於真俠之上，人們無法分辨和欣賞一個真正俠士的行為和品格。

有一種被誤認為是俠的人，他們「朋黨宗強比周，設財役貧，豪暴侵凌孤弱，恣欲自快，游俠亦醜之」。表面上看，他們敢於做一些法律所不允許的事情，似乎很「豪暴」，但是這裡面有一個最關鍵的差異。一個俠幫助別人，是因為他覺得別人受到的待遇有不公平的地方，他們願意為了別人而違背法令，哪怕做出法令不准許的事情，也要維護公正。很不幸的是，面對這種犯法的人，人們普遍的反應是「同類而共笑之也」，人們並不能分清真假，然後嘲笑所有的俠客，以為自己比這種人高出一籌，整個社會也就因此失去了一種對俠的認識與眼光。

接下來，司馬遷快速講了他認同的幾位俠客。

俠者：急人之難

「魯朱家者，與高祖同時。」朱家是魯人，這件事情很重要，因為「魯人既以儒教，而朱家用俠聞」。在這個儒家古國當中，朱家跟儒士的那種生命情調形成了強烈的對比，他以俠聞名於世。朱家跟高祖劉邦是同時代的人，朱家最大的貢獻是「所藏活豪士以百數，其餘庸人不可勝言」。在那個戰亂時期，看到有能力和抱負的人，朱家就予以庇護。得到朱家的協助而活下來的豪傑之士就有幾百個，更不要說那些沒那麼有能力和想法

的人了。

但是做了這麼多的好事，朱家「終不伐其能，歆其德，諸所嘗施」，唯恐別人知道，或者說唯恐這個名聲傳出去。他協助所有的人，直到「家無餘財，衣不完采，食不重味，乘不過軥牛」。在任何方面，他都沒有享受，他在意的是這個人是不是有迫切的危險，只要他看到了、瞭解了，他不會考慮到自己需要什麼，反而想盡辦法去幫助別人。

季布就是朱家救過的一個重要人物。當時季布因犯罪為奴，靠著朱家才從困厄中解脫出來。等到後來季布成名了，取得了很高的地位，這時候朱家「終身不見也」。出於自尊心，也出於對季布的尊重，朱家不覺得需要去提醒季布有過這樣的困厄，更不想把依照自己原則所做的事情變成買賣和交易。

當時朱家的名聲高到了什麼程度？「自關以東，莫不延頸願交焉」。他沒有吳季札或者戰國四公子那麼高的地位，為什麼還有這麼多人想和他結交呢？這就是太史公看待、理解游俠的生命情調時一定要關注、同時要努力解答的問題。

接下來，楚有田仲，喜歡舞劍，「以俠聞」。他把朱家當作父親一樣服侍，不過他很清楚自己比不上朱家。等到田仲死了之後，司馬遷寫到洛陽人劇孟，他講了一段七國之亂時發生的事情，以此顯現當一個游俠發揮作用之時，這個社會如何理解他。

游俠是一種特別的人，不管他們在生活中有多少缺點，只要有一個特殊的優點，他們的人格就會成立，就值得後代尊重和銘記，司馬遷的目的就是不讓這種人格典型被湮沒。更進一步，司馬遷要通過這幾個游俠的行為來表達，社會上有一種根本的、素樸的正義。

判斷游俠最重要的原則是「急人之難」，看到別人有難的時候，只要有能力就一定會去幫，游俠把別人的危難看得比自己的利益更加重要，有這種特殊的精神，並付諸實踐，這個人就是一個俠。

其實絕大部分人都能辨認出游俠，遇到急難的時候要去找誰。在這樣的情形底下，每個人都會自然而然地被游俠吸引，環繞在他們身邊，因為人們會認為跟這樣的人有所來往是一件有意義的事，自己有難時俠一定會來相助。

漢代之後，就有這樣幾個重要的游俠，其中一個是劇孟。劇孟的情況與朱家類似，朱家生長在一個以儒為基本規範的地方，卻以俠聞，而劇孟的周遭都是商人，他卻「以任俠顯諸侯」。劇孟的名聲到了什麼程度呢？七國之亂的時候，當時的太尉周勃領命去平定七大諸侯。他到河南進行軍事布局之前，先去找劇孟，得知七大諸侯並沒有找過劇孟，他非常高興地說：「吳楚想要推翻朝廷，但是竟然不知道要來找劇孟。我放心了，這些人對情勢的理解，是不可能成什麼大事的。」在這種亂局當中，若能得到劇孟這樣一個游俠，「宰相得之若得一敵國」，甚至只要他不幫助對方，就已經是非常大的收穫了。當時負責處理亂局的周勃居然對劇孟有這麼高的評價，就可以看出游俠的作用。

游俠之所以有這麼大作用，因為他們能夠收攏人心，藉由「急人之難」，讓所有人認為他是值得結交的人，於是自然而然地變成了社會上具有高度凝聚力的中心。這種游俠一方面實質上破壞了既有法令，或者朝廷所認定的秩序，另一方面則以自己為原點建立了另一種秩序。

劇孟成為游俠，也是因為急人之難，又非常低調。不過劇孟也有缺點，他是個賭徒。就像之前提過的那樣，游俠並不是完美的人，在實際的生活中往往有明顯的缺點。不過劇孟的母親去世的時候，從遠方來送葬的馬車就有上千輛，從這裡可以看出劇孟的名聲傳得有多麼遠，他的影響力有多麼大。等到劇孟死了，人們發現他「家無餘十金之財」，他把所有錢財全部散走了，去幫助別人，解救別人的危難。

不過，游俠的下場通常都不太好。豪俠最大的敵人不能明講，但是司馬遷在行文當中隱約地說了這樣一段話：符離人王孟和濟南的賢氏，他們也以豪聞，下場是「景帝聞之，使使盡誅此屬」。皇權把游俠當作對社會，

尤其是對朝廷和帝國統治的巨大威脅。這群人跟朝廷要建立和頒布的法令秩序是相衝突的，因此經常會被朝廷視為眼中釘，必欲除之而後快。除了朝廷這個宿命的敵人之外，游俠還有一個無奈的敵人，司馬遷將之稱為「假俠」。這些人不是真正的豪俠，他們內在充滿各種私欲，只是想藉由豪俠的名稱在地方上建立自己的勢力。如果用這種方式認識俠，就不可能體會俠者內在精神最高貴的部分。那麼，誰最能代表司馬遷心目中這種高貴的品質呢？是郭解。

郭解之崛起

在《史記》中，司馬遷評價郭解：

> 郭解，軹人也，字翁伯，善相人者許負外孫也。解父以任俠，孝文時誅死。解為人短小精悍，不飲酒。少時陰賊，慨不快意，身所殺甚眾。

「陰賊」的意思是說，他非常能忍，這種「忍」與「陰賊」連起來就是殘忍。他不衝動，他的忍耐是為了進行更殘暴的殺戮。他想殺就殺，手下亡魂無數。有的時候他殺人是因為跟對方有仇，有時候則是去替別人殺。從某個角度來看，郭解年少時從事的行業可以算是職業殺手，誰跟他交情好，他為了情誼就可以去幫忙殺人。由於身上背負了這麼多的命案，所以他經常要躲起來。可是他也並不因此而安分守己，幾乎把社會上所有的壞事都做了，「藏命作奸剽攻，休乃鑄錢掘塚，固不可勝數。」但是他運氣好，「適有天幸，窘急常得脫，若遇赦」。

到年紀大一點，他的個性發生了改變。他意識到自己年少時所做的這些其實毫無意義，所以有了新的人生階段。這個時候他生活非常節省；不輕易去報仇，別人得罪他，他也能夠原諒；對別人好，而且不期待別人的稱讚。

在這樣的人格轉型的過程當中，郭解愈來愈有一個以他父親為典範的人格認知，那就是開始認定自己是一個俠，要「振人之命」，別人有危難的時候，他去相幫卻「不矜其功」。在他的身邊聚攏了一群人，這些少年仰慕郭解的行為，包括學他的「陰賊著於心」。這個時候，郭解過著一種非常奇特的人生：他自己已經擺脫了少年時候的殘忍心性，但是身邊這群人如果看到有人得罪了郭解，便會在他不知道的情況下去幫他報仇。因此，郭解在地方上就變成了一個大家害怕卻又不得不尊敬的特別勢力。

郭解的外甥仗著舅舅在地方上的影響力，在跟別人喝酒的時候，強行灌人家酒，灌到人家發怒，兩人發生了激烈的爭執，對方氣得拔刀殺了郭解的外甥。郭解的外甥被殺，郭解的姐姐當然非常憤怒。可能郭解的家風如此，他姐姐一怒之下做了一件非常極端的事情。自己兒子死了，不讓下葬，轉而對郭解說：「如果你不去把這個人找來，替我兒子復仇的話，那就是你的恥辱。我用這種方法讓所有人看到，我的兒子不能下葬是因為他舅舅竟然不能替他報仇。」於是郭解去找這個殺他外甥的人，這個人畏懼郭解的威名，自己上門把來龍去脈跟郭解說了。郭解的反應是什麼呢？郭解說：「公殺之固當，吾兒不直。」然後把這個殺了他外甥的人放了，然後跟姐姐說，「這件事情是你兒子的錯。」他姐姐也就不得不把兒子「收而葬之」。即使是在這樣的情境之下，作為一個舅舅面對外甥之死，郭解也有自己的是非之心。人們聽到這件事情，更加佩服郭解，所以有更多的人願意投奔他。

除此之外，司馬遷還寫了一件小事。因為郭解的勢力很大，所以進出的時候大家都怕他，對他畢恭畢敬，唯有一個人例外。這個人對他非常地無禮，「獨箕倨視之」。郭解覺得很好奇，就向別人打聽這個人是誰。郭

解身邊的人一看郭解詢問，就想去殺掉這個人。但是郭解說：「居邑屋至不見敬，是吾德不修也，彼何罪！」不光如此，本來漢朝每隔一段時間就會徵調國人去服勞役，可是因為郭解跟他認識的地方官吏打過招呼，所以這個人一次又一次地避過了勞役。這人當然很奇怪，就去問到底發生了什麼事，才知道其實是郭解使他免去了這些傜役。這個人自然非常感動，他脫了自己的上衣，「肉袒謝罪」。就這樣，本來對郭解非常有意見的人也被郭解收服了，附近的少年聽說了這件事，也更加佩服，更願意圍繞在郭解的身邊。郭解的聲名愈來愈高，他能夠解決的問題也愈來愈多。不只在自己的家鄉，甚至遠到洛陽的人們碰到問題的時候也會來找郭解。

在司馬遷的心中，郭解有太多值得我們認識的地方。上面講的兩個小故事中，以德報怨、不被私情影響自己的是非判斷，已經是很重要的人格價值了。但郭解不只有這些，司馬遷把他選為《游俠列傳》的中心，是有特別道理的。

《游俠列傳》在《史記》中有一定的特殊性。當時司馬遷在武帝面前為李陵辯解，就是因為他也有一種游俠般的個性，因此對游俠有深刻的認知和理解。對司馬遷來說，真正的游俠，是從幫助別人的那種熱誠，還有對待別人時對自我性格的壓抑與抹殺上體現出來的。他們對所處社會的規範不那麼看重，甚至會破壞這些規範，因為這種性格特色，他們成了另類的榜樣，在人群中發揮了很不一樣的作用。

司馬遷心中真正的游俠是郭解，他在寫郭解的時候，行文節奏和手法方面都有非常驚人的成就。在《史記》五十二萬餘字的篇幅當中，涵蓋的時間那麼廣，要處理的內容和人物那麼複雜，司馬遷不是隨意地選擇寫某個人，以及決定如何書寫的，這牽扯到取捨的問題。什麼事情要寫得仔細，什麼事情的節奏要慢下來，什麼事情必須用快的節奏……他對節奏的控制甚至可以準確到，他想讓這種人物和事件留給讀者什麼印象，就會有相應的節奏。

司馬遷介紹郭解的出場，為了讓讀者瞭解郭解是什麼人，節奏相對較慢。當讀者對這個游俠已經有了一定

瞭解，他就在後面一段加快了節奏——每一段寫一個小事件，接連而出，讓人目不暇接。

郭解原來是「軹人」，但是慢慢地，他的名聲傳到了附近的大城市洛陽。洛陽有一對仇家，在當地有各自的勢力，洛陽城中好多人都想進行調解，但是兩家「終不聽」。這時候有人想到了郭解，就來求他。郭解做了什麼樣的事情呢？他故意選擇夜晚去，然後「仇家曲聽解」，於是達成了洛陽城幾十個人都做不到的事情——這兩個仇家願意和解。寫到這裡還不夠，郭解說：

「吾聞雒陽諸公在此閑，多不聽者。今子幸而聽解，解奈何乃從他縣奪人邑中賢大夫權乎！」乃夜去，不使人知，曰：「且無用，待我去，令雒陽豪居其閑，乃聽之。」

他偷偷地去調解了，又讓被調解的兩家假裝沒和好，等當地的豪傑再勸和的時候，再行聽從。

俠客與皇權

郭解有自己的一套基本原則，做人做事情極其低調。好多人來請過他，但他要看這件事情自己可以出面才量力而行，如果不行的話就不去。等到各方都能在他的調解下得到自己要的，這個時候他再擺一桌酒席，把牽涉其中的所有人都請來。他這種行事風格吸引了愈來愈多的人圍繞在他身邊。因此，司馬遷接下來又講了一件在郭解身上必然會發生的事情。

雖然郭解為人如此低調，但他畢竟吸引了大批周遭的人。這些人不像他那麼低調，來找郭解的時候經常把他家門口擠得像個鬧市一樣，難免會被官方注意到。從秦到漢，如果有人在地方是一個豪富——「豪」指有勢

力，「富」指有錢——朝廷有一種重要的控制方法：遷到首都長安附近。郭解在地方上的影響力實在太大了，自然被列在名單上。一般的豪富是因為累積了大量財產，進而去威嚇別人，或者炫耀家世，可是郭解「家貧，不中訾」，夠不上遷徙的標準。這些小官員畏懼郭解的聲望，「不敢不徙」。這個時候，衛青站出來替郭解說情：「郭解家貧，不中徙。」事情後來被漢武帝知道，武帝則認為，「布衣權至使將軍為言，此其家不貧」。這一句話就表現出漢武帝鎮壓、管理這個龐大帝國的雷霆手段。沒有辦法，郭解被迫遷走了。在遷的過程當中，又起了波折。

司馬遷將這段文字的節奏處理得非常快。郭解要被遷到茂陵去，誰負責押送呢？是當地人楊季主的兒子。郭解旁邊有那麼多替他做事情的人，這些人殺了楊季主的兒子，自此楊季主就跟郭解結下了仇。郭解被送到長安之後，「關中賢豪知與不知，聞其聲，爭交歡解」。從外表上看，郭解一點都不像是會有多麼廣泛人際關係的人，他「為人短小，不飲酒，出未嘗有騎」，完全是一個低調的布衣，可是他潛藏的權力真的太大了。

話說回來，楊季主的兒子因郭解被殺，楊季主就跟郭解結了仇。可是當楊季主把郭解視為仇人，郭解身邊的人就又把楊季主殺掉了，楊季主的家人憤慨不平，跑去告狀，郭解旁邊的人又在長安城把去告狀的楊家人殺了。如此一來，事情便鬧大了。連皇帝都知道了，「乃下吏捕解。解亡，置其母家室夏陽，身至臨晉」。為什麼郭解跑到臨晉呢？因為在臨晉守關的人叫籍少公，這個人難得地不認識郭解，郭解得以冒名從臨晉出關逃走。皇帝抓不到郭解，只追查了籍少公。籍少公因此而自殺，斷了郭解究竟何去何從的線索。

有很長的時間，郭解一直逃亡在外。但是，一個游俠即便有再大的影響力，再多的人相助，當他真正與政治權力、皇權角力的時候，二者仍然是不對等的。郭解最終還是被逮捕了。

逮到郭解之後，朝廷「窮治所犯」。這一「窮治」反倒麻煩了，因為所有的罪都不是郭解自己做的，郭解自己做過的事都在之前得到赦免了。到最後，朝廷實在找不到罪名制裁郭解。

與此同時，又發生了另外一件事。在郭解被捕的這段時間裡，有一個聚會。聚會上有人稱讚郭解，一個儒生很不以為然，並用自己的判斷標準回應：「郭解專以奸犯公法，何謂賢！」話傳了出去，郭解身邊的人就把儒生殺了，還割了他的舌頭，這是郭解被捕之後新發生的案件。「吏以此責解，解實不知殺者。殺者亦竟絕，莫知為誰。」於是仍然只能判郭解無罪。不過，這一次案子遞交上去之後，主持法令執行的御史大夫公孫弘就不這樣看。公孫弘的標準跟武帝一樣，他認為這個時候不是看郭解真正犯了什麼事情，而是看他是否有潛力做什麼事情。於是，公孫弘就在殿前說：「解布衣為任俠行權，以睚眥殺人，解雖弗知，此罪甚於解殺之。當大逆無道。」在這樣一個建議下，郭解就被殺了，而且，連帶著家族成員也被誅殺。

司馬遷感慨，從此之後有這麼多號稱「俠」的人，但是絕大部分都是「敖而無足數者」，都沒什麼值得稱道的。為什麼呢？因為游俠必須去救助一些無助的人，如果只是為了凸顯自己，那就不是真正的俠客。作為一個史家，司馬遷還非常負責地列了一個名單，這些人是真正的游俠：

關中長安樊仲子、槐里趙王孫、長陵高公子、西河郭公仲、太原鹵公孺、臨淮兒長卿、東陽田君孺。雖為俠，而逡逡有退讓君子之風。

另外還有一份名單：

北道姚氏，西道諸杜，南道仇景，東道趙他、羽公子，南陽趙調。

這些人都是欺世盜名之徒。司馬遷藉著兩份名單特意分出了真俠和假俠，其間的判斷，也就是對於人的道

德、品性的重要分界。

最後，司馬遷還是講回郭解。郭解外表其貌不揚，說話不動人，也不太能夠說服人，然而他卻讓「天下無賢與不肖，知與不知，皆慕其聲，言俠者皆引以為名」，以一己之力樹立了千古的游俠典範。於是司馬遷問：

「人貌榮名，豈有既乎！於戲，惜哉！」

如何為官

酷吏列傳：為何酷吏總是成群地來

司馬遷的兩張面孔

《史記》的列傳這一體例，主要是通過介紹一些人做的一些特殊事情，闡明其中的歷史變化，並以此為基礎進一步探索人之所以為人的一些基本原則。正常情況下，一篇列傳只寫一個人，可是有的時候司馬遷會把幾個類似的人集在一起，給予他們一種特別的身分。這種變體（集傳）展現了一種社會史的概念，即在理解社會的時候，司馬遷看到的不是一個個原子似的人，而是一幅幅群像。從這一視角出發，司馬遷也在幫助後來者理解不同時代的社會政治組織之構成。

例如說《刺客列傳》、《游俠列傳》中，刺客與游俠這兩種人在那個愈來愈嚴密的帝國統治下，不接受政治的絕對權力，也不相信法律可以規定人的一切。他們堅持著一種古老的人格，堅信人有在政治規範和法律限制之外的追求。於是，刺客和游俠勢必會跟自己所處時代的基本發展趨勢產生衝突，也就因為這樣，寫這兩篇列傳時，司馬遷在筆法上就有種悲劇性——這些刺客或游俠以一種慷慨就義的精神去扭轉時代不可抗拒的發展趨勢。

我們理解刺客，不在於他們做了什麼，而在於他們抱持著什麼樣的態度來看待歷史、社會和自己的處境。從秦以下，那種全面管轄社會與組織的法律越來越嚴格，但是人與人之間的關係，尤其是人與人之間的感情，分明就是有法律不能規範、不能完全解決的部分。游俠在法律的縫隙當中存在，當法律的力量愈大的時候，游俠存在的空間也就愈狹小，成為另外一種悲劇性的人物。

《刺客列傳》與《游俠列傳》之後，接下來是《酷吏列傳》。為什麼有《酷吏列傳》？要回答這個問題，不妨從司馬遷的生平開始講起。

司馬遷繼承了父親司馬談的工作，開始是朝廷一個普通的朝官，後來命運急轉直下，變成了階下囚。司馬遷被下獄之後，為了能夠繼續撰寫《史記》必須保住性命，於是他選擇接受最屈辱的宮刑。用知人論世的方式去看，司馬遷從一個有著自己基本自由和尊嚴的朝官，到接受宮刑的這種生命經驗，使得他可以從中明白酷吏的心態和形象，並且從這種人的身上寫出漢代政治到武帝這一朝究竟變成了什麼。他對自己所處時代政治局勢的體會自然反映在《史記》之中——一方面，他必然會記錄武帝是一個什麼樣的人、擁有什麼樣的權力、用什麼方式來行使這種權力；另外一面，作為酷吏的受害者，司馬遷會格外認識到這群人的存在。從「酷吏」這兩個字就能清楚地知道，這種人近乎變態，性格扭曲而殘酷。

在閱讀《酷吏列傳》的過程當中，不可避免地會涉及司馬遷經歷過的苦痛。不過，從《酷吏列傳》的寫法、視角，乃至於描述和分析來看，只會讓讀者格外佩服這位史家。在這一篇裡，司馬遷的雙重身分不斷地在同一個軀體之中拉鋸著——作為一個人，司馬遷完全有理由講到酷吏就咬牙切齒，也大可因為悲憤而破口大罵。可是，就算對這些酷吏有再深的仇恨，作為史家的司馬遷仍然努力從一個相對宏觀的角度去分析這些問題：為什麼這群人會用這種方法來掌管法令？他們對法令的看法是怎麼來的？他們是一些什麼樣的人？更重要的是，他們的存在對漢代政治意味著什麼？

《史記》寫下的絕不是單純的譴責，司馬遷要讓後世的人知道酷吏曾經存在，他們產生了什麼樣的影響，如果不知道這些會付出什麼樣的代價。這是讀《酷吏列傳》之前，一個閱讀者需要做好的心理準備。

《酷吏列傳》與《伯夷列傳》和《游俠列傳》一樣，不開始於敘述，而是議論。《酷吏列傳》先引用孔子的話：「導之以政，齊之以刑，民免而無恥。導之以德，齊之以禮，有恥且格。」這是儒家的基本態度，看重德遠遠超於刑。所謂「德」，是指一個人真心相信規矩、自在地依照規矩行事，無須強迫，這是上等的統治者應該追求的效果，下等的統治者才會用威脅和懲罰的手段。不只儒家如此，道家的概念也與此相仿：「上德不德，是以有德；下德不失德，是以無德。法令滋章，盜賊多有。」這是老子的態度。統治者愈是重視法令，法令反而不會發揮作用，盜賊也會愈來愈猖獗，真正的理想社會是「上德不德」。所以太史公就說：「信哉是言也！法令者治之具，而非制治清濁之源也。」法令是工具，而不是目的。

接下來他說：「昔天下之網嘗密矣。」「昔」主要是指從戰國後期到秦，也就是法家崛起的這段時間，當時的社會情況需要法家說明國君們治理國家，同時富國強兵。然而後來隨著社會的發展，法令愈來愈多，整個帝國「奸偽萌起，其極也，上下相遁，至於不振」。可見，法令帶來的影響其實一點都不好。秦始皇時期是法網最密的時候，密到街上全是刑徒，人根本沒有辦法安居，「吏治若救火揚沸」。每天醒過來只是在想如何不犯法，或者如何騙過這個無所不在的、一不小心就會觸犯的法律。

這種情況之下，當一個吏都不是那麼簡單的事。一個官吏要負責這麼多事情，還要有這麼多的算計，幾乎沒有人能愉快地勝任，對那種不希望一味用威逼和法令的方式來進行統治的吏更是如此。有時候甚至誇張到只要這個官員稍微談及道德，就會被視為沒有盡責。在那樣一種法網嚴密的情況下，所有的吏都被迫在職責上忘掉道德，心中想的只能是法令。如果這些執掌法令的人在政治統治上沒有道德觀念，這又會是一個什麼樣的政治組織呢？這就是《酷吏列傳》開頭提出的重要觀點：一個社會的法令可以強到扭曲系統之中的人性，讓這些

人沒有道德。

接下來，司馬遷引用了孔子的這句話：「聽訟，吾猶人也，必也使無訟乎。」孔子認為，掌管法令的人能夠清楚地分辨對錯，其實是低層的能力。一個真正稱職的官吏，應該做到的是「無訟」，讓社會沒有爭執，不需要動用任何法令。這就是司馬遷在《酷吏列傳》中清楚表達出來的一個價值判斷和價值選擇：在管理社會、用政治權力來和社會進行互動時，不能把法律放在首位。法令的背後有更廣泛的人性，有更深厚的道德。如果法律使系統裡的人都沒有了道德，將是一件可怕的事。酷吏象徵了這種可怕的情境，因而有了認識酷吏的必要和理由。而且，通過理解這些酷吏，司馬遷也表達出他對什麼是政治、如何管理一個社會的深刻思考。

《酷吏列傳》對司馬遷來說非常重要，也有深刻的用意。在一開頭的議論當中，他用了鮮明的筆法，把儒家的看法跟道家的看法並列出來。他先說孔子怎樣認定道德的影響力：道德的力量是超越法令的。除了儒家的態度之外，他也告訴我們，道家基本上也不看重法令。在老子的思想當中，最好的社會是大家統統忘掉法令。其實，司馬遷是用這種方法提出儒家、道家跟法家的根本差別。這種筆法後面又出現了一次，他先引用孔子的話，告訴我們要怎樣做一個稱職的管理法令的人。在孔子的心目中，一個好的管理法令的官吏，是要讓人民不需要用到法令，也「必也使無訟乎」。如果大家都依照法令告來告去，充滿了各種爭執，那麼法令愈有用，社會也就愈紛擾。儒家和孔子是這樣看的。

講完儒家，司馬遷引用了老子的一段話：「下士聞道大笑之。」漢朝成立後，表面來看，其政治意識形態選擇了跟秦徹底相反的黃老之道，文帝、景帝的時候，的的確確在「與民休息」，希望用這種方法扭轉社會對法家的依賴。可是，秦建立的法令系統並沒有那麼容易解決，建立真正的黃老政治談何容易。到了漢武帝時期，黃老之學被擱置了，董仲舒「罷黜百家，獨尊儒術」，政治政策轉而以儒學作為政治的最高指導原則。不過，如果看得更細一點就會知道，無論是黃老之學還是儒學，漢代的態度都不徹底，由酷吏代表的法家觀念一直陰

魂不散。

漢朝剛建立的時候，的確有一段時間法令是比較寬鬆的，「網漏於吞舟之魚」。雖然有法令，可是執行得很鬆散，這樣一來反而能夠「吏治烝烝，不至於奸，黎民艾安」。越是把法網收緊，人民為了避免被法令波及，必然會用各種方式算計。人民愈算計，就愈需要更多的法令來管轄，如此便形成了惡性循環。怎麼解決這樣的惡性循環？一個美好的社會如何形成？漢初的時候，為瞭解答這兩個問題，便有了如下對策：即便有法令，也不要隨便動用。人民犯了法，小罪不要追究，甚至中罪都可以不計較。愈是這樣，吏治反而愈容易。當一個官員不管那麼多，人民就不會那麼壞，這樣看來，要讓一個社會有好的秩序，不在於建立嚴密的法令去恐嚇、威逼、懲罰，而在於如何建立一種內在的秩序，讓人民不願意犯法。這就是關鍵的差異。

最早的酷吏

在漢初，到了高后時才出現了第一個「酷吏」，這個人叫侯封。高后就是呂太后，她把權力從高祖的劉氏宗親手中奪過來的時候，侯封就是她重要的工具。一方面呂后用侯封「刻轢宗室」，另一方面用他「侵辱功臣」，壓迫跟劉邦一起打天下的功臣，呂家藉機興起。可是等到呂家的勢力發展遇到了挫折，侯封自然也就囂張不到哪裡去了。呂氏一敗落，侯封就受到了懲罰。

第二個酷吏是景帝時的晁錯。晁錯對法令的概念是非常僵化的，「以刻深，頗用術輔其資」。他用這種思維方式去輔佐景帝，結果釀成了七國之亂的大禍。七國之亂平定後，晁錯首當其衝成為罪人，並因此丟了性命。這兩段實質上是說，漢代一直到景帝時期都沒有真正的酷吏。接下來，才是真正作為法家代表的酷吏登場——郅都。

郅都在文帝時期就進入了朝廷，到了景帝的時候，郅都做中郎將。他對大臣，就連對皇帝都是有話直說，心裡對於法令規範異常執著，到了僵化的地步。郅都曾經跟隨景帝到上林苑，一起去的還有景帝旁邊的寵妃賈姬。在園囿裡，賈姬去上廁所，那當然是一個隱蔽的地方，然而這時候突然闖入一頭野豬，情況非常危急。景帝認為保護賈姬應該是郅都的責任，可是郅都一動都不動。皇帝急了，「欲自持兵救賈姬」。沒有想到，郅都這個時候跪在皇帝面前，說：「少一個賈姬就會有另一個賈姬補上，這世上有很多女人可以來陪伴您。可是我們只有一個皇帝，您能用這種方式輕賤生命嗎？您這樣對得起太后嗎？對得起宗廟嗎？」這就是郅都的堅持。對郅都來說，按法令，解救賈姬不是他的責任，而且賈姬也沒那麼重要。他的職責是保護皇帝，就只會以皇帝的安危為思考的準則。最後還好野豬離開了，賈姬沒事。後來這件事情傳到太后的耳朵裡，太后非常欣賞郅都，「賜都金百斤，由此重郅都」。

郅都崛起之後，景帝就把他派去濟南。在濟南有「瞯氏宗人三百餘家」，這些人「豪猾」，並且在當地已經有了非常龐大的勢力，「二千石莫能制。於是景帝乃拜都為濟南太守」，要郅都去處理瞯氏。郅都一去，立刻就族滅了瞯氏，剩下的那些人「皆股栗」，他們沒想到朝廷派來的人竟然有這種魄力。郅都在濟南不過一年，把濟南治理得很好，「郡中不拾遺，而且旁十餘郡守畏都如大府。」郅都做人非常勇敢，也有氣力，為人清廉，所做的一切事都為國家社稷考慮，完全不寫私人書信，更絕對不接受別人送的任何禮物，有人來請託做什麼事情也不接受。

郅都是司馬遷筆下早期酷吏的典範。作為史家，司馬遷對酷吏要盡可能如實地記錄，而不是單純地譴責。他在幫我們解釋為什麼有酷吏的存在，他們究竟是一些什麼樣的人。

事情剛開始的時候，像郅都，他們是對人、事抱持著一種狹隘而僵化的態度，對於自己認定的事情非常堅持，除了自己認定的責任之外，其他事情都不在他們的眼裡。讓他們變成酷吏的最關鍵的一點是，他們看不到

別人的感受，他們只在意這件事情是如何被規定的，要以何種方法來執行。在上林苑時，郅都腦子裡景帝和應該負擔的職責，哪個比較重要？景帝當時一定急得不得了，但是景帝再急，郅都都不在意，因為這不是他的職責，景帝再急都不能夠強迫他去救賈姬，這是他的態度。

對於這一點，郅都其實是有自知之明的，他常常講自己「倍親而仕身固當奉職死節官下，終不顧妻子矣」。既然要掌管這件事情，就不能去顧慮其他，就算自己的妻子、雙親與職責相抵觸，他都會站在工作這邊。更進一步，如果自己的生命與職責起了衝突，他也一定站在執行工作使命這一邊，不會顧慮到生命。他明白，自己最有可能的下場就是死在官任上。

他用這種方式對待自己的職責，久而久之就產生了一種特殊的地位和影響力。他不追求任何私人的認可和利益，也不怕死，於是他不論走到哪裡人們都非常畏懼他，他的官位也一直升遷到中尉。那時候的宰相條侯正處在權力最鼎盛的階段，所有人都對他畢恭畢敬，但是郅都只作揖而不拜，更加可以看出他這種剛直的個性和形象。那個時候，所有的貴戚、列侯、宗室對郅都都是既討厭又怕，只能「側目而視」，而且給了他一個外號，叫「蒼鷹」。「蒼鷹」永遠都在空中盤旋，不知什麼時候就會突然撲下來，了結人命。

那時候酷吏的存在有其價值和意義，最突出的一點就是要幫助皇帝壓制宗親。漢初，許多特權貴戚宗室的權力超越了應有的身分，行為不受節制，只有像郅都這種認真看待法令而且毫無顧忌的人，才能夠對付這些特權分子。司馬遷藉郅都的故事，揭開了酷吏的來歷之謎。接下來，司馬遷會繼續講述，郅都這樣的行為模式建立起來之後，對社會產生了什麼樣的影響，在政治結構上造成了什麼樣的扭曲，而這才是司馬遷真正想在《酷吏列傳》當中揭示的。他不是單純要譴責酷吏，而是對酷吏政治作用有一個完整的敘述、分析。

酷吏的存在實質上源於漢代前期碰到的嚴重問題。司馬遷要寫的不只是篇中列出來的幾個酷吏而已，更重要的是呈現了一種可以稱之為「酷吏演變史」的分析，他以這幾個人作為典範，寫出酷吏在運用權力的方式、

與朝廷的關係等方面都發生了哪些改變。

漢初的人民經歷了春秋戰國四百多年的戰爭，還有秦末楚漢相爭的大亂，才終於得到了和平，因而文景之治的核心是與民休息。不過，這都是從人民的角度來看，如果從中央朝廷的角度，尤其站在漢朝宗室這一邊看，就會發現從高祖到景帝，政權的更迭一點都不平靜。

呂后時期有諸呂之亂，外戚當權，劉家天下幾乎變成呂家天下。呂后倒台後，大臣們要恢復劉家天下，就把北方的一位劉氏宗親請到長安來即位，也就是後來的漢文帝。由於文帝一開始並不是接班人，所以他即位之後，高祖的兒子們，乃至於一些劉姓宗親都心有不平，因而文帝的統治也是危機四伏的，只不過文帝用一種相對和平忍讓的方式來處理這些問題。到了文帝的兒子景帝，情況愈演愈烈，並最終爆發了七國之亂。如何處理宗室？這是文帝景帝一直到武帝都必須處理的重大事件，而負責解決這個問題的人物，就是酷吏。

如果皇帝身邊有這種大臣，敢於去處置不規矩的、可能威脅到中央朝廷和皇帝的宗室，那他必然會被重用。郅都最為人所知的，就是漢朝的貴戚、列侯、宗室都怕他。景帝的時候，臨江王被下獄，接受中尉郅都的審判。臨江王有一個小小的請求，他希望自己的意見可以被皇帝知道，所以「欲得刀筆為書謝上」。他面對的是郅都，自然沒有得到這個機會。不過臨江王有自己的關係網，「魏其侯使人以閑與臨江王」。臨江王完成了這封信，送到皇帝手上，等於是對皇帝道歉，接著就自殺了。這件事情惹怒了竇太后，她認定是郅都害死了臨江王，於是「以危法中都，都免歸家」。可是景帝非常賞識郅都，就把郅都派去當雁門太守，而且告訴他，「而便道之官，得以便宜從事」。郅都因為個性剛直，加上皇帝信任，到了邊境雁門就有了特別的名聲——哪怕是匈奴，一聽郅都來了都會即刻引兵離去，到他死都沒有靠近過雁門。甚至郅都死了之後，雁門關的人做了一尊郅都的人像，只要匈奴靠近就把人像推出去，這樣匈奴就不敢來侵犯漢朝的邊境了。

那麼郅都是怎麼死的？「竇太后乃竟中都以漢法」，是竇太后用漢朝的法律中傷郅都。景帝這時候替郅都

說話，說郅都是忠臣，應該放過他。竇太后就說了一句很重的話：「臨江王獨非忠臣邪？」

景帝當然不可能繼續抗拒太后，於是郅都便在竇太后的堅持下被殺了。

接下來，酷吏有了各種變形。司馬遷接著寫了寧成。寧成也是景帝時代的人，他的個性在司馬遷的筆下用寥寥幾筆帶出：「好氣，為人小吏，必陵其長吏；為人上，操下如束濕薪。滑賊任威。」他霸道且性格急躁，之所以能崛起，是因為他承襲了郅都的特點——宗室之人都怕他。當時郅都看到寧成跟自己個性相仿，而且對宗室的痛恨幾乎跟自己一樣，就把寧成放在身邊栽培。武帝即位，寧成被重用，升為內史。這件事情很不得了。

那個時候，漢代的政治體系會將外朝和內朝分得非常清楚。外朝是丞相負責的官僚系統，而內朝則由九卿負責，皇帝親自統領，處理皇家私務。這些貴戚宗室的權力地位完全來自皇帝，所以他們的很多事務是由宮中處理的。不過一旦宗親有了權力，跟郡縣、郡國等各種不同的行政事務有所關聯的時候，就會牽涉到外朝的權力。在這樣的情形底下，一旦寧成做了內史，勢必讓宗親的日子越發難過。於是宗室、外戚就搜集了寧成的種種罪狀，「毀成之短，抵罪髠鉗」。

在寧成之前，郅都只是剝奪了臨江王自辯的機會，就付出了非常慘痛的代價。可郅都的弟子寧成做得比老師更過分。以前，宮中有身分地位的人，九卿以上，包括貴戚跟宗室，一旦犯了法，頂多就是被下獄詰問。負責問案的人把案情分析清楚，然後上報，基本是「刑不上大夫」。可是寧成不管這些，「九卿罪死即死，少被刑，而成極刑」。從中可以看出，在景帝一朝，貴戚宗室與皇帝之間的矛盾有多麼深，七國之亂在皇帝的心中留下來的陰影是多麼巨大。即使寧成用這種殘酷的手段對付九卿，對付貴戚宗室，皇帝還是支持他。

然而，景帝時期寧成可以仗勢如此，武帝則必須處理宗親對寧成的不滿。

寧成知道他惹起的憤怒有多深，當然也知道過去自己能夠這樣做是因為景帝的信任。新的皇帝即位，寧成一想，皇帝跟自己之間沒有這樣的交情，如果宗親現在到皇帝面前去告發，皇帝一定會制裁自己。於是他做了

一個決定，假造出關的文件逃回到家裡。雖然不再混跡於仕途，但是他的野心仍然在：「仕不至二千石，賈不至千萬，安可比人乎！」他要贏過別人，當不了官，就開始做生意。寧成買了很多田地，然後使役佃戶，累積財富。經過幾年的蟄伏，他終於等到皇帝下令大赦天下，就開始冠冕堂皇地做生意，成為大富豪，而且變成了地方上的豪俠。他甚至控制了地方上的官員，出入像一個貴族，人們看到他，態度比對地方官還尊敬。

從郅都到寧成，是酷吏這個角色的一個重要轉折。郅都之所以成為酷吏，是因為他對法令和原則死心塌地地堅持，他用這種方式對待所有人，一旦有人的特權超過法令，郅都就對之有一種根深蒂固的痛恨。表面上看來，寧成的行為跟郅都是一致的，可實則他們的用意不同。寧成之所以投靠郅都變成酷吏，並不是基於對法令的堅持，而是為了擁有權力、財富和地位，一旦不能「仕至二千石」，他就去做生意，要「賈至千萬」，而且他也的確做到了。可是這裡面含有強烈的諷刺意味，郅都起家是因為受到皇帝的重視，他用雷霆手段治理了濟南的豪富之家，濟南從此不生事端。可是從郅都到寧成，短短的時間裡變成了什麼？

寧成之後，酷吏不再是像郅都那樣表裡如一的人，他們開始將法令當作手段獲取自身的利益。接下來，從周陽由、趙禹，到最後司馬遷最想記錄的張湯，這一脈的繼承和變化之中，司馬遷寫出了自己眼中酷吏的可怕和殘忍。

「用法益刻，蓋自此始」

《酷吏列傳》中，有三個人被司馬遷寫在一起，甚至可以說其中兩個人是為最後那個人而寫的。

第一個人叫周陽由，是武帝時代產生的第一個酷吏。武帝剛即位時，政局相對平靜，從文帝、景帝傳留下來的絕大部分官吏系統，在武帝前期的行事風格仍然傾向於道家的無為，但是在這個時候周陽由出現了，與眾

人形成了鮮明的對照。

司馬遷形容他，「最為暴酷驕恣」。「暴酷」，一來是指這個人做事情的方式是極端的，二來這個極端的反應完全來自他自己主觀的好惡。因此，雖然周陽由負責執法，但如果他喜歡某個人，或者跟誰比較親近，便可以扭曲法令讓這個人脫罪；倒過來，如果誰得罪了他，或者他因為什麼理由討厭一個人，他也可以編造一切理由殺人。他無所不用其極的個性在主觀好惡的引導下，導致他去任何地方，第一件事情就是要確保沒有人能夠妨礙到自己。因此，當地的官吏必須跟他合作，否則他就要除掉他們，哪怕是與他品級相同的官員。

司馬遷沒有寫太多周陽由做過的事，在描述完他的行事風格之後，直接寫出了他的下場——「由後為河東都尉，時與其守勝屠公爭權，相告言罪。勝屠公當抵罪，義不受刑，自殺，而由棄市」。他到任何地方都要壓過別人，長此以往，總會碰到一位個性強悍、不願相讓的官吏。周陽由在河東當都尉的時候，跟河東太守勝屠公激烈地爭權，水火不容，結果兩敗俱傷。勝屠公被判罪後自殺，周陽由也死了。

其實可以看出，周陽由這個人並沒有那麼多事蹟，那司馬遷為什麼還要提他呢？因為到了周陽由這裡，又誕生了一種酷吏的新性格和新面貌，官員開始用各式各樣的方法來玩弄法令，這種風氣愈演愈烈，到最後原本傾向於盡量寬厚的官吏也開始發生轉變。這就不再是寧成、周陽由兩個人的事了，而演變成整個時代政治風格的轉化。

周陽由之後，武帝朝另外一個重要的酷吏是趙禹。在這個段落當中，司馬遷同樣處理得非常簡潔。

趙禹開始是在景帝時期被丞相周亞夫注意到的，他作為一個助手，服務周亞夫的時候名聲非常好，最重要的是從不接受賄賂，自我要求也極為嚴格。可是周亞夫遲遲沒有給趙禹更好的職位，也沒有進一步重用他。為什麼呢？周亞夫認為趙禹的確很有能力，但有一個嚴重的毛病，叫作「文深」。這兩個字在《酷吏列傳》中是很重要的，意思就是有一些人，他們看到法律文字的時候，傾向於從嚴解釋。當一個人可能觸犯法律所規定的

罪行時，執掌法令的官吏就想盡辦法讓這個人受到法律的懲罰，而且是最嚴厲的懲罰。周亞夫有識人之明，他認為一個人若是有這種尖刻性格，就不該給他太大的權力，否則遲早會造成很大的禍患。這和廉不廉潔是兩回事。

等到武帝時期，趙禹被提拔為御史，被武帝注意到了。這裡司馬遷又用了非常簡單的幾個字來說明問題：「上以為能」。武帝跟周亞夫的看法不一樣，在周亞夫看來，趙禹那種能力不叫真正的能力，只能在低下的位置上作為助手去執行事務，而不能讓他去做決定、下判斷。顯然漢武帝看人不是這樣判斷的，他特別賞識這種尖刻之人，所以不但重用趙禹，還賦予趙禹一個在周亞夫心目中絕對不能擔任的職務——「論定諸律令」。趙禹這樣一個「文深」之人，漢武帝不僅重用他，而且讓他跟張湯兩個人去制定律令。那麼，皇帝對律令的看法，或者說皇帝認為應該用什麼樣的方式來治理這個帝國，也就能夠看出端倪了。

接下來，《酷吏列傳》從趙禹寫到了張湯。武帝這一朝，「用法益刻，蓋自此始」——從寧成、周陽由到趙禹，一路下來用法愈來愈刻薄，吏在面對法律法令時，執行的強度和殘暴程度愈來愈嚴重。根源在哪裡？不在周陽由，不在趙禹，而在於重用周陽由跟趙禹的人，也就是漢武帝。

張湯：漢武帝的劊子手

寫到張湯就更加精采了。

司馬遷先從張湯小時候寫起。張湯的父親是長安丞，有一天出門，叫小孩幫忙看館舍。可是等到父親回來之後，發現館舍裡肉被偷走了，誰偷的呢？老鼠偷走的。父親很生氣，就跟張湯說：「我叫你看著，你怎麼讓老鼠把肉給偷走了呢？」就把張湯打了一頓。張湯的反應太有趣了，他「掘窟得盜鼠及餘肉，劾鼠掠治，傳爰

書，訊鞫論報，並取鼠與肉，具獄磔堂下。」他居然把老鼠審訊了一番。他的父親看到之後，嚇了一大跳——張湯處理這個老鼠的過程，定獄的那些文字，簡直像是一個老獄吏，然而那時候他不過是個孩子而已。因此，父親就正式讓張湯學習「書獄」。等到父親死後，張湯進入官僚系統之中，在長安為吏。這時候，周陽由和寧成看到了張湯的能力和天賦，於是與他結交。慢慢地，張湯也受到了天子的重視，在武帝的提拔下，成為一名御史。

張湯擔任御史的時候，發生了一樁大事——巫蠱案。

陳皇后的巫蠱案是由張湯來治理的，他的方式是「深竟黨與」，寧可冤枉一百，也不錯放一個。在問獄的過程中，張湯想盡辦法把可能有關的人員全部牽連進來，而且給予他們非常嚴格的懲罰，於是「上以為能」——這句話已經是第二次出現了。司馬遷的詞語那麼豐富，然而他在講趙禹的時候用的是這句話，講張湯的時候又用了同樣一句話，這絕對不是因為他沒有別的字可以用，這是他對武帝最清晰的評斷。如果一個人因為「深竟黨與」而為天子賞識，那麼天子也必然有深刻殘暴的陰暗面。

張湯再次被提拔，做到了太中大夫，「與趙禹共定諸律令，務在深文，拘守職之吏」。他們不只制定律令，而且開始要求每個執行律令的吏都要想盡辦法符合律令上的規定。接下來，趙禹升為中尉少府，連帶著張湯也升為廷尉。趙禹跟張湯表面上看來非常相似，但其實一個是舊派的酷吏，一個是新派。

相對來說，趙禹是一個舊派的酷吏，他的行事風格比較像郅都。他幾乎不跟任何人來往，作為一個官吏，不願意因為人際關係而影響到法令的評斷，「務在絕知友賓客之請」，他絕對不請客，也不接受別人請客。對於法令的評斷和執行，趙禹只有一個意念，那就是「孤立行一意而已」，看到別人問案，或者是對要如何解釋法令有意見，他也絕不理會。法令就是他的真理和原則。

相較來說，張湯「人多詐，舞智以御人」，而且他廣為結交。在這個過程之中，一方面他維持像趙禹那樣

的酷吏形象；另一方面，他又可以見人說人話，見鬼說鬼話，用各種手段來達到目的。如果一個人對他有用，即使這個人的個性和行事他並不欣賞，他都能裝出和這個人親近的姿態。另外，張湯很清楚自己服務於誰，所以會用各種巧妙的方式去討好武帝。這個討好不是諂媚，不是像《滑稽列傳》所寫的那樣去娛樂皇帝，不，他知道武帝心中真正想要的是什麼，於是就會用多種手法幫助武帝達成目的。當然，從權力本質上去理解，這些手段也必然讓人惶恐和心寒。

張湯服侍武帝的方式真的很多，如何把他跟武帝的關係記錄下來，也就成了司馬遷念茲在茲的書寫目的。

在《酷吏列傳》中，司馬遷真正要寫的是武帝面前的「大紅人」張湯。張湯能得到武帝的賞識不完全是因為能力，更因為他刻意地經營、揣摩上意。比如，當時武帝受到儒家吸引，要從黃老道家的意識形態轉變為儒家，借助儒術重新整頓帝國，這一點張湯幾乎立刻就感受到了。

張湯原來負責的領域是延續並推行秦朝以來以法家為主的理念，但是這個時候單以法令治國是不夠的，武帝想要的政策，骨子裡是法家的，此外還要在外面裝飾儒家的道理。前文提過，張湯從小就像一個老獄吏，他是一個有純正法家血統的人，並不了解儒家。不過，張湯廣為結交的人之中，有不少儒生。既然皇帝現在喜歡儒學，張湯馬上就去請這些博士及其弟子給他建議，或者乾脆幫他整理相關文書。

他運用儒生的知識，把一些冠冕堂皇的話放在治獄的文書上，以此博得皇帝的注意。因為張湯有這種揣測聖意的能力，於是他在斷獄的時候也就依照所揣摩的上意處理。皇帝是所有權力的來源，不論對錯，都是最高權力者。比如說在一個案件中，張湯「所治即上意所欲罪，予監史深禍者；即上意所欲釋，與監史輕平者」，結果當然是「上善之」。

但是他也知道，不能每次都切中武帝的看法，如果臣子的想法總是對的，那就意味著皇帝沒有自己的作為，久而久之人家就會說張湯太厲害了，他的任何想法和意見皇帝都會接受，這種言論一旦被武帝知道了，對他是

極為不利的。所以張湯有時候會故意違背武帝的想法，但是在這個過程中會留下非常明顯的錯誤，目的就是要讓皇帝看了之後來斥責他，然後給出一個「英明」的決定。這個時候，張湯就畢恭畢敬地對武帝說：「固為臣議，如上責臣，臣弗用，愚抵於此。」這樣一來，皇帝不會懲罰他，外面傳出來的名聲就會變成：張湯這樣的老吏，對法令熟悉至此，連他的意見武帝都能夠馬上看出問題，皇帝太厲害了。張湯使得武帝得到了這種名聲，武帝當然就更加喜歡他。張湯能夠準確地預測武帝會有什麼樣的決斷，以此操控武帝，這是他非常重要的權力資本，進而可以去建立自己的人脈。

從這裡也能看到，在那個時代，身分、地位、財富、權力，這一切得還是不得，最大的變數只在一個人的一念之間——這個人就是漢武帝。從文帝、景帝再到武帝，從歷史的變化上來看，其實是專制體制的形成過程。文帝、景帝在統治風格上都是相對寬容的，人民不需要畏懼他們，統治者的主觀意念也受到許多客觀原則和規範的限制。而到了武帝時期，情況為之一變，武帝的一念真的可以讓人在旦夕之間一無所有，大家只能如履薄冰、戒慎恐懼。人們想知道皇帝在想什麼、要做什麼，而對於皇帝究竟在想什麼、對什麼事情會有什麼樣的態度，張湯最清楚。

用這種方法，張湯得到了更大的聲譽，而他所使用的手段，也因為符合武帝的需要而越發嚴苛。張湯同樣名聲在外，即使是依照儒家思想行事的這群人，甚至包括丞相公孫弘，都非常欣賞張湯，並且「數稱其美」。

湯至於大吏，內行修也。通賓客飲食。於故人子弟為吏及貧昆弟，調護之尤厚。其造請諸公，不避寒暑。是以湯雖文深意忌不專平，然得此聲譽。而刻深吏多為爪牙用者，依於文學之士。

在武帝這一朝，有很多重要的政治事件發生，比如說衡山王、淮南王、江都王這幾個重要宗室與武帝之間

的案件，都是由張湯經手處理的。這幾個王犯的罪行，以及後來他們的結局，都被司馬遷用心地記錄了下來，隱隱地為之不平。司馬遷之所以不平，是因為這些王犯下的事情，遠不該受到如此嚴厲的對待。台前的劊子手是張湯，幕後主事者則明確地指向漢武帝。

張湯就這樣一路扶搖直上，升為御史大夫。這個時候，張湯等於是夾在皇帝與整個官僚系統中間。張湯跟漢武帝之間的關係一度好到什麼程度呢？「湯嘗病，天子至自視病，其隆貴如此。」丞相的地位都沒有張湯那麼高。

在張湯當御史大夫的時候，又經歷了許多重大事件，其中一件是與匈奴的戰爭。

漢武帝想興兵討伐匈奴，但這個時候「山東水旱，貧民流徙」，迫切需要國家和政府的救濟。然而此前因為武帝好大喜功的各種開銷，導致「縣官空虛」（此狀況在《史記・平準書》裡有詳細的描述），公家的府庫沒有足夠的資源。怎麼辦呢？「於是丞上，請造白金及五銖錢」，以貨幣為手段，朝廷開始收攏天下的資源。接下來，「籠天下鹽鐵」。朝廷開始介入生產，聚攏更大量的財富。然後是「出告緡令，鉏豪強並兼之家，舞文巧詆以輔法」，壓榨在民間的富商大賈。這種種手段的頒布和實施，讓朝廷聚攏了大批可運用的錢財，但是在這個過程當中，也深深傷害了民間原來相對淳樸的風氣。大家開始愈來愈講究利益，攫取利益的手段也因為有朝廷的示範，變得愈來愈奸巧。到最後，帝國的風氣徹底地改變了，這過程中的一個關鍵人物就是張湯。

《酷吏列傳》如此重要，很大程度上是因為其中包含了對武帝這一朝權力狀態有真實的寫照。公孫弘或其他丞相並不是皇帝跟官僚系統之間的核心人物，如果忽略了張湯的角色，永遠不可能徹底明白武帝統治的真實面貌。張湯一方面用法家的方式，藉皇帝的名義來行使權力；另一方面，當這種方式造成了社會上的騷亂和各種問題的時候，他又一直在武帝的面前說「沒事，一切都很好」。張湯橫在武帝與官僚系統中間，使得武帝對帝國所產生的種種問題其實無法確切地掌握。

接下來，司馬遷用了很大的篇幅描述一個事件：「匈奴來請和親」。關於此事，博士狄山跟張湯在武帝面前起了衝突。狄山是博士，說話的方法有自己一套邏輯。他首先從最根本的原則講起，「兵者凶器」，打仗沒有好事。然後，他論列了漢代的歷史事件：漢高祖要求伐匈奴，結果困在平城，所以連高祖都要跟匈奴和親，才保證了後來到孝惠、高后的時候天下平順安樂；文帝一度想對匈奴動兵，結果造成北方蕭然——只要戰亂一起，人民就會飽受苦難；到了景帝的時候，遇到七國之亂，雖然最後周亞夫領軍平定了七國之亂，但是這個教訓太深刻了，景帝無法再接受用軍事行為來解決問題。最後，狄山非常誠懇地說：「今自陛下舉兵擊匈奴，中國以空虛，邊民大困貧。由此觀之，不如和親。」武帝的反應是去問張湯。前文已經多次提過，張湯非常清楚如何揣摩上意，這時候他只回覆了五個字：「此愚儒，無知。」可以想見張湯當時臉上那種不屑的神情。

聽到張湯這樣的批評，狄山也很有骨氣，他回應道：「臣固愚忠，若御史大夫湯乃詐忠。」然後開始翻舊帳，「若湯之治淮南、江都，以深文痛詆諸侯，別疏骨肉，使蕃臣不自安。臣固知湯之為詐忠。」接下來，武帝「作色」，就問狄山：「吾使生居一郡，能無使虜入盜乎？」狄山是個儒生，什麼政治的經驗都沒有，只好誠實地說，自己沒這個能力。皇帝接下來又問：「居一縣？」狄山也沒這個能力。皇帝繼續逼問：「居一障閑？」這時候狄山知道了皇帝的意思，繼續說不能的話恐怕性命不保，只好硬著頭皮說，也許有辦法吧！「於是上遣山乘鄣。至月餘，匈奴斬山頭而去。」狄山真的就喪命在那裡。

酷吏之死

寫張湯的時候，《史記》的筆法非常特殊。例如寫到張湯的結局，司馬遷先說「湯為御史大夫七歲，敗。」也就是說張湯的官位升到最高就是御史大夫了——御史大夫是非常高的職位，只比丞相低一級——不過七年之

後，他的生命就走到了盡頭，然後司馬遷才開始講張湯在任上發生了什麼事情。

進入正題之前，司馬遷又先講了一個看起來跟上下文沒有密切關係的人。田甲是個生意人，在張湯還在當小吏的時候，兩人就因為利益相結識，關係非常密切。等到張湯發達之後，真正有了權力，田甲看到張湯還是用當小吏時候的算計跟自己進行利益來往，就大不以為然，他「責湯行義過失」。田甲認為，做到這麼大的官，就不能再用以前那種身分卑微時候的格局來做事情了。接下來，司馬遷評價他，「亦有烈士風」，認為田甲像烈士一樣，在人格、個性上有自己的評斷標準。司馬遷為什麼要在這裡插這樣一句話呢？

田甲此人並不值得在歷史上留下名字，他在這裡是一個代表。基於一個人最根本的常識和立場，作為小民是一回事，當小官是另一回事，當了大官握有大權力的時候，一個人的行事、風格要更嚴謹。權力愈大，責任愈大，這是素樸的、常識上的是非觀念，連田甲這樣一個小民都有。司馬遷藉著田甲，藉著「御史大夫七歲敗」這種預言般的語句點明，張湯之所以得勢，因為那是一個不再有常識和是非判斷的時代。像張湯這樣一個人，如果在一個稍微正常的時代、政治體制裡，本不應該有這麼大的影響力。

張湯在這種時代崛起，最後敗亡卻也因於這種迎合時代的行事作風。前面說過，張湯之所以能夠擁有這麼大的權力，是因為他會結交各方人物，用人際關係作為自己的資源。但是要結成這麼複雜的人際關係，很顯然，不可能在選擇跟誰交往或者做什麼事的時候都能夠保持原則。等到所有這些錯綜複雜的人際網路結合在一起，就會有許多矛盾，矛盾進而產生衝突，於是就有了張湯做到官職生涯的最高位——御史大夫——以及之後所發生的種種事情。

第一件事情和河東人李文有關。李文跟張湯原來就有過節，但是在官場上，他卻成了張湯的部屬——張湯做御史大夫時，李文是御史中丞。李文跟張湯同署辦公，可以看到張湯的種種文書，經常去監督、翻閱與御史大夫有關的資料，這對張湯來說極度不方便，如芒刺在背。以張湯的行事風格，他需要大的空間，因為他並不

是用有原則、有規範的方式做事的。旁邊有李文在，他非常不自在，而且認為李文用這種方式不斷檢查他的文書，遲早會找到什麼證據來傷害他。張湯的這種心情被身邊的朋友魯謁居知道了，他就幫了張湯這個忙，找人告發李文有不當的事情。這個李文真是倒霉，被人告了一狀，皇帝就把案子交給張湯來處理，張湯逮到機會，自然就將李文給殺了。

張湯明明知道這是魯謁居幫他做的，可是等到漢武帝問起來：「言變事縱跡安起？」他立刻拿魯謁居替自己撇清關係——這就是張湯在人際關係的經營上面的奸巧之處——他假裝非常吃驚：「此殆文故人怨之。」跟李文有仇的人其實是張湯自己，可是他說起來就指向了魯謁居。同時，他知道把這個線索指向魯謁居之後，就要拉攏魯謁居，所以魯謁居生病的時候，張湯親自去見他，不只是親自去探病，而且「為謁居摩足」。這是一個多麼親密的行為，背後又代表了張湯多麼險惡的用心！

這裡又牽扯到趙國（今河北一帶）。趙國有煤礦、鐵礦，冶鐵是趙國非常重要的經濟命脈。這時候，漢武帝開始鹽鐵專賣，損害了趙王的利益。趙王為了冶鐵，多次跟朝廷來來往往，經常遇到張湯。張湯跟趙王沒有私下交情，往往阻撓趙王。趙王很不舒服，於是「求湯陰事」，想用揭發張湯的方式解決這件事。

到這裡，也就能夠更加清楚地看出，司馬遷對漢武帝這一朝，乃至對中國普遍的政治環境提出的警告——在一個政治體系裡面，切忌養成這種互相揭發隱私的告密文化。一旦開始有人做這類事情，上面當權者還加以鼓勵的話，將來整個組織、整個體系都會非常麻煩。當人與人之間有了過節，或者當一個人有野心的時候，理所當然想到的就是去告密揭發，所有人都在找別人的毛病，並且試圖去揭發別人的陰私。這種風格組成的組織，能是多好的團隊？

趙王探求張湯做過的「陰事」，就牽出了魯謁居。趙王討厭張湯，也很討厭魯謁居，就把這兩件事情，或者說這兩個人連在一起。他上書去告張湯：「湯，大臣也，史謁居有病，湯至為摩足，疑與為大奸。」張湯是

朝廷的大臣，魯謁居有病，張湯不只幫他看病，竟然還幫他按摩腳，顯然兩個人有問題，否則不可能親密到這種地步。這裡的「大奸」兩個字，在漢代是一個專有名詞，不光是指一樁嚴重的陰謀，而是牽扯到皇帝的根本權力。

這是重要案件，因為牽涉到御史大夫，所以讓廷尉來查案。剛剛好，這時候魯謁居生病死了。可是整件事不會就此停止，於是牽連到魯謁居的弟弟被抓。張湯工作上跟囚犯、牢獄關係密切，有一次進了牢獄裡面，明明看到了魯謁居的弟弟，但是為了撇清自己，就假裝不認識。魯謁居的弟弟一看張湯這個態度，非常憤怒：哥哥跟你這麼好，今天我因為哥哥的事情被牽連關在這裡，你不救我就算了，還裝作不認識我。於是魯謁居的弟弟就找人另外告張湯，揭穿了張湯與魯謁居合謀誣陷李文的事。

由於罪名多加了一項，皇帝就叫減宣來處理這個案子，而減宣也是跟張湯有過節的人。張湯以人際關係崛起，必然牽扯了複雜的恩怨。減宣一路追查這件事情，但是還沒結案之前，又插入了一件事：孝文帝的陵寢被盜。

陵寢陪葬的錢被偷，雖然不是大損失，但是在政治責任上，卻是樁極嚴重的大事。此時的丞相是青翟，他找來張湯，跟他商量：「發生了這種事，丞相和御史大夫都有責任，等一下到了朝廷上，我們一起謝罪。」本來這樣說好了，可是真到了皇帝面前，張湯一想，丞相的責任是「以四時行園」，所有的幽冥之事，包括陵寢、天候、季節，都是丞相的責任，不在御史大夫。青翟依照原來說好的謝罪，預期張湯也會一起承擔責任，但張湯卻沒有表態。這件事情，後來演變成皇帝命令御史大夫張湯追查丞相的責任。

事情到了張湯的手裡，青翟就知道不對勁。經過一些探問，他察知張湯真的要用宗廟的事情辦他。如果用宗廟的事情辦他的話，張湯最重要的動機可能會是什麼？顯然是覬覦他的位子，想要取而代之。不過，丞相有三個長史，都很討厭張湯，於是「欲陷之」。

三長史中，朱買臣和王朝都在官僚體系中得到過更高的地位。朱買臣曾經位及太宗大夫，當時張湯還是一個小吏。這再次提醒我們，張湯崛起的速度有多麼快。當初朱買臣做太宗大夫的時候，張湯地位卑微，見到朱買臣只能畢恭畢敬，「跪伏使買臣等前」。朱買臣、王朝烜赫一時，看過張湯如何對待有權力的人，以及他那種巴結的嘴臉。可是一旦他們失勢了，張湯就擺出完全不同的姿態，甚至故意打壓，認為如果現在不壓制他們，這些人會以為自己跟以前一樣擁有那麼高的權勢。

這樣看來，在武帝建立的這套朝廷文化之中，每個人都勢利得不得了。三個長史都被張湯用這種方式修理過，懷恨在心，就跑去跟丞相說：「始湯約與君謝，已而賣君；今欲劾君以宗廟事，此欲代君耳。吾知湯陰事。」他們找到了張湯另外一些亂七八糟見不得人的事——顯然張湯這類事情挺多的——說一定有方法可以整到張湯。

怎麼整張湯呢？先抓田信。每一次牽扯到與商業、買賣有關係的事，張湯上奏給武帝之前，都會先讓田信知道。用今天的語言來說，這就是內線交易，政府有什麼樣的政策，要做什麼樣的事情，張湯事先告訴身邊的人，當然預測就比別人准。因此，如果逮到田信，由田信所得到的利益牽連到張湯，就可以把張湯拉下來。這件事情反正也不可能做得那麼祕密，武帝知道之後，就把張湯找來，說：「朝廷每次要買什麼樣的東西，總有些商人比別人早知道，就先去買下，然後囤積，賺朝廷的錢。一定有人把朝廷的祕密洩露了出去。你知不知道這個人是誰啊？」這時候張湯還在繼續演戲，說怎麼可能有這種事。這個時候，減宣把自己調查魯謁居的事情也報給了漢武帝，於是漢武帝的態度發生了關鍵性的轉折，即刻把張湯抓起來立案，要把張湯涉及的所有事情都調查清楚。

到這個時候，張湯仍然做困獸之鬥，但是直接面對皇帝的時候，基本上再怎麼鬥也會失敗。張湯不承認這些事情跟自己有關，皇帝就找來了趙禹。趙禹對張湯說：「你怎麼那麼不知分。你想想我們服侍的是一個什麼

樣的皇帝，這些事情我們都有份，皇帝一路治過多少人，犯在他手裡夷滅者幾何人矣，家破人亡的有多少，你自己回頭想一想。今天你的這些案子，有憑有據，這個時候皇帝將你下獄，基本就是要你好自為之，你怎麼連這都不瞭解呢？沒有人比我們更明白在武帝的統治下，被下獄是怎麼一回事。我們都是管獄的人，怎麼等到你自己被整的時候就忘了呢？」這個話是有悲涼意味的。治獄者並不是高興怎麼治就怎麼治，而是要權力在手上才有資格做決定。酷吏今天用什麼樣的方式治獄，以後有一天別人可能就會用同樣的方式對待他們。

趙禹如此一說，張湯省悟了，寫了一封謝罪書給武帝，說：「我原本一點身分地位都沒有，只是小小的刀筆吏。從這麼卑微的身分開始，一路變成了三公。目前這個案子我沒有什麼辯解的餘地，不過我還是要說，是三個長史陷害了我。」信寫完，張湯就自殺了。張湯死後，武帝派人去抄他的家，並沒有很多資產，不過就是五百金，而且這五百金差不多就等於皇帝給他的賞賜。看來，張湯並沒有通過跟田信勾結獲得什麼經濟利益。

一路讀下來，《酷吏列傳》是一個每況愈下的故事。剛開始，這些酷吏在人格和信念上都非常嚴厲，對人對己皆如此。到了張湯這一代，酷吏的個性改變了，他們之所以對別人殘酷、嚴厲，是為了對自己好。然而張湯得到的大部分仍然是權力上的好處，藉由複雜的人際關係加上各種討好武帝的方法，可以在官場上平步青雲。從最後的結局來看，他對於物質和金錢並沒有太大的欲望。

一旦用這種方法來獲取權力，也就必然有一種道德上的疏漏。《論語》裡有一句非常重要的話，「君子惡居下流」，如果你不小心敗壞了自己的名聲，「天下之惡皆歸焉」，大家一想到壞事情，就會都推到你身上。張湯是御史大夫，三公之一，可是名聲卻如此低劣，每個人都覺得他是壞人。張湯死後，家裡只有五百金，而且「無它業」。他其實並沒有貪汙，也沒有從中得到太多的利益，但是每個人，包括皇帝，都認定他私納了很多錢。

他的家人中，「昆弟諸子欲厚葬湯」，可是母親反對。她說，張湯是天子的大臣，被人誹謗、告訐而死，

這樣的下場怎麼能夠厚葬呢？不只不厚葬，而且極度低調，「載以牛車，有棺無槨」。在中國的傳統當中，地位稍微高一點的官員下葬是要有棺有槨，用兩層棺材的。事情傳到漢武帝的耳朵裡，武帝深有感觸：「非此母不能生此子。」這個時候，武帝的心情和態度由譴責、憤怒轉變成為肯定與稱讚，所以反過來把三個長史都逮捕、殺掉，以示他們誣告了張湯。青翟一看這個結局，也就不得不自殺了。原來被關的田信也放了出來，漢武帝還把張湯的兒子張安世升官，等於補償自殺的張湯。

司馬遷這樣寫下來，不斷地告訴我們，武帝最大的問題是根本不會看人。司馬遷一再提及「天子以為能」，認為某個人很厲害，然而後來這些「能人」全部到了《酷吏列傳》。例如武帝認為張湯有能力，但是一直到張湯死，他都沒有搞清楚張湯是一個什麼樣的人。這樣的皇帝要管理如此龐大的官僚系統，會產生那麼多問題，其實並非偶然。

暴虐升級

張湯死了之後，連帶有一個人受惠，那就是趙禹重新被任用為廷尉。不過此時趙禹年紀也大了，他的風格逐漸變得溫緩，最後全身而退，在張湯過世十多年之後，他「以壽卒於家」，所以大家對他最後的評價才得以和張湯不一樣。司馬遷一方面讓我們看到趙禹晚年有所調整，但是另一層用意在於聯繫到後面要講的義縱、王溫舒等人。

「王溫舒等後起，治酷於禹。」酷吏的現象在武帝一朝每況愈下，義縱、王溫舒這些人比趙禹、張湯還要殘酷。大家回頭就會想，趙禹那時候都不至於做出這樣的事。所以在寫完趙禹、張湯這一組之後，接下來一大段，司馬遷要寫的是環繞在義縱身邊許多相關的人，包括義縱和寧成，然後是王溫舒，到尹齊、楊樸這些人。

義縱的命運稍微複雜一點，他是河東人，年少的時候跟張次公做強盜起家，為禍一方。他有一個姐姐叫義姁，因為懂醫術，或者更精確一點說，在護理上有一些專業能力，於是被王太后留在身邊。王太后有一天閒聊，問她說：「有子兄弟為官者乎？」義姁很誠實，回答道：「有弟無行，不可。」可是太后顯然因為疼愛義姁，就叫皇帝把義縱找來，當了中郎。

接下來，義縱做了上黨的郡中令。在這個職務上，他原先當盜賊的背景就發揮作用了——「治敢行，少蘊藉」。他做事不含蓄、不保守，要抓要殺，沒有什麼不敢的。在這種狀況下，這個縣的治安變得很好，考核成績非常漂亮，所以義縱就高升了。

義縱的背景和行事作風，迎合了武帝朝的大趨勢。武帝朝對貴戚絕不假以辭色，一定要壓抑任何有可能威脅到皇帝權力的人。在那個時代，身為皇親國戚是件很麻煩、很痛苦的事情：你的勢力稍微大一點，尤其是威望、權力稍微高一點，可能就要倒霉。義縱就是處理這些事情的人。王太后有個女兒脩成君，義縱將脩成君的兒子給逮捕了。這件事情從人情事理上來說，是恩將仇報。王太后提拔他，讓他擁有這樣的地位，如今遇到王太后的外孫，義縱卻枉顧舊情，照樣將其逮捕。然而違背「溫情主義」恩仇原則的做法，漢武帝反而「以為能，遷為河內都尉」。

義縱到了河內，先族滅這裡的豪族穰氏，吏治自然就變好了。這個時候他提拔了一個人，少年時候跟他一起當強盜的張次公。於是張次公也進入了朝廷，「以勇悍從軍，敢深入，有功，為岸頭侯」。這一段也是從側面說明，本來酷吏還是「吏」，出身背景仍然是適合服務公職的，但從義縱以後，情況為之一變，酷吏開始變成雞鳴狗盜之徒了。愈是在社會底層，甚至愈是沒有經過教育和文化薰陶的人，在這個位置上面愈是如魚得水，因為他們沒有這麼多道理和顧忌，皇帝讓他怎麼做就怎麼做，一旦如此，這些酷吏的行事風格又與之前不同。這個時候產生了酷吏的新階段，以及一些新的角色。

講到義縱的時候，《史記》行文有一段交錯，開頭提過的一位酷吏寧成，到了義縱這段故事再度出現。漢武帝一度想讓寧成去守郡，御史大夫公孫弘與寧成曾有私交，有不一樣的評斷，他說：「我當時在山東當小吏，寧成是濟南都尉，以他的風格去守郡，簡直像讓狼去管一群羊，要把它們都捕殺吃光了。」公孫弘的判斷是：「成不可使治民。」他可以治獄，可以管刑罰，管罪人，但如果去管一般老百姓，老百姓肯定會被他折磨死。皇帝聽了公孫弘的諫言，就讓寧成再度擔任官都尉。

關東各個地方，所有進出關的人之間，都流傳著一句話：「寧見乳虎，無值寧成之怒。」人如果要倒霉，遇到小老虎（說不定還會遇到大老虎）也許還逃得了，但是千萬不要惹寧成發脾氣，由此可知寧成的殘暴性格。在寧成的任命上，武帝有公孫弘規勸，但到了同樣以治獄起家的義縱，武帝又認為他很有能力，派他去當南陽太守。

義縱在南陽是新官上任，而寧成原本就是當地人，這個時候回到南陽，兩代酷吏見了面。寧成看見義縱，「側行送迎」，相當有禮貌。但寧成也見過很多達官顯貴，所以在這個必要的禮儀之外沒有任何更恭敬的表示。這樣一來，卻得罪了義縱。義縱到了南陽，第一件事情就是辦寧成，「盡破碎其家」，原來不是寧成的罪他也治，以至於寧成最後必須棄官逃亡。連上一代的酷吏都被這個新一代的酷吏用這種方式處理，南陽的吏民真是嚇到了，於是每個人都戰戰兢兢，像是踮著腳尖，腳都不敢放下來。

義縱是盜匪出身，所以他到了南陽也利用盜匪協助治民。不過這個時候不光是「治民」了，更像公孫弘所說的「其治如狼牧羊」。沒過多久，一支軍隊經過定襄，造成了一定程度的混亂，這時候皇帝想到了義縱，把他從南陽調去定襄當太守。義縱一到定襄，先去視察監獄。當時獄裡關了兩百多人，另有一份探視這些人的名單，也有兩百多人，他們「私入相視」。一邊是犯了重罪的人，一邊是要為死罪解脫的人，義縱把這兩份名單拼在一起，一天當中暴殺四百多人。這件事情讓郡中所有人都不寒而慄。

像義縱這樣新一代的勢力一旦崛起，就會做前代酷吏都沒做過也做不了的事情，跟他們相比，趙禹、張湯都顯得溫和了。司馬遷對義縱有一個非常形象的形容詞——「縱以鷹擊毛摯為治」。老鷹飛在空中，眼睛一直往下面看，尋找獵物。可是不知道大家有沒有注意到，不管是在停止的時候還是在飛行當中，老鷹捕殺獵物的時候有一個非常細微的動作，那就是必須張開翅膀，這就叫作「鷹擊毛摯」。司馬遷形容義縱就像老鷹一樣，以威脅恐嚇為主，為他所治之民，每一個都戰戰兢兢，不寒而慄，就盯著看什麼時候這個老鷹翅膀一張開，就會有人倒霉。

這種新的酷吏風格建立之後，接下來武帝朝發生了一件重要的大事——鑄五銖錢。鑄五銖錢是要統一貨幣，在這個過程中有很多人盜鑄，這種現象在京師格外普遍和嚴重。怎麼辦呢？武帝就把義縱調來京師當右內史。至此，這種風格從南陽到定襄，再傳回京師之後，其影響力更大了，司馬遷直接將之評價為：「吏之治以斬殺縛束為務。」每個為官之人的職責這時候全變了，最重要的就是抓、殺、關、捕，把整個社會的人都當作盜匪來處理，認定政治管理就是懲罰和打擊。長此以往，當然不會有好結果。

接下來，漢武帝去鼎湖受了風寒，大病一場。病了很久，好不容易能夠出門了，武帝決定要到甘泉去。可是他發現，就連從京師到甘泉的必經之路都不平靜，非常生氣。氣誰呢？當然是義縱。他說：「縱以我為不復行此道乎？」接下來武帝就以楊可案為藉口，把義縱給抓來殺了。

這是義縱的始末，起來得很快，滅亡得也很快。快到什麼程度？他是新一代的酷吏，可是死得比老一代酷吏張湯、趙禹都要早，早於張湯一年就被武帝殺了。可關鍵在於，新一代的酷吏風格不會止於義縱一人，義縱之後還有王溫舒。

王溫舒是陽陵人，他屬於義縱集團，因為兩人出身背景完全一樣。王溫舒「少時椎埋為奸」，比義縱還要更嚴重，義縱是當強盜，王溫舒是殺過人的，不僅殺人，而且把人埋掉之後就逃逸了。接下來他找到了一條出

路，在縣裡當亭長，起初他表現得非常差，後來治獄才慢慢有了些成就。他的崛起主要是因為跟著張湯。到後來，王溫舒在當御史的時候，朝廷給他最重要的責任是監督盜賊，而他處理盜賊的方法也很簡單，幾乎都是殺掉。王溫舒用這種方法又累積了一定的成就，接下來便成了廣平都尉。

王溫舒一到廣平就先找到郡中不守規矩的人——新一代酷吏的做法都是這樣——愈是不守規矩的他愈要用，做他的爪牙。為什麼特別找這些人呢？因為這些人會有把柄在他手裡。他治理廣平的方法就是找一些有案底的人，然後「使督盜賊，快其意所欲得」，換句話就是說，「你們把盜賊處理好，用什麼方式我不管，你們自己去想辦法」。對王溫舒來說，如果一個人非常凶殘、勇敢，就算過去犯過很多亂七八糟的案子，他都不在意，甚至認為反而有好處，意味著這個人被用了之後不得不效忠於他。用這種方法，不只是廣平的治安改善了，就連附近的盜賊都不敢靠近廣平。王溫舒就是出於這個原因被漢武帝注意到了，升遷為河內太守。

當時在廣平的時候，王溫舒就已經有情報瞭解河內的豪奸之家。他到那裡之前，先做了一些準備，叫郡裡購買、搜集五十匹私馬，先做好自己的驛站系統，以河內為起點，以長安為終點。然後他用同樣的方法，找到這些有案底的人，去搜查郡中本來就名氣在外的豪強們，然後彼此牽連，一個案子牽一個，直到「郡中豪猾相連坐千餘家，上書請，大者至族，小者乃死，家盡沒入償臧」。他調查完之後就立刻報到長安。五十匹馬已經準備好，事情一發動，本來大家預期要花很久才能走完的官僚程序，他兩三天之內就完成了。如果不是用這麼快的方式奏報，當地的豪強原本還有機會和時間逃跑，這下子都逃不掉了。結果不出所料，京師的回報很快回來，王溫舒依法殺人，「至流血十餘里」。

王溫舒的這個舉措造成了強大的心理威懾效果，大家都很恐懼。王溫舒九月才到，十二月，整個河內郡已經悄然無聲，沒有人敢在夜裡走路，也聽不到狗叫聲，就更不用說夜裡有小偷了。

這個時候，司馬遷又以一件小事展示了這個酷吏的性格。

過完十二月，接下來是正月開春。對於這個時令的變化，王溫舒的反應是無奈頓足歎：「嗟乎，令冬月益展一月，足吾事矣！」那個時候，漢代講究「應季」，什麼時間、什麼季節才可以做什麼事情，春天是不能殺人的，所以王溫舒才會非常遺憾，覺得還沒有殺完想殺的人春天就來了，又得讓他們多活大半年。司馬遷在這裡直白地說，「其好殺伐行威不愛人如此」。

《史記》是謗書嗎？

通過《酷吏列傳》，司馬遷要問的是，到底應該找什麼樣的人做官？依照司馬遷的理解，應該是愛人愛民的人才應該去做官，可以被留在他的史書上。但王溫舒「好殺伐行威」，這種風格與愛人愛民是徹底相反的。但是接下來這句話也很關鍵，司馬遷寫過好幾次了，「天子聞之，以為能」。這就是酷吏的根源。一個那麼不愛人、好殺伐行威的人，在漢武帝的眼中卻是有能力的，並一再重用。

王溫舒的故事結束後，接下來又是他這一代的其他酷吏。一代一代，愈是後面寫到的，他們的品性跟風格就愈嚴酷、不堪。

回到司馬遷本身。司馬遷親身遭受了酷吏之害，被下獄之後受了宮刑。然而司馬遷並非一般人，他忍辱負重地面對這種悲劇的命運。作為一個史家，他如此看重自己應該盡到的責任，即便是親身經歷了酷吏的可怕，他仍抱有理性的頭腦，清楚地意識到酷吏的扭曲只不過是表面現象，在這現象後面，有好幾樣事情非得追究不可：第一，是酷吏所代表的這個朝代的政治風格，表面上是儒家，但骨子裡還是酷吏，是法家；第二，武帝及其建立的政治風格和政治形態。這兩點，是理解、總結《史記》智慧的重中之重。

儘管有人說，司馬遷的這種經歷使得《史記》像是一本「謗書」，司馬遷把自己對武帝的怨毒統統寫進了

《史記》。不過，認真讀過《史記》的人，不可能接受「謗書」這個說法。雖然經歷了那麼多波折，但司馬遷將自己親身經歷、感受和承受的這些痛苦，轉化成了一種永恆的智慧。這種智慧不只是在說武帝是一個什麼樣的人、漢朝的政治是什麼，而是更進一步地揭露權力的不同模式，以及不同的權力模式之下會產生什麼樣的社會，還有在這個社會當中不同的人會用什麼樣的方式活著。

在司馬遷撰寫《史記》的時代所發生的事，以及他藉由史事留給後人的智慧和思考，到如今仍然可以不斷地在現實中得到印證，從而讓後世讀者對於現實有更深刻、更全面的關照和理解。

《史記》，千古之書，永不過時。

張釋之馮唐列傳：執法者的尊嚴

《酷吏列傳》是《史記》卷一百二十二，也是列傳當中的第六十二篇。《酷吏列傳》記錄的第一個人郅都，他的政治生涯是從景帝時期才真正開始的。不過所謂「酷吏」，這種在政治體系當中很特別的人物，主要是在武帝時期出現的。司馬遷將自己對武帝一朝政治風格的評判清楚地寫在了《酷吏列傳》中，描述了一幅江河日下的場景。

剛開始的時候，酷吏還有自己的信念與原則，他們的「酷」來自對一些原則的堅持，不願意退讓。後來酷吏慢慢扭曲與轉型，他們的行為造成的傷害及破壞愈來愈大；相應地，他們在品德上足以讓人推崇、仿效的地方也就愈來愈少了。

有意思的是，如果我們單純看《史記》的目錄就會發現，有一篇的標題好像明顯是對比《酷吏列傳》的，那是《循吏列傳》。《酷吏列傳》以「酷」作為政治行事最重要的特徵，而「循」則是「循禮而為」的「循」，循吏的反面就是酷吏。

有兩件事情讓我們感到司馬遷在這裡有特殊的安排。一是，他並沒有讓《循吏列傳》與《酷吏列傳》並列出現。《酷吏列傳》是列傳的第六十二篇，而《循吏列傳》卻是第五十九篇，中間隔了《汲鄭列傳》和《儒林列傳》。如果循吏與酷吏是明顯的對照，為什麼要用這種方式將他們隔開呢？而如果我們仔細閱讀《循吏列傳》

的內容，就會發現一件更奇怪的事情。

《酷吏列傳》是從郅都開始講起。郅都的時代是文帝、景帝的時代，但《循吏列傳》卻是由孫叔敖開始講起。一開頭就說「孫叔敖者，楚之處士也」，一個春秋時代的人。孫叔敖之後，接下來有子產、公儀休、石奢，至此《循吏列傳》也就結束了。石奢是什麼人呢？「石奢者，楚昭王相也。」說的仍然是楚國，是戰國時代。換句話說，《循吏列傳》一個漢代的人都沒有寫，而《酷吏列傳》寫的統統都是漢代的人，這顯然意味著，酷吏是漢代尤其是武帝時代的特殊產物。

除了用這種方式顯示出酷吏的時代特殊性之外，其實司馬遷在另外一篇列傳中真正寫了在漢代和酷吏形成鮮明對比的人——不是《循吏列傳》——如果我們更細心地去查找，會找到一篇非常重要、非常獨特的《張釋之馮唐列傳》。讀完《酷吏列傳》之後，如果要追問司馬遷認定的好官是怎樣的，答案就在這兩個人的故事之中了。

張釋之的政治智慧

這篇文章一開頭稱，「張廷尉釋之者」，這句話是有深意的。張釋之之所以被寫進《史記》的列傳，是因為他是「廷尉」這個官職的典範。他一生中所做的事情沒有比當廷尉更重要的，漢代的廷尉也沒有任何一個可以超越張釋之。

張釋之，「堵陽人也，字季」。從伯仲叔季這種排行方式上面，可以看出他是老四，或者說是么兒。他和他二哥一起生活。在孝文帝的時候，張釋之捐了穀，成為騎郎。但是這個官做得非常不順遂，「十歲不得調，無所知名」。換句話說，這個騎郎得到的薪資還比不上他捐出去的錢，也沒有辦法養活自己。十年過去了，張

釋之心裡非常愧疚，「欲自免歸」。正當他準備離職的時候，中郎將袁盎覺得很可惜，「乃請徙釋之補謁」。

張釋之當上了候補的謁者，有機會跟皇帝說話了。這個時候，司馬遷筆下顯現出了漢文帝的風格。文帝把身邊的人找來，但是話要先說清楚，「卑之，毋甚高論」。他不要聽什麼大道理，如果有任何建言，要的是「今可施行者」。但是張釋之堅持講秦漢興替，從漢代建立以來所有有思想的人、關心時局的人必定要碰觸的大題目——「秦所以失而漢所以興者久之」。

在這個主題上面，《史記》裡最重要的內容就是賈誼的《過秦論》。前文提到過，《過秦論》的重要性不在於文章寫得好，而在於賈誼充分代表了漢代興起之後的集體情緒——如果不能認真檢討並找到秦迅速滅亡的答案，如何保證漢代可以長長久久？一直到文帝的時代，張釋之仍然屬於這樣一個知識傳統。

這時書中又表現了孝文帝的性格。以皇帝之尊，面對的又是一個剛剛上任還在試用期的小官，文帝不以為忤，反而「稱善，乃拜釋之為謁者」。正是因為張釋之沒有按照要求講現實的事情，反而感動了漢文帝。漢文帝聽進去了，就讓他結束了試用期，變成了正式的謁者，有機會跟隨漢文帝進進出出。

有一次，皇帝到上林苑去打獵，突然之間想起來一件事，就問上林尉：「我們的上林苑到底有多少禽獸，有沒有登記？」左右沒有人知道。只有一個地位很低的虎圈嗇夫，一看上林尉和左右這些人都不知道，他趕快答說，有登記，這個禽獸有多少多少，那個禽獸有多少多少。漢文帝接下來繼續問了些別的，「虎圈嗇夫從旁代尉對上所問禽獸簿甚悉，欲以觀其能口對回應無窮者」。文帝就說，「對，做事情的人就應該這樣，像上林尉就是沒有盡到責任。」因此把當時跟著去的張釋之叫來，「拜嗇夫為上林令」。

皇帝已經做了決定，只不過是要叫身邊的人去傳令、去執行，但是張釋之對自己的身分和是非觀念有更認真的對待，他等在那裡，沒有馬上執行皇帝的命令，但也沒有立刻跟皇帝說自己的看法。等到漢文帝心情和緩下來之後才去講：「陛下，你覺得絳侯周勃怎麼樣？」

周勃是從高祖朝留下來的名將，文帝自然說：「是長者也。」

張釋之繼續問說：「東陽侯張相如呢？」

漢文帝答：「也是一個長輩。」

張釋之接下來說：「絳侯、東陽侯是長者，他們的為人和行事是可以肯定的。可是他們兩個人會講話嗎？他們幾乎是話都說不出來，周勃甚至有口吃。而這個管虎圈的嗇夫，那麼利口捷給，秦朝就是這種風格，要求這些刀筆吏，在文句、言辭上表現鋒利。而且對這種才能的在意和計較簡直到了極端，結果產生了最嚴重的缺點，那就是忽略了原則和品德。更重要的是這些人無惻隱之實，人們犯了法，做了壞事，執法者沒有用一種同情的心去追查背後的實情。正因為有這些刀筆吏環繞在身邊，秦始皇才不聞其過，大家都認為只要在言辭和文書上做好交代就沒事了，真正的事實、真正的狀況，尤其是碰到問題和差錯，就沒有人能夠講。這種風格一直到二世，天下土崩。」

張釋之是在告訴漢文帝，秦之所以滅亡，就是任用了這些會講話、以為文辭就是一切的吏。今天如果單純因為這個人會講話就「超遷之」，那麼，「恐天下隨風靡靡，爭為口辯而其實」。這樣一來，大家都覺得會說話就能夠得到好處，都要把話說得很漂亮。長此以往，恐怕會造成非常嚴重的後果，所以要謹慎地處理。

文帝又聽進去了，「乃止，不拜嗇夫」。

這段故事講出了張釋之如何得到了文帝的賞識。張釋之一直念茲在茲的是絕對不能重蹈秦的覆轍，秦碰到最嚴重的問題就是吏治，如果每個人對法令的概念僅僅停留在文辭方面，而忘掉了法針對的是一個個活生生的人，如果吏眼中只看到條例卻沒有人情，那麼這樣的吏也就是亡國的因素之一。這就是司馬遷認為重要的政治智慧。在漢武帝一朝，最重要、最麻煩的事，首先是經過了這麼多年對於秦朝的檢討，很多事情還是回到秦始皇的那種統治風格；其次，這種統治風格反映在漢武帝一朝，最明顯的就是這些吏一個個都很會說話，只在意

法令的表面，用這種方式去約束活生生的人民，變成了酷吏。

廷尉典範

在寫張釋之的時候，司馬遷同時也在寫漢文帝。張釋之的出身很低，但他質樸的個性跟孝文帝有所呼應，因此成就了一代廷尉的典範。

漢文帝從上林苑回來的那一小段路上，張釋之給了他一些建議，孝文帝受到感動，「就車，召釋之參乘，徐行，問釋之秦之敝。具以質言。至宮，上拜釋之為公車令」。

接下來又發生了一件重要的事。太子和梁王在朝廷中地位最高，最尊貴，二人共乘一車，到司馬門沒有下車，直行而過。按照漢代的規定，不管是誰，進司馬門的時候人要先下來，過了之後再重新上車。這是為了安全防衛，也是為了朝廷的尊嚴。這兩個人因為地位高，就直接進了司馬門，沒有人敢攔他們——當然，這應該不是第一次了。不過，這次他們遇到了張釋之。「釋之追止太子、梁王無得入殿門。遂劾不下公門不敬，奏之。」奏章送上去之後，漢文帝的母親薄太后聽到了，就去質問漢文帝。當時皇家真是質樸，漢文帝免冠謝曰：「教兒子不謹」，薄太后這才願意接受。漢文帝用這種方式替太子認錯，才解決了這個案子，不然太子應該受罰的。為什麼要薄太后出面？因為必須要用薄太后的身分特赦太子，太子才能夠勉強逃過一劫。因為這件事情，漢文帝更覺得張釋之與眾不同，拜為中大夫。

再接下來又發生了一件事情。皇帝到了霸陵，看到新豐道（順著新豐道能夠走到邯鄲），一時非常感慨，就讓同去的慎夫人鼓瑟，自己唱起了歌，「意慘淒悲懷」。文帝這時候年紀愈來愈大，感覺到人壽不終，必須開始思考自己死後的事情了。為什麼到了霸陵看到新豐道，想到邯鄲，他會有這樣的感慨呢？因為這個時候他

在選擇自己去世之後要葬在哪裡。文帝唱完歌跟群臣說，選在這個地方應該是安全的，用最好的棺木，「以北山石為槨」，誰都沒有辦法擾動我的屍體或者靈魂吧！他心中這樣想，也就感慨地說了出來。這個時候群臣會有什麼反應？很正常的反應，「左右皆曰善」。只有一個人反應不一樣，那就是張釋之。

張釋之說：「使其中有可欲者，雖錮南山猶有郤；使其中無可欲者，雖無石槨，又何戚焉！」他的意思是，如果不希望別人來擾動自己死後的平靜，就應該薄葬。對於把「可欲」之物放到皇帝的陵寢裡，張釋之持反對態度。這麼多金銀財寶作為陪葬品放到陵墓裡，反而是有害於墓主的。更重要的是，就像他當初在車上對文帝「具以質言」一樣，他不阿諛皇帝，明明知道皇帝這個時候在想什麼，卻一定要把他認定正確的原則講給皇帝聽。對比《酷吏列傳》，漢武帝提拔的那些酷吏反而都是用討好皇帝的方式，他們採用的手法可能非常拙劣，但是只要能配合皇帝當時的心情，講皇帝想聽的話，漢武帝就會高興，就會重用這個人。文帝剛好相反，他之所以重用張釋之，是因為張釋之總是在明明知道他想要什麼的時候，跟他說這樣是不對的，而且這種狀況愈來愈戲劇性。文帝又給了張釋之更大的位置——廷尉，讓他執掌法律。

過了一陣子，「上行出中渭橋」，恰好有人從橋下走出來，皇帝駕車的馬受到驚嚇，差一點危及皇帝。這可是一件大事，這個人當場被抓住送到廷尉那裡。張釋之出來問他，這個人很誠實地回答：「我是鄉下人，我到這裡來，聽說有交通管制，不能走了，就躲到橋下不敢動。在那裡躲了很久，心想交通管制應該已經過去了，所以才走出來。沒想到一出來，恰好遇到皇帝的馬車經過這座橋，所以我犯了這個錯，擾動了皇帝。」聽完之後，廷尉張釋之做出了評斷，「一人犯蹕，當罰金」，並把這個結果報告給文帝。文帝氣得不得了：「此人親驚吾馬，吾馬賴柔和，令他馬，固不敗傷我乎？而廷尉乃當之罰金！」張釋之也不退讓，他說：「法者，天子所與天下公共也。」

什麼叫「法」？「法」是天子跟所有的人一起共同遵守的，如果因為涉及天子就給這個人更重的懲罰，那

就違背了法的精神。違背了法，最嚴重的結果就是「法不信於民也」。而且，如果這個人因為驚擾天子被當場殺掉，那麼殺了也就殺了，可是如果把這個人送到廷尉這裡來治罪——「廷尉，天下之平也，一傾而天下用法皆為輕重」——廷尉的首要任務就是要維護法律的尊嚴。用法，碰到不一樣的人，法律的輕重都不同，那人民要如何守法呢？人民會如何看待法律呢？德國社會學家魯曼（Niklas Luhmann）有句名言，大意是說，在我們這個共同的社會生活當中，如果沒有了對人的基本信任，會連早上要醒來的勇氣都沒有了。如果社會上沒有最基本的規範，讓人知道法律對什麼事情有什麼樣的管轄，或者如果法律不是跟每個人都有可以信任的固定關係，人民不知道法律會以什麼樣標準運用在自己身上，那麼「安所措其手足」？連手腳都不知該怎麼放了！

張釋之建議文帝好好想一想。文帝真的想了，而且想了很久，當然會有一點不甘心、不情願，但最終還是被說服了。司馬遷《史記》的描述多麼感人，良久，文帝才說：「廷尉當是也。」這裡面可以揣摩文帝的心情：「你說得對，即使我身為皇帝，也必須委屈自己，因為你說的道理比我的權威更高，這才是對待法律的基本態度。」

再下面一件事情是，「有人盜高廟坐前玉環」。抓到此人之後，文帝非常生氣，「下廷尉治」。廷尉問了之後，張釋之按照法律的規定，「盜宗廟服御物者」應該被棄市，也就是要公開處死。皇帝聽到這個判決又很生氣：「人之無道，乃盜先帝廟器，吾屬廷尉者，欲致之族，而君以法奏之，非吾所以共承宗廟意也。」張釋之「免冠頓首」，用最具誠意的方法對皇帝表示道歉。他是為自己的態度道歉，而不是自己的道理。他說：「我管的是法，法很重要的一件事情是有差等。現在有人盜了宗廟裡面的東西，你就殺他全家，那如果下次有人膽子更大，去盜掘陵墓，到時候應該怎麼罰呢？」用我們今天的語言來說，法有比例原則，小罪小罰，大罪大罰，這是最基本的標準。如果沒有那麼嚴重的行為就用最重的方式罰，那等更嚴重的行為出現的時候怎麼罰？中罪的懲罰如果跟大罪是一樣的，法也就失去了輕重。同樣，「久之，文帝與太后言之，乃許廷尉當」。

這是張釋之看待和執掌法律的方式，所以這一章開頭的時候直接講「張廷尉釋之」，因為他真正地把廷尉這個官職應該要把握的原則在自己身上示範得淋漓盡致。對比《酷吏列傳》裡很多當過廷尉的人，司馬遷的言下之意是，那些酷吏沒有一個是真正的廷尉。

皇權與能臣的矛盾

在漢文帝和張釋之的互動中，司馬遷寫出了他對法律的一些深刻看法，同時也表達了在漢代歷史上一個重要的轉捩點，這個轉捩點就在張釋之傳記的最後一段。

因為張釋之抱持的這種原則，「中尉條侯周亞夫與梁相山都侯王恬開見釋之持議平，乃結為親友」。不過，麻煩的事情出現了。文帝死後，當時的太子變成皇帝，也就是景帝。張釋之很害怕，他因為司馬門事件得罪過太子，不知道新皇帝會不會記仇。怎麼辦呢？這時候就有一個「王生」勸他不要躲，一見景帝先表明態度道歉。景帝一看張釋之把舊事拿出來跟他道歉，他也有自己基本的尊嚴，就說沒關係，不會因為這件事怪罪張釋之。

這個王生是善為黃老言的一個隱士或者處士。在漢文帝的時候，黃老變成朝廷當中的主流意識，王生雖然沒有官職，但是聲望和地位很高。有一天，在好多高官面前，他突然說襪帶鬆了，讓張釋之幫自己綁襪子。當時張釋之已經是廷尉了，是朝廷中管法律的最高權威。不過張釋之沒有任何不悅，跪下來幫王生綁襪子。這件事情發生後，當然就會有人覺得很奇怪，問王生說，「奈何廷辱張廷尉，使跪結韈？」王生說這就是黃老之術：「吾老且賤，自度終無益於張廷尉。張廷尉方今天下名臣，吾故聊辱廷尉，使跪結韈，欲以重之。」

在這裡，司馬遷告訴我們，賴由王生的這種黃老之術，張釋之先把身段放低，然後去爭取新皇帝的原諒。不過，景帝不是真的不計較，繼位一年多以後，還是把張釋之的廷尉官職換掉了，派他到淮南王旁邊當相，奪

走了他的實權。

這是另外一個伏筆，司馬遷在暗示漢代朝廷政治風格的轉變，這時的政治風格從文帝以黃老作為指導原則的真正寬容，慢慢回到秦朝那種苛刻嚴厲的政治風格。這種政治風格在景帝時已經出現了，到了武帝的時候愈來愈嚴重，由此我們也就明白，為什麼《酷吏列傳》一開頭寫的是郅都。郅都是跨越文帝和景帝中間的人，但文帝時期能夠崛起並被重用的是張釋之這樣的人。張釋之原來做騎郎十年都沒有任何機會，可是一旦有機會親近孝文帝，他這種耿直、對待法律的態度就得到了理解和賞識。相較而言，郅都那種嚴苛的政治風格不可能在文帝的朝廷上有什麼前途。等到景帝上台之後，政治風格為之一變，就適用於郅都這種人。以郅都開端，漢代整個政治走向就從寬容體貼、維持法律的最基本公平尊嚴，轉向酷吏用各種方式討好皇帝、整肅官吏乃至於欺壓老百姓。

關於張釋之，司馬遷最後一句話說的是他的兒子張摯。張摯字長公，一度因為父親的關係升為大夫，但是他接下來離開了，「以不能取容當世，故終身不仕」。司馬遷用張摯的遭遇告訴我們，張釋之死後，漢代政治的風格換了另外一種方向、另外一種個性。

在張釋之之後，我們同樣能夠從馮唐與文帝之間的關係中看出文帝的個性，以及政治上的一些特色。

「唐以孝著，為中郎署長，事文帝。」他與文帝之間的第一次互動是文帝經過他的辦公室，就問馮唐說，「父老何自為郎？家安在？」這個時候馮唐告訴了文帝自己的身世。他的身世很特別，祖父是戰國時趙國人，到了父親這一輩，他們家從趙遷到代（漢文帝當皇帝之前就是代王）。等到漢朝興起之後，他們又搬到安鄰來。文帝就說：「吾居代時，吾尚食監高祛數為我言趙將李齊之賢，戰於鉅鹿下。今吾每飯，意未嘗不在鉅鹿也。父知之乎？」馮唐就回答說：「哦，我當然知道李齊，但李齊沒那麼厲害，比李齊更厲害的有廉頗、李牧。」這時候漢文帝說：「哦？是嗎？為什麼廉頗與李牧比李齊更厲害呢？」馮唐解釋說：「因為我的祖父在趙的時

候是官將，跟李牧非常親近。我父親擔任過代相，跟李齊也很熟，所以李牧、李齊是與我們家兩代親近的趙國將領，我當然知道。」

聽馮唐這樣講了廉頗、李牧，接下來文帝的反應非常有意思，他摸著馮唐的手臂說：「我恨不得這個時候可以有像廉頗、李牧這樣的人當我的將領，這樣我們就不用怕匈奴了。」這時候馮唐先謝罪，說：「陛下雖得廉頗、李牧，弗能用也。」這句話的的確確對皇帝是很大的冒犯，皇帝聽了氣得站起來就走了。

過了很久，他把馮唐叫來，說：「你為什麼要當眾講這種話羞辱我呢？你難道不知道應該在私底下講嗎？」他即使怪馮唐，也沒有怪馮唐說錯話，責怪的是馮唐說話的場合不對。馮唐當然道歉：「鄙人不知忌諱。」

那是一個非常敏感的時期，匈奴一直在北邊騷擾。漢文帝非常在意這些消息，忍不住把馮唐再叫來，仔細地問：「公何以知吾不能用廉頗、李牧也？」馮唐回答：「臣聞上古王者之遣將也，跪而推轂，曰閫以內者，寡人制之；閫以外者，將軍制之。軍功爵賞皆決於外，歸而奏之。此非虛言也。」李牧當趙將，在邊境駐防，所有的收入跟支出，包括賞賜、爵位，全部由他決定，因此才能夠「北逐單于，破東胡，滅澹林」。而李牧建立大功之後，為什麼後來有所改變？因為趙的國君更替了。新任國君任用郭開，郭開在國君面前講李牧的壞話，於是「卒誅李牧，令顏聚代之」。從此之後，趙國面對匈奴一敗塗地。今天我知道漢有一位重要的將領，叫魏尚。魏尚是雲中守，在那裡得到的收入，他一點都不吝嗇，通通和他的士卒分享，「五日一椎牛，饗賓客軍吏舍人」。也正因為這樣，他當雲中守期間，匈奴都不敢靠近雲中之塞。他推心置腹地對待士兵，這樣去打仗當然能夠打勝。可是魏尚在朝廷得到的待遇是什麼？他雖然有很多戰功，但是沒有得到賞賜。相反，他在面對這些吏的時候，一言不相應，文吏以法繩之。其賞不行而吏奉法必用。所以，馮唐這個時候對漢文帝直言：「陛下法太明，賞太輕，罰太重。」因為這樣，就算這些將領跟李牧、廉頗有同樣的才能，在這種政治結構底下也無從發揮。

馮唐說的這件事情，文帝沒有辦法解決。可是馮唐確實指出了一種非常重要的政治安排：面對非常局面，皇帝一定要有魄力，對這些將領非常信任。文帝不是這種人，應該說從漢高祖以下，漢代的基本政治手法和政治策略都不是這樣的，不是因為這些將領沒有才能，而是其才能被政治制度制約了。馮唐的話對文帝刺激很大，但他沒有怪罪馮唐的直言，而是立刻叫人把原來魏尚被文吏所指責的種種罪名拿掉，讓魏尚重新擔任雲中守。不過，因為這樣，漢文帝也打消了跟匈奴對戰的念頭。

把馮唐與張釋之用這種方式寫在一起，司馬遷一方面想表達自己對文帝與武帝的評斷，也告訴我們，在一個理想的政治情境下，法的空間應該如何安排，這就是一種智慧。

汲鄭列傳：逆勢而行的長者

司馬遷將他對武帝一朝政治的基本看法寫在《酷吏列傳》中，與《循吏列傳》對應；在探討一個「吏」究竟應該用什麼方法對待法律這個問題上，他又用《張釋之馮唐列傳》與《酷吏列傳》做了一組對照，表現官吏面對法律的兩種態度。對司馬遷來說，他既恐懼又遺憾地看到，在漢武帝這一朝的酷吏手中，秦對待文字和對待法律的態度又重新復活了。而在《張釋之馮唐列傳》之中，司馬遷建立了法律的另外一種樣貌——它是所有人的基本行為和規範的標準，所以必須由一個正直的人擔任廷尉，讓法律擁有一以貫之的解釋和尊嚴。

在第一百一十九卷的《循吏列傳》之後，司馬遷接著寫了《汲鄭列傳》和《儒林列傳》，把《汲鄭列傳》《儒林列傳》夾在循吏與酷吏中間，司馬遷是要以這種方式對酷吏的政治作風進行反思與檢討。

《汲鄭列傳》中，主角是汲黯，鄭當時是配角。一開頭，司馬遷以簡約的筆法快速切入重點——「汲黯字長孺，濮陽人」。他的先人是戰國時候的衛國貴族，到汲黯這一代往上溯七世，都是貴族。換句話說，汲黯出身於一個顯赫的大家族。最早，汲黯在景帝時期當官，雖然年紀不大，卻因為煊赫的家世當上了太子洗馬。然後司馬遷用四個字點出了汲黯的性格特點：「以莊見憚」。他在擔任太子洗馬的時候，就已經有了莊重自持的風格，當時的太子、後來的漢武帝，從小看到汲黯也很忌憚。景帝去世之後，太子即位，汲黯成為皇帝身邊的一個謁者。

司馬遷寫了汲黯兩件有趣的事情。第一件事情是「東越相攻，上使黯往視之。不至，至吳而還，不足以辱天子之使」。皇帝派他去視察東越動亂，他沒去，理由是：東越那裡的人本來就個性暴躁，政治不穩定，那是他們內部已有的風俗和習慣，不需要將精神和時間耗費在這麼遙遠的事情上。為什麼汲黯可以這樣做？因為他是以近乎帝師的身分與漢武帝開始有了關係——他很明白，漢武帝不敢拿他怎麼樣。

第二次，河南大火，接連燒毀了千餘家。這是當時的重大事件，所以皇帝又派汲黯去處理。汲黯回來說：「家人失火，屋比延燒，不足憂也。」為什麼呢？因為這不過是一次意外。與上次去東越一樣，他自作主張更換了使命。他說：「臣過河南，河南貧人傷水旱萬餘家，或父子相食，臣謹以便宜，持節發河南倉粟以振貧民。」做完這件事情之後，汲黯回來請歸節，把使者的身分和權力還給皇帝，同時前來認罪，因為皇帝沒有派他去發河南倉粟，他這樣做無異於假傳聖旨。當然，皇帝並不會怪罪他，「賢而釋之」。

這兩件事清楚地顯現出了汲黯的個性和地位。汲黯出生於一個貴族世家，再加上在太子（後來的皇帝）面前的這種威嚴，所以能夠講別人不敢講的話，做別人不敢做的事情。他敢回來對皇帝說，不應該派使者去視察東越。他到河南之後，發現更根本的問題是水旱災害，於是替皇帝做了正確的決定，即刻發倉，賑濟災民。

顯而易見，皇帝並不喜歡這樣的人在自己身邊。接下來，汲黯被任命為「滎陽令」。汲黯不想離開，他認為自己最重要的職責就是守在皇帝身邊，所以「恥為令，病歸田里」。皇帝也明白了他的意思，又把他召回來，拜為中大夫。回到朝廷裡面，他馬上「以數切諫」。沒有多久，皇帝又受不了了，將他派出去當東海太守。如此來來回回，用這種方式，司馬遷細膩而鮮活地描述了汲黯與漢武帝之間的關係。

下面一段司馬遷則寫了汲黯個性的來歷：「黯學黃老之言，治官理民，好清靜，擇丞史而任之。其治，責大指而已，不苛小。」汲黯繼承了文帝、景帝遺留下來的黃老政治風格，在他的心目中，一個好的管理政治的人是抓大放小，充分地授權，讓每個人可以在自己的職位上盡到應盡的責任，就像之前在高祖身邊看到的蕭何、

曹參一樣。

汲黯有一個嚴重的先天問題：經常生病。生病的時候就沒有辦法出門，只能夠將自己關在家裡，當然不可能去用細緻的方式去管理政治。他被派到東海去當太守，一到那裡就開始生病，幾乎不出門，可是這樣一個太守卻讓「東海大治」，在當時被傳為美談。

上聞，召以為主爵都尉，列於九卿。治務在無為而已，弘大體，不拘文法。

這種 macromanagement（宏觀管理）意思是，你知道什麼對人民是好的，堅持自己的原則，但又不去干預每一層的事務人員，這種方法在任何一個時代都應該是有功效的。就像「蕭歸曹隨」的故事，在曹參當政時期，是這個朝代最好的一段時間，汲黯在東海做了一年多太守，不過就是延續了這個傳統，讓東海成就了自主的秩序。

可是在漢武帝這一朝，累積了這麼多的資源，讓漢武帝可以從「無為」到「有為」。武帝「有為」的方法就是「文」與「法」（「文」指儒家及其人才、知識和信念）。與此同時，千萬不要被後世所說的「罷黜百家，獨尊儒術」蒙蔽了，在漢武帝「獨尊儒術」的時候，他的內在基底是強調「法」的，所以「法」跟「文」這兩種風格在武帝一朝得以並行不悖。汲黯被司馬遷寫進《史記》，恰恰是因為他「逆勢而行」。在那樣的一個時代，所有人要麼因為「文」而被皇帝重用（董仲舒之流），要麼因為「法」受皇帝賞識（張湯之流）。在這種情況之下，汲黯就顯得非常特別。他「為人性倨，少禮，面折，不能容人之過」。因為有他，漢武帝這一朝的優點和缺點就更加鮮明地顯現出來。

在漢武帝的時候，太后的弟弟武安侯田蚡是一個擁有很大權力的人，在武帝初年曾擔任丞相。別的大臣要

來拜見田蚡，甚至「中二千石來拜謁，蚡不為禮」，但汲黯從來不拜田蚡，頂多打個揖而已。

適逢天子要大舉招攬儒家人才時，漢武帝講了很多雄才大略的計畫，講著講著，就被汲黯捕捉到了內在矛盾。儒者的理想是「唐虞之治」，它的反面是個人的私欲。儒者應當用對待自己的方式，甚至比對待自己更好的方式來對待其他人，這才叫「仁」；而「義」則是壓抑自己的私欲和利益，只問什麼是正當的、應該做的。於是，汲黯直接就指責皇帝：「陛下內多欲而外施仁義，奈何欲效唐虞之治乎！」年輕的漢武帝第一反應是沉默，進而生氣，然後再也壓抑不住自己的怒火，掉頭就走，乾脆罷朝。這種地方就是司馬遷的筆法最為精采的表現，他必然是對「人」有了非常深刻的體會和認識，才能用「上默然，怒，變色而罷朝」這麼簡潔的九個字，表現了漢武帝的一連串反應。

皇帝罷朝了，「公卿皆為黯懼」。隨後，皇帝在內宮對侍從說：「汲黯之戇也！」這個「戇」指不懂在適當的時候做適當的事、講適當的話。即使氣到這種地步，武帝對汲黯的指責也只是說這個人「戇」，意味著他仍然是忌憚汲黯的。因為有正直的信念，不論遇到誰責備，汲黯都理直氣壯：「天子置公卿輔弼之臣，寧令從諛承意，陷主於不義乎？且已在其位，縱愛身，奈辱朝廷何！」他認為如果一個官員不能誠實地講出自己的見解，就是失職，就辱沒了這個朝廷。

有一次汲黯病了，莊助幫他向皇帝報告了病情。莊助是汲黯非常親近的人，漢武帝忍不住問莊助：「汲黯何如人哉？」莊助的回答非常重要：「使黯任職居官，無以踰人。然至其輔少主，守城深堅，招之不來，麾之不去，雖自謂賁育亦不能奪之矣。」「其輔少主」其實是莊助客氣的說法，因為他不敢直接說汲黯最大的長處就是輔佐皇帝。汲黯堅守自己的立場和原則，即使是最強健、最有力氣的勇士，都沒有辦法讓他屈服。皇帝點點頭，說：「然。古有社稷之臣，至如黯，近之矣。」

如果我們按照《史記》的順序往後看，在《汲鄭列傳》後面不遠就是《酷吏列傳》，《酷吏列傳》顯示武

帝喜歡別人在他面前講好話，揣測他的好惡。然而就算私心這麼強的武帝，當一個誠實正直的人出現在他眼前時，也不得不承認這就是「社稷之臣」，有這樣的大臣才能夠真正保護社會和國家。

司馬遷接下來做了一個比較。大將軍衛青的姐姐是衛夫人，他隨時都混在皇帝身邊，皇帝也常常在床邊接見他，從來不在意什麼形象——從這個角度就可以知道，衛青的權力是來自皇帝的私寵。接見丞相公孫弘的時候，「上或時不冠」，但終其一生，漢武帝只有面對汲黯的時候，「不冠不見也」。有一天汲黯要來跟皇帝報告，漢武帝還沒有戴好帽子，看到汲黯來了，掉頭就走，躲在帳子裡面，「使人可其奏」。為什麼？因為他理虧，不敢在不符合禮數的情形下召見汲黯。

隨後司馬遷筆鋒一轉，寫了汲黯與張湯的一連串交鋒。張湯受皇帝支持去改訂律令，擔任了管律令的最高職位廷尉。在這個過程當中，汲黯「數質責湯於上前」，他罵張湯的語言被《史記》記錄了下來，他說：

> 公為正卿，上不能褒先帝之功業，下不能抑天下之邪心，安國富民，使囹圄空虛，二者無一焉。非苦就行，放析就功，何乃取斑皇帝約束紛更之為？公以此無種矣。

汲黯的意思是說，做這種事情，你敗德，生不出兒子。司馬遷想以此樹立一個能夠指斥出張湯為非作歹的正面典型。

那個時候，汲黯經常跟張湯辯論。張湯是一個善辯者，「文深小苛」，「苛察」是他的本事。汲黯看的都是比較宏觀的大原則，而且脾氣不太好，通常會用帶有情緒的方式來發洩。所以事實上，汲黯在辯談的過程中總是輸，他說不過張湯就只能罵人：「天下謂刀筆吏不可以為公卿，果然。必湯也。」「刀筆吏」是說在文句技術上處理法令、法律，而並非處理本質性、原則性工作的人，統治者一般不會把這種人放到很高的位置上。

那麼，哪一位「刀筆吏」變成了「公卿」呢？就是張湯。「刀筆吏」處在這麼高的位置上，會產生什麼樣的結果？「天下重足而立，側目而視矣！」天下人會害怕得雙足併攏站立而不敢邁步，眼睛也不敢正視了！

漢武帝朝另外一件大事就是討伐匈奴，「招懷四夷」。雖然皇帝不那麼喜歡汲黯，也沒有給他太多機會，但是只要有機會，汲黯就會盡力勸皇帝「無起兵」，應該與匈奴和親。

司馬遷在文章中用漢武帝的感嘆來定位汲黯。為什麼是漢武帝的感慨？因為漢武帝不喜歡汲黯，用他的話來定位汲黯，就是在說明即使是權高如帝王也不得不感嘆地承認，這種人格是「社稷之臣」的典範。一個人如果在自己的職位上履行職責，將公共利益和原則放在心中，不管當時流行的勢力偏向哪裡，都不為所動，這樣的人才能夠真正成為國家和社會成長的主要推動力。

漢武帝一朝最明顯的流行趨勢分兩種：儒和法。

偏儒的一派往往會用漂亮的政治語言來提高並裝點漢武帝的政權。彼時漢武帝一心嚮往儒術，所以「尊公孫弘。及事益多，吏民巧弄，上分別文法，湯等數奏決讞以幸」。對文、法這兩面，汲黯都很不以為然，而且他「常毀儒，面觸弘等」。汲黯認為他們最大的問題就是「飾智以阿人主取容」。當皇帝想要以某種方式來裝點自己的權力的時候，「儒」給了他好多說法。

另外一邊是用苛法、嚴律來治理這個國家。當皇帝的風格變得嚴苛的時候，「刀筆吏」就出現了，在治理的過程中榨取社會上的種種利益，抬高皇帝的地位和權威。面對這些人，汲黯也沒有拿好臉色對待他們。汲黯特立獨行，不偏文也不偏法，遇到這些權貴，哪怕是當時聲譽空前的大將軍衛青，也只是「與亢禮」。

衛青作為漢武帝一朝的大臣，得到了空前的稱號——「大將軍」。第一是因為姐姐衛子夫是漢武帝最寵幸的夫人；第二，衛青自己爭氣，他帶兵出征，充分運用了皇帝給予的種種資源，面對匈奴打了很多勝仗，有軍功。但就算如此，汲黯從來不覺得自己看到衛青應該有卑屈的表現。有人替汲黯擔心，有人覺得他太狂傲，也

有人試圖說服他：「自天子欲群臣下大將軍，大將軍尊重益貴，君不可以不拜。」汲黯的回答非常直接明確：「如果大將軍身邊圍繞著的全都是對他卑躬屈膝的人，那這個大將軍有什麼尊貴的？大將軍有一個被他尊重的人敢於跟他抗禮，地位反而會更高。」衛青聽到這個話，「愈賢黯」，更加認為汲黯賢良，經常去問他「國家朝廷所疑」。在周圍的所有人之中，衛青最尊重汲黯，因為汲黯沒有那麼多私人的考慮，他的意見也就最值得參考。

接下來，「淮南王謀反，憚黯」。淮南王劉安當時謀反，想要取皇帝而代之，但是他對汲黯有所忌憚，說：「朝廷裡有些人我可以收服，有些人是我收服不了的。例如說丞相公孫弘，雖然他被皇帝重用，但並非不可以取代。」在要反叛的淮南王劉安的眼裡，公孫弘這些人最大的特色就是權力在哪裡就靠到哪邊，不足為畏。但是有那種硬骨頭，像汲黯，「好直諫，守節死義，難惑以非」，即使殺了他，他都不會退讓。

前有衛青敬重汲黯，後則是想要叛亂的淮南王劉安忌憚汲黯，等於從正反兩方面顯現了汲黯的重要性。然而即使如此，皇帝並沒有珍惜汲黯。「天子既數征匈奴有功，黯之言益不用。」漢武帝討伐匈奴，取得的戰功愈高，自信心也就愈強，愈來愈聽不進逆耳的忠言，這個時候，皇帝身邊用的人也開始產生關鍵性的變化。

當初汲黯跟在漢武帝身邊的時候，公孫弘和張湯都是小吏，後來官職慢慢變動，雙方地位此消彼長，公孫弘、張湯之流的官位不斷上升，汲黯則跟皇帝愈來愈疏遠。後來，張湯、公孫弘的地位已經跟汲黯一樣高了。碰到這種狀況，以汲黯的個性，就更加討厭公孫弘和張湯，對這兩個人越發不假辭色，經常在皇帝面前罵他們。但是罵得愈厲害，公孫弘與張湯在皇帝面前的重要性反而愈高，最後公孫弘官至丞相，還封了侯，張湯也擔任了御史大夫。

有一次，汲黯最憤慨的時候忍不住對漢武帝說：「陛下用群臣如積薪耳，後來者居上。」這是一個非常粗鄙的比喻，漢武帝沒想到汲黯說得這麼直白難聽，一時不知道該怎麼反應。等到汲黯離開了，武帝才說：「人

果不可以無學，觀黯之言也日益甚。」像公孫弘、董仲舒這種有學問的人，至少會裝飾一下自己的意見，這是漢武帝標榜的東西，同時也反映出汲黯從來不管這一套的性格。

接下來，「匈奴渾邪王率眾來降」。這對皇帝來說是一個莫大的功績，他希望大肆操辦，於是「發車二萬乘」，要把匈奴渾邪王及其部下接到長安來。可是要去哪裡找兩萬輛車，還有拉車的馬呢？「縣官無錢，從民貰馬。民或匿馬，馬不具。」看到這種情況，皇帝就很生氣，要殺長安令。至此，汲黯的脾氣又上來了，他直接跟皇帝說：「你殺長安令幹什麼？你殺了他馬就會出來嗎？不對，你要殺我，殺了我馬就會出來。」這擺明是一句賭氣的話，他知道這樣說皇帝會生氣，搞不好還會治罪，但是即使會死，這話也不能不說。「且匈奴畔其主而降漢，漢徐以縣次傳之，何至令天下騷動，罷弊中國而以事夷狄之人乎！」匈奴將領背叛他們的君主來投降漢朝，朝廷可以慢慢地讓沿途各縣準備車馬把他們按順序接運過來，何至於讓全國騷擾不安，使我們疲於奔命地去侍奉那些匈奴的降兵降將呢！漢武帝的反應又是「默然」。

等到渾邪王真的來了之後，皇帝仍然要究責，「賈人與市者（和匈奴做買賣的商人），坐當死者五百餘人。」汲黯找到機會在未央宮的高門殿向皇帝說明自己的看法：「匈奴攻當路塞絕和親，中國興兵誅之，死傷者不可勝計。」現在匈奴來投降，談及應當如何處置這些人的時候，汲黯認為應該「皆以為奴婢，以賜從軍死事者家；所鹵獲，因予之，以謝天下之苦，塞百姓之心」，這才是對的方式。現在渾邪王率領數萬之眾來降，漢朝竟然「虛府庫賞賜，發良民侍養」。漢朝非但沒有得到任何好處，反倒耗掉府庫裡面這麼多的資源。到這一步，汲黯事實上是直接指責漢武帝「以微文殺無知者五百餘人」。「微文」就是酷吏，他們抓住法令上面細微的規定，對這五百人施以極刑，這樣處理就叫作「庇其葉而傷其枝」。匈奴投降漢朝，就像是最微末的葉子，可是現在為了要這些葉子，卻把更根本的枝都給傷了，「臣竊為陛下不取也」。

皇帝當然不贊成，最後說出一句：「吾久不聞汲黯之言，今又復妄發矣。」意思是，汲黯又講這些不中聽

的話了。可以想見，在漢武帝這一朝，以後愈來愈少人能夠跟皇帝直言了。在這裡，也就顯現了汲黯特殊的歷史地位，不只是因為他的個性、勇氣，更重要的是他的來歷。

汲黯當過太子洗馬，漢武帝還是太子的時候，兩人就建立了這個關係。如果其他人用汲黯這種方式跟漢武帝說話，恐怕性命早就不保，因為有這層特殊的關係，汲黯才能不斷地在漢武帝身邊說這些話，留下這些包含最根本的政治原則與智慧的紀錄。司馬遷不忍心讓這樣的紀錄被湮沒，於是寫在《汲鄭列傳》當中，留待後世查閱。

被遺忘的智者

日者列傳：卜筮者的風采

《史記》是一部非常偉大的著作，在閱讀的過程中，值得留意的是司馬遷特別設計的那些「例外」篇章，這種地方往往體現司馬遷的史識，所以更值得認真讀。

在之前提過的列傳之中，基本上是一人一傳，頂多一傳中寫三個人。列傳中的特例是集傳，意味著這些人是以共同從事的行業和他們所代表的社會現象而被記錄在歷史之中，因此，集傳的寫法、讀法也就和個傳非常不同。《遊俠列傳》、《刺客列傳》和《酷吏列傳》都是集傳，另外還有一種集傳，明顯突出了特定時代當中具有特別社會意義的角色。這些人物往往因其行業的特殊性入傳，所以幾篇集傳合在一起會形成別致的社會史。司馬遷所寫的歷史基本以人物為主，但也沒有忽略社會的集體現象。

例如《平準書》從官方經濟政策來看當時的經濟和歷史；因應於《平準書》，《貨殖列傳》就從生意人的角度展現了漢代的經濟活動和歷史；對於中國的醫學傳統，司馬遷寫了《扁鵲倉公列傳》，以扁鵲跟倉公這兩位名醫來彰顯中國傳統醫學的特色；還有《龜策列傳》中的占卜者……司馬遷借此表現出某個行業背後獨特的社會價值。

接下來，跟《龜策列傳》非常接近但又很不一樣，司馬遷寫了一篇《日者列傳》。日者也是卜筮者，為什麼不把《日者列傳》的內容跟《龜策列傳》合在一起呢？原因很簡單，《日者列傳》雖然是以「日者」為名，

可是這篇文章真正的寫法並不是集傳。對比《龜策列傳》和《扁鵲倉公列傳》，《日者列傳》只寫了一個人——司馬季主。然而司馬遷並不以司馬季主來命名這篇文章，甚至沒有講述司馬季主的生平來歷，從頭到尾只寫了司馬季主對宋忠和賈誼講的一席話。

為什麼要把這樣一篇明明不是傳記的文章放在列傳之中？為什麼司馬遷要特別引用司馬季主的一席話？為什麼這一席話最後會以一種類似集傳的方式放在《史記》裡面？

卜筮與皇權

在《日者列傳》的開頭，司馬遷簡單講了一段歷史淵源：「自古受命而王，王者之興，何嘗不以卜筮決於天命哉！」換句話說，日者從事的工作跟最高層的統治權力權威有非常密切的關係。從周朝就有了這種做法，延續到秦漢時期。

在漢代，與日者的關係最密切的事件，是漢文帝在呂后去世的混亂局勢當中通過卜筮而成為皇帝。更重要的，這也說明了為什麼在漢文帝之後，卜筮者與漢代政局有了特別密切的關係。

關於漢文帝繼位的一些前情提要並沒有寫在《日者列傳》裡面，所以需要讀者進行交叉閱讀（cross reference）。據《呂太后本紀》記載，呂后死後，諸呂的勢力被剷除，呂后扶持的王儲當然也就沒有了當天子的資格，這時候誰來當皇帝就變成了一個難題。以陳平、周勃為首的政治集團決定，讓高祖活著的兒子之中年紀最長、其母以謹慎低調聞名的代王來即皇帝位。《呂太后本紀》當中是這樣描述的：「代王方今高帝見子，最長，仁孝寬厚。太后家薄氏謹良。且立長故順，以仁孝聞於天下，便。」不過這是陳平、周勃單方面的決定，接不接任還要看代王的意願。於是，陳平、周勃「乃相與共陰使人召代王」。

當時，代王找了周圍的幕僚和群臣一起商量，其中的郎中令張武說：

漢大臣皆故高帝時大將，習兵，多謀詐，此其屬意非止此也，特畏高帝、呂太后威耳。今已誅諸呂，新喋血京師，此以迎大王為名，實不可信。

陳平、周勃這群人是劉邦那一輩的老臣，他們身經百戰，經過了楚漢相爭、漢朝成立、高祖之死、呂后之亂。他們之所以崛起，有兩個很重要的條件，第一是「習兵」，第二是「多謀詐」。對此，幕僚們普遍認為進入長安不是一件好事，所以他們建議代王「稱疾毋往，以觀其變」。獨有中尉宋昌力排眾議，提了三大理由：第一，天下是劉家的，代王有相當堅固的合法性，在這種情境下進入長安，陳平、周勃等人一定會把天下交出來。

第二，高祖成立漢朝之後，實行郡國並行制，把自己的子弟封在各地，國中到處有劉家子弟的勢力，這叫作「磐石之中宗也」，在這種狀況底下，劉家天下難以撼動。

第三，漢代接在秦朝之後，「除秦苛政，約法令，施德惠」，人們得以安居樂業，即使經過呂后之亂，高祖定下來的天下基本上還是安穩的，以呂太后那麼嚴厲、強悍的個性，「立諸呂為三王，擅權專制」，結果仍然是「太尉以一節入北軍，一呼，士皆左袒，為劉氏叛諸呂，卒以滅之」。

宋昌以這三大理由打動了當時的代王，於是「報太后計之」。不過，跟薄太后商量完了，代王還是猶豫不決。這時候就只剩下最後一個手段了，那就是占卜。「卦兆得大橫」，占文是「大橫庚庚，余為天王，夏啟以光」。這個時候代王明知故問：「寡人固已為王矣，又何王？」他就是要藉卜人之口說出這句話：「所謂天王者，乃天子。」得到這樣一個保障之後，代王仍然非常謹慎，接下來請他的舅舅（薄太后的弟弟）薄昭去見周

勃。

這一段司馬遷寫得非常細膩。

薄昭去見周勃，他認為整件事情是由周勃主導的。但顯然，周勃為了說服薄昭，並讓薄昭背後的代王安心，把重要的人物都找來了，「具為昭言」。於是薄昭回去對代王說：「信矣，毋可疑者。」代王就找了宋昌來，笑著對他說：「果如公言。」接著就立刻準備起來，「命宋昌參乘，張武等六人乘傳詣長安」。

到了高陵，他們又停了下來。代王仍然沒有徹底放心，讓宋昌先進長安，自己在那裡「觀變」。宋昌來到渭橋，看到整個排場，丞相以下的官員也都來迎接，就據實回報了代王。代王到了渭橋，群臣拜謁稱臣。等代王下了車，太尉勃進說：「願請閑言。」這個細節太有趣了。為什麼周勃要與代王私下交流？宋昌在旁邊立刻反對：「所言公，公言之。所言私，王者不受私。」周勃立刻就明白了，宋昌這是要逼他完成確認天子的形式，不能私相授受。於是周勃就正式地行臣子之禮，「跪上天子璽符」。在這樣一番波折之後，代王進入了長安，順利變成後來的漢文帝。

鬧市區的卜者

司馬遷說：「代王之入，任於卜者。」在這個背景之下，《日者列傳》就有了來由。如果沒有當時那個卜者卜出「大橫」的話，代王說不定就不會進入長安，也就沒有後來的漢文帝。顯然，漢文帝對這件事情的記憶非常深刻，所以「太卜之起，由漢興而有」。接下來，司馬遷就說到一個特定的卜者，司馬季主。

司馬季主是楚人，是長安東市非常有名的一位卜者。有一天宋忠和賈誼趁上洗沐日休假，兩人聊起了《易經》，「相從論議，誦易先王聖人之道術，究遍人情，相視而歎」。這兩個人，尤其是賈誼，是漢初政治和知

識史上非常重要的人物，也是司馬遷很欣賞的一個人。之前提過，漢初的重大問題是探討秦為什麼亡，而漢又該如何長期維持自己的統治。在探索秦代如何興、如何亡這個問題上面，最漂亮的文章、最好的答案就是賈誼的《過秦論》。司馬遷把整篇《過秦論》都放在《史記》裡，就是要讓這篇文章及其作者賈誼在歷史上留下來。而在這裡，他把賈誼和宋忠寫出來，則是為了烘托司馬季主的重要性。

閒聊間，賈誼想到了一件事情：「吾聞古之聖人，不居朝廷，必在卜醫之中。」真正很有能力的人如果不去當官，那麼往往不是卜者就是醫生。賈誼繼續說：「今天朝中的三公九卿，所有的士大夫我們都認識，如果還有我們不知道的高級人才的話，他會在哪裡呢？要麼就在卜者之中，要麼就在醫者之中。今天放假，我們就去看看這些算命的人是不是真有什麼特別之處吧！」於是兩個人乘輿而去，一起坐車到了專門設有一個算命區的東市。

因為剛剛下過雨，路上沒有什麼人。司馬季主那個攤上沒客人，只有他自己，旁邊圍了三、四個弟子，他正對著弟子高談闊論，「辯天地之道、日月之運、陰陽吉凶之本」。賈誼和宋忠看到司馬季主，覺得很有意思，就跑去看。這兩個人覺得司馬季主好像有點本事，就去拜謁他，跟他說：「我們可不可以進來拜訪你一下？」司馬季主叫弟子把他們請進來坐定之後，沒理他們，繼續跟弟子講話，「分別天地之終始，日月星辰之紀，差次仁義之際，列吉凶之符」，把這些天人之際的各種呼應關係說得頭頭是道。接下來就不只是高談闊論了，而是「語數千言，莫不順理」。宋忠、賈誼愈聽愈覺得要尊敬這個人，同時愈聽愈疑惑。

後來，他們就直接把這個疑惑給說了出來：「今何居之卑，何行之汙？」司馬季主聽到他們這樣問，捧腹哈哈大笑，還以顏色說：「何言之陋，何辭之野？來，我這樣問，你們到底看重和尊重什麼樣的人，為什麼會把『卑、汙』兩個字安在我頭上呢？」

宋忠和賈誼的解釋是，世人都認為有錢有勢，尤其是有政治權力的是人才。在市場裡擺攤算命，所處非其

地，因此叫作「卑」；另外，卜筮者說話不真實，行為不見效驗，索取錢財不正當，所以叫作「汙」。宋忠和賈誼辯解道，我們不是刻意要冒犯你，而是真的覺得疑惑，你擁有這樣的相貌、姿態，又有這種知識、學問，還能這樣侃侃而談，為什麼會在市場裡作一個算命的呢？提這個大問題，是為了引出司馬季主接下來的一番話。

漢代「富貴萬世甎」墨刻拓本。（圖片授權／國家圖書館）

司馬遷不光是在說明什麼叫卜者，更重要的是，他要用算命的本位去對應做官的人。譬如宋忠、賈誼，這樣的人就有資格看不起算命的人嗎？

賈誼和宋忠認為算命這個行業「言不信，行不驗，取不當」。算命的人話很多，而且有幾種特別的說話技巧。一種是說大話，說得冠冕堂皇，誘引人家把心裡的狀況說出來，用這種方式好像可以猜到別人的命或者處境。必要的時候，經常誇大會遇到的好運來取悅顧客，有時候倒過來，又會誇大以後可能遭遇的災禍，用這種方式讓人害怕、傷心，想要解決這個問題。另外，算命的人還會講一大堆關於鬼神的話，這些都是為了騙人家把錢掏出來，對自己有利益。大家都認為算命的不是什麼好行業，難道不是這樣子嗎？

司馬季主聽完之後倒沒有發脾氣，他先請兩人坐好，然後說：「公見夫被髮童子乎？日月照之則行，不照則止，問之日月疵瑕吉凶，則不能理。由是觀之，能知別賢與不肖者寡矣。」先要強調的是，很少有人能夠區

分賢與不賢。顯然這是司馬遷在寫自己的深刻思考。第一，作為一個研究歷史的人，看過歷史上這麼多的人物、事件，是不是可以多一點點智慧，對什麼是「賢者」、什麼叫「權力」有不一樣的洞見？第二，歷史中往往有眾說紛紜的社會現象，史家是否能夠擺脫一般士大夫的刻板印象，承認人才其實可以出現在各行各業之中？

在這裡，《史記》通過不同時代、不同人的生活軌跡，打開了讀者的視野，認識到其實人可以有很多種活著的方式——這又呼應了《遊俠列傳》、《刺客列傳》——對於這些人，如果用傳統的、固定的、刻板的價值觀去審視他們的生命意義和歷史貢獻，那麼他們身上很難找到這些。為什麼人們需要歷史，就是因為只有通過歷史，才能夠彰顯世間的千百種人，以及千百種生命追求。一旦他們認真地面對自己生命的追求，在對待自我、對待生命的情調上忠於自己，在對待別人的時候忠於他人，那麼這個人就是高貴的，就是值得肯定的，絲毫不牽涉到他究竟有多少錢，有多少權力，或者住在哪裡、從事什麼樣的行業。

在司馬季主的認知當中，有才能的人同時也要有品德，必然有很多原則上的堅持，看到不對的事情就一定要說這是不對的，還要有一種自尊心，就是「直道以正諫，三諫不聽則退」。接下來，這種人站在自己特定的品德標準上去看待別人，他稱讚別人不是為了獲得感謝與回報，討厭一個人也並不在意反過來會被人討厭或者報復。對他來說，真正最重要的是「以便國家利眾為務」。他不隨便當官，如果一個官職無法讓他的能力得到發揮，他就不去做；如果事情不是他能夠做到的，他也不接受俸祿。看到品行不好的人，不管地位多麼高，他都不會對這個人有真正的敬重。得到利益或權力，他不會特別高興；利益或權力被拿走，他也不會遺憾。如果被冤枉了，只要這不是他做的事，不管別人在他身上施加多少侮辱，他都不會覺得羞愧。

司馬季主接著說：「你們尊重的所謂賢者，那些有能力、有品德的人，以我的標準看根本不叫賢者。與我剛剛說的賢者相比較，他們一無是處。在你們周圍，好像當官的比我這個算命的要了不起。可是，這些當官的人最大的問題就是誰都巴結、討好，而真正的賢者是不討好、不巴結的。那些所謂的賢者彼此吹捧，以便從公

眾那裡得到利益。這種利益不是因為他們服務公眾，而是出於私心。用這種方式得到的權力，基本上就會枉主法，獵農民，以官為威，以法為機。」這是司馬遷最痛恨的一種態度：了解法、掌握法是為了繞過它，得到投機的機會。換句話說，愈是瞭解規定的人就愈能找出方法鑽漏洞，從而得到好處。

司馬季主認為，這些人「無異於操白刃劫人者」，其實就是土匪，用各種方法搶劫人民。那些人剛當官的時候，會想盡辦法把自己的外表弄得漂漂亮亮的，「飾虛功執空文」，以此獲得被拔擢的機會。一旦被提拔上去，就絞盡腦汁地去把位子占住，想盡一切辦法把功勞都攬到自己身上，「以無為有，以少為多，以求便勢尊位」。全都充滿了欲望，要吃得好，喝得好，要有漂亮的馬車，要有好的馬，旁邊要有美女和歌伎。

藉由司馬季主的話，司馬遷其實是在批判，如果不用正確的方式來運作公權力，就不是真正的君子，相當於「為盜不操矛弧者也，攻而不用弦刃者也」。這些人欺騙父母卻不落罪名，危害君主卻沒有遭到誅伐。接下來，在所轄境內如果有盜賊，你其實應該予以平定，如果有外來的威脅也要予以抵抗。如果有詐騙、偷盜的行為，你不能夠禁止，或者是對偷挖公家利益造成損耗的人也沒有辦法禁止，就是沒有做到為官者應該做的。更進一步，對於農夫、農時、生產也要留意，盡力讓每一年都能夠豐收——這就包含了一個更高的層次，即對天地抱有敬意。作為一個人，在天人呼應當中，完成人之為人的責任。如果明明有這樣的能力卻不去做，就是不忠。「不忠」不光指不忠於皇帝或者朝廷，更重要的是不忠於自己的職務。如果一個官員不能認真地看待自己的職務，或者才能不夠，那就意味著他根本不應該做到這個位子，是僭用了更有能力的人的位子，也就是「竊位」。

司馬季主用這種方法告訴宋忠和賈誼，他們犯了一種嚴重的錯誤：用職業來區分人的高下，以為當官的人比算命的人地位高，更值得尊重。可是當官的人也有好有壞，而且壞人的比例可能高得多，絕對不能把所有官員一視同仁，認為他們都是賢者。「子獨不見鴟梟之與鳳皇翔乎？蘭芷芎藭棄於廣野，蒿蕭成林，使君子退而

不顯眾，公等是也。」」一些非常美好的人被拋棄了，卻有非常糟糕的人被拔擢到上面，這是官場的現實。司馬季主說，你們憑什麼看不起我們算命的呢？

算命的有算命的自尊，也有作為一個行業的基本規範。

卜者的工作牽扯到人與自然之間的聯繫，所以一定要「法天地，象四時」，對自然規律有所掌握，並且將之運用到認知和理解人世上。而在人世的這一邊，則要「順於仁義」。除此之外，還要學習一套非常複雜的技能，學會「分策定卦」，而且要熟悉背後的一整套儀式，這些東西全部加在一起，才能夠「言天地之利害，事之成敗」。所以不管是對於人世還是自然，如果卜者不能依循這個行業的真正規範，就沒有資格作一個卜者。因為卜者牽涉的知識如此複雜而廣泛，所以先王聖賢定國家大事的時候，就必須運用「龜策」，從這種自然與人世交界的幽微之處下定決心，有所決斷。

「卜」在歷史上的地位有多高呢？從遠的來看，在傳統的說法中，為了治理天下，伏羲先做了八卦，接下來周文王再把八卦衍出三百八十四爻。近一點來說，越王句踐光是模仿文王的八卦，掌握八卦的根本道理，就足以破敵國，霸天下。不只是大事要卜，就連日常生活中產子之類的事情，都要先「占吉凶」。司馬季主一點都不覺得作為卜者有什麼值得自卑的地方。

更進一步來說，一個稱職的卜者，身上必須具備什麼樣的德行呢？首先，圍繞著卜筮有很多禮儀，所以如果服飾或行為稍微不像樣，就無法從事這個行業。接下來，必須要有德。因為這些道理畢竟還是要運用在人世上，所以「言而鬼神或以饗，忠臣以事其上，孝子以養其親，慈父以畜其子，此有德者也」。

接下來，賈誼和宋忠從世俗的角度對卜者發出了質疑：「卜筮也是一樁買賣，收的錢不還是進到自己的口袋嗎？」為了回應這句話，司馬季主說，那麼就來看看卜者對顧客可以提供一些什麼樣的服務。

「病者或以愈，且死或以生」，又或者是「患或以免，事或以成」，再往下一層，在最基本的人倫上「嫁

子娶婦或以養生」，這些都是卜筮者提供的服務。卜筮者這樣做，「豈直數十百錢哉」，反而是「利大而謝少」。老子所說的「上德」，是給予別人最大的德惠，可是不要求得到同等的恭敬或者謝忱——司馬季主用這種方式來解釋老子說的「上德不德，是以有德」。

引用完老子之後，司馬季主接著引用莊子：「君子內無饑寒之患，外無劫奪之憂，居上而敬，居下不為害，君子之道也。」實質上還是在說卜筮這個行業。君子有那麼多的依賴，可是卜筮者其實基本上無所依傍，但如此一來也沒有什麼現實條件可以限制他們。在簡單的表面背後，道理其實非常深沉複雜。「積之無委聚，藏之不用府庫，徙之不用輜車，負裝之不重，止而用之無盡索之時」，真正做事情時，卜者不需要那麼多工具，不受時空條件的限制，就連莊子所說的君子都不可能超越這個行業的美德。更進一步說，在世俗的概念底下，人們或許會指責卜者的話不準，可是，「子何故而云不可卜哉？天不足西北，星辰西北移；地不足東南，以海為池；日中必移，月滿必虧；先王之道，乍存乍亡。公責卜者言必信，不亦惑乎！」為什麼算命的人說話會不準？跟這個行業的本質是有關係的。他們是依賴天地的運行來形成自己的意見。西北不足，所以星辰都在運行的過程中往西北遷移；東南低下，所以河流要流進海裡。天地有一定的規矩，太陽走到最高的地方，必然就要往低處下落，月亮盈滿之後就要開始有其虧，而人創造出來的東西會根據時間的變化而變化。天都不是完滿的，更何況人世？所以從天地之間得到的知識、智慧，反映在人世的預言上，並非每一件事情、每一句話都能夠實現。人們指責卜者「言不信」，其中一個根本的原因，就是卜者所要占知的道理本身就有太多的變數。

司馬季主接下來解釋第二層緣故。他說，像縱橫家這種「談士辯人」，可以用非常多的技巧來說服人主，例如「言必稱先王，語必道上古」：明明是自己定的計謀，偏要說這是先王的智慧；明明是針對現實所擬定的策略，非要說在歷史上是何等情況。這就是說話的策略。通過這種方式，一來刺激人主仔細聽他們的意見，二來也是在替自己鋪設後路，如果他所說的話無法實現，完全可以推到「先王」、「上古」那裡。這就是迎合人

主，所以這些縱橫家有這麼多的話，話語中有這麼多技巧，包括很多誇張的部分。我們不能指責他們這樣說話，否則他們怎麼能夠說服國君呢？但如果人們可以理解縱橫家這種說話方式，那麼為什麼不能理解卜者的言論？卜者面對的甚至都不是國君，他們要做的事情是「導惑教愚」，面對「惑」和「愚」的人，一句話往往無法讓他們聽明白。大家認為算命的人話非常多，喜歡誇誇其談，感覺好像在騙人，其實並不是這樣，這是卜者在工作上不得不面對的情況，不得不解決的問題，「故騏驥不能與罷驢為駟，而鳳皇不與燕雀為群，而賢者亦不與不肖者同列」。

在此，司馬季主不只講了日者這個行業需要哪些能力，更是要告訴宋忠和賈誼，作為仕人，不應該用官本位的態度來睥睨其他行業的人，反而應該謙卑地向其他行業的人學習。如果一個官員願意虛心學習的話，其他行業的人可以幫助他更清楚地瞭解人，瞭解「人之不齊」，他也就能夠更進一步地思考，讓自己的策略和知識更有說服力。

講到這裡，主客之間的位置已經徹底扭轉了。賈誼和宋忠後悔不該用這種高傲的態度對司馬季主提出這些問題，他們自認為瞭解「人」，所以想到要去卜醫中間找那樣的人才，現在他們已經知道，眼前這位司馬季主就是卜者中的人才，而且超過他們的預想。本來要來衡量卜者的賈誼與宋忠，這時反而被司馬季主評價和估量了。

司馬季主最後的一段話是要告訴賈誼跟宋忠，真正的君子應該是怎麼一回事：

> 君子處卑隱以辟眾，自匿以辟倫，微見德順以除群害，以明天性，助上養下，多其功利，不求尊譽。

唯有在人群中隱而不彰，才能有自己的德行，不會沾染烏合之眾的習氣。只有把自己的生命收拾乾淨，才

能夠真正發揮助上養下的功能。如果一個人去追求尊譽，讓別人都知道他的名字，那這個人就不是真正的君子。「公之等喁喁者也，何知長者之道乎！」司馬季主的年紀比賈誼和宋忠要大，更重要的是，卜者這一職業比官吏更古老，含藏著永恆的真理。

記錄「被遺忘的智者」

聽完這番話，宋忠、賈誼兩人就愣在那裡，說不出話來，最後只能拍拍屁股，「攝衣而起，再拜而辭」。到了東市市門，他們還沉浸在一種恍惚的狀態當中，「僅能自上車，伏軾低頭，卒不能出氣」。他們被司馬季主的氣勢給壓服了，也被他的道理震撼住了。一方面，他們顯然懊悔，自己面對這樣一個智者的時候竟然表現得如此魯莽；另一方面，他們也在思考司馬季主究竟是一個什麼樣的人，他剛剛說的這一套道理，究竟應該用什麼方式來吸收、消化。

三天之後，兩人同時到朝廷裡。宋忠在殿門外見到賈誼，就把賈誼拉到旁邊歎著氣說：「道高益安，勢高益危。居赫赫之勢，失身且有日矣。」他們不得不反省，今天所從事的行業（做官），雖然給自己帶來了名聲和地位，可是地位愈高，風險也就愈大，然而追求真理不應該是「道行」愈高人也愈來愈安穩嗎，為什麼我們會變成這種「勢高益危」的情況呢？他們聽了司馬季主的一番話之後，內心開始思考：我們嫌算命的人言而不信，可是算命的人說話不準又怎麼樣呢？不準也沒有人回去找他退錢。而我們服務國君，也要經常做出各種判斷。我們跟國君說錯了話，代價又有多高呢？相較於卜者，我們的處境是多麼艱難啊，這不就是老子所說的「無名者萬物之始也。天地曠曠，物之熙熙，或安或危，莫知居之」嗎？卜者遊移在自然與人世之間，就像老子所說的「無名者」，不彰顯自己，他們站在萬物緣起的「道」上，看到的天地是如此廣闊，看到萬物在各種「道」

之下繁榮生長。他們更清楚什麼是「安」，什麼是「危」，而「我與若，何足預彼哉！彼久而愈安，雖曾氏之義未有以異也」。他們追求的東西和莊子的哲學沒什麼兩樣，也是一路走入並離開人世，再進到一種神人的境界當中。相較於他們，我們一直陷在人世的權力中，而權力之不測，是我們必須要承擔的。

話說到這裡，基本上這一段敘事就結束了。

宋忠的下場是什麼呢？他被皇帝派去出使匈奴，但是沒有完成使命，所以必須抵罪。而賈誼去擔任梁淮王的輔佐，但是偏偏梁淮王從馬上跌下來，死了。於是「誼不食，毒恨而死」。

換句話說，賈誼、宋忠雖然擁有知識，擁有來自知識的智慧，但只要在最根本的一點上犯了錯誤，就沒有辦法回頭。這個根本的錯誤就是「務華絕根」。在植物當中，到底是根重要還是花重要？對人而言，是追求安穩、對一切事物都有明澈的洞察重要，還是追求權力和地位重要？太史公最後的評語是：「古者卜人所以不載者，多不見於篇。及至司馬季主，餘志而著之。」他的感嘆是，這麼多歷史資料之中，有關卜者的少之又少，少到只能夠找到司馬季主一個人。也正因為這樣，所以必須在《史記》中將司馬季主留下來，讓他在歷史上為人所知。藉由這種方式，司馬遷讓卜者這種「務根」的態度留在歷史當中。

在《日者列傳》裡，「吾聞古之聖人，不居朝廷，必在卜醫之中」是非常關鍵的一句話。從這句話引申出去，就說明在另一個重要的群體中也可以找到被遺忘的智者。司馬遷並沒有忽略這個群體，於是寫下了《扁鵲倉公列傳》。

扁鵲倉公列傳：漢醫的智慧

神醫扁鵲

眾所周知，扁鵲、倉公是中國歷史上的名醫。

「扁鵲者，勃海郡鄭人也，姓秦氏，名越人」。扁鵲年少時遇到了「長桑君」，一眼認出他是個奇人，謹慎有禮地對待他。長桑君也意識到，用這種方式看待自己的扁鵲並非一般人，便一直觀察他。過了十幾年，長桑君「乃呼扁鵲私坐」，告訴他：「我有禁方，年老，欲傳與公，公毋泄。」扁鵲敬諾。然後，長桑君從懷裡拿出藥讓扁鵲喝了下去，說：「飲是以上池之水，三十日當知物矣。」作為一個醫者，扁鵲的神祕能力就來自長桑君給他的水。

長桑君把禁方書給了扁鵲之後，就忽然不見了。顯然他不是凡人，而是神仙。三十天之後，扁鵲就有了特殊的眼力，能看穿人的皮肉，一直看到內臟，如此一來，自然就很容易知道患者出了什麼問題。為了不讓別人感到害怕或者大驚小怪，扁鵲假裝自己的醫術來自診脈。扁鵲有的時候在齊行醫，有的時候在趙，在趙的時候，他給自己取了這個特別的名字——扁鵲。

在春秋後期，大夫的權力愈來愈大，國君的勢力愈來愈弱。晉昭公時，趙簡子作為大夫，獨攬國事。有一次，他得了非常嚴重的病，連續五天不省人事，身邊的大夫很害怕，想來想去，覺得必須找一位神醫，就把扁鵲找來了。

扁鵲看過趙簡子之後，趙簡子身邊的人董安於就問他，大夫到底生了什麼病呢？扁鵲說：「不用擔心，這種症狀有過先例，秦穆公也是昏迷過去，七天不省人事。醒來之後告訴旁邊的人，自己到了一個神奇的地方——天帝的宮殿。秦穆公在那裡待了很久，學到很多東西，甚至可以看到未來。天帝跟他說：『晉國且大亂，五世不安。其後將霸，未老而死。霸者之子且令而國男女無別。』這樣一來，才有了『公孫支書而藏之，秦策於是出』。正因為秦穆公預見了未來，才會有秦國後來的歷史變化，包括獻公之亂、文公之霸，而襄公敗秦師於淆而歸縱淫。」扁鵲告訴董安於，趙簡子的病跟秦穆公一樣，所以不用擔心，最多三天他一定會醒過來，然後會說他去了哪裡，看到了什麼。

兩天半之後，趙簡子果然就醒了過來，跟諸大夫說：

我之帝所，甚樂。與百神遊於鈞天，廣樂九奏萬舞，不類三代之樂，其聲動心。有一熊欲援我，帝命我射之，中熊，熊死。又有一羆來，我又射之，中羆，羆死。帝甚喜，賜我二笥，皆有副。

天帝還告訴他，「晉國且世衰，七世而亡」秦國會用軍隊「大敗周人於范魁之西」。趙簡子知道這些未來的資訊之後，叫董安於寫下來，妥善存放。董安於這時候才明白，扁鵲早就知道趙簡子身上發生了什麼事情，於是「以扁鵲言告簡子，簡子賜扁鵲田四萬畝」。可以說，這是在三家分晉之前，扁鵲崛起的一個故事。

接下來，扁鵲到了虢。虢是一個小國，扁鵲到的時候，虢太子剛剛去世，扁鵲到了宮門下，就問太子得的

是什麼病。中庶子說：「太子病血氣不時，交錯而不得泄，暴發於外，則為中害。精神不能止邪氣，邪氣畜積而不得泄，是以陽緩而陰急，故暴蹷而死。」

扁鵲接著問：「是什麼時候死的？」

「雞鳴時。」

「已經收殮了嗎？」

「還沒有。」

扁鵲就跟虢國的一個大夫說：「聽說太子不幸而死，但是我有能力讓他活過來。」人家聽了這話，不免覺得荒唐，雖然之前聽過讓人起死回生的方式，包括割皮解肌，訣脈結筋，但都是過去的傳言。「難道你的醫術能像傳言中那樣嗎？如果不是的話，豈不意味著你可以逆反天道？」

扁鵲於是仰天歎氣：「夫子之為方也，若以管窺天。」這種想法，就像從一根管子裡去看天。若是以為讓一個人復生在醫學上很困難，那只是因為醫術還不夠透徹罷了，而扁鵲能夠探測的是更根本的地方。「不待切脈望色聽聲寫形，言病之所在。聞病之陽，論得其陰；聞病之陰，論得其陽。病應見於大表，不出千里，決者至眾，不可曲止也。」他繼續說道：「如果你覺得我是隨口說說的話，那麼不如讓我去看一看太子。你可以摸摸他的兩股之間，現在應該還有體溫，因為他並沒有真正死去。」中庶子發現，太子身體的狀況果然如扁鵲所說，於是馬上報告了國君。國君聽後深感驚訝，趕緊出來見扁鵲，說：「竊聞高義之日久矣，然未嘗得拜謁於前也。先生過小國，幸而舉之，偏國寡臣幸甚。有先生則活，無先生則棄捐填溝壑，長終而不得反。」國君講到太子之死，痛哭流涕，不可自持。

其實，太子的病有一個專門的名詞，叫作「屍蹷」，具體說來就是「以陽入陰中，動胃繵緣，中經維絡，別下於三焦、膀胱，是以陽脈下遂，陰脈上爭」。真正的問題是陰陽顛倒，所以一時之間氣閉而不通，「陰上

而陽內行，下內鼓而不起，上外絕而不為使，上有絕陽之絡，下有破陰之紐」。從脈象上來看，人確實是死了，不過這時候如果能夠「以陽入陰，以陰入陽」，就可以把他救活。於是，扁鵲叫弟子子陽「厲針砥石，以取外三陽五會」，對太子進行針灸。過了一會兒，太子真的醒過來了。扁鵲又讓太子喝了藥，體內的陰陽進一步調和，二十天以後太子就完全恢復了。從此之後，全天下都知道扁鵲是個能起死回生的名醫。

扁鵲很謙虛，說：「越人非能生死人也，此自當生者，越人能使之起耳。」在虢國太子這個故事裡，扁鵲作為名醫，最大的特點並不是起死回生，而是他不依循當時其他醫生的看法。當時的醫術對病症的看法太粗糙了，連生死之間的判斷都過於簡單。由於扁鵲可以洞識內臟，所以他知道，在生死之間，在一切陰陽調和與變化之間，存在著太多的可能性。

起死回生只是過去傳統認定的一種醫術傳奇。為了印證這樣的傳奇，人們往往會編造一些故事，比如說古代名醫怎樣把人拆開，怎樣用各種稀奇古怪的醫術。扁鵲不是這樣的，他看到了生死之間的過程，所以當病人還沒有達到終點時，醫者就有機會救活他。

司馬遷用這種傳奇方法彰顯了扁鵲的歷史地位，但他並不是要在史書裡教人如何當一名醫者，而是要整理中國醫方中最精微的細節和道理，說明不是隨便什麼人都可以當醫生。要做到扁鵲這樣的地步，醫生對於人，以及人體的內在運作必然有一種洞識的智慧。有了這種智慧，他不只能夠醫人，更可以進一步運用這種智慧的其他部分。所以，開頭的部分寫扁鵲是講醫理本身，但是接下來，這篇列傳精采的地方是要告訴我們，擁有這種醫理智慧的扁鵲，到底把他的道理用在一些什麼方面。扁鵲的很多事例可以離開醫學的固定領域，而對人生有所燭照，有參考的價值。

六不治

在這篇文章中，司馬遷一方面寫出了兩位名醫的奇特行跡，以及他們在醫術上的成就；另一方面呼應《日者列傳》，著重說明在卜和醫這兩個行業之中也大有人才。在醫者的傳記之中，扁鵲與倉公的寫作方式雖然不太一樣，但都是將中國古代醫理的一些重要規範寫在傳記當中，用這種方法，這些漢醫的基本醫療概念與作法就通過《史記》流傳了下來。接下來，司馬遷用另一個故事凸顯出扁鵲診病之神，同時也說明，在那樣一個古老的時代，醫生都秉持著什麼樣的信仰。

「扁鵲過齊，齊桓侯客之。」扁鵲一看到齊桓侯，馬上就說：「君有疾在腠理，不治將深。」「腠理」指的是皮膚之上。齊桓侯很不以為然，一看齊桓侯否認，扁鵲也就離開了。扁鵲離開後，桓侯跟左右的人不屑地說：「醫之好利也，欲以不疾者為功。」由此看來，對於扁鵲這樣的說法，他不但完全不接受，而且抱著一種猜疑諷刺的態度。

五天後，扁鵲又來了，說了同樣的話：「先生你有病，但是這次的病已經在血脈當中。如果不治療的話，還會更加深入。」桓侯的回答也一樣：「寡人無疾。」扁鵲就又回頭走了。桓侯對於扁鵲堅持說他有病，要幫他治病，非常不高興。讓桓侯更不高興的恐怕是扁鵲的態度：「你這是什麼態度？你說我有病我就得承認我有病？我說我沒病你掉頭就走！」桓侯已經愈來愈不耐煩了。

過了五天，扁鵲又來了：「先生，你有病，病已經在腸胃之間。如果現在不治療的話，這個病會更加深入。」前面桓侯已經「不樂」，這次乾脆什麼話都不說。扁鵲仍然掉頭就走，桓侯也就更加不高興。

再過五天，桓侯竟然又見到了扁鵲。這次不一樣了，扁鵲「望見桓侯而退走」。桓侯覺得很奇怪，「使人

問其故」。扁鵲就說：「如果一個人有病，他的病是在皮膚表層，這個時候『湯熨之所及』，可以敷藥；如果到了血脈，就必須要用針石；如果到了腸胃，可以用吃藥的方式，尤其是用酒下藥，讓它從裡面發出來。不過，如果病症再深入，到了骨髓，就不是醫生可以挽回的事情了。就算是司命之神來也沒有辦法。我遠遠一看，就知道桓侯的病已經深入骨髓。現在已經沒我可以做的事了，所以我退著出來。」五天後，桓侯果然發病，這時候他派人去找扁鵲，扁鵲早就逃走了。桓侯最終就這樣病死了。

這個故事其實反映了中醫醫理中非常重要的一件事情：「知微」。良醫真正要做的是看到尚未發作的病症。如果先看徵兆，也就是早疾，並且及時去處置的話，人就不會死。「人之所病，病疾多，而醫之所病，病道少。」在漢醫的醫理上面，人有各式各樣的疾病，但是醫治疾病卻只有幾個最關鍵、最重要的根本原則。不過，這些道理在遵守的時候也不完全是醫生的事情，顯然是由醫患關係決定的，所以接下來《扁鵲倉公列傳》裡面就提到了「病有六不治」，但這六種病並不是真正的病，而是看待病的態度。

「驕恣不論於理，一不治也。」根本不相信醫生的人沒有辦法醫治，齊桓侯就屬於這種。「輕身重財，二不治也。」明明生了病，卻不願意花錢來挽救自己的身體，那也沒有辦法醫治。第三種叫作「衣食不能適」。生了病需要在生活上有所節制，但是如果不願意配合，這種人也不能治。再下來，「陰陽並，藏氣不定」。身體裡面陰陽浮動不定，醫生沒有辦法確切地把脈，找到陰陽失調的根本緣由，也沒有辦法醫治。還有一種不能醫治的，就是當人的身體弱到了一定程度，連服藥都會傷害身體的時候，這種人無法醫治。在漢醫的醫理中，藥都是有好壞兩面的，如果藥物進到身體裡面，造成的破壞讓病人無法承受，那麼這樣的人當然也就無法醫治了。最後一條是，「信巫不信醫」，如果相信光怪陸離的巫術和鬼神，就沒有辦法醫治了。

扁鵲不只以醫藥聞名，更重要的是，他還有很多靈活的手法。扁鵲每到一個地方，就會觀察那個地方特別的風氣，「隨俗為變」。邯鄲的風氣是「貴婦人」，女性生病之後很捨得花錢醫治。到這種環境，扁鵲搖身一

變，成了專治婦人病的名醫。洛陽的風氣是「愛老人」，意味著尊重老人，想盡辦法為老人延命，於是在洛陽，扁鵲又變成了老人病的醫生，專門治「耳目痹」。咸陽秦人的偏好是疼愛小孩，所以扁鵲又化身為兒科醫生。

能夠「隨俗為變」需要幾個基本條件。第一，扁鵲的醫術必須夠全面。老人、婦人、小孩，各自的病有那麼多種，怎麼可能治得完？但是如果醫生能掌握處理疾病的一些根本原理、原則，再多種類的病症都難不倒。另外，不只要做一個醫生，還要做一個社會觀察家，走到任何地方都可以在最短時間內體察當地的風俗，並應用這些特殊的風俗，找到當地人最看重醫者的部分。

正因為這樣，扁鵲聲名鵲起。到什麼樣的程度呢？當時定都咸陽的秦國正在崛起，秦的太醫令李醯聽說扁鵲的名聲後，自知技不如扁鵲，產生了非常強烈的忌妒心，怕扁鵲到了秦之後會造成醫學環境的大變化，對自己不利，於是就訴諸那個時代最常用的手法，「使人刺殺之」。

扁鵲被暗殺了。但是扁鵲的名聲並沒有隨著他的生命而結束，他的醫理也沒有因此斷絕。司馬遷特別說道：「至今天下言脈者，由扁鵲也。」稍後到了全篇結尾處，太史公又針對「忌妒」這個話題，就扁鵲的下場補了一句短短的感慨。忌妒是一種強烈的情緒，而且帶有非常巨大的破壞能力，所以扁鵲才「以其伎見殃」。

漢代疑難雜症指南

倉公早早就知道，醫者的名氣最好不要隨便讓別人知道，所以他「匿跡自隱」。但陰錯陽差地，他的名氣最後還是留了下來，被寫在《史記》當中。

司馬遷寫扁鵲與寫倉公，用的筆法完全不同。寫扁鵲的時候，講的是他以什麼方式受了訓練、教育，然後是在行醫過程中特別值得稱頌的傳奇，同時將他所相信並留下來的醫理夾雜在其中。寫倉公的時候，《史記》

宕開筆墨，先寫了緹縈救父的故事。

倉公個性獨特，還身懷絕頂醫術，所以在鄉里非常低調，低調到近乎孤僻。只要是知道他會醫病的人，都跟他產生過複雜的糾結——許多人知道倉公能醫病，但是倉公不一定願意醫治，因此在鄉里結怨，被人家控告抓到長安去了。幸好他的女兒緹縈給皇帝寫了一封文情並茂的書信，這才被救了出來。

我想，司馬遷在寫的時候，恐怕沒有想讓這個故事變成文章中最重要的一段，然而到了後世，反而是大部分人都知道緹縈的故事，她以孝心、聰明的孝行，以及令人感動的自我犧牲精神，在中國的傳統價值中得到了特殊的定位。不過，也因為這樣，後來人們都知道緹縈，卻忘了緹縈的父親才是這個傳記真正的主角。緹縈的故事只是一個引子，是為了描述倉公的個性。相比名滿天下結果遭殺害的扁鵲，倉公一開始就知道要低調，根本不願意讓自己的醫名傳揚在外。換句話說，依照倉公的個性，司馬遷根本沒有機會認識這個人，更不要說留下他在醫學上的智慧了。就是因為他被誣陷抓到了長安，差點遭受肉刑，女兒救了他之後，反而使皇帝注意到了這個人。

緹縈在上書的時候特別說，如果讓他受肉刑或者被殺，就再也無法改過自新，無法對社會有所貢獻了。那麼，這個人為什麼值得讓別人產生期待，待他改過自新後會對社會有所貢獻？漢文帝調查一番之後發現，原來此人是個名醫。漢文帝就好奇地問淳于意（倉公的本名）：「既然你是個名醫，那麼你的醫術是從哪裡來的？大家都說你是名醫，你到底治過哪些人？都用什麼樣的方式醫治的？留下了什麼樣的紀錄？我聽說過很多關於你的故事，可是有些東西聽上去並不合理，所以請你告訴我。」於是，在《扁鵲倉公列傳》的後半段，司馬遷就記錄了淳于意與皇帝的問答。

從史學的角度看，這段對話應該是司馬遷在宮中檔案裡找出來的。他看到了這批資料，知道它的價值，所以把淳于意回答皇帝的長文全部收錄到列傳之中。

皇帝問題的關鍵，在於淳于意到底是不是一個名醫。我們當然都知道，為了淳于意，後來漢文帝甚至廢除了肉刑。不過，淳于意在獄中真的是「危在旦夕」，可以想見，他為了自救，必然要竭盡過去的所能來回答這個問題，證明自己的能力。另外，他還不能空口說白話，因為皇帝會找人去檢驗。為了讓皇帝的使者相信確有其事，淳于意採用了一定的策略，把他結交過的齊國貴族以及他們所生的病，分門別類，一一地寫了出來。

因為牽涉到生死，所以淳于意必然經過精挑細選，而且必然要講其中的道理，包括漢代初年的醫學中處置一些特定疾病時背後的原理。今天稱之為「漢醫」的這門學問，有自己的獨到之處，也因此吸引了許許多多的人才。這麼多有智慧、有能力的人集中在這裡，才讓這種知識發揚光大。淳于意等於是將這套已經發展了非常久的學問，集大成地寫在他回答皇帝的文章裡。從史學的立場上來看，這又彰顯了司馬遷自己在醫學專業上的造詣。唯有如此，他才能夠在古往今來這麼多醫者留下的醫學材料之中，知道什麼樣的材料最有效，最值得被留下來。

講完個案之後，接下來一大段，是淳于意回答漢文帝另外一些特別的問題。例如，很多病的名稱是一樣的，外表的病徵也相同，可是為什麼會有不一樣的診斷？同樣的症狀，有些病會致死，有些卻可以醫治，這是什麼道理？

淳于意回答說：「單純地看症狀是有限的，不能夠用症狀的類別去看病、診斷、治療，這就是為什麼古代聖人發明了脈法。」這就接到了前面的扁鵲，扁鵲是中國古代脈法上重要的突破者。脈象才是古代中國醫學的度量、規矩、權衡、繩墨，只有在脈象當中，才可以感知到陰陽的差別，與天地相印。從脈象上瞭解陰陽、天地之間各種元素和力量在人身體裡面的運作，是診斷與醫治的根本。脈法是非常複雜的，有一部分要依賴診脈者的主觀經驗。所以，診脈者必須非常有經驗，才能夠更細膩地去區分和感知到同樣症狀的不同起因。

淳于意接下來說：「長期以來，我一直累積並接觸自己診斷過的病症，憑藉這樣的經驗，才能真正診斷出

確定的疾病。在這個過程當中，有些案例表明，表面上相同的症狀，有些可能非常嚴重，有些卻並不那麼嚴重。這就是為什麼表面上看同樣的病，從脈象上看就知道有的是醫不了的重症，有的是可以救活的輕症。」

皇帝又問：「我知道你醫治了很多人，可是有一個人，齊文王，他年輕的時候就得了病，而且病得非常嚴重。既然你是一個名醫，剛剛的紀錄裡面也顯示你幾乎醫遍了齊國的貴族，可是其中為什麼沒有齊文王？」這裡就牽涉到淳于意的基本態度。他說：「趙王、膠西王、濟南王、吳王皆使人來召臣意，臣意不敢往。文王病時，臣意家貧，欲為人治病，誠恐吏以除拘臣意也。」如果被抓走了，那家庭靠誰養活呢？所以一知道這件事情，淳于意就逃跑了。他先把戶籍從齊國移出來，讓人們誤以為他不在齊國。後來想想還不夠，他就乾脆在齊國境內到處遊方，看很多的病人，賺足夠多的錢。皇帝這樣問，是因為心疼齊文王年紀輕輕就死了，他想瞭解，如果齊文王當時找了淳于意，醫得活醫不活呢？

當然，這個問題非常難以明確地答覆。不過淳于意仍然很有誠意地、努力地回答。他說：「我雖然沒有真正醫治齊文王，可是我聽到、看到並瞭解了他生病去世的情況。他最重要的是喘，然後頭痛，接下來影響到眼睛看不清楚。依照我對醫理的認知，這不是病，這是『肥而蓄精，身體不得搖，骨肉不相任，故喘』。太胖了，又缺乏運動，身體就產生了各種複雜的問題，不應該拿來當病來醫治。我們的脈法有一些很清楚的原則：二十歲的時候『脈氣當趨』，人年輕的時候血脈鼓舞，好像是在快跑；三十歲以上『當疾步』；四十歲『應安坐』；到了五十歲，則要『安臥』；六十以上，『氣當大董』。」要判斷一個人是不是健康，首先要看他的年紀。二十歲的時候的脈象是在跑，到了三十歲像是在快走，四十歲是安坐，五十歲是安臥，到了六十歲最好是深長，簡直測不到，這才叫健康。齊文王生病時不到二十歲，依照脈象，這個時候要能夠活躍。一旦把他當作病人來醫治，在病理的處置上就要故意讓脈搏變慢，而這是「不應天道四時」。後來齊文王的病很嚴重，醫生甚至給他針灸，這就更加不行了，因為「所謂氣者」，是要調養飲食，用各種方式來適應他的骨肉。在淳于意看來，

年少的人本來應該鼓舞他的氣，可是用針灸處理的時候就是幫他洩氣，結果反而害死了齊文王。

這是一段非常有趣的對話。真正對話的雙方不是皇帝與淳于意，而是淳于意與齊文王的其他醫生。在這個隔空的對話之中，彰顯了淳于意的水準以及他所代表的這套脈法、他所相信的那些醫學原理。

倉公的智慧

後面一大段，是漢文帝問淳于意的來歷。通過講述關於自己的來歷及醫術的優缺點，淳于意的回答彰顯了另一種歷史面向——當時醫者的養成、來歷，以及自我認同。

回到《扁鵲倉公列傳》開頭講倉公的部分。「太倉公者，齊太倉長，臨菑人也。」也就是說，「太倉公」是一個尊稱，因為他當過「太倉長」，他真正的名字是姓淳于名意。他年輕時就喜歡醫學，到高后八年的時候，同郡有個人叫「公乘陽慶」，在地方上有一定的地位，更重要的是，他的醫術出神入化。陽慶當時已經七十多歲了，一身的功夫和醫學知識沒有人可以傳承，於是就傳給了淳于意，包括「古先道遺傳黃帝、扁鵲之脈書，五色診病」。「五色診病」意味著通過各種表象，能夠直接看到人的五臟——扁鵲在醫學方面最特別的地方就在於能夠撥開皮肉看到人的內臟，所以他的診斷才會那麼精準。

跟隨陽慶學了三年之後，淳于意就有了「知人生死，決嫌疑，定可治」的能力。齊國很多人知道他是陽慶的徒弟，但陽慶的老師又是誰呢？這一直是很神祕的一件事情。皇帝甚至在詔書裡說：「我問了被你看過病的齊國王公貴族，沒有人曉得你的老師到底是從哪裡來的，跟誰學習的。」淳于意就解釋，陽慶家裡很有錢，他雖然有這麼高明的醫術，但是不隨便替人治病，所以地方上有頭有臉的人不見得認識陽慶，更不用說陽慶的老師了。接下來，淳于意說：「我當時跟陽慶學的時候，他給我提了一個條件，不能讓別人知道他的醫方，所以

大家不會知道陽慶，更不會知道他的師承。」他這是在告訴皇帝，醫者有自己專業上的尊嚴。

皇帝又問：「這樣有本事的人，為什麼要教你呢？你是用什麼方式得到這一身本領的呢？」淳于意就很誠實地說：「我開始學醫的時候，根本不認識陽慶。」淳于意猜到皇帝心裡的懷疑——如果陽慶根本不讓別人知道自己，淳于意又怎麼知道他的呢？

淳于意解釋道：「我先是自學。後來因為我太喜歡這門知識，所以我到處學，去看看還有哪些方法可以用。有了一定基礎之後，我聽說齊國有個了不起的醫者，叫作公孫光。公孫光傳的是古方，而不是現在流傳的這種知識。我先去拜公孫光為師，從他那裡得到了各種醫方和醫學的道理。學到一定的程度，我就忍不住問老師還有沒有別的。老師說，並不是他吝嗇，有所隱藏，他會的都已經教我了。他還讓我答應，這一身本領不能隨便教別人。」這也是漢醫的習慣，所有東西都是祕密傳授的，不能公開。

淳于意答應之後，有一天公孫光閒來無事與淳于意討論藥方：

> 見言百世為之精也。師光喜曰：「公必為國工。吾有所善者皆疏，同產處臨災，善為方，吾不若，其方甚奇，非世之所聞也。」

公孫光就告訴淳于意：「其實還有一個人，也許你有機會跟他學。可是這個人，他是連我都看不起的，不願意教我。如果有機會讓他知道你的興趣、能力，以及已經有的基礎，或許他會同意見你。不過我要告訴你，這個人年紀很大了，而且家裡非常有錢，所以你要用別的方式靠近他。」這個人顯然就是陽慶。

雖然從公孫光那裡知道了陽慶的名字，但淳于意並沒有立刻去找陽慶。有一次，陽慶的兒子陽殷到齊國宮廷獻馬，這時候公孫光剛好是獻馬的中間人，如此也就認識了陽殷。兩人交往一段時間之後，公孫光特別跟陽

殷介紹，淳于意對醫術有很高的熱情，而且對醫術高超的前輩極為敬重。這樣，通過陽殷牽線，淳于意才認識了陽慶。淳于意其實是要讓皇帝知道，他光是接近陽慶就已經非常困難了，所以要敬謹地侍奉陽慶，讓陽慶特別偏愛他，從而傳授一身功夫。

皇帝思考得非常縝密，馬上就問淳于意說：「那你應該有弟子吧？你教過別人學你的醫方嗎？他們都學到了什麼？」

淳于意回答：

> 臨菑人宋邑。邑學，臣意教以五診，歲餘。濟北王遣太醫高期、王禹學，臣意教以經脈高下及奇絡結，當論俞所居，及氣當上下出入邪逆順，以宜鑱石，定砭灸處，歲餘。菑川王時遣太倉馬長馮信正方，臣意教以案法逆順，論藥法，定五味及和齊湯法。高永侯家丞杜信，喜脈，來學，臣意教以上下經脈五診，二歲餘。

淳于意在細節上做了非常清楚的分疏，他教每個弟子都是不一樣的東西。雖然他沒有直接說，但是表達了兩件事：第一，唐安跟他學了「五診上下經脈，奇咳，四時應陰陽重」。唐安還沒學成就去當齊王的侍醫了，換句話說，光是在淳于意這裡學到一點點皮毛，在世間行醫就可以處理很多病症了。第二，淳于意答應公孫光和陽慶不會隨便把醫方和醫法外洩，因此這幾個弟子沒有一個人可以取得完整的知識。這其實也是淳于意的小心機，他要告訴皇帝，全天下沒有一個人可以取代他。

皇帝問了最後一個問題：「依照你現在的本事，能夠完全不出錯嗎？」這又是一個很難回答的問題。淳于意再次巧妙地說：「治病的時候，一定先要把脈。把脈是為了精準地確認病因在哪裡。另外，把脈能夠測知這

個病的嚴重程度。所以，如果脈象是順的，就表示這個病可以治，脈象敗逆的話，就無法挽回。」淳于意的意思是，如果你問我是不是每個病人都能夠治好，我要誠實地說，不是。有些病嚴重到脈象已經敗逆，我就不治了。可是如果你問我的是，我的判斷會不會錯，那基本上不會錯。最關鍵的是我要判斷病是可治的還是不可治的，不可治，我就不治了，可是當我要治，就一定能夠治得好。

用這種方法，中國傳統醫學一些非常精要的思想被留在了《扁鵲倉公列傳》當中。仔細分析，這又代表了皇帝跟一位名醫的交手。皇帝怎麼問、淳于意怎麼回答，中間全都是智慧。最後皇帝得到了自己想要的，這個時候可以信賴淳于意，淳于意也說服皇帝，活了下來。

太史公最後引用老子的話：「美好者不祥之器。」人身上有特別能力不見得是好事，這樣的特質勢必會引來許多忌妒甚至仇恨。扁鵲就因為醫術太了不起，結果丟了生命。但是，淳于意不一樣，他懂得隱藏自己的能力，當需要的時候又會拿出來運用在人際智慧當中，保全自我。對比這兩位名醫的遭遇，也可以得到這樣一種對於生命的領會。

貨殖列傳：為商人正名

職業平等

藉由《日者列傳》中宋忠和賈誼的一番對話，司馬遷試圖說明，這個社會裡，人才除了理所當然地在讀書人、貴族和官員外，往往見於「醫」、「卜」這兩個行業。這類群體因為牽涉到特殊才能，所以人才高度集中。這是司馬遷作為一個史家的視角，他認為必須離開傳統的範圍，把醫者和卜者之中真正有本事的人也予以表彰，在歷史上留下他們的痕跡。除了《日者列傳》和《扁鵲倉公列傳》之外，他還寫了另外一篇列傳，認為這個領域同樣充滿了各種人才，絕對不能忽略。這一篇就是《史記》倒數第二篇——《貨殖列傳》，也是除掉《太史公自序》之外，列傳當中的最後一篇。《貨殖列傳》作為《史記》的終卷，顯然有它特殊的地位，體現在司馬遷不太一樣的寫法上。

列傳的第一篇是《伯夷列傳》，《伯夷列傳》一開始就沒有講人物，而是先講了一大段道理。最後一篇《貨殖列傳》，一開始也不講人物，先講道理。不過，這兩篇列傳講道理的方式不太一樣。《貨殖列傳》擺在《史記》的壓軸位置，是因為太史公要表達一個跟當時的傳統、世俗智慧不太一樣的判斷，也就是商人、貨殖不應

該被放在最低的社會層級，被人看不起。商業貿易有其根本的價值和智慧。

《貨殖列傳》開頭先引用老子的話：「至治之極，鄰國相望，雞犬之聲相聞」，但是呢，「民各甘其食，美其服，安其俗，樂其業，至老死，不相往來」。在文帝、景帝到武帝前期的很長一段時間，道家，尤其是老子的道術，是漢代政治的最高指導原則。所以表面來看，可能會認為這句話是司馬遷借用老子的權威，在展示什麼叫作「好的政治」。好的政治就是無為，想盡辦法讓每個人都降低自己的欲望，這樣人民就會非常好治理。不要知道太多，不要貪求太多，小國寡民，這是老子的政治主張。

但有趣的地方是，《貨殖列傳》引用了這一段話之後，立刻接的是「太史公曰」。這才是司馬遷真正的姿態，事實上，他並不同意老子所說的話。

夫神農以前，吾不知已。至若詩書所述虞夏以來，耳目欲極聲色之好，口欲窮芻豢之味，身安逸樂，而心誇矜勢能之榮。

作為太史公，神農以前的材料不夠用，所以我不知道。但是「《詩》、《書》以下」，我們看到的狀況是什麼？我們看到，人各種感官的享受已經充分地發達，深入到了社會風俗，深入到了民心。換句話說，長久以來，人們就是以追求感官欲望不斷得到滿足的方式在過日子，這是歷史的事實。

這個歷史事實，不管用什麼了不起的高論，說再多大道理，也不可能改變。因此，統治者真正的策略是：「善者因之，其次利道之，其次教誨之，其次整齊之，最下者與之爭。」

我把這段話倒過來解釋。太史公說，面對人已經擁有這些欲望與享受的習慣，最糟糕的一種方式是強制他不能擁有這種欲望；稍微高明一點的，是想方設法設立規則，要求人只能在規則中去滿足自身欲望；再稍微高

一點的是用教誨的手段，讓他們放棄或至少節制對於欲望的追求；再高一等的，是讓他們知道，在滿足欲望與享受的過程中應該如何分配自己的能力，應該用什麼方式讓自己不受傷害；最上等的是，用人們原本擁有的欲望與享受的追求，因勢利導，沒有任何阻礙地將這種欲望與享受導向正確的方向。

到這裡，如果追究司馬遷的理論，其實還是「無為」。他要表達的是，面對不喜歡的狀態或者事實，有資格、有權力的人如果真正理解「人」，最應該採取的方法是，讓各種勢力去建立自己的秩序。

所以，司馬遷其實是以老子的道理反對老子的政治圖像。這種批判是非常深刻的，意味著他指出了老子的內在矛盾：你不是告訴我們不要用強硬手段去阻止、主導或者規劃嗎？但你的政治理想卻不可能以「無為」的方式來達成，因為你要強制人民放棄他們的欲望，是用「有為」的方式去抵制、防堵人民的欲望。這樣怎麼可能是對的呢？

由此，司馬遷點出了撰寫《貨殖列傳》的原因。在寫《貨殖列傳》的時候，他要說的是更高一層的政治道理，也就是現代政治經濟學的原理，最根本的一件事情叫作「物之不齊」。「物之不齊」是莊子《齊物論》中表達出來的，每樣東西都有內在的本性，任何人都不能用強迫的手段「齊物」，真正能夠齊的是「物各付物」，每個人、事物、現象都有各自的規律以及原則。

「物之不齊」表現在哪裡？例如說山西、山東、江南、江北都有各自的產物，而這些特產大家很喜歡，這裡面就產生了一個根本的道理——應該有不同的行業參與其中，才能夠讓這個「物之不齊」的狀況得到平衡。在這裡，司馬遷開創了一個在那個時代難得的「職業的平等功能論」。「待農而食之，虞而出之，工而成之，商而通之」，這四種職業並立：農夫去種田，才能夠得到土地上生長出來的作物，人們得以維持基本的生命；畜牧業者飼養動物，人才能夠吃肉；工匠能夠幫助人們得到許多生活上的必需品；商人能夠讓各處的「不齊之物」流通。更進一步說，有的人種田，有的人畜牧，有的人作工匠，有的人作商人，這是哪位了不起的聖人用

他的規畫刻意打造出來的嗎？不是。這就又回到了無為的基本哲學，「人各任其能，竭其力，以得所欲」。這是自然的現象，正因為每個人有不一樣的欲望，有不同的享受和追求，因此會造成這種社會的不同分工。因為物之不齊，所以每樣東西都有相對的貴與賤。在這裡，《貨殖列傳》建立的另外一個重要概念是事物價值的相對性——任何一樣東西，其實都沒辦法決定其絕對價值。這已經有了後來經濟學的「價格」概念，而價格是由需求和供給兩種元素在動態中決定的。

司馬遷基本上也是這樣認為的。「物賤之征貴，貴之征賤」，事物會在動態的狀況當中改變自身的價值，這就像是「水之趨下，日夜無休時，不召而自來，不求而民出之」。這不是任何人可以控制的，也不需要什麼了不起的智慧才能夠看清楚，它就是一套非常自然的規律。

農、虞、工、商是人民衣食生活的基本依賴，讓這四種行業充分發揮作用，人民就過得好，如果不能讓它們發揮作用，人民就過得貧窮。因此，貨殖或者其背後的一套道理是：「上則富國，下則富家，貧富之道，莫之奪予。」從個人或者集體的角度，如何讓人們得到豐厚的生活，在什麼樣情況下會衰敗貧困，是有自然的原理和規則的，重點在於如何掌握這種自然的原理和規則。

富國與富家

再後面的一段，司馬遷就從歷史的角度提出了一個「明證」——「上則富國，下則富家」也就是說，富國與富家在道理上基本是貫通的。在此，司馬遷舉了越王句踐的例子。

越王句踐敗於吳，被困於會稽之上，但是他用了兩個重要的人：范蠡、計然。計然說：「知鬥則修備，時用則知物，二者形則萬貨之情可得而觀已。」意思就是，如果一個國家能夠一方面照顧到經濟，一方面照顧到

軍事，那麼國君所需的東西也就齊備了。接下來的問題就是，如何在經濟上有所安排呢？很簡單，你看一下基本的規律，基本的「物之理」。一般來說，在農業上「豐收」與「乾旱」參半。如果十二年當中有六年基本上是豐收的，另外一半就是沒有辦法豐收的。而且，每十二年大概就會出現一次大饑荒，有時候是水災，有時候是旱災，所以必須要從「或然率」上去做準備。在乾旱的時候，反而必須準備船隻，遇到了水災的時候，反而要準備車。因為乾旱結束後必有大水，大水結束後必有乾旱。

另一個關鍵的原則在於「物價」，而受物價影響最大的是農作物。計然同樣給出了一個公式。穀價如果低到二十錢一斗，則「穀賤傷農」。可是穀價高就好嗎？如果穀價高到九十錢，那些必須買食物的升斗小民就倒楣了。所以必須控制物價。不過，控制物價不是說任何時候糧食只能夠賣四十五錢，而是要給出一個基本範圍——「上不過八十，下不減三十」。要讓穀價維持在這個範圍內，才能夠「農末俱利，平糶齊物，關市不乏」——「末」就是一般的升等小民，在一定物價範圍之內，事物才會有正常的流通，這就叫作「治國之道」。

春秋末戰國初，各國的貨幣形態開始慢慢成熟。范蠡、計然的一個基本原則和理想是，一國之中應該做到「務完物，無息幣」。在這個經濟體系裡做到貨幣流通，貨幣愈是流通，就愈能促成物物之間的交易，使得缺乏物資的地方得到物資，生產過剩的地方把多餘的物資送出去。貨物交易中，有一些非常根本的道理，例如說，最關鍵的貨物是糧食，可是糧食是會腐壞的，無法長期囤積，要去衡量有餘與不足。如果用一種清醒的、冷靜的眼光去衡量有餘和不足，也就能夠預測所有價值的變動。用今天的經濟學原理來解釋，如果有某類產品，其價值非常高，一定會有愈來愈多的人投入生產，就產生了供給上的增加。供給到了一定的程度，價格勢必下跌。倒過來，如果某種產品的價格太低，沒有人願意生產，供給少到一定程度，價格也就上去了。每樣東西都有相對的價格，現在貴重得不得了的東西，也可能有一天低賤如糞土。倒過來，現在非常低賤的東西，如果不仔細看它的變化，總有一天也會變得像珠玉一樣珍貴。如果能夠讓錢幣「行如流水」，久而久之，國家必然能夠累

積財富，進而變得強大。

越王句踐採納了范蠡、計然的建議，果然在十年當中累積了龐大的財富。然後他「厚賂戰士」，為越國打仗的人可以得到非常豐厚的待遇。有豐厚的待遇，這些士兵打起仗來比誰都英勇，因此本來比較弱小、地理條件糟糕的越國，反而戰勝了吳。越王句踐達到了報仇的目的，甚至更進一步「觀兵中國，稱號『五霸』」。

在會稽之恥雪恥之後，越王句踐報完仇，范蠡感嘆道：「計然之策七，越用其五而得意。既已施於國，吾欲用之家。」於是范蠡離開了政治圈，「乘扁舟浮於江湖，變名易姓」。他到了齊，改名「鴟夷子皮」。

為什麼要去齊國？《貨殖列傳》中有一個背景，那就是在所有貨殖的發展上面，齊國是最早而且效果最顯著的國家。《貨殖列傳》中有這麼一段話：

太公望封於營丘，地潟鹵，人民寡。於是太公勸其女功，極技巧，通魚鹽，則人物歸之，繈至而輻湊。故齊冠帶衣履天下，海岱之閑斂袂而往朝焉。

換句話說，太公望繞過了一般的生活，把自己的經濟予以專業化，累積了財富，從而吸引人民來到齊。到後來，齊不但解決了人口不夠的問題，社會組織和文明程度都有很大發展。「冠帶衣履天下，海岱之間斂袂而往朝焉。」齊國越來越強大，變成東方的一個重要中心。

後來有一段時間，「齊中衰」，然後遇到了管仲。管仲在這裡設立了輕重九府，開始發展貨幣經濟，掌管各種貨物的流通，輔佐桓公成為春秋五霸當中的第一霸，「九合諸侯，一匡天下」。管仲不只幫助了齊桓公，自己也得到了很多利益，雖然在身分上他只是一個大夫，可是累積的財富多過當時的許多國君。

「倉廩實而知禮節，衣食足而知榮辱。」到了齊威宣王的時候，經濟基礎打牢，齊國就發展出封建上複雜

而優雅的「禮」。因此司馬遷在《貨殖列傳》裡說，「君子富，好行其德；小人富，以適其力。淵深而魚生之，山深而獸往之，人富而仁義附焉。」他對於經濟的成就給予了非常高的評價——只要富起來，對君子、貴族，也就是那些地位高的人有好處，能夠讓這些人得以深化自己的人生；對小人也有好處，讓一般的升斗百姓也能夠發展自己的能力。這是自然的，並非任何人所能控制。金錢是人取得尊嚴非常重要的一個依據，所以俗諺講：「『千金之子，不死於市。』此非空言也。」這都是財富所產生的正面效果。司馬遷不願意依循原來的基本看法，把財富看作毒蛇猛獸，應該被節制甚至被排除。

在這個背景下，范蠡要將這些生財之計用在自己身上，所以才先到了齊。過了一陣子，他又離開齊到了陶——也就是今天的南陽——在那裡又換了一個名字，叫作朱公。

陶在「天下之中，諸侯四通，貨物所交易也」。這裡是水陸碼頭，一個交通樞紐，各地貨物都會來到這裡。所以范蠡就在這裡「治產積居。與時逐而不責於人。故善治生者，能擇人而任時。十九年之中三致千金，再分散與貧交疏昆弟。此所謂富好行其德者也」。范蠡用這種方式成為了典範，因此後來中國講到有錢人，一般都稱其為「陶朱公」，指的就是范蠡。范蠡是用了計然的策略致富，而計然的策略是為越王句踐規劃的。換句話說，在司馬遷的眼中，貨殖有一種特性，不管是經營自己的人生，還是要經營一個社會、國家，是一套共通的道理。

史家：獨立思考者

講完計然、范蠡之後，司馬遷接下來講的是一個特別的人——子貢。子貢的其他事蹟寫在《仲尼弟子列傳》當中，所以這裡講得非常簡短。司馬遷一定要在《貨殖列傳》裡面提一下子貢，也是為了破除當時普遍認為的

儒家的基本態度。

子貢作為孔子身邊最重要的弟子之一，在孔子死後結廬守喪，守得最久，對孔子極其敬重。然而作為儒家，作為孔子弟子，怎麼可以做生意，怎麼可以去逐利呢？在《仲尼弟子列傳》當中也許不會問這個問題，但是到了《貨殖列傳》，司馬遷事實上就在回答這個問題。

簡單地說，居喪是需要物質條件的。子貢是孔子弟子當中最有錢的一個，他的經濟基礎可以讓他無所事事，只在那邊守喪。子貢是孔子的弟子，他離開孔子之後曾經在衛擔任一陣公職，後來在曹、魯之間做生意，所以他在七十子中是最有錢的。同樣是孔子的弟子，原憲是連糟糠都不見得可以隨時吃到、吃飽的，更不要說他的居所永遠都在窮巷裡了。

反觀子貢，一出門就是一大車隊隨行的派頭。因為他有這樣的財貨，所以無論走到哪個國家，國君都非常尊重他，需要用對待另一位國君的禮節去招待子貢。而且，能夠讓孔子名揚天下最關鍵的人物、最關鍵的支持力量，也是子貢，所以司馬遷說，「此所謂得勢而益彰者」。孔子本來就非常了不起，因為有子貢這種「得勢者」，能夠讓孔子的光亮傳播得更遠，得到更高的地位。

用這種方式，司馬遷在他的列傳最後一篇再度表現出一個史學家的追求——成一家之言。《貨殖列傳》是一個獨立思考者的示範。在那個時候只有幾家的思想和立場，儒家、道家又是主流當中的主流，但是司馬遷在《貨殖列傳》一開頭就挑戰了老子。從他的角度看，老子也不是每句話都是真理。相反，老子自己的道理中也可能存在矛盾，是需要讀者去認真檢驗的。後面，當他在講子貢的時候，也是在破除人們對儒家的許多刻板印象。

如果繼續追溯下去，司馬遷還在《太史公自序》裡面引用了父親司馬談的《論六家要旨》。更進一步地說，司馬遷的立場叫作「史家的立場」，是一個更高、更超越的立場，不依循任何一家，用來自歷史的累積去評斷

各家的主張。從歷史的角度，必須要觀察、記錄不同的現象，在觀察與記錄的過程當中，也就不得不承認人的現象的多元性。在這樣的情形底下，跟隨任何一套理論都不會是史家的立場和態度。一個史家，非得是一個獨立思考者不可——正是在獨立思考當中，誕生了一家之言。

簡短的結語

為什麼要讀《史記》

司馬遷的歷史態度

我們今天要讀《史記》，首先會遇到兩個問題：為什麼讀？用什麼方式讀？

和所有中國傳統經典一樣，《史記》是在與我們不一樣的環境及時代中產生的。經典最簡單的定義是「經過時間淘洗後存留下來的古書」，久遠之前的人們面對不一樣的生活環境和課題，將他們思索的內容寫成文字，然後一代一代傳留下來，成為經典。較之同時代的書籍，傳統經典可以使我們離開有限的視野和熟悉的現實，感受不一樣的人類經驗。當然，能夠留下來的經典不僅在時間上古遠，還包含了一些經過不同時代、不同社會反覆檢驗的共同價值。這些可能是人類共同的遭遇或命運，也可能是不同世代累積下來的共同智慧。

此外，今天我們讀《史記》，還可以學習司馬遷看待歷史的態度，以及書寫歷史的方式。在一般的教育體制下，從課本裡學到的往往是一堆固定的事實，往往讓人以為歷史就是什麼時間什麼人在什麼地方做了什麼事。用這種方式學習歷史會有兩個嚴重的問題：第一，我們以為歷史都是拿來背誦的，而為了應付考試背下的這些事實，絕大部分都會在考後迅速遺忘；第二，我們很難去思考究竟可以在歷史中學到什麼，尤其是與現實

相關的智慧。

司馬遷不是用這種方式看待歷史的。在讀《史記》時，我們首先要瞭解司馬遷的「史識」。單純看數字，《史記》有一百三十篇，多達五十二萬餘字，是一部很龐大的書。但是換一個角度來看，《史記》橫跨幾乎三千年的時間，把中國發生過的所有事情、曾經存在的人、累積下的經驗，只用這五十二萬餘字來記錄，可以說是極為精簡。司馬遷在處理三千年來所發生的事情時，他在用一種清楚的意識，一個衡量歷史輕重厚薄的標準，去判斷到底應該把什麼寫進來，把什麼排除在外。這樣的選擇標準用我們的觀念來說就叫「史識」。

「史識」與「史觀」密不可分。當我們認為歷史就是一些固定的事實時，就沒有史觀存在的空間，即不管什麼樣的人來寫，歷史總是那堆東西，不管是張三還是李四來寫，都不會寫出不一樣的東西。但是，歷史如果真是如此，就沒有史學存在的必要，也不可能比較什麼歷史書是好的，什麼樣的歷史學家比較傑出。

歷史真正重要的不是事實，而是事實與事實之間的關係，或者進一步說，是解釋「如何」及「為何」，這是與我們當下學習歷史的態度差異最大的地方。按司馬遷的態度，歷史不是一堆「What」，重要的是「How and Why」。在個人層次上，一個人為什麼會用這種方式講話做事？作為一個群體，彼此行為之間的互動會產生什麼模式，他們為何如此？某些事情會導致什麼樣的後果？為了達到某種目的又選擇何種手段？這些都在歷史裡，也是我們理解、研究史學時最重要的挑戰。

當我們以這樣的視野和方式去整理豐富龐雜的史實，就會對人類行為有一個合理的解釋，從而碰觸到普遍的人類經驗，真正做到以古鑑今，讓歷史對當下現實有所幫助。司馬遷在著作中清楚地展現了這種歷史態度。他用了幾個重要的觀念解釋《史記》的目的。

首先是「究天人之際」。簡單來說，在解釋歷史上人的行為、判斷是非善惡時，必須區分這是不是意志可控的事情，有些東西人再怎麼樣努力也無法改變，比如說像命運般龐大的東西，或者人與人之間的社會限制。

要公平地評價一個人，從他的行為因果中得到智慧，就一定要區分「天」與「人」。司馬遷講的「天」指龐大的背景，是與個人努力無關的部分，而「人」就是一個人如何思考、如何選擇、如何作為，在最後如何承擔責任。

司馬遷還告訴我們，要好好在歷史中學習，就要「通古今之變」，即在時間之流中，不僅要看單一事件的來源、發生、變化，還要把眼光拉高，看長時段裡的人在集體行為中如何運用權力，組構社會，進行交易。這類集體的行為，在更長的時間週期裡就必然有一種特別的模式，在司馬遷的語言裡，這個模式就叫作「通古今之變」。這個概念的重點在於「通」，即它不是個別事件的解釋，而是能夠歸納的、更明確的模式。我們掌握之後，不管是看待古人還是分析今人，都能夠有一種超越時間的眼光。

能夠在歷史中「究天人之際」，「通古今之變」，也就彰顯出司馬遷另一個巨大的野心，即「成一家之言」。這仍然與我們的歷史觀念不一樣，歷史怎麼會是每個人說來都一樣呢？對司馬遷來說，如果你說不出「一家之言」，提不出自己的獨特看法，比如周代怎麼瓦解、秦始皇如何統一六國、漢武帝如何改造漢朝，就根本不配做歷史學家。寫歷史就要寫到「成一家之言」，不能人云亦云。

所以，我們今天讀《史記》，就是學習如何解釋歷史，如何在其中區分出命運與人的意志，在歷史裡看到更加龐大或長遠的模式。這些與我們今天對歷史的觀念差距太大，必然會給予我們很多刺激。

《史記》的地位

認識《史記》有若干種方式，包括如何理解它兩千多年來在中國史學和文學上的特殊地位。

從史學角度來看，中國人的歷史意識在早期就已經很發達了。中國的歷史在周代發生重要轉折，直到二十

世紀我們才比較仔細地掌握了周之前的商代文化。從文獻或考古資料上看，商代的文化非常奇特，它背後有著一個神鬼交錯的世界。在商代人的意識中，現世活人所在的世界與死人或者靈魂所在的世界交錯。我們看不到、觸摸不到後者，但可以通過各種管道，包括靈媒或動物，跟它來往。那個世界就在生者身邊，與生者沒有截然的差異。所以我們會在商代文化裡看到很多溝通天地的精巧描繪。

不過，自從西邊的周人崛起後，這種文化就有了很大的改變。在西元前十二世紀到西元前十一世紀之間，周人翦商成功，建立了新的政權，同時帶來了全新的政治制度和文化。新的政治制度叫作封建制度，新的文化就依附封建制度而成立。封建制度來自親族系統，換句話說，它的核心概念與精神最看重自然的親族關係，作為父親、兒子、叔伯、侄子外甥，你是什麼樣的身分，在一般的生活禮儀乃至政治權力上就做相應的行為。由此，我們認識的中國歷史與文化才真正浮現出來。

周人這種價值觀帶來了一個很重要的需求，即必須保留宗族系統的紀錄，使第二代、第三代乃至更久之後的人們仍能清楚每個人與其他人的親族關係，這就要依賴記憶，而人的記憶沒有那麼可靠，自然必須依賴紀錄了。

在中國上古的考古資料、金石資料裡面，青銅器的用法在商代到周代之間明顯出現了很大的變化。在商人那種鬼神世界中，青銅器是人與非人世界的交流工具，所以鑄刻了以動物為主的各種紋飾。我們可以想見，在儀式中，鼎或者其他青銅器裡焚煮東西的香氣、煙往上傳，商人相信這樣就可以與住在上面超越現實世界的祖先進行溝通。

周人從商人那裡繼承，甚至應該說「偷」來鑄造青銅器的方法，但是他們鑄造的青銅器的重點特徵改變了。商人青銅器表面華麗複雜的藝術性紋飾，或者說功能性的神鬼交會的紋飾慢慢被忽略，取而代之的是銘文，即把文字刻鑄在青銅器上。為什麼要在青銅器上寫字呢？我們要看到青銅器銘文的固定形式。青銅器銘文和周人

發展出的其他記錄方法，都是為了讓這種關係，以及圍繞這種關係所需要的經驗永久保留下來。在此開始誕生中國非常強大的意識傳統，也就是大家經常聽到的，在世界各種文明中，中國人的歷史意識最發達，歷史紀錄最完整，這部分來自周人在建立封建制度過程中，功能性地保留了這些資料。

但是這種意識在功能性作用之後發生了各種深化、變形，其中最重要的階段在春秋時代，這時出現了《左傳》。原來只是為了把人與人的關係、與禮儀有關的部分記錄下來，現在則進一步出現了特殊面向，被賦予了新的意義和教訓。換句話說，從《左傳》開始，如果不學歷史，不去繼承自古以來流傳下來的經驗，生活就會變得危險而艱難。不知道前人遇到了哪些事情，他們用什麼方式去面對，又如何解決，與懂得從歷史中吸取教訓的人相比自然遠遠不如。從這裡開始，東周歷史的紀錄進入王官學的系統裡，變成了貴族教育中非常重要的一部分。

從這個脈絡看下來，到了漢朝，我們才能夠瞭解，司馬遷的《史記》是這種傳統的集大成者。《史記》是一部通史，也就意味著是人類有意識、有經驗以來的總和。通史是時間的完整呈現，司馬遷要從開天闢地、人怎麼來、人的社會怎麼來、人的歷史怎麼來開始寫起。通史不會有真正的終點，因為時間要繼續流下去，不過在現實上，司馬遷只能把歷史寫到自己那個時代。這件事情本身的意義非常重大，因為這是中國歷史意識的一次提升與突破。在這個時候，歷史取得了一種整體性，不再是一塊塊、一段段的。一個人一輩子發生了什麼事，或者稍微長一點，一朝一帝或者從一個家族的建立到滅亡，這都是一段一段的歷史。我們有看待這些片段的眼光，但司馬遷用他的著作讓我們認識到，當我們把歷史當作一個整體時，所看到的歷史、從裡面學到的內容，以及因此認識到的世界與道理，是完全不一樣的。

所以歷史有不同的意義，最淺顯的諸如昨天的事情教會我們今天怎麼面對現實，而深邃的哲學性意義則要把歷史作為總體來掌握和理解。從這個意義來說，司馬遷在中國歷史意識的深化上厥功至偉。在《史記》之前

與之後，如何看待歷史、歷史包括什麼、歷史可以給我們什麼，是徹底不同的。至少從這一角度，司馬遷不但寫了一本書，而且改變了中國文化，他的方式直接建立在中國文化最核心的一個面向，即如何看待歷史上。這個態度是由司馬遷建立的，此後無論誰進入中國文化、進入中國歷史，都無法遺忘。

文學叢書 624

史記的讀法
司馬遷的歷史世界

作　　者	楊　照
總 編 輯	初安民
責任編輯	陳健瑜
美術編輯	林麗華
校　　對	孫家琦　陳健瑜　楊　照

發 行 人	張書銘
出　　版	INK 印刻文學生活雜誌出版股份有限公司
	新北市中和區建一路 249 號 8 樓
	電話：02-22281626
	傳真：02-22281598
	e-mail：ink.book@msa.hinet.net
網　　址	舒讀網 http：//www.inksudu.com.tw

法律顧問	巨鼎博達法律事務所
	施竣中律師
總 代 理	成陽出版股份有限公司
	電話：03-3589000（代表號）
	傳真：03-3556521
郵政劃撥	19785090 印刻文學生活雜誌出版股份有限公司
印　　刷	海王印刷事業股份有限公司

港澳總經銷	泛華發行代理有限公司
地　　址	香港新界將軍澳工業邨駿昌街 7 號 2 樓
電　　話	(852) 2798 2220
傳　　真	(852) 3181 3973
網　　址	www.gccd.com.hk

出版日期	2020 年 5 月	初版
	2024 年 4 月 25 日	初版六刷
ISBN	978-986-387-340-2	

定　價　500 元

國家圖書館出版品預行編目資料

史記的讀法：司馬遷的歷史世界／楊照 著；
--初版，--新北市中和區：INK印刻文學，
2020. 05　面；14.8 × 21公分.（文學叢書；624）
ISBN 978-986-387-340-2（平裝）
1.史記　2.研究考訂
610.11　109005036

U0123109